W0078024

Warschau

Magdalena Niedzielska-Szurmant und Jan Szurmant

5. komplett überarbeitete und aktualisierte Auflage 2020

Inhalt

Orientiert in Warschau

Stadt und Stadtviertel ▪ S. 10 | Sightseeing-Klassiker ▪ S. 12 | Sightseeing-Alternativen ▪ S. 14 | Essen gehen ▪ S. 16 | Ausgehen ▪ S. 18 | Shopping ▪ S. 20

Wege durch Warschau

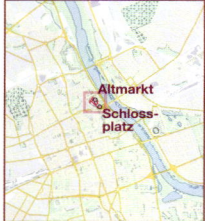

Durch die Altstadt
Tour 1: Stare Miasto

Die Warschauer Altstadt wurde im Zweiten Weltkrieg komplett zerstört und danach Stein um Stein originalgetreu wiederaufgebaut. Ihre beiden Gravitationspunkte sind der Rynek, der belebte Altmarkt, und der Schlossplatz mit dem lachsroten Königsschloss, auf dem unser Spaziergang beginnt.

▪ S. 24

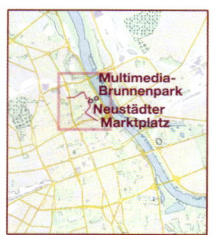

Durch die Neustadt
Tour 2: Nowe Miasto

Buchstäblich neu ist die Neustadt nicht, sie entstand an der Wende vom 14. zum 15. Jh. Ihr Mittelpunkt ist der Neustädter Marktplatz mit der strahlend weißen St.-Kazimierz-Kirche, ihr neuester Besuchermagnet ist der Multimedia-Brunnenpark am Weichselufer mit seinen Wasser-, Klang- und Lichtspielen.

▪ S. 42

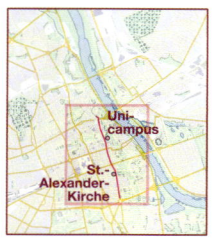

Auf Warschaus Prachtallee
Tour 3: Trakt Królewski

Der Spaziergang folgt dem „Königstrakt" vom Schlossplatz nach Süden. Dabei geht es auf einer der längsten Prachtstraßen der Welt vorbei an Adelspalästen, dem Unicampus und Regierungsgebäuden. Nicht zuletzt ist der Boulevard eine elegante Flaniermeile mit Cafés und Restaurants.

▪ S. 54

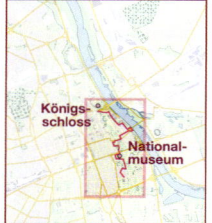

Entlang der Weichsel zum Sejm
Tour 4: Mariensztat und Powiśle

Zu Unrecht werden die beiden Stadtteile von Touristen oft außer Acht gelassen: Mariensztat bezaubert mit geradezu dörflichem Charme und vielen Grünflächen und in Powiśle entsteht derzeit ein architektonisches Prestigeobjekt nach dem anderen.

▪ S. 68

Um den Sächsischen Garten
Tour 5: Park Saski

Westlich der Altstadt gibt es Paläste, Kunstgalerien und das im wahrsten Sinne des Wortes Große Theater zu bestaunen. Ein echtes Schmuckstück ist der Sächsische Garten, ein Landschaftspark im englischen Stil. Und gleich nebenan zeigt die Nationale Kunstgalerie bedeutende zeitgenössische Werke.

■ S. 82

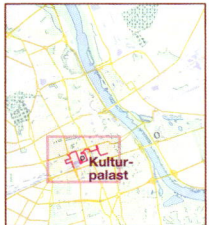

Kulturpalast und Wolkenkratzer
Tour 6: Centrum

Hier schlägt das Herz der Stadt, hier ist Warschau wuselig, aufregend, großstädtisch. Architektonisch geht's in Warschaus Zentrum immer mehr Richtung Wolken, höchstes Gebäude bleibt aber einstweilen ein alter Bekannter: der wuchtige Kulturpalast, Stalins sozialistisches Brudergeschenk aus den 50ern.

■ S. 96

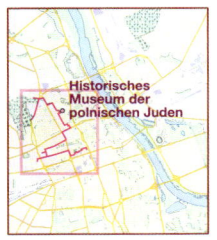

Auf den Spuren des Ghettos
Tour 7: Śródmieście Północne

Nur Mauerreste und Mahnmale erinnern an die schreckliche Vergangenheit des Viertels. Dafür widmen sich auf dem ehemaligen Ghetto-Gelände mehrere Museen dem dunklen Kapitel der Stadtgeschichte, das Historische Museum der Polnischen Juden auch den glücklicheren Jahrhunderten davor.

■ S. 110

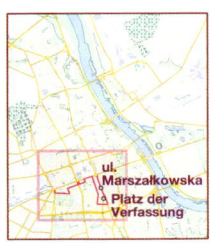

Im Herzen des Sozrealismus
Tour 8: Śródmieście Południowe

In der südlichen Innenstadt sollte entlang der ul. Marszałkowska eine sozialistische Vorzeigesiedlung entstehen. Obwohl nicht vollendet, ist die MDM (Marszałkowska Dzielnica Mieszkaniowa) ein Musterbeispiel des Sozialistischen Realismus. Herz des Viertels ist der Platz der Verfassung.

■ S. 130

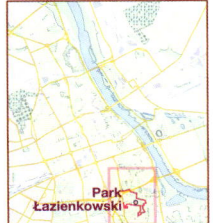

Im grünen Warschau
Tour 9: Łazienki Królewskie

Der Łazienki-Park ist Warschaus grüne Lunge und zählt zu den schönsten Parkanlagen Europas. Nicht nur während der sonntäglichen Chopin-Konzerte im Sommer besuchen ihn Einheimische und Touristen in großen Scharen.

■ S. 144

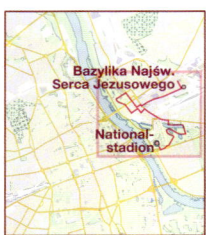

Das andere Warschau
Tour 10: Praga

Der ehemalige Vorort am anderen Ufer der Weichsel wurde erst im 19. Jh. eingemeindet und hat sich bis heute ein ganz eigenes Flair erhalten. Praga ist nicht unbedingt das, was man herausgeputzt nennt – dafür aber authentisch und bunt.

▪ S. 158

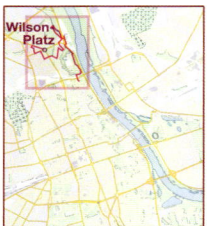

Im modernistischen Warschau
Tour 11: Żoliborz

In diese ruhige und schöne Ecke der Stadt verirren sich nur selten ausländische Touristen, in erster Linie gilt sie als exklusive Wohngegend. Mittelpunkt des Viertels ist der Wilson-Platz, den neben modernistischen Bauten einer der weltweit schönsten U-Bahnhöfe schmückt.

▪ S. 174

In barock-klassizistischer Pracht
Tour 12: Wilanów

Schloss Wilanów im gleichnamigen Stadtteil bildet den würdigen Abschluss des Prachtboulevards Trakt Królewski. „Polnisches Versailles" wird die barock-klassizistische Anlage nicht ohne Grund genannt. Im weitläufigen Park lässt sich außerdem das erste Plakatmuseum der Welt besichtigen.

▪ S. 184

Ausflüge

Żelazowa Wola ▪ S. 192

Puszcza Kampinoska ▪ S. 193

Gedenkstätte Treblinka ▪ S. 195

Nachlesen & Nachschlagen
Stadtgeschichte
Von der ersten slawischen Siedlung bis heute ▪ S. 200

Architektur
Das Stadtbild und seine Macher ▪ S. 213

Die polnische Küche
Kleine Speise- und Getränkekarte ▪ S. 219

Kulutrleben
Theater, Oper, Kino & Co. ▪ S. 221

Veranstaltungen
Festivalkalender der Stadt ▪ S. 224

Literaturtipps, CDs, Filme …
Zum Einstimmen auf die Reise ▪ **S. 228**

Warschau mit Kindern
Sehens- und Erlebenswertes für den Nachwuchs ▪ **S. 231**

Anreise
Per Flugzeug, Bus und Bahn oder mit dem Pkw ▪ **S. 232**

Unterwegs in Warschau
Mit Metro, Bussen, Tram – und Jan Szurmant ▪ **S. 236**

Übernachten
Von der Luxusherberge bis zum Budgethotel ▪ **S. 244**

Warschau von A bis Z
Service-Infos rund um die Reise ▪ **S. 251**

Kompakt Auf einen Blick

Alle Museen ▪ S. 258
Alle Restaurants ▪ S. 262
Alle Bars, Kneipen und Clubs ▪ S. 266
Alle Shopping-Adressen ▪ S. 268

Etwas Polnisch
Kleiner Sprachführer ▪ **S. 270**

Verzeichnisse
Kartenverzeichnisse ▪ S. 274 | Warschau im Kasten ▪ S. 274 | Fotoverzeichnis ▪ S. 275 | Impressum ▪ S. 275 | Register ▪ S. 278

Was haben Sie entdeckt?

In welcher Unterkunft haben Sie sich wohlgefühlt, in welcher Karczma war es am urigsten, in welchem Restaurant am feinsten? Wenn Sie Tipps, Anregungen oder Verbesserungsvorschläge zum Buch haben, lassen Sie es uns bitte wissen!

Schreiben Sie an: Magdalena Niedzielska-Szurmant/Jan Szurmant, Stichwort „Warschau" | c/o Michael Müller Verlag GmbH | Gerberei 19, D – 91054 Erlangen | niedzielska.szurmant@michael-mueller-verlag.de

🌿 nachhaltig, ökologisch, regional

meinTipp Die besondere Empfehlung unserer Autoren

Vielen Dank!

Vielen Dank an Iwona Derecka-Weber für wertvolle Tipps zu Geschichte, Kultur und Stadtentwicklung, an Christof Schimsheimer für hilfreiche Tipps zu Nachtleben, Cafés und Restaurants. Dziękujemy Agnieszce Ciarkowskiej za pokazanie nam uroków swojego miasta oraz Marzenie Michalskiej i Tomirowi Mazurowi za wskazanie ciekawych miejsc w WaWie.

Außerdem möchten wir unseren Lesern für wertvolle Tipps und Hinweise danken.

Orientiert in

Warschau

Stadt und Stadtviertel ■

Sightseeing-Klassiker ■

Sightseeing-Alternativen ■

Essen gehen ■

Ausgehen ■

Shopping ■

Orientiert in Warschau

Stadt und Stadtviertel

Warschau ist flächenmäßig sehr groß, die Sehenswürdigkeiten liegen mit Ausnahmen wie Altstadt oder Łazienki-Park leider oft nicht auf einem Fleck. Unsere Empfehlung: gutes Schuhwerk mitnehmen, ein Rad leihen oder mit Metro, Tram und Bus die Wegzeiten verkürzen.

a) Żoliborz
b) Praga Północ
c) Ochota
d) Śródmieście
e) Praga Południe

Im Reiseteil des Buches sind bei allen Sehenswürdigkeiten die passenden Haltestellen der öffentlichen Verkehrsmittel und die entsprechenden Linien angegeben.

Hauptstadt Polens

Warschau ist nicht nur Hauptstadt, sondern auch unumstrittenes Zentrum Polens. Was bedeutet dies? Warschau ist die flächenmäßig größte Stadt Polens, sie ist am bevölkerungsreichsten und am wirtschaftsstärksten. Aber auch die Stadt, die am staugefährdetsten ist, ganz zu schweigen davon, wie widersprüchlich und schnell sie ist.

Keine Frage: Warschau ist eine Stadt der Kontraste, der harten Schnitte und spannenden Widersprüche. Zwischen der Tragik der Geschichte und einer vielversprechenden Zukunft bewegt sich eine Metropole, die nie stillzustehen scheint. Also keine Stadt, in der man sich schnell zurechtfindet? So schwer ist es nicht ...

Mittendurch die Weichsel

Ziemlich genau teilt die Weichsel die Stadt in zwei Hälften – doch zwei ungleiche: im Westen das reiche Zentrum, im Osten das lange Zeit verrufene Armenhaus. Auch am jeweiligen Ufer wird es sichtbar: Während man am **Westufer** auf der neuen Promenade flaniert, ist das **Ostufer** unbegradigt und unverbaut mit teils naturbelassener Wildnis und Stränden.

Elf der zwölf Touren in diesem Buch führen durch den westlichen Teil der Stadt. Das soll aber auf keinen Fall heißen, dass Sie sich einen Besuch in **Praga** (Tour 10) auf der rechten Weichselseite schenken sollten. Zu entdecken gibt es dort ein (noch) nicht durchgentrifiziertes und damit totsaniertes Warschau.

Touristisches Rückgrat

Das touristische Rückgrat verläuft westlich der Weichsel. Von Nord nach Süd zählen dazu die nach dem Zweiten Weltkrieg wiederaufgebauten Stadtteile **Neu- und Altstadt** (Touren 1 und 2), die zusammen das historische Zentrum mit klassischen Postkartenmotiven darstellen, der parallel zur Weichsel verlaufende sog. **Königstrakt** (Tour 3), die Prachtstraße Warschaus schlechthin, die sich aus mehreren Straßen zusammensetzt und vorbei an Palästen, luxuriösen Boutiquen, feinen Cocktailbars und exklusiven Restaurants führt, weiter südlich der **Park der Königlichen Bäder** (Tour 9), eine der schönsten Parkanlagen Europas und abgeschlagen am südlichen Stadtrand das **Schloss in Wilanów** (Tour 12), das oft als polnisches Versailles bezeichnet wird. Ebenfalls von klassischen Schönheitsidealen geprägt ist das Gebiet rund um den **Sächsischen Garten** (Tour 5) mit Theater und Oper. Das sieht im **Zentrum** (Tour 6) ganz anders aus. Hier dominieren Kontraste: Der Kulturpalast als sozialistisches Bombastbauwerk thront zwischen modernen Wolkenkratzern und vereinzelten Altbauten.

Und sonst noch?

Näher zum Fluss hin, also östlich der Prachtstraße namens Königstrakt, liegen das romantische **Mariensztat** und der boomende Stadtteil **Powiśle** (Tour 4). Während Mariensztat an ein Dorf des 18. Jh. erinnert, siedelten sich im ehemaligen Armenhaus Powiśle Teile der Universität wie die Bibliothek an. Westlich des Königstrakts führt unser langer Spaziergang durch **das ehemalige Ghetto** (Tour 7), Höhepunkte südlich des Zentrums sind die massiven **Bauten im Stil des Sozialistischen Realismus** rund um die Achse der ul. Marszałkowska und den pl. Konstytucji sowie pl. Zbawiciela (Tour 8). Dagegen präsentiert sich mit dem nördlich der Neustadt gelegenen Stadtteil **Żoliborz** (Tour 11) ein eher ruhiges

Warschau. An Architektur Interessierten seien in dem Viertel die modernistischen Wohnblöcke und Einfamilienhäuser der 1920er-Jahre ans Herz gelegt – „Bauhaus" auf Polnisch.

Faszinierendes Kaleidoskop

Vielleicht möchten Sie sich aber lieber durchs chaotisch pulsierende Warschau treiben lassen? Gelegenheit dazu bietet sich schon bei der Ankunft. Kaum ist man dem labyrinthartigen Untergrund des Zentralbahnhofs entkommen und ans Tageslicht gelangt, präsentiert sich die Stadt wie in einem schrillen Kaleidoskop: Der Kulturpalast aus der Stalinzeit – dem die Warschauer mit Hassliebe begegnen – erschlägt mit seinem Bombast, fast schwindlig machende gigantische Plakatwände, vorbeihetzende Menschen, himmelstürmende Wolkenkratzer, zwischendrin ein restaurierter Jugendstilpalast oder ein fahlgraues Überbleibsel aus sozialistischer Zeit. In Sekunden steckt man drin in dieser Stadt, die zwar nicht immer schön, dafür umso faszinierender ist.

Das Motto der Tourismuswerber lautet schlicht: „Verliebe dich in Warschau". Und das tun Jahr für Jahr immer mehr Besucher.

Orientiert in Warschau

Sightseeing-Klassiker

Ein paar Warschauer Postkartenmotive haben wohl die meisten vor Augen: Altstädtchen, Blick aufs Schloss, vielleicht noch die Königlichen Bäder und natürlich den Kulturpalast. Für alle, die sich noch gar nicht auskennen, gilt: Die hier genannten Highlights sollten Sie nicht verpassen!

In den Touren 1, 2, 3, 6, 7 und 9 finden Sie die meisten Sehenswürdigkeiten, die zu den touristischen Highlights zählen.

Auf dem Königstrakt

■ **Altstadt:** Im Zweiten Weltkrieg völlig zerstört, strahlt die Altstadt seit dem Wiederaufbau in altem Glanz und steht heute auf der UNESCO-Weltkulturerbeliste. → Tour 1, S. 24

■ **Königsschloss:** Die imposante Schlossanlage wurde bis 1974 rekonstruiert, die Wiederherstellung der Inneneinrichtung dauerte gar bis 1988. Den Schlossplatz schmückt die berühmte Sigismund-Säule. → Tour 1, S. 30–34

■ **Neustadt:** Wie die Altstadt wurde auch die kaum jüngere Neustadt im Zweiten Weltkrieg vollkommen zerstört und anschließend wiederaufgebaut. Viele Kirchen und Straßenlokale prägen das Flair. → Tour 2, S. 42

■ **Königstrakt:** Drei ineinander übergehende Prachtstraßen Warschaus bilden diese 10 km lange Achse. Vom Schlossplatz bis zum Łazienki-Park passiert man klassizistische Paläste, die Heiligkreuzkirche, in der Chopins Herz bestattet ist, das Präsidentenpalais, die Universität und edle Bürgerhäuser. Ausruhen kann man sich auf den Bänken mit Chopin-Hörstationen oder natürlich in einem der vielen Cafés oder Restaurants. → Tour 3, S. 54

■ **Łazienki-Park:** Der Königliche Bäderpark ist die größte Grünanlage der Stadt – und einer der schönsten Parks Europas. Die Gärten, Paläste, Seen und das berühmte Theater sind bei Warschauern und Touristen gleichermaßen beliebt, nicht nur zu den sonntäglichen Chopin-Konzerten im Sommer. Ach ja, Eichhörnchen kann man hier auch füttern. → Tour 9, S. 144

■ **Wilanów:** Das Schloss mit seiner prachtvollen barocken und klassizistischen Gartenlage gilt als das polnische Versailles. → Tour 12, S. 184

Erinnerungskultur

■ **Reste des Ghettos:** Vom einstigen Ghetto ist bis auf wenige Mauerreste

(→ Tour 6, S. 107) kaum mehr etwas zu sehen. Gedenkstätten sind u. a. das Pawiak-Gefängnis, das Mahnmal am Umschlagplatz und das Ehrenmal, an dem Willy Brandt den berühmten Kniefall machte, sowie zu Teilen auch das Historische Museum der Polnischen Juden. → Tour 7, S. 110

Historisches Museum der Polnischen Juden

NOWE MIASTO

STARE MIASTO

Zamek Królewski

Ehemaliges Ghetto

Trakt Królewski

Muzeum Narodowe

Pałac Kultury i Nauki

MDM

Łazienki Królewskie

■ **Denkmäler der Erinnerung:** Übers gesamte Stadtgebiet verstreut stehen Denkmäler in Erinnerung an Widerstandskämpfer gegen die deutsche Besatzung, den stalinistischen Terror oder in den Weltkriegen gefallene Soldaten: Denkmal des Kleinen Aufständischen (→ S. 35), Denkmal des Warschauer Aufstands (→ S. 48), Denkmal der im Osten Gefallenen (→ S. 52), Denkmal der polnischen Heimatarmee (→ S. 80), Denkmal der Warschauer Helden Nike (→ S. 90), Grabmal des Unbekannten Soldaten (→ S. 91/92), Denkmal der Ghettohelden (→ S. 126).

■ **Powązki-Friedhof:** Eindrucksvolle Grabsteine schmücken diesen Friedhof, viele von bedeutenden Warschauern. Nicht weniger als 2,5 Millionen Ruhestätten von Menschen verschiedenster Konfessionen sind hier versammelt. Daneben liegt der Cmentarz Żydowski (Jüdischer Friedhof) mit zahlreichen symbolischen Grabstätten. Auf beiden Friedhöfen wird auch der Opfer des Zweiten Weltkriegs gedacht. → Tour 7, S. 127/128

Sozialistische Spuren

■ **Kultur- und Wissenschaftspalast:** Klotzen, nicht kleckern: Der Kulturpalast, eines der Wahrzeichen der Stadt, dem die Warschauer mit einer Art Hassliebe begegnen, beeindruckt allein durch seine bloße Größe. Von der Aussichtsterrasse im 30. Stock hat man einen wunderbaren Rundblick auf die Wolkenkratzer im Zentrum. → Tour 6, S. 101–103

■ **MDM:** Etwas weniger aufdringlich dokumentiert das Wohnviertel MDM (Marszałkowska Dzielnica Mieszkaniowa) den Stil des Sozialistischen Realismus. Besonders sehenswert sind der Plac Zbawiciela, der Plac Konstytucji sowie die namensgebende ulica Marszałkowska. → Tour 8, S. 139/140

Ganz viel Kunst

■ **Nationalmuseum:** Diesem Museum sollte man aus zwei Gründen einen Besuch abstatten. Zum einen wegen der polnischen Meisterwerke des 19. Jh. (wirklich schön) und zum anderen wegen der Faras-Sammlung mit Fresken einer frühchristlichen Kathedrale aus dem heutigen Sudan (vielleicht noch schöner). → Tour 4, S. 77–79

■ **Plakatmuseum:** Im ältesten Plakatmuseum der Welt wird deutlich, welche Bedeutung dieser Kunstzweig in Polen aufweist. → Tour 12, S. 186–188

Orientiert in Warschau

Sightseeing-Alternativen

Wohl dem, der genügend Tage zur Verfügung hat, um sich auch den weniger bekannten Seiten Warschaus zu nähern. Auch wenn Sie von den meisten der hier gelisteten Sehenswürdigkeiten noch nie gehört haben, gibt es viel zu entdecken und zu bestaunen.

Die Touren 4, 5, 8 und 10 sollten Sie sich nicht entgehen lassen, um ein teils sehr kontrastreiches Bild der polnischen Hauptstadt zu gewinnen.

Museen für alle Sinne

■ **Wissenschaftszentrum Kopernikus:** Das Wissenschaftszentrum ist eine beeindruckende Mischung aus didaktischem Museum, Jahrmarktattraktion, Freizeitpark und naturwissenschaftlichen Versuchen. → Tour 4, S. 75/76

■ **Frédéric-Chopin-Museum:** Das multimediale und interaktive Museum ist wegen der Memorabilien des berühmten Komponisten ein Muss für Liebhaber des Komponisten. → Tour 4, S. 76/77

■ **Museum des Warschauer Aufstands:** Das Museum zählt zu den spannendsten und bewegendsten Museen Europas. Interaktive Museumsgestaltung wurde hier überzeugend verwirklicht. → Tour 7, S. 121/122

■ **Historisches Museum der Polnischen Juden:** Ein weiteres beeindruckendes Highlight hinsichtlich der Architektur und der Ausstellungen; 2016 wurde es mit dem prestigeträchtigen European Museum of the Year Award ausgezeichnet. → Tour 7, S. 124–126

■ **Museum des Polnischen Wodkas:** Humorvolle, kurzweilige und lehrreiche Einblicke in Technisches und Geschichtliches zum Wässerchen. → Tour 10, S. 170–171

Zeitgenössische Architektur

■ **Oberstes Gericht:** Eins der eindrucksvollsten Bauwerke der letzten Jahrzehnte. Nicht verpassen sollte man die Karyatiden an der Ostseite: Die weiblichen Skulpturen sind ein beliebtes Fotomotiv. → Tour 2, S. 46–48

■ **Universitätsbibliothek/BUW:** Der Bau der neuen Universitätsbibliothek mit begrünter Dachterrasse ist heute ein beliebtes Ziel von Touristen. Und der Rundumblick über das alte und neue Warschau ist fantastisch. → Tour 4, S. 73–75

■ **Metropolitan-Gebäude:** Am Józef-Piłsudski-Platz ist dieses moderne Bürogebäude von Sir Norman Foster zu bewundern. Innenhof nicht verpassen! → Tour 5, S. 91

■ Einkaufszentrum Goldene Terrassen: Mit diesem Konsumtempel entstand gegenüber dem Kulturpalast ein moderner, kaum weniger eindrucksvoller Bau. → Tour 6, S. 105

■ Wolkenkratzer: Im und rund um das Zentrum ragen architektonisch interessante Wolkenkratzer in den Himmel, darunter das InterContinental, Helmut Jahns Cosmopolitan, der Złota 44 von Daniel Libeskind und, etwas abseits, der Warsaw Trade Tower. Zuletzt hinzugesellt haben sich die Wolkenkratzer Warsaw Spire und Q22. Auf vielen Baustellen lässt sich die Entstehung zukünftiger Türme verfolgen. → Touren 6 (S. 105–107), 7 (S. 118–123) und 8 (S. 136/137)

Das echte Warschau

■ Grünes Warschau: Grün ist die polnische Hauptstadt an allen Ecken und Enden. Besonders interessanter Kontrast: das linke Weichselufer mit dem neuen Boulevard und das rechte Weichselufer, wild und unbegradigt. Als Alternative oder Ergänzung zum Łazienki-Park (Łazienki Królewskie) empfehlen wir v. a. die Schlossgärten und den Skaryszewski-Park. → Touren 1 (S. 34) und 10 (S. 165/166)

■ Lindley-Filteranlagen: Die städtischen Wasserfilteranlagen sind ein einzigartiges und bis heute genutztes Industriedenkmal aus dem 19. Jh. → Tour 8, S. 134/135

■ Praga: Der Stadtteil am östlichen Weichselufer blieb von den Zerstörungen des Zweiten Weltkriegs weitgehend verschont – und verkam danach zum Armenhaus Warschaus. Heute tummeln sich hier Künstler, Outsider und Studenten. → Tour 10, S. 158

Alte und neue Geheimtipps

■ Multimedia-Brunnenpark: Die abendlichen Spektakel an Sommerwochenenden begeistern Alt und Jung. → Tour 2, S. 51

■ Die Palme: Diese künstliche Palme beim Rondo de Gaulle'a erinnert an die jüdische Vergangenheit und ist eines der neuen Wahrzeichen Warschaus. → Tour 3, S. 58

■ Mariensztat: Der nicht detailgetreu rekonstruierte Stadtteil präsentiert sich heute als eine Mischung aus einem Dorf des 18. Jh. und sozialistischen Idealen – mit romantisch verträumtem Charakter. → Tour 4, S. 68

■ Warschauer Stereoskop (Fotoplastikon): Dieser zeitlose Vorläufer des Kinos ist seit 1904 ununterbrochen in Betrieb. → Tour 8, S. 137

■ Neon-Museum: Spannende Sammlung von Neonreklamen und leuchtenden Schriftzügen aus Warschaus Vergangenheit. → Tour 10, S. 166

Orientiert in Warschau

Essen gehen

Wohin zum Essen? Immer wenn wir in Warschau sind, freuen wir uns über die Qual der Wahl. Allein mehrere Stunden haben wir überlegt, bis wir uns auf die „5 Tipps für 5 Abende" einigen konnten.

Besonders interessant zum Essengehen sind die Touren 2 bis 10; bei den meisten Restaurants in der Altstadt muss man mit einem schlechten Preis-Leistungs-Verhältnis rechnen.

Ausführliche Restaurantbeschreibungen finden Sie am Ende jeder Tour.

Wissenswertes zur polnischen Küche gibt es ab S. 219/220 zu lesen.

Eine Liste aller Restaurants finden Sie auf S. 262–264.

Polnisch, altpolnisch …

An der Weichsel wird gern zwischen altpolnischen und polnischen Restaurants unterschieden. Doch worin liegt der Unterschied? Die altpolnische Küche ist deftiger, fleischlastiger und schwerer, oft stehen Wildgerichte und Ente auf der Speisekarte. Dazu passt die Inneneinrichtung der Restaurants: meist urig mit viel Holz, die Bestellungen nehmen Kellner in Tracht auf. Die anderen polnischen Restaurants hingegen interpretieren die traditionellen Rezepte moderner und leichter.

… oder lieber multikulturell?

Wegen der großen vietnamesischen Gemeinschaft isst man in Warschau so authentisch wie in Fernost. Deshalb findet man im Reiseteil dieses Buches auch **asiatische Suppenbars** oder Restaurants (unser Favorit: spring roll → S. 107). Die **mittel- und osteuropäische Küche** ist in den letzten Jahren mit vielen Migranten und Flüchtlingen nach Warschau gekommen. So kann man im Babooshka (→ S. 65) oder Skamiejka (→ S. 171) russisch, in der Kamanda Lwowska (→ S. 80) ukrainisch und im Borpince (→ S. 107) ungarisch essen. Einen besonderen Stellenwert haben auch die **jüdische** und die **israelische Küche** wie im Mazal Tov (→ S. 40) Pod Samsonem (→ S. 53), Shipudei Berek (→ S. 94), tel-aviv (→ S. 141) oder BeKef (→ S. 141).

Schnell, gut und günstig

Natürlich gibt es auch in Warschau den Trend zu Hamburgern, der Döner ist schon längst an der Weichsel angekommen.

Glücklicherweise sind aber die kantinenartigen Überbleibsel aus der Zeit des Sozialismus noch nicht aus dem gastronomischen Stadtbild verschwunden:

In einer **Milchbar** (*bar mleczny*) kann man schnell, günstig und meist sogar gut essen (Bar Familijny → S. 66, Bambino → S. 141 und Bar Ząbkowski → S. 171).

Mittags bieten aber auch viele der besseren Restaurants einen **Lunch** für umgerechnet rund 5 € an.

Schnell geht es auch in den unzähligen **vietnamesischen Bars** (Cô Tú → S. 66).

Streetfood für Nachtschwärmer gibt es auf dem Plac Zabaw (→ S. 81) oder Nocny Market (→ S. 108). Wer mutig ist, isst bei Pyzy Flaki Gorące (→ S. 171/172) Deftiges wie Kutteln und Klößchen.

Vegetarisches und Veganes

In fast allen Restaurants gibt es traditionelle polnische Gerichte, die bestens ohne Rind, Schwein und Co. auskommen. Wie in einer Metropole nicht anders zu erwarten, gibt es zahllose rein **vegetarische Restaurants** und Salatbars – und auch Veganer müssen in Warschau nicht verhungern. Unsere Favoriten: die vegetarische Bar Vega (→ S. 128) mit vielen knackigen Salaten, das Restaurant Veg Deli (→ S. 80) und das tel-aviv (→ S. 141) mit raffinierten Kreationen. **Vegetarisches** und **veganes Streetfood** gibt es im ManGo (→ S. 81) und im kroWARZYWA (→ S. 142). Auch in Milchbars und vietnamesischen Restaurants stehen viele fleischlose Gerichte auf der Karte.

5 Tipps für 5 Abende

■ **Atelier Amaro:** Der Slow-Food-Verfechter und Liebling des Guide Michelin Wojciech Modest Amaro zaubert mit frischen Zutaten aus der Region verblüffende Gerichte. Auch wenn die Rechnung zu zweit in Euro umgerechnet dreistellig werden wird, ist es sehr viel günstiger als in vergleichbaren Restaurants in Deutschland, Frankreich oder Dänemark. → Tour 3, S. 65/66

■ **Specjały regionalne:** Restaurant mit regionalen wie saisonalen Produkten und Rezepten aus Warschaus Umgebung und ganz Polen. → Tour 3, S. 65

■ **spring roll:** Wie erwähnt, gibt es in Warschau viele authentische vietnamesische Restaurants. Dies ist eins der besten: Leckere Frühlingsrollen (nicht frittiert, sondern frisch) und Warschaus bester vietnamesischer Feuertopf (l u). → Tour 6, S. 107

■ **tel-aviv:** Die jüdische und die israelische Küche werden in Warschau immer beliebter. Besonders, wenn es so schmeckt wie hier: Hummus, leckere vegetarische, vegane, glutenfreie und laktosefreie Gerichte, und den ganzen Tag Frühstück – was will man mehr? → Tour 8, S. 141

■ **Skamiejka:** Schön gestaltete Retro-Milchbar mit russischen Gerichten und Snacks. Und mit einer Seele von Gastgeberin. → Tour 10, S. 171

Orientiert in Warschau

Ausgehen

Egal, ob kulturell, schick, alternativ, regenbogenbunt oder tanzend – Warschaus Nachtleben hat noch jedem gefallen. Besonders interessant zum Ausgehen sind der Königstrakt, das Zentrum und die Südliche Innenstadt, die Viertel Powiśle und Praga. Nicht verpassen: die Partyschiffe.

Typisch polnisch: tagsüber Café oder Bistro, abends Restaurant oder Kneipe und in der Nacht ein Club – alles im gleichen Lokal.

Zu Theater, Oper oder Konzerten von Klassik über Jazz bis Rock und Pop gibt es ausführliche Infos auf S. 221–223.

Eine Liste aller Abendlokale finden Sie auf S. 266/267.

Lange Nächte

Kurz nach der Wende eröffnete fast täglich ein neuer Club, eine neue Kneipe. Und es gibt sie immer noch, versteckt auf stillgelegten Fabrikgeländen oder gar in sozialistischen Wohnblocks. Mit den Jahren sind es zwar weniger geworden, doch haben die alternativen Nachtschwärmer auf der **rechten Weichselseite** längst eine neue Heimat gefunden. Rund um das **Zentrum** jedoch geht der Trend zu exklusiven Cocktailbars und Clubs mit exklusiver Gästeschar und exklusiven Preisen. Hier schluckt man dann eher Whiskey als Wodka, nippt lieber am Schampus, als ein Bier zu kippen. Fazit: Auch das sich stets wandelnde Warschauer Nachtleben spiegelt die kunterbunte Widersprüchlichkeit der Weichselstadt wider.

Wodka rund um die Uhr

Seit einigen Jahren gibt es in Polen einen Trend zu **Wodkabars**, die oft auch als polnische Tapasbars bezeichnet werden. In der Regel sind diese rund um die Uhr geöffnet, der *wódka* oder ein kleines Bier kosten umgerechnet 1 €, kleine Snacks wie Würstchen oder *bigos* gibt es für 2 €. In Warschau lassen sich die meisten auf dem **Königstrakt** finden, etwa Pijalnia Wódki (→ S. 66) oder ojczysta czysta (→ S. 66).

Kultur am Abend

Gepflegter geht es natürlich bei einem Abend in den Kultureinrichtungen zu. **Philharmonie**, **Oper** und **Theater** (→ Kulturleben, S. 221–223) der polnischen Hauptstadt zählen zur europäischen Spitze. Hervorragenden **Jazz** gibt's im Jazzclub 120n14 (→ S. 143). Nach einem Konzert oder Theaterabend trifft sich die Warschauer Intelligenz dann gern im Café Kulturalna (→ S. 108) oder barStudio (→ S. 108).

Alternatives Nachtleben

Im hippen **Praga** treffen sich Künstler und Outsider in außergewöhnlichen Bars und verruchten Kneipen, dunklen Hinterhöfen oder ehemaligen Fabriken. Entlang der ul. Ząbkowska lassen sich viele von ihnen finden, wie das W Oparach Absurdu (→ S. 172) oder Łysy Pingwin (→ S. 172). Doch auch **links der Weichsel** gibt es ähnliche Orte, etwa das Warszawa Powiśle (→ S. 81), das Plan B (→ S. 143) und natürlich die Pawilony (→ S. 66).

Unter freiem Himmel

Eine Warnung vorweg: Alkohol darf in Polen nur in **Biergärten** oder ähnlichen Orten getrunken werden, nicht aber irgendwo sonst unter freiem Himmel mit Ausnahme der Weichselpromenade (empfindliche Bußgelder!).

Im Sommer gut besucht: die **Weichselstrände** La Playa (→ S. 173) und temat:rzeka (→ S. 173). Nicht weniger beliebt: die **Partyschiffe** BarKa (→ S. 81) und Sen Nocy Letniej (→ S. 81) sowie am Ufer davor die **Feierbuden vom Plac Zabaw** (→ S. 81). Seit 2016 warten auf dem **Nocny Market** (→ S. 108) unzählige *foodtrucki* mit Streetfood. Nicht vergessen sollte man die ausgelassenen **Straßenfeste** im Sommer (→ Veranstaltungen, S. 224-226).

Zum Tanzen

Getanzt wird im Sommer viel auf den oben genannten Partyschiffen. Edel sind hingegen die **Clubs** in der **Ul. Mazowiecka** mit einer entsprechend strengen Türpolitik, wie das Enklawa (→ S. 95) oder Sketch Nite (→ S. 95).

Um die Ecke ist es in der Klubokawiarnia (→ S. 95) weniger strikt, aber auch weniger schick. Abtanzen im **Kulturpalast**? Dafür bietet sich der Club Mirage (→ S. 108) an. Leicht versifft und verkifft sind die Clubs in der **Ul. 11 Listopada 22**, wie das Hydrozagadka (→ S. 173) oder Skład Butelek (→ S. 172). Wen das nicht stört, wird dort ausgelassen feiern können.

5 Tipps für 5 Abende

W Oparach Absurdu: Auf Kinostühlen oder Sofas sitzen, Freejazz hören und sich am alternativen Nachtleben oder an Konzerten, Ausstellungen, 60er-Jahre-Kino erfreuen. → Tour 10, S. 172

Pawilony: Diverse Kneipen und Clubs in Pavillons, die sich in einem Hinterhof verteilen. Schöner Kontrast zum eleganten Königstrakt. → Tour 3, S. 66

BarKa: Entspannte Clubatmosphäre in lauen Sommernächten auf einer Fähre. Konzerte und DJ-Sets. → Tour 4, S. 81

12on14: Warschaus bester Jazzclub. Auftritte internationaler und polnischer Stars und Newcomer. → Tour 8, S. 143

Foton Bar: Einrichtungsmäßig ein Cybergarten, die Cocktails werden wirklich sehr gut gemixt. → Tour 8, S. 143

Orientiert in Warschau

Shopping

Menschen, die den Anschluss an das entfesselte Warschau verloren haben, tummeln sich neben gehetzten Bankern; Rentner, die jeden Złoty dreimal umdrehen müssen, neben Jugendlichen, die die harten Zeiten nur noch aus Erzählungen kennen. Entsprechend vielfältig sind die Geschäfte, Boutiquen, Stände und Malls der Hauptstadt.

Ausführliche Beschreibungen einzelner Shoppingmöglichkeiten in den Vierteln finden Sie am Ende der Touren. Die besten Adressen zum Einkaufen liefern die Touren 1, 4, 6, 7 und 8.
Der Schwerpunkt liegt bei den Einkaufstipps auf Läden, die nur in Warschau oder Polen zu finden sind.

Eine Liste der im Buch genannten Läden und Galerien gibt es ab S. 268.

Polnische Designer

Die polnischen Modedesigner sind das nächste große Ding, keine Frage. Außerhalb der Modewelt ist das zwar wenig bekannt, aber überzeugen Sie sich am besten vor Ort in den Boutiquen und Showrooms. Was es gibt? Sportliches und Farbenfrohes bei **Femi Pleasure** (Tour 4) und Tabanna (Tour 6), Männermode in der tollen Boutique von **Reykjavik District** (Tour 7).

Exklusiver und luxuriöser ist es in der ul. Mokotowska, Abstecher lohnen sich dort in die **Butik Ani Kuczyńskiej,** zu QπШoder in die Mokotowska 48 (alle Tour 8). Unser Favorit und der vieler polnischer Frauen ist **Risk made in Warsaw** (Tour 6) mit ungezwungenen, aber eleganten und weiblichen Kreationen. Hüte aus eigener Herstellung findet man bei **Marta Ruta Hats** (Tour 4) oder bei der **Andrzej Zaręba Pracownia** (Tour 4), einfallsreichen Schmuck aus Bernstein, Silber und anderem Metall in der **metal GALERIA** (Tour 1).

Maßgeschneidert

Wer sich lange genug in Warschau aufhält, kann sich Anzüge auf den Leib schneidern oder Schuhe an den Fuß schustern lassen. Józef Błoński schneidert in seiner **Pracownia Krawiecka** (Tour 1) elegante Anzüge, Smokings, Fracks, Mäntel, Kostüme und Röcke. Bei der **Pracownia Obuwia Jan Kielman i Syn** (Tour 6) lassen sich u. a. polnische Politiker und Promis ihre Schuhe anfertigen. Obwohl Kielman wiederholt zum europaweit Besten seiner Zunft gewählt worden ist, sind die Preise im Vergleich zum Westen absolut bezahlbar.

Plakatkunst

Die polnischen Plakatkünstler zählen zu den besten der Welt. Kein Wunder also, dass man an mehreren Orten in

Warschau Plakate anschauen oder erstehen kann. Da wäre zum einen die **Galeria Plakatu** (Tour 1) in der Altstadt, zum anderen die **Galeria Grafiki i Plakatu** (Tour 8) mit der größten Auswahl. Nicht zu vergessen der kleine Laden im **Plakatmuseum** (Tour 12) selbst.

Kunst und Kunsthandwerk

Holzschnitzereien, Glas- und Stoffmalereien, Stickarbeiten, Trachten, Scherenschnitte findet man bei **PolArt** (Tour 1) oder **Cepelia** (Tour 6), einfallsreiche Glaswaren und Designerlampen in der **Galeria Velt** (Tour 7). Unter einigen der Touren haben wir Kunstgalerien aufgelistet, unsere liebsten sind die **Galeria Napiórkowska** und **Galeria XX1** (beide Tour 7).

Mehr als nur Souvenirs

Wie wäre es mit einem Andenken mit polnischen Wortspielen, teils international verständlich? T-Shirts gibt es bei **Chrum.com** (Tour 4), Tassen, T-Shirts, Bücher oder Postkarten in der **Galeria Andrzeja Mleczki** (Tour 5). Ostalgische Retro-Souvenirs in allen Formen findet man bei **Spod Lady** (Tour 6) oder **Pan tu nie stał** (Tour 8). Der **Chopin Store** im Museum (Tour 4) hat einige schöne Andenken zu Chopin, Polen und Warschau, das **Sklep muzealny** im Historischen Museum der Polnischen Juden (Tour 7) zur jüdischen Geschichte Polens. Buntes, Handgemachtes oder Antiquitäten kann man im **Lapidarium** (Tour 1), im **Las Rąk** (Tour 6), auf dem Flohmarkt **ZOO Market** (Tour 10) oder im **Szuflada** (Tour 10) finden.

Alte Markthallen und Märkte

Einkaufen wie die Warschauer? Kann man am besten in den **Mirów-Markthallen** (Tour 7), in denen man alles von Lebensmitteln über Bekleidung bis zu Alltagsgegenständen bekommt. Seit 2018 gibt es eine weitere alte Markthalle: Die **Koszyk-Markthalle** (Tour 8) steht für ein exklusiveres Einkaufserlebnis, mit Delikatessenläden und Boutiquen. Luxus wird man auf dem **Różycki-Basar** (Tour 10) lange suchen müssen. An den Buden des Marktes kauft die ärmere Bevölkerung Warschaus noch so ein wie anno dazumal.

Shopping Malls

Natürlich gibt es auch die modernen Einkaufszentren, eins größer als das andere. Das **Vitkac** (Tour 3) sieht aus wie ein bösartiges Ufo, das in der Stadt gelandet ist. Kaufen kann man garantiert nichts Polnisches. In den **Złote Tarasy** (Tour 6) hingegen ist die Bandbreite von günstig bis luxuriös breiter. Hier findet man auch polnische Ketten wie Krakowski Kredens (Delikatessen), Gatta (Strümpfe & Strumpfhosen), Bytom, Próchnik, Vistula und Wólczanka (alle Männermode) oder Badura, Ryłko und Wojas (Schuhe).

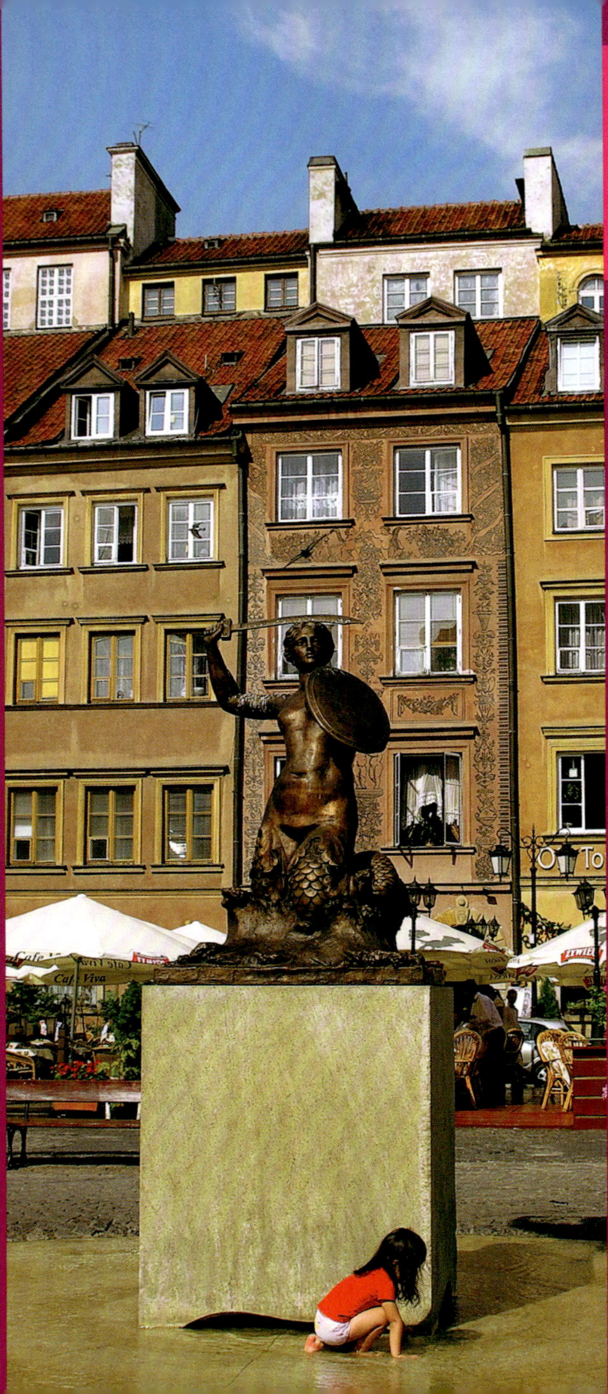

Sirene auf dem Altmarkt

Wege durch
Warschau

Tour 1	Stare Miasto	S. 24
Tour 2	Nowe Miasto	S. 42
Tour 3	Trakt Królewski	S. 54
Tour 4	Mariensztat und Powiśle	S. 68
Tour 5	Park Saski	S. 82
Tour 6	Centrum	S. 96
Tour 7	Śródmieście Północne	S. 110
Tour 8	Śródmieście Południowe	S. 130
Tour 9	Łazienki Królewskie	S. 144
Tour 10	Praga	S. 158
Tour 11	Żoliborz	S. 174
Tour 12	Wilanów	S. 184
Ausflüge	Żelazowa Wola | Puszcza Kampinoska | Gedenkstätte Treblinka	S. 192

Durch die Altstadt
Tour 1

Ihre internationale Bekanntheit verdankt die Altstadt in erster Linie einer traurigen Tatsache: der völligen Zerstörung im Zweiten Weltkrieg. Doch der Tragödie folgte mit der detailgetreuen Rekonstruktion eine Leistung, die weltweit ohne Beispiel ist.

Schlossplatz, die wohl bekannteste Stadtansicht, S. 30

Königsschloss, Rundgang durch königliche Gemächer, S. 30

Johannisdom, wichtigste Kirche der Altstadt, S. 36

Altmarkt, Zentrum der Altstadt mit der berühmten Sirene, S. 37

Historisches Museum Warschaus, seit 2017 mit modernisierter Ausstellung, S. 39

Altstadt
Stare Miasto

Die ersten Siedlungen über dem tiefen Weichseltal gab es schon vor 8000 Jahren. Das städtische Warschau – das heutige Gebiet der Altstadt um das *Schloss* und den *Altmarkt* mit dem Rathaus in der Mitte – entwickelte sich aber erst im 13. Jh. Noch heute sind diese beiden Plätze die zentralen Orte, zwischen denen die Gassen wie ein rechtwinkliges Gitternetz verlaufen. Geschützt war die Stadt zunächst nur provisorisch, Ende des 14. Jh. wurde der Bau einer steinernen Stadtmauer immer dringlicher. Als Warschau 1413 zum masowischen Fürstensitz wurde, wurden die Mauern weiter verstärkt und zusätzlich ein Graben gezogen. In die prosperierende Altstadt gelangte man zu dieser Zeit entweder durch das *Neustadttor* im Norden oder durch das *Krakauer Tor* im Süden. Vor allem um das Krakauer Tor breitete sich Warschau, seit 1596 Hauptstadt des Landes, mit prächtigen Palästen, Kirchen und Bürgerhäusern aus. Die Gebäude der Altstadt hingegen veränderten sich kaum, als wären sie in einem Biotop verblieben. Einzig der Großbrand im Jahr 1607 richtete schweren Schaden an. Im 19. Jh. verkam die Altstadt zum Viertel der Armen und Ausgestoßenen. Das einst prächtige Rathaus auf dem *Rynek*, dem Altmarkt, wurde abgerissen, die Stadtmauern und die Barbakane wurden zu Mietunterkünften für Arbeiter umfunktioniert. Erst mit der Neugründung des polnischen Staates nach den Teilungen wurde die Altstadt wiederentdeckt; sie galt nun als patriotisches Sinnbild eines freien Polens, eine Bedeutung, die vor und nach dem Zweiten Weltkrieg weiter wuchs.

Das *Königsschloss* wurde schon kurz nach Kriegsbeginn im September 1939 bei einem Luftangriff zerstört. Aus dem brennenden Palast retteten Kunsthistoriker unter Einsatz ihres Lebens viele, doch längst nicht alle Kunstschätze und fertigten sogar noch Skizzen der Inneneinrichtung an. Nach dem Warschauer Aufstand im August 1944 sollte der gesamten Altstadt ein ähnlich tragisches Schicksal widerfahren. Auch wenn die Stare Miasto eines der Zentren des Widerstands war, war ihre Zerstörung, darin sind sich die Historiker einig, militärisch ohne Sinn – sie war eine Bestrafungsaktion und sollte die Menschen demoralisieren. Zunächst wurde die Altstadt bombardiert, die überlebende Bevölkerung entweder vertrieben oder von den SS-Einheiten z. T. grausam umgebracht. Die nach den Bombardements noch unbeschädigten Häuser und Kirchen wurden, Gebäude für Gebäude, gesprengt, sogar die noch verbliebenen Trümmer des Schlosses! Übrig blieben vereinzelte Ruinen, alle Obergeschosse waren restlos zerstört, die Häuser unbewohnbar.

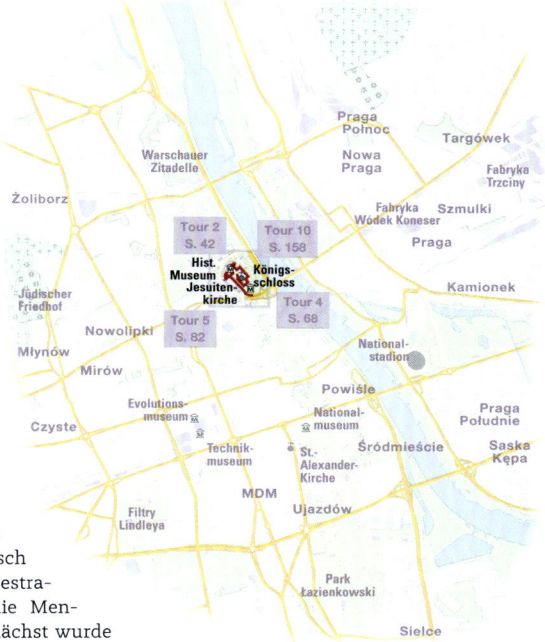

Trotz der immensen Kosten, die eine Rekonstruktion der Altstadt mit sich bringen würde, wurde eine Neubebauung gar nicht erst ins Auge gefasst. Stattdessen eröffnete bereits im Februar 1945 das Büro für den Wiederaufbau der Hauptstadt und machte sich unverzüglich an die Arbeit. Trümmerfrauen aus ganz Polen befreiten die Altstadt zunächst von Schuttbergen. Archäologen fanden unter den Trümmern gotische Mauerteile und Torbögen, von denen etliche für den Wiederaufbau genutzt wurden. Architekten und Restaurateure analysierten Zeichnungen, Fotos, Vermessungspläne und die historischen Stadtansichten des venezianischen Malers Canaletto auf ihre Nützlichkeit für die Rekonstruktion. Treibende Kraft beim Aufbau war von Beginn an der Architekt, Professor, Kunsthistoriker und Konservator Jan Zachwatowicz.

Und der Aufbau war eine gigantisches Unternehmen: Bezieht man das Schloss mit ein, dauerte der Wiederaufbau ganze 43 Jahre. Doch die eigentliche Altstadt wurde bereits am 22. Juli 1953 feierlich eröffnet, die Arbeiten zogen sich vereinzelt bis ins Jahr 1955. Die Fassaden der Häuser wurden nach alten Plänen originalgetreu rekonstruiert, im Innern aber richtete man zeitgemäße Wohnungen ein, von denen einige mietfrei an verdiente Künstler vergeben wurden. Interessanterweise bemühten sich die sozialistischen Machthaber bei der Rekonstruktion von Kirchen und sakralen Bauwerken weniger um Detailtreue, den marxistischen Maximen entsprechend wollte man das „Opium fürs Volk" so weit wie möglich entfernen oder seinen Glanz beschränken; ebenso vernachlässigt wurden allzu bürgerlich-prächtige und auch gotische Gebäude zugunsten von Gebäuden aus dem 17. und 18. Jahrhundert. Trotz alledem beeindruckt die Aufbauleistung der Warschauer: Sie ist die weltweit umfangreichste Rekonstruktion dieser Art. Die UNESCO honorierte diesen Kraftakt 1980 mit der Aufnahme in das Weltkulturerbe, wobei die Warschauer Altstadt das bisher einzige rekonstruierte Gesamt-Baudenkmal auf dieser Liste ist.

Warschaus heutiges *Zentrum* erstreckt sich allerdings eher um den Kulturpalast (→ Tour 6). In die alten Stadtkern kommen die Einwohner meist nur noch, wenn sie Gäste ausführen, oder zu besonderen Anlässen wie Festivals. Vielleicht liegt das daran, dass die rekonstruierten Häuser und v. a. das Wissen um ihre Zerstörung viele Menschen schmerzhafter an den Krieg erinnern als die Neubauten außerhalb der Altstadt. Und so klingt immer ein bisschen Wehmut mit, wenn die Warschauer liebevoll von der *starówka* sprechen, ihrem „Altstädtchen".

Warschau im Kasten

Gemalter Phönix aus der Asche

Wer heute durch die Altstadt und andere Viertel des historischen Warschaus spaziert, fragt sich immer wieder, wie der Wiederaufbau der zerstörten Stadt in dieser Detailtreue möglich war. Ungezählte Hände aus ganz Polen hatten den Schutt weggeräumt, Steine mühselig per Hand geklopft, sortiert und nach den Plänen der Kunsthistoriker und Architekten wieder zusammengefügt. Aber nach welchen Plänen? Zwar gab es vereinzelt Fotos und Zeichnungen, am wichtigsten jedoch sollte das Werk eines längst verstorbenen Malers sein: Canaletto. Unter diesem Namen wurde der venezianische Künstler Bernardo Bellotto (1722–1780) bekannt, der die polnische Malerei seiner Zeit stark beeinflusst hatte. Nach Polen kam er 1766 und wurde zwei Jahre später zu einem der Hofmaler des kunstfreundlichen und polyglotten Königs Stanisław August Poniatowski. Neben seinen historischen Gemälden und Fresken waren es v. a. die Veduten, mit denen sich Canaletto einen Namen machte.

Der König hatte Canaletto beauftragt, einen ganzen Zyklus von Stadtansichten zu erstellen, und zwar von Rom, dem Palast in Wilanów und natürlich der polnischen Hauptstadt selbst. Kunstfreunde schätzen Canalettos Veduten als kostbare Kunstwerke, Historikern hingegen offenbaren sie wegen ihres Detailreichtums viel über das Leben im 18. Jh. Im Falle von Warschau kam hinzu, dass der unübertroffene Realismus, die makellosen Perspektiven und die äußerst präzise Pinselführung die Rekonstruktion der zerstörten Gebäude in der Altstadt und anderen Teilen des alten Warschaus erst möglich machte. Dabei nutzte Canaletto als einer der ersten Maler die Möglichkeiten der Camera Obscura; wie bei modernen Fotoapparaten wird hier ein Abbild projiziert, allerdings nicht auf einen Film, sondern auf eine Leinwand – eine Zeichenhilfe, die es Canaletto erleichterte, die Gebäude bis ins Detail genau zu malen.

Einige Kunsthistoriker wenden ein, dass sich Canaletto keinesfalls immer an der Realität orientiert, sondern die Häuserzeilen und Paläste nach seinem Geschmack verschönert habe. So wäre der Künstler mehr als 160 Jahre nach seinem Tod noch zum Architekten geworden. Wer vergleichen möchte: 22 der 24 erhaltenen Veduten sind im Königsschloss zu besichtigen, die beiden anderen hängen im Nationalmuseum.

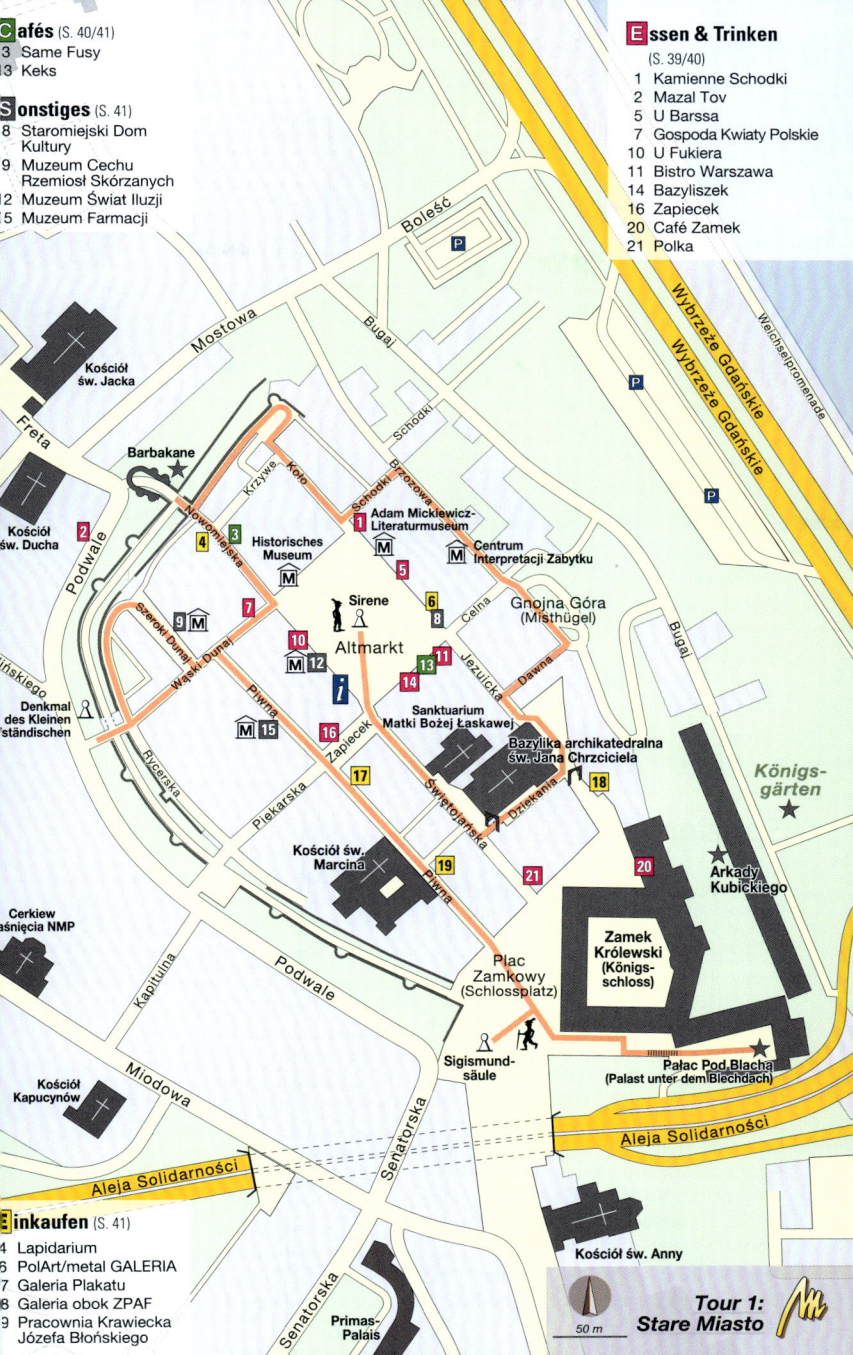

C afés (S. 40/41)
3 Same Fusy
13 Keks

S onstiges (S. 41)
8 Staromiejski Dom
  Kultury
9 Muzeum Cechu
  Rzemiosł Skórzanych
12 Muzeum Świat Iluzji
15 Muzeum Farmacji

E ssen & Trinken
(S. 39/40)
1 Kamienne Schodki
2 Mazal Tov
5 U Barssa
7 Gospoda Kwiaty Polskie
10 U Fukiera
11 Bistro Warszawa
14 Bazyliszek
16 Zapiecek
20 Café Zamek
21 Polka

E inkaufen (S. 41)
4 Lapidarium
6 PolArt/metal GALERIA
7 Galeria Plakatu
8 Galeria obok ZPAF
9 Pracownia Krawiecka
  Józefa Błońskiego

Boleść

Mostowa

Bugaj

Freta

Kościół
św. Jacka

Barbakane

Podwale

Kościół
św. Ducha

Krzywe

Koło

Schodki

Brzozowa

Schodki

Wybrzeże Gdańskie

Weichselpromenade

Nowomiejska

Historisches
Museum

Adam Mickiewicz-
Literaturmuseum

Centrum
Interpretacji Zabytku

Sirene

Szeroki Dunaj

Wąski Dunaj

Altmarkt

Celna

Gnojna Góra
(Misthügel)

Bugaj

Jazd-cka

Dawna

Denkmal
des Kleinen
Ständischen

Piwna

Zapiecek

Piekarska

Sanktuarium
Matki Bożej Łaskawej

Świętojańska

Bazylika archikatedralna
św. Jana Chrzciciela

Dziekania

Königs-
gärten

Rycerska

Cerkiew
Wniebowzięcia NMP

Podwale

Kościół św.
Marcina

Piwna

Arkady
Kubickiego

Zamek
Królewski
(Königs-
schloss)

Kapitulna

Miodowa

Kościół
Kapucynów

Plac
Zamkowy
(Schlossplatz)

Sigismund-
säule

Pałac Pod Blachą
(Palast unter dem Blechdach)

Aleja Solidarności

Senatorska

Aleja Solidarności

Kościół św. Anny

Senatorska

Primas-
Palais

50 m

**Tour 1:
Stare Miasto**

Sigismund-Säule und Altstadthäuser

Tour-Info: Der folgende Spaziergang ist ein Vorschlag, um alle sehenswerten Ecken kennenzulernen. Doch ist die Altstadt so überschaubar, dass man auch ziellos durch die Gassen schlendern kann.

Ausgangspunkt unserer Tour ist der Schlossplatz (plac Zamkowy). Anfahrt und Rückfahrt mit den Buslinien 116, 128, 175, 180, 222, Haltestelle plac Zamkowy oder Kapitulna sowie mit Tram 4, 20, 23, 26, Haltestelle Stare Miasto. Ⓜ Ratusz/Arsenał (1 km entfernt).

Ende: Rynek Starego Miasta.

Dauer: reine Gehzeit 30 bis 45 Min.

Spaziergang

Ein Tipp: Beenden Sie bei gutem Wetter Ihre Tour mit den Schlossgärten und gehen Sie anschließend auf die neue Weichselpromenade, dort nach rechts zu einem langen Spaziergang.

Den → **Schlossplatz** (plac Zamkowy) dominieren die → **Sigismundsäule** (Kolumna Zygmunta III. Wazy) im Zentrum und das → **Königsschloss** (Zamek Królewski) an der Ostseite. Etwas näher zum Fluss hin befinden sich die → **Kubicki-Arkaden** (Arkady Kubickiego) mit den → **Schlossgärten** (Ogrody Zamkowe) und der → **Palast unter dem Blechdach** (Pałac pod Blachą). Vom Schlossplatz geht es in die ulica Piwna, die mit ihrem Kopfsteinpflaster auf die Atmosphäre in den engen Gassen einstimmt. Hier stoßen wir auf der linken Seite gleich auf die → **St.-Martin-Kirche** (Kościół św. Marcina).

Ein paar Schritte weiter ist der plac Zapiecek erreicht; hier sind an den Fassaden die für die Altstadt so typischen Sgraffiti aus dem frühen 17. Jh zu entdecken, kunstvolle Muster oder Handwerkerdarstellungen, die nach dem Krieg teilweise rekonstruiert wurden. Noch schöner aber sind die an der Häuserfront am Ende der ulica Piwna, auf der wir links in die ulica Wąski Dunaj einbiegen und am plac Szeroki Dunaj vorbei zur Stadtmauer kommen. Linker Hand sehen wir die Mauern und den Stadtgraben, wir gehen aber nach

rechts zum berühmten, von Jerzy Jarnuszkiewicz geschaffenen → **Denkmal des Kleinen Aufständischen** (Pomnik Małego Powstańca); es erinnert an die jungen Pfadfinder, die 1944 beim Warschauer Aufstand mitgekämpft hatten. Anschließend kehren wir zurück, gehen nach links auf die Mauern und gelangen durch ein Tor auf der rechten Seite beim Restaurant mit den häufig wechselnden Besitzern wieder in die Altstadt.

Über die platzähnliche ulica Szeroki Dunaj geht es zurück zur ulica Wąski Dunaj, in der wir bereits waren. Wer hier links in die ulica Nowomiejska geht, kann schon mal einen Blick auf den Rynek werfen. Doch zuerst besichtigen wir die rundförmige → **Barbakane** (Barbakan), die wir durch die ulica Nowomiejska erreichen.

Anschließend geht es rechts, Richtung Osten auf der Stadtmauer bis zum Aussichtsturm *Wieża Marszałkowska*, von dem die nahe Weichsel aber nicht zu sehen ist. Unser Weg führt rechts durch ein Tor in die ulica Krzywe Koło, von der wir links die Treppen der 2008 restaurierten ulica Kammienne Schodki hinuntersteigen. In dem romantischen Gässchen wurde früher das Wasser von der Weichsel in die Stadt getragen. Unten angekommen, schlendern wir rechts die ulica Brzozowa hinauf, besuchen das → **Interpretationszentrum für das Kulturerbe** (Centrum Interpretacji Zabytku) und gehen anschließend bis zum → **Misthügel** (Gnojna Góra). Hier gönnen wir uns ein paar Minuten und genießen den traumhaften Ausblick auf das Weichselufer, den Stadtteil Praga und die Brücken.

In entgegengesetzter Richtung zum Fluss geht es durch schöne Arkadengänge in die ulica Dawna, dann links in die ulica Jezuicka, bis auf dem plac Kanonia eine alte Kirchenglocke zu sehen ist. Unser Weg führt weiter nach rechts in die kurze ulica Dziekania, zwischen den Arkaden am Anfang und dem Turm am Ende, flankiert von der Mauer des Johannisdoms zur Rechten.

Abschließend gehen wir rechts in die ulica Świętojańska, vorbei an → **Johannisdom** (Bazylika archikatedralna św. Jana) und → **Jesuitenkirche** (Kościół

Jezuitów) und erreichen schließlich den →Altmarkt (Rynek Starego Miasta), das Herz der Altstadt. Neben vielen Cafés und Restaurants warten hier auch zwei Museen auf Besucher: das →Historische Museum Warschaus (Muzeum Historyczne m.st. Warszawy), sowie das v. a. für Literaturinteressierte lohnende →Literaturmuseum (Muzeum Literatury).

Sehenswertes

Plac Zamkowy, Kolumna Zygmunta III Wazy

Schlossplatz mit Sigismundsäule

Der **Schlossplatz** in seiner dreieckigen Gestalt wurde erst Anfang des 19. Jh. angelegt. Zuvor führte die Stadtmauer bis zum Schloss, vor dem heutigen Platz stand etwa auf der Höhe der Säule das Krakauer Stadttor, dem die ulica Krakowskie Przedmieście (Krakauer Vorstadt) ihren Namen verdankt. Auf dieser Seite öffnet sich der Platz in Richtung Königstrakt, an den beiden anderen Seiten begrenzt von Schloss und Altstadthäusern.

Die barocke **Sigismundsäule** in der Platzmitte, eines der Wahrzeichen Warschaus, ist König Zygmunt III. Waza (1566–1632) gewidmet, der 1596 die Hauptstadt von Krakau nach Warschau verlegte. Zwölf Jahre nach seinem Tod ließ sein Sohn Władysław die Statue vom italienischen Bildhauer Clemente Molli errichten. Die Entwürfe für die Säule, an der auf Tafeln die Verdienste des Königs gerühmt werden, stammen von Agostino Locci und Constantino Tencella. Bemerkenswert ist das Denkmal nicht zuletzt, weil es 22 Meter in den Himmel ragt – eine Höhe, die eigentlich Heiligen vorbehalten war.

Zamek Królewski

Königsschloss

Das Königsschloss, eines der Wahrzeichen der Stadt, fällt schon von Weitem durch seine lachsrote Fassade auf. Die

Schlossplatz bei Sonnenuntergang

fünf Schlossflügel haben jeweils einen eigenständigen Charakter, ein Rundgang um das Schloss und ein Blick in den Innenhof lohnen sich.

Die unterschiedlichen Stile sind den vielen Umbauten geschuldet. Im 13. Jh. wurde zunächst ein Holzgebäude errichtet, zwei Jahrhunderte später gab es die ersten gemauerten Flügel, der wichtigste Umbau erfolgte zwischen 1598 und 1619. Seitdem hat das Schloss seine ungewöhnliche, fünfeckige Gestalt mit dem Turm im Zentrum.

Warschaus Blütezeit unter König Stanisław August Poniatowski (1764–1795) spiegelt sich auch im Schloss wider, v. a. das Interieur gewann an Pracht und Prunk, wie ein → Rundgang durchs Schloss (s. u.) eindrucksvoll zeigt.

Eine Besonderheit ist, dass das Schloss nicht nur Sitz der masowischen Fürsten und ab 1595 des Königs war, sondern auch Tagungsort des Parlaments. Hier verabschiedete der Sejm 1791 Europas erste demokratische Verfassung. Die drei Teilungen Polens (1792–95) hatten einen Verfall des Schlosses zur Folge, viele Kunstwerke wurden von den russischen Besatzern gestohlen. In den 1920er- und 30er-Jahren gab es erste Restaurierungsarbeiten, das Königsschloss wurde als Residenz des Präsidenten genutzt, doch schon der Luftangriff deutscher Bomber im ersten Kriegsjahr 1939 zerstörte das Schloss fast vollkommen. Nach der Niederschlagung des Warschauer Aufstands 1944 wurden die Reste schließlich auf Befehl Heinrich Himmlers, des „Kommissars für die Festigung deutschen Volkstums", gesprengt.

Die Entscheidung, das Schloss wieder aufzubauen, fiel erst 1971. Der größte Teil der Rekonstruktion war 1988 abgeschlossen.

Für Fotos ist der mit einer Uhr geschmückte Sigismundturm beliebt, von dem täglich um 11.15 Uhr der Hejnał,

ein Turmbläser-Signal, gespielt wird. An jedem dritten oder vierten Sonntag im Monat ist im Lesesaal ein Film über die Geschichte des Schlosses zu sehen (kostenlos).

Film am 3. oder 4. So im Monat: 12, 13, 14, 15 Uhr (auf Poln.), 12.30, 13.30, 14.30, 15.30 Uhr (auf Engl.). www.zamek-krolewski.pl. Pl. Zamkowy 4.

> **Tipp:** Besonders in der Hauptsaison ist es sinnvoll, das Ticket und/oder eine Führung bereits einige Tage vor dem Schlossbesuch zu reservieren. An eintrittsfreien Tagen ist keine Reservierung möglich, dann am besten rechtzeitig vor Öffnung erscheinen.
>
> Reservierung: Di–Fr 9–14 Uhr, ☎ 22-3555 338 oder über die Webseite www.zamek-krolewski.pl.
>
> Für Blinde und Gehbehinderte gibt es spezielle Angebote; Info & Anmeldung: ☎ 22-3535114, ✆ 3555105.

Trasa Zamkowa

Rundgang durch das Königsschloss

Die Innenräume des Schlosses dienen heute als Museum und lassen jedes Jahr rund eine halbe Millionen Besucher staunen. Im Gegenteil zu vielen Warschauer Palästen, Kirchen und Häusern wurde das Interieur in seiner historischen Pracht wiederhergestellt – kaum zu glauben, dass es sich bei den Sälen und Räumen „nur" um eine Rekonstruktion handelt.

Auf dem vorgegebenen Rundgang bekommt man verschiedene Säle und Gemächer zu sehen.

Erdgeschoss

Im Erdgeschoss befinden sich v. a. die Abgeordnetensäle, Kabinette und Kemenaten, besonders die *Komnata Główna* (Hauptkemenate) mit ihrer ungewöhnlichen Decke ist hier erwähnenswert. Am prächtigsten ist die auch als „Drei-Säulen-Saal" bezeichnete

Ehemalige Abgeordnetenkammer mit himmelblauen Fresken und den 32 Wappen der alten Woiwodschaften.

Seit Abschluss der Renovierungsarbeiten 2010 sind nun im Erdgeschoss Wechsel- und Dauerausstellungen zu sehen, die eine separate Eintrittskarte erfordern. Die spannendste Dauerausstellung ist die **Galeria Lanckorońskich** mit Rembrandts Gemälden *Mädchen im Bilderrahmen* (auch: „Die jüdische Verlobte") und *Gelehrter am Schreibpult* (auch: „Der Vater der jüdischen Verlobten"), deren Echtheit vom renommierten Rembrandtkenner Ernst van de Wetering nachgewiesen wurde. Weitere Werke stammen von David Teniers d. J., Corneille de Lyon, Josef Grassi u. a. Der eigentliche Rundgang durchs Schloss beginnt im ersten Stock.

Erste Etage

Unterteilt ist die erste Schlossetage in die Abschnitte Parlamentssäle, Prinzenzimmer, Große Gemächer, Königsgemächer und Gemächer des Prinzen Stanisław.

Parlamentssäle *(Sale Sejmowe)*: Hier tagte seit dem 16. Jh. der Sejm des Polnisch-Litauischen Großreichs. Im wegen seines weißen und goldenen Stucks erstaunlich fröhlichen Senatssaal mit dem originalen Königssessel wurde die Verfassung von 1791 verabschiedet.

Prinzenzimmer *(Pokoje Królewiczowskie)*: Die sog. Prinzenzimmer werden auch Matejko-Zimmer (Pokoje Matejkowskie) genannt, da sie v. a. mit Werken von Polens bedeutendstem Historienmaler Jan Matejko geschmückt sind. Die wichtigsten sind *Verfassung des 3. Mai 1791* (Konstytucja 3 Maja 1791), *Reytan – Der Fall Polens* (Rejtan – upadek Polski) und *Stefan Batory bei der Belagerung von Psków (Pleskau)* (Stefan Batory pod Pskowem). Daneben sind auch Werke von Malern des 16. bis 19. Jh. sowie Kunstgegenstände aus den Sammlungen der Prinzen zu sehen.

Große Gemächer *(Apartament Wielki)*: Hier jagt ein Glanzlicht das nächste. Die *Ovale Galerie* (Galeria Owalna) zeigt Brüsseler Wandteppiche aus dem

Im Großen Saal des Königsschlosses

Stare Miasto → Karte S. 27

16. Jh. und Porträts polnischer Monarchen des 16. und 17. Jh. Den *Ratssaal* (Sala Rady) schmücken die Porträts der Abgeordneten des Vierjährigen Sejm (1788–1792) von Józef Peszka. Das *Vorzimmer zum Großen Saal* (Wielka Antyszambra) stimmt dann mit seinen Gemälden und Marmorskulpturen auf den ersten Höhepunkt ein.

Der von Dominik Merlini und Jan Christian Kamsetzer 1777–1781 gebaute *Große Saal* (Sala Wielka) wurde als Konzert-, Theater-, Ball- oder Speisesaal sowie für höfische Zeremonien genutzt. 17 Paare von goldenen Säulen stehen entlang der weiß-goldenen Wand, das mächtige Deckengemälde zeigt die biblische *Auflösung des Chaos* mit einer Umsetzung des Themas, die Staunen macht. Kaum weniger kunstvoll sind die Skulpturen von Apoll und Minerva sowie die Allegorien des Friedens und der Gerechtigkeit.

Das *Marmorzimmer* (Pokój Marmurowy) diente als zweites Vorzimmer in den herrschaftlichen Gemächern; mit schwarzen Marmorarbeiten und schachbrettartigem Boden, der zu dem ovalen, himmelblauen Deckengemälde einen markanten Kontrast schafft, ist das Marmorzimmer ein echter Hingucker. Nicht übersehen sollte man die stolzen Porträts polnischer Könige.

Den *Rittersaal* (Sala Rycerska) plante König Stanisław August, der hier mit Wandgemälden an die wichtigsten Ereignisse der Geschichte Polens erinnern wollte. Zu sehen sind heute auch 22 Bronzebüsten sowie zehn Porträts berühmter Polen, die der König persönlich ausgewählt hatte. Die Mitte des Saals schmücken Chronos (Zeit) und Sława (Ruhm), Gestalten aus der griechischen Mythologie.

Im *Thronsaal* (Sala Tronowa) schaffen die filigranen Stuck- und Wandtäfelarbeiten eine edle Umgebung für den Königsthron.

Das *Konferenzzimmer* (Pokój Konferencyjny) ist auch als „Galerie der Europäischen Monarchen" bekannt: Porträts von sechs Königen aus der Zeit von König Stanisław August schmücken hier die Wände.

Königsgemächer *(Apartament Królewski)*: Die Königsgemächer stehen den Großen Gemächern an Schönheit und Pracht in nichts nach. Der *Saal der Königlichen Kavallerie* (Sala Gwardii Konnej Koronnej) ist recht schlicht, zeigt aber elegante Marmor- und Stuckarbeiten. Das *Offizierszimmer* (Pokój Oficerski) schmücken Gemälde von Jurriaan Andriessen, die sich mit den Meisterwerken im *Canaletto-Zimmer* (Pokój Canaletta) aber nicht messen können. Auch die von Dominik Merlini gestaltete Einrichtung dort verblasst gegen die Canaletto-Veduten, mit deren Hilfe die Warschauer Altstadt, aber auch das Schloss rekonstruiert wurden (→ Kasten, S. 26).

Ebenfalls ein Werk von Merlini ist die *Kleine Kapelle* (Kaplica Mała), die Marmorarbeiten in Grün, Gold, Rot und Weiß prägen und in der eine Urne mit dem Herzen des Freiheitskämpfers Tadeusz Kościuszko ruht, sowie das Alte Audienzzimmer (Pokój Audiencjonalny Stary) mit einem weiteren originalen Königsthron und einem Deckengemälde von Marcello Bacciarelli. Das *Königliche Schlafgemach* (Pokój Sypialny) mit kunstvoller Eibenholztäfelung, die Garderobe sowie das Grüne und das Gelbe Zimmer sind alle in einem ähnlichen, weniger repräsentativen, dafür fast schon gemütlichen Stil gehalten.

Die **Gemächer des Prinzen Stanisław** *(Apartament Księcia Stanisława)* sind weniger spektakulär.

Zweite Etage

In der zweiten Etage finden sich die *Galerie der Dekorativen Künste*, ein *Münz- und Ordenskabinett* sowie das *Arbeitszimmer von Ignacy Mościcki*, von 1926 bis 1939 polnischer Staatspräsident.

Trasa Zamkowa: Mai bis Sept. Mo–Do u. Sa 10–18, Fr 10–20, So 11–18 Uhr; Okt. bis April Di–Sa 10–18, So 11–18 Uhr. Eintritt 7,50 €, erm. 5 €, Kinder bis 16 J. 0,25 €, Mi frei.

Galeria Lanckorońskich, Wechselausstellungen: Geöffnet wie Trasa Zamkowa. Eintritt 4 €, erm. 2,50 €, Kinder bis 16 J. 0,25 €, Mi frei.

Gabinet Numizmatyczny (Münz- und Ordenskabinett): wie Trasa Zamkowa. Eintritt 2 €, erm. 1 €, Kinder bis 16 J. 0,25 €.

Konzerte: 5 €, erm. 4 €.

Führung: 45 € (auf Deutsch) plus 1 € pro Person für Kopfhörer, Audioguide 4,50 €, erm. 3 € (auf Deutsch). ✆ 22-3555170, www.zamek-krolewski.pl. Pl. Zamkowy 4.

Arkady Kubickiego & Ogrody Zamkowe

Kubicki-Arkaden & Schlossgärten

Die Kubicki-Arkaden haben zwei wichtige Aufgaben: Das Architekturdenkmal aus dem frühen 19. Jh. stützt den Abhang, auf dem das Schloss steht, zum anderen verbindet es den oberen mit dem unteren Teil des Schlossgartens durch zwei Treppen. Da das Regenwasser jahrzehntelang ungehindert in die Anlage eindringen konnte, drohte das Schloss einzustürzen, eine Renovierung war unvermeidlich geworden – sie dauerte 14 Jahre. Der 200 m lange Bogengang mit zehn Arkaden und einem Kreuzgewölbe ist erst seit 2009 öffentlich zugänglich. Restaurants, Ausstellungsflächen, Bühnen und touristische Angebote sind schon entstanden. Auch die über die Arkaden zugänglichen Gartenanlagen sind seit 2019 wie in königlicher Zeit im französischen Barock wiederhergestellt. Man kann also zwischen Ziegelarkaden und Gartenanlagen flanieren und sich dabei wie ein König fühlen. Und sehr schöne Fotomotive finden.

Mai bis Sept. Mo–So 10–20 Uhr, Juli bis Aug. bis 21.30 Uhr; Okt. bis April Mo–So 10–18 Uhr (nur Untere Gärten). Eintritt für Garten und Arkaden generell frei. ✆ 22-3555170, www.zamek-krolewski.pl. Pl. Zamkowy 4.

Pałac pod Blachą

Palast unter dem Blechdach

Der spätbarocke Palast östlich unterhalb des Königsschlosses erhielt als erstes Gebäude der Stadt anstelle eines Schindeldaches eines aus Blech, daher der seltsame Name. Gebaut wurde der Palast mit seiner Prachtfassade 1698–1701 im Auftrag der Lubomirski-Familie, im 18. Jh. diente er als Freimaurerloge, danach König Stanisław II. August und seinem Neffen Józef Poniatowski als Stadtresidenz.

Im Gegensatz zum Schloss konnten sich die Warschauer schon 1949 über die gelungene Rekonstruktion freuen. Derzeit wird der Palast unter dem Blechdach für Ausstellungen, Tagungen und Kunstworkshops genutzt. Im Erdgeschoss empfangen eine Sammlung mit kostbaren Teppichen aus dem Kaukasus, Persien und Anatolien sowie eine Präsentation von Tafelporzellan aus europäischen Adelshäusern den Besucher; zudem können die Gemächer von Józef Poniatowski besichtigt werden.

Mai bis Aug. Mo–Do/Sa 10–18, Fr 10–20, So 11–18 Uhr; Okt. bis April Di–Do/Sa 10–18, Fr 10–20, So 11–18 Uhr. Eintritt 4 €, erm. 2,50 €, Kinder bis 16 J. 0,25 €, Mi frei. ✆ 22-3555170, www.zamek-krolewski.pl. Pl. Zamkowy 2.

Kościół św. Marcina

St.-Martin-Kirche

Die Kirche wurde zusammen mit dem Augustinerkloster 1353 errichtet. Ihre heutige Gestalt mit auffälliger Rokoko-Fassade im Zuckerbäckerstil geht auf das 17. und 18. Jh. zurück, bedeutend dabei war der Beitrag von Baumeister Karol Bay. Schade nur, dass in der engen Gasse so wenig Platz ist, um die verspielte Fassade mit Abstand zu betrachten. Von den gotischen und barocken Kunstschätzen im Innern ist leider nichts erhalten – außer einer halb verbrannten, gekreuzigten Jesusfigur an der rechten Wand im Hauptschiff, deren zerstörter Oberkörper durch einen Metallrahmen angedeutet wird. Doch auch die moderne Einrichtung, herausragend v. a. die Sgraffiti-Kreuzwegstationen von Alma Skrzydlewska, hat ihre Reize.

Die Kirchengemeinde war über lange Zeit ein Zentrum der Warschauer Intelligenz, hier trafen sich in den 80er-Jahren Mitglieder der Gewerkschaft Solidarność, schon 1977 fand in der Kirche ein zweiwöchiger Hungerstreik statt, an dem sich auch der spätere Ministerpräsident Tadeusz Mazowiecki beteiligte.

Tägl. 9–12.15 und 15–17.30 Uhr, Messe Mo–Sa 8, 17.30, So 8, 9.30, 11, 17.30 Uhr. Ul. Piwna 9/11.

Pomnik Małego Powstańca

Denkmal des Kleinen Aufständischen

Das 1983 von J. Jarnuszkiewicz geschaffene Denkmal erinnert an die Kinder des Warschauer Aufstands von 1944. Traurig stimmt der viel zu große Helm der Skulptur, der die seelische Last der Kindersoldaten versinnbildlicht. Während das Kindersoldatentum heute mehr und mehr geächtet ist, hatten die kleinen Warschauer während des Aufstands keine Wahl. Sie waren zur Selbstverteidigung gezwungen, da die deutschen Truppen auch Kinder ermordeten. Die meist in Pfadfinderorganisationen organisierten Heranwachsenden übernahmen wegen ihrer geringen Körpergröße v. a. Aufgaben als Kuriere oder transportierten Waffen, meist durch das Warschauer Kanalisationssystem.

Ul. Podwale.

Barbakan

Barbakane

Gebaut wurde die Barbakane 1548 zwischen der Alt- und der Neustadt, um sich vor den damals aufkommenden Feuerwaffen wirksamer zu schützen; dazu integrierte man die vorgelagerte massive Festung in die schon vorhandenen Stadtmauern. Ihren Zweck erfüllte die Barbakane jedoch nur einmal, während der schwedischen Invasion im Jahr 1656. In den folgenden Jahrhunderten verfiel sie und wurde erst in den letzten Vorkriegsjahren rekonstruiert. Nach der Zerstörung im Zweiten Weltkrieg musste der zum Generalkonservator ernannte Zachwatowicz erneut eine Rekonstruktion in Angriff nehmen, die 1954 nach zweijähriger Bauzeit beendet war.

Ul. Nowomiejska.

Gnojna Góra

Misthügel

Heute gewährt hier eine Aussichtsterrasse einen traumhaften Blick auf die Weichsel und den gegenüberliegenden Stadtteil Praga – nichts mehr deutet auf die ursprüngliche Nutzung des Geländes hin. Über Jahrhunderte brachten die Warschauer nämlich ihre Abfälle hierher. Interessanterweise wurden dem gärenden Müll und den Fäkalien heilende Kräfte zugeschrieben, weshalb man hier im Mittelalter Kranke bis zum Kopf eingrub. Die im Polnischen wie im Deutschen gängige Redewendung „Bis zum Hals in der Sch… stecken" wurde hier also im Wortsinn umgesetzt.

Ul. Celna.

Centrum Interpretacji Zabytku

Interpretationszentrum für das Kulturerbe

Das Museum zeigt die Zerstörungen der Warschauer Altstadt und den anschließenden Wiederaufbau in verschiedenen Etappen. Anhand von musealen Ausstellungsstücken wie Plänen, Fotos und Karten sowie multimedialen Animationen und Präsentationen wird auch die Frage erörtert, was ein Kulturerbe eigentlich zu einem solchen macht.

Di–So 10–19 Uhr. Eintritt 2,50 €, erm. 2 €, Do frei. ℡ 22-6353402, muzeumwarszawy.pl. Ul. Brzozowa 11/13.

Bazylika archikatedralna św. Jana

Johannisdom

Die heutige Kathedrale steht an der Stelle einer Holzkirche aus dem 13. Jh. und ist damit Warschaus ältestes Gotteshaus. Bald avancierte der Johannisdom zur Grabstätte der masowischen Herzöge und wurde deshalb 1390 durch einen gotischen Steinbau ersetzt. Trotz späterer barocker Umbauten veränderte sich das Äußere wenig, obwohl die Kirche um einen Gang zum Königsschloss ergänzt wurde. Der Innenraum aber wurde immer prunkvoller geschmückt, nicht zuletzt aufgrund des Umzugs des Königshofs von Krakau nach Warschau.

Seit dem 18. Jh. war der Johannisdom der Krönungsort der Wahlkönige, 1791 schwor man hier auf die erste polnische Verfassung, die erste demokratische Konstitution Europas. Seit 1798 hat das Gotteshaus den Status einer Kathedrale. Im 19. Jh. wurde die Fassade im neugotischen Stil massiv umgestaltet. Beim Wiederaufbau nach dem Zweiten Weltkrieg (1948–1956) verzichtete der Architekt Jan Zachwatowicz auf eine Wiederherstellung dieses als misslungen geltenden Umbaus und rekonstruierte stattdessen den Stil der masowischen Gotik; maßgeblich dafür waren der ursprüngliche Grundriss und die Höhe des spitz zulaufenden Daches. Statt der reich geschmückten Fassade am Eingangsportal wurde ein weiß verputzter Treppengiebel aus Backstein gewählt.

Im Gegensatz zur prunkvollen, von Renaissance und Barock geprägten Inneneinrichtung der Vorkriegszeit zeigt sich die Kirche heute eher dezent, für eine Kathedrale geradezu schlicht. Ein großer Verlust war die Zerstörung der farbigen Wandmalereien von Jacopo Palma, von denen einzig ein Fragment die Sprengungen überlebt hat; umso farbenfroher wirken die Glasfenster von Zbigniew Łoskot und Wacław Taranczewski. Erhalten sind u. a. ein Kruzifix aus dem frühen 16. Jh. und das Taufbecken in schwarzem Marmor von 1631. Sehenswert ist auch das klassizistische Grabmal der Familie Małakowski, das 2012 gründlich restauriert wurde. Weitere Restaurierungsarbeiten der letzten Jahre lassen die Kirche inzwischen wesentlich beeindruckender erscheinen.

In der **Krypta** ruhen u. a. die Sarkophage masowischer Herzöge, des letzten polnischen Königs Stanisław August Poniatowski, der polnischen Präsidenten der Zwischenkriegszeit sowie des Literaturnobelpreisträgers Henryk Sienkiewicz. Auch der für den Kampf gegen den Staatssozialismus bedeutende Primas von Polen Stefan Wyszyński fand hier seine letzte Ruhe.

In den letzten Jahren wurde die Krypta renoviert. Keine einfache Aufgabe, mussten die Restauratoren doch gegen

Der Bazyliszek bewachte laut Legende einen Schatz im Keller eines Hauses am Rynek mit versteinerndem Blick

die Feuchtigkeit im Untergrund ankämpfen.

Um an die Zerstörungen im Zweiten Weltkrieg zu erinnern, wurde an der Südseite der Kathedrale ein Teil der Raupe eines ferngesteuerten deutschen Panzers namens Goliath eingefasst, der beim Warschauer Aufstand 1944 die Kathedrale beschoss.

Mo–Sa 10–17.30, So 15–17.30 Uhr.

Krypta: Mo–Sa 10–17, So 15–17 Uhr. Messe: Mo–Sa 7, 7.30, 8, 19 Uhr; So 8, 9.30, 11, 12.30, 18, 19, 21 Uhr. Eintritt (nur für die Krypta) 1 €. www.katedra.mkw.pl. Ul. Świętojańska 8.

Kościół Jezuitów

Jesuitenkirche

Mit ihrer weiß-roten Fassade hebt sich die 1609–1626 nach Plänen von Jan Frankiewicz im Stil des Polnischen Manierismus erbaute Kirche von der benachbarten Johanniskathedrale und den umliegenden Häusern markant ab. Der Wiederaufbau nach dem Zweiten Weltkrieg begann 1948 und dauerte neun Jahre. Seitdem strahlt die schlanke Front in altem Glanz, ganz im Gegensatz zum heute eher modernen, schlichten Innenraum – die barocken

Kunstwerke konnten im Krieg nicht gerettet werden. So ist v. a. die Krypta mit den Grabmalen einen Blick wert, darunter der Grabstein des Adligen Jan Tarło (1527–1587), aber auch der Leuchter in der Kuppel des Presbyteriums.

Das Sanktuarium und die Kirche sind heute der Gnadenreichen Muttergottes gewidmet, der Schutzpatronin von Warschau. Ein beliebtes Fotomotiv ist die Bärenstatue am Eingang, die aus der Piaristenkirche (→ Tour 2) stammt.

Tägl. 9–20 Uhr; Messe: Mo–Sa 8.30, 16, 17.30, 20 Uhr; So 8.30, 10, 11, 12, 13, 16, 17.30, 20 Uhr. www.laskawa.pl. Ul. Świętojańska 10.

Rynek Starego Miasta, Syrenka

Altmarkt mit Sirene-Skulptur

Eine nette optische Täuschung hält der Rynek bereit: Steht man auf ihm, sind die abgehenden Gassen von den meisten Stellen aus nicht zu sehen, weshalb man sich auf einem komplett abgeschlossenen Platz wähnt. Vom Frühling bis in den Herbst stehen hier überall die Tische der Restaurants, an manchen Tagen locken Festivals und spezielle Märkte.

Benannt sind die vier Seiten des Rynek nach polnischen Politikern des 18. Jh. An der nördlichen *Dekert-Seite* mit gotischen Fundamenten und barocken Fassaden gab es die geringsten Zerstörungen. Bei der Rekonstruktion wurde das Innenleben der Häuser miteinander verbunden, die heute das *Historische Museum Warschaus* bilden. Besonders schön sind die Kamienica Baryczków (Nr. 32) und die Kamienica pod Murzynem (Unter dem Mohren, Nr. 36) mit einer Renaissancefassade von Santi Gucci.

Die östliche *Barss-Seite* war am stärksten zerstört. Am schönsten ist hier unserer Meinung nach die Kamienica Winklerowska (Nr. 20), in der heute

Sirene auf dem Altmarkt

das *Literaturmuseum* und originale gotische Wandmalereien zu finden sind.

An der *Zakrzewski-Seite* im Süden des Rynek fallen v. a. zwei Häuser ins Auge. Die Kamienica Pod Bazyliszkiem (Unter dem Basilisk, Nr. 5) schmückt ein Schild mit dem legendären Monster, das im Keller des Hauses einen Schatz bewachte. Jeder, der das Untier erblickte, wurde zu Stein. Schließlich besiegte ein listiger Schusterjunge das Mischwesen aus Drache und Hahn, indem er ihm einen Spiegel vorhielt – der Basilisk versteinerte sich selbst. Die Hausecke der Kamienica Pod Lwem (Unter dem Löwen, Nr. 13) schmückt ein goldenes Relief mit dem König der Tiere.

Die *Kołłątaj-Seite* im Westen ist die vielleicht bezauberndste Seite des Platzes. Besonders schön sind die beiden Eckhäuser: an der nördlichen Ecke die Kamienica Pod Św. Anną (Unter der Heiligen Anna, Nr. 31), an der südlichen Ecke die Kamienica Simonettich (Nr. 15), an deren Fassade unter der auffälligen Wanduhr ein Schild an den Wiederaufbau des Platzes erinnert. Auch die kunstvollen Fassaden der Kamienica Wójtowska (Nr. 19) und Kamienica Fukierowska (Nr. 27) sind einen Blick wert; in letzterer residiert heute eines der bekanntesten Restaurants der Stadt.

Die auf eine Warschauer Legende (→ Geschichte der Stadt) anspielende **Sirene** in der Platzmitte schuf Bildhauer Konstanty Hegel (1799–1876); von 1855 bis 1928 stand sie bereits hier, seit dem Jahr 2000 beherrscht die kämpferische Seejungfer erneut den Mittelpunkt des Altmarkts. Besonders beliebt ist die Sirene natürlich bei Fotografen, aber auch bei Kindern, die gern um die Bronzeskulptur tanzen. Legendär sind die Geräusche der Wasserspiele rund um den Fuß der Skulptur, die manche Warschauer als unweibliches Rülpsen oder Schlürfen interpretieren.

Muzeum Historyczne m.st. Warszawy

Historisches Museum Warschaus

Karten, Gemälde, Kunstgegenstände, Handschriften, Fotos, Schmuckstücke, Möbel, Kleidung, Uhren (unser Favorit) sowie einige ungewöhnliche Exponate … Auf fünf Stockwerken und in den Räumen von acht miteinander verbundenen Häusern gibt das Museum einen umfassenden Einblick in sieben Jahrhunderte Warschauer Geschichte. Im museumseigenen Kino informiert der Film „Warsaw will remember" über die Stadt vor dem Zweiten Weltkrieg, die Zerstörungen von 1939 bis 1945 und den Wiederaufbau. Lange Zeit war das Museum etwas vernachlässigt worden, seit der Wiedereröffnung 2018 darf man sich aber über ein zeitgemäßeres Ausstellungskonzept freuen und auf den Aussichtspunkt direkt unter dem Dach - Einblicke also in die Stadtgeschichte und Ausblicke auf das heutige Warschau. Achtung: Manchmal muss man den Kopf einziehen!

Di–So 10–19 Uhr. Dauerausstellung 5 €, erm. 4 €, Do frei, mit Wechselausstellungen je 1 € mehr. Film über Warschau auch auf Deutsch zu den Öffnungszeiten des Museums. Ticket 2,50 €, erm. 2 €. Voranmeldung: ✆ 665-645603 (mobil) oder edukacja@muzeumwarszawy.pl. ✆ 22-2774402, www.muzeumwarszawy.pl. Rynek Starego Miasta 28–42.

Muzeum Literatury

Literaturmuseum

Das Museum dokumentiert das Leben und Schaffen des polnischen „Dichterfürsten" und Romantikers Adam Mickiewicz, der in Polen ähnlich bekannt ist wie Goethe in Deutschland oder Grillparzer in Österreich. Wechselnde Ausstellungen informieren über andere bedeutende polnische Literaten. Spannend ist das Museum nicht nur für an polnischer Literatur Interessierte, sondern auch für alle, die sich für alte Handschriften, Kostüme und Möbel begeistern.

Mo/Di und Fr 10–16, Mi/Do 11–18, So 11–17 Uhr, Sa und letzter So im Monat geschlossen. Eintritt 1,50 €, erm. 1 €, So frei. ✆ 22-8314061, www.muzeumliteratury.pl. Rynek Starego Miasta 20.

Praktische Infos   → Karte S. 27

Restaurants

Viele Warschauer behaupten, in der Altstadt könne man nicht gut speisen. Wir sehen das etwas anders. Allerdings: Die Preise orientieren sich an den Touristen, günstiges Essen sollte man hier natürlich nicht erwarten. Und es werden oft noch 10 % für den Service aufgeschlagen.

U Fukiera **10** Das älteste der vielen Restaurants von Magda Gessler und wie alle anderen mit überbordender Fantasie eingerichtet, aber überteuert. Die Ideen für das Design und die Karte sind von ländlicher Tradition inspiriert, die Terrasse vor dem Restaurant schmücken zahllose Pflanzen. Lammkoteletts mit saisonaler Beilage 20,50 €. Dresscode: elegante Kleidung! Nicht zuletzt deshalb, weil hier häufig Könige, Präsidenten, Topmodels, Hollywood-Sternchen und sonstige VIPs zu dinieren pfle-

gen. Die Kellner scheinen sich darauf etwas einzubilden. Tägl. 12–24 Uhr. Rynek Starego Miasta 27, ✆ 22-8311013, www.ufukiera.pl.

Bistro Warszawa **11** Ganz, ganz andere Einrichtung als in den dunklen Altstadtrestaurants mit ihren Antiquitäten, nämlich helle Wände im Shabby-Look und riesige Leuchten. Auch die Küche ist weniger schwer, empfehlenswert die Salate für 7–8 €. Tägl. 12–23 Uhr. Rynek Starego Miasta 1/3, ✆ 22-6353769, www.bistro warszawa.pl.

Kamienne Schodki **1** Stimmungsvolles Restaurant mit Sommerterrasse auf dem Rynek. Berühmt für seine Ente auf polnische Art, es gibt aber auch Fischgerichte wie Thymian-Forelle vom Rost 13 €. Tägl. 10–24 Uhr, im Sommer ab 9 Uhr. Rynek Starego Miasta 26, ✆ 22-8310822, www.kamienneschodki.pl.

U Barssa 🔳5 Eines der besseren Restaurants mit polnischer Küche in der Altstadt. Die Qualität und das angenehme Ambiente haben aber ihren Preis: Die legendäre Barssa-Ente kostet 17,50 €. Tägl. 10–24 Uhr. Rynek Starego Miasta 14, ☎ 22-6352476 www.ubarssa.pl.

Zapiecek 🔳16 Seit 2013 auch glutenfreie Gerichte; Rippchen in Pflaumensoße 11,50 €, auch ansonsten überwiegend Fleischgerichte. Tägl. 11–23 Uhr. Ul. Piwna 34/36, ☎ 22-8315 693, www.restauracjazapiecek.pl.

Gospoda Kwiaty Polskie 🔳7 „Gasthaus der polnischen Blumen" lautet der Name übersetzt, was schon alles über die Bemalung der Wände verrät. Die Küche ist altpolnisch, aber zu Preisen, wie man sie sonst nur außerhalb der Altstadt und des Zentrums bekommt. Lecker und viel! Hauptgericht 6–20 €. Tägl. 11–23 Uhr. Ul. Wąski Dunaj 4/6/8, ☎ 22-8876520, www.gospodakwiatypolskie.pl.

Café Zamek 🔳20 Ein Café und Luxusrestaurant im wunderschönen Schlossgarten mit Ausblick auf das Weichseltal. Innen sitzt man zwischen Marmorbüsten, Kronleuchtern und altem, edlem Porzellan. Dafür bezahlt man dann stolze 4 € für den Kaffee. Hirsch in Madeira-Pilz-Sauce 16 €. Tägl. 10–21 Uhr. Pl. Zamkowy 4, ☎ 22-3555116, www.cafe-zamek.pl.

Polka 🔳21 2008 eröffnete Magda Gesslers zweites Restaurant in der Altstadt und unter großem Interesse der lokalen und nationalen Presse. Günstiger als in anderen Restaurants der Edelgastronomin sind hier die Preise für die Riesenportionen, trotzdem ist das urig-elegante Lokal oft von den VIPs der Stadt reserviert. Schweinshaxe auf Kraut 12,50 €. Tägl. 12–23 Uhr. Ul. Świętojańska 2, ☎ 22-6353535, www.restauracjapolka.pl.

Bazyliszek 🔳14 Portionen zum Sattwerden bekommen die Gäste, die in einer der fünf Hallen sitzen können. Die Atmosphäre hat sich seit den mitunter auch urigen Zeiten der Volksrepublik Polen kaum verändert, die Preise sind noch bezahlbar. Tatar vom Rind 7 €, Riesenschnitzel mit Pommes und Salat 6 €. Tägl. 11–23 Uhr. Rynek Starego Miasta 1/3, ☎ 22-8311841, www.bazyliszek.waw.pl.

Mazal Tov 🔳2 Neueröffnung im Frühjahr 2019. Normalerweise warten wir immer ab, aber nicht, wenn der Hinterhof so hübsch ist wie hier. Und die jüdische Küche so lecker. Do/Fr/Sa oft Livemusik. Tägl. 12–24 Uhr. Podwale 29, ☎ 22-6343568, www.mazaltov.pl.

Cafés

mein Tipp **Same Fusy** 🔳3 Geheimnisvoller afrikanisch-asiatisch-exotischer Fleck wie aus einem

Malerisches Flair in der Altstadt

Indiana-Jones-Film, und das mitten in der Altstadt! Die vielen versteckten Eckchen machen das Café zu einem beliebten Ort fürs Rendezvous. Man kann aus unzähligen Teesorten wählen. Leider mit lagebedingtem Aufpreis – unter 4 € wird nichts aufgebrüht. Tägl. 13–23 Uhr, Sa/So ab 12 Uhr. Ul. Nowomiejska 10, ✆ 22-6359014, www.samefusy.pl.

Keks 13 Kleines, süßes Café mit Schwarz-Weiß-Fotos an der Wand. Tägl. 10–22 Uhr, manchmal länger. Rynek Starego Miasta 1/3.

Einkaufen

PolArt 6 Holzschnitzereien, Glas- und Stoffmalereien, Stickarbeiten, Trachten, Scherenschnitte … Folkloristisches Kunsthandwerk aus ganz Polen wartet auf Kenner und neue Liebhaber. Mo–Fr 10–18, Sa 10–14 Uhr. Rynek Starego Miasta 10, www.epolart.pl.

Pracownia Krawiecka Józefa Błońskiego 19 Seit 1969 lassen sich die Warschauer von sympathischen Józef Błoński elegante Anzüge, Smokings, Fracks, Mäntel, Kostüme und Röcke maßschneidern. Mo–Fr 12–19.30 Uhr. Ul. Piwna 6/10, www.blonski.pl.

Galeria Plakatu 17 Wer es nicht in das berühmte Plakatmuseum nach Wilanów geschafft hat, sieht hier, was ihm entgangen ist. Polnische Plakatkunst auf höchstem Niveau. Tägl. 10–17 Uhr. Ul. Piwna 28/30, www.poster.com.pl.

MeinTipp **metal GALERIA 6** Wirklich schöner, moderner Schmuck zum Schmücken, nicht zum Protzen. Aus den Materialien Bernstein, Silber und Metall zaubert der Designer Marcin Zaremski erschwingliche Kreationen. Tägl. 10–18 Uhr. Rynek Starego Miasta 8, www.zaremski.pl.

Lapidarium 4 Es gibt einen Ort in der Altstadt, an dem jeder Gegenstand seine Geschichte hat. Jacek Kiliński, der Besitzer des Antiquitätenladens, kann sie alle erzählen, auch die zum Vampir-Killing-Kit. Mo–Sa 10–20, So 11–17 Uhr, Jacek Kiliński schaut Mo–Sa 16–20 Uhr vorbei. Ul. Nowomiejska 15/17, www.lapidarium.pl.

Galerien

MeinTipp **Galeria obok ZPAF 18** Eine Galerie, die Werke junger polnischer Fotografen ausstellt – Experimentierfreude geht dabei vor fotografischer Professionalität. Und was die Autodidakten da mit der Linse zaubern, ist schon einen Kauf wert, zumindest einen Abstecher.

Drehorgelspieler auf dem Altmarkt

Di–Sa 15–19 Uhr, im Winter nur bis 17 Uhr. Pl. Zamkowy 8, ✆ 22-3573556, www.go.zpaf.pl.

Musik & Museen

Muzeum Świat Iluzji 12 Ein Museum für die Selfie-Generation. Die optischen Täuschungen der Ausstellung wurden (auch) dazu konzipiert, als instagramfreundlicher Hintergrund für Schnappschüsse zu dienen. Mo-So 10-21 Uhr. Eintritt 8 €, erm. 5,50 €. Rynek Starego Miasta 21, ✆ 501-808006 (mobil), www.swiat iluzji.pl.

Muzeum Farmacji 15 Ein Pharmaziemuseum mit Ausstellungsobjekten aus der königlichen Apotheke, dem alten Warschau und dem fernen Japan. Die alte Registrierkasse bekam in Roman Polańskis Filmerfolg „Der Pianist" eine Nebenrolle. Mo–Sa 9–17 Uhr. Eintritt 1,50 €, erm. 1 €, Do frei. Ul. Piwna 31/33, ✆ 22-8317 179, www.muzeumwarszawy.pl.

Muzeum Cechu Rzemiosł Skórzanych 9 Das Museum der Lederhandwerks-Zunft zeigt traditionelle Schuhmacher-Werkstätten und Erinnerungsstücke eines Zunftmitglieds. Der Schuhmacher Jan Kiliński wurde als Kommandant des Warschauer Kościuszko-Aufstands von 1794 bekannt. Mo/Mi/Do 10–15 Uhr, Eintritt frei. Ul. Wąski Dunaj 10, ✆ 22-8319673, www.cechjanakilinskiego.waw.pl.

Staromiejski Dom Kultury 8 Kulturzentrum mit Ausstellungen, Livekonzerten (v. a. Jazz), Theater, Kabarett und vielem mehr. Rynek Starego Miasta 2, ✆ 22-8312375, www.sdk.pl.

Durch die Neustadt
Tour 2

So jung, wie der Name besagt, ist die Neustadt natürlich nicht mehr, gebaut wurde sie an der Wende vom 14. zum 15. Jh. Deshalb gleicht sich die Geschichte von Nowe und Stare Miasto, den beiden ältesten Teilen Warschaus.

Oberstes Gericht, eines der eindrucksvollsten Bauwerke der letzten Jahre, S. 46

Denkmal des Warschauer Aufstands, beeindruckende Dynamik, S. 48

Neustädter Marktplatz, harmonisches Ensemble samt Kazimierz-Kirche, S. 49

Multimedia-Brunnenpark, Spektakel aus Wasser, Licht und Klang, S. 51

Neustadt
Nowe Miasto

Weil die Neustadt sich außerhalb der mittelalterlichen Stadtmauern entwickeln konnte, ist sie offener und weitläufiger als die Altstadt. Das mag einer der Gründe sein, warum die Warschauer die Neustadt lieber besuchen als die südlich angrenzende Stare Miasto. Davon profitieren v. a. die Restaurants und Cafés an der ulica Freta, auf der man gern flaniert. Südländische Atmosphäre verbreitet auch der *Neumarkt* mit seiner stimmungsvollen Kazimierz-Kirche. Überhaupt prägen viele prächtige Kirchen und Klöster die Neustadt, obwohl sie einst eher der Stadtteil der ärmeren Bevölkerung war. Im Zweiten Weltkrieg wurde die Nowe Miasto fast völlig zerstört, doch der Wiederaufbau wurde beinahe so entschlossen angepackt wie in der Altstadt.

An den Rändern der 600 Jahre alten Neustadt prägen allerdings mitunter harte Kontraste zu modernen Neubauten das Bild, z. B. das Gebäude des Obersten Gerichts der Republik oder das Intraco I-Hochhaus.

Tour-Info **Ausgangspunkt** der Tour ist nicht die Neustadt, sondern bereits das Ende der Miodowa-Straße (ulica Miodowa) beim Palast der Krakauer Bischöfe (Pałac Biskupów Krakowskich, Nr. 5).

Anfahrt mit Bus 116, 180, Haltestelle Kapitulna. Ⓜ Ratusz/Arsenał.

Ende: Ulica Stawki. Tram 15, 18, 35. Bus 157, Haltestelle Muranowska. Ⓜ Dworzec Gdański.

Dauer: reine Gehzeit 45 bis 75 Min.

Spaziergang

Ein Tipp: Beenden Sie bei gutem Wetter Ihre Tour beim Brunnen und gehen Sie anschließend auf die neue Weichselpromenade, dort nach rechts zu einem langen Spaziergang.

Von unserem Ausgangspunkt geht es auf der MiodowaStraße in Richtung Norden an einer Reihe prachtvoller barocker und klassizistischer Paläste vorbei, bis nach 400 m an der Kreuzung zur ulica Długa rechts die farbenfrohe **→ Feldkathedrale der Polnischen Armee** (Katedra Polowa Wojska Polskiego) auftaucht.

Die Kreuzung über die ul. Długa überqueren wir in Richtung des schräg links stehenden **→ Krasiński-Palais** (Pałac Krasińskich), hinter dem sich der **→ Krasiński-Garten** (Ogród Krasińskich) erstreckt. Einen harten Kontrast zu den klassizistischen und barocken Gebäuden setzt der gelungene postmoderne Bau gegenüber: das **→ Oberste Gericht der Republik Polen** (Gmach Sądu Najwyższego Rzeczypospolitej Polskiej), dessen zwei Hauptgebäude auf beiden Seiten des Platzes durch einen Übergang miteinander verbunden sind. Vor dem Gerichtsgebäude erinnert das ebenso gelungene **→ Denkmal des Warschauer Aufstands** (Pomnik Powstania Warszawskiego) an den blutigen Kampf gegen die deutschen Besatzer 1944 (→ Geschichte der Stadt).

Auf der ulica Długa geht es nun nach Osten in Richtung Neustadt, wo zur Rechten die Stadtmauern der Altstadt und die Barbakane zu sehen sind (→ Tour 1), ein vorgelagertes Verteidigungswerk.

Die erste Sehenswürdigkeit der Neustadt ist die **→ Heiliggeistkirche der Pauliner** (Kościół Paulinów pod wezwaniem Św. Ducha) auf der rechten Seite an der Ecke ulica Długa/Freta.

Von hier geht es nach links in die ul. Freta, die für ihre guten Restaurants und Cafés bekannt ist. Dort taucht gleich rechts, schräg gegenüber der Paulinerkirche, das nächste Gotteshaus auf, die **→ St.-Hyazinth-Kirche der Dominikaner** (Kościół Dominikanów św. Jacka). Ein paar Schritte weiter auf derselben Straßenseite lädt das **→ Marie-Curie-Museum** (Muzeum Marii Skłodowskiej-Curie), das Geburtshaus der wohl berühmtesten Tochter der Stadt, zum Besuch ein.

Kurz darauf folgt der **→ Neustädter Marktplatz** (Rynek Nowego Miasta), auch hier reihen sich zahlreiche Lokale, die an lauen Sommerabenden südländisches Flair verbreiten. Schmuckstück an der Ostseite des Platzes ist die weiße **→ Kazimierzkirche** (Kościół św. Kazimierza) mit ihrem runden Kuppeldach.

Den Neustädter Markt verlassen wir am nordöstlichen Ende bei St. Kazimierz in Richtung der **→ Kirche Mariä Heimsuchung** (Kościół Nawiedzenia

Najświętszej Marii Panny), die an der rechten Straßenseite der ul. Przyrynek steht. Vom kleinen Park hinter der Kirche aus bietet sich ein schöner Blick nach Osten über die Weichsel und zum Stadtteil Praga am anderen Ufer. Am diesseitigen Ufer lockt seit 2011 der → **Multimedia-Brunnenpark** (Multimedialny Park Fontann) begeisterte Schaulustige an.

Auf der an der Kirche vorbeiführenden ulica Kościelna führt unsere Tour aber weg von der Weichsel in Richtung Westen; wir passieren das hübsche Luxushotel Le Régina und erreichen die → **Franziskanerkirche** (Kościół św. Franciszka).

Hier geht es rechts in die ul. Zakroczymska, der wir bis zum rekonstruierten → **Sapieha-Palais** (Pałac Sapiehów) folgen.

Am Ende der ul. Zakroczymska verlassen wir die Neustadt, biegen links in die ulica Konwiktorska ein, die nach ca. 400 m in die ul. Muranowska übergeht. Dort steht auf einer Grünfläche zwischen den Fahrbahnen das → **Denkmal der im Osten Gefallenen und Ermordeten** (Pomnik Poległym i Pomordowanym na Wschodzie).

An moderner Architektur Interessierte können, einige Schritte weiter, zum Abschluss der Tour noch das → **Intracol-Hochhaus** aus den 70er-Jahren anschauen (ulica Stawki).

Sehenswertes

Ulica Miodowa

Miodowa-Straße

Die bis 2018 aufwendig renovierte „Honigstraße" erhielt den Namen von den Lebkuchenbäckereien, die hier seit dem 16. Jh. ihre Leckereien verkauften. Inzwischen sind es eher Paläste, die das Straßenbild prägen. Der *Pałac Biskupów Krakowskich* (Nr. 5) zeigt deutlich, wie vermögend die Kirche zur Bauzeit in der zweiten Hälfte des 18. Jh. war. Der schräg gegenüberliegende *Pałac Branickich* (Nr. 6) zählt zu den schönsten Palästen im Warschau des 17. Jh.; zur Zeit der Aufklärung war er ein Treffpunkt von Künstlern, Philosophen und Freigeistern. Derzeit ist hier noch ein städtisches Amt angesiedelt, doch soll der Pałac Branickich künftig anderweitig genutzt werden.

In der 1683–94 von Tylman van Gameren gebauten *Kapuzinerkirche (Kościół Kapucynów*, Nr. 13) ruhen zwei Königssarkophage, das Herz von Jan III. Sobieski und die Gebeine von August II.

Doch der architektonische Höhepunkt in der ulica Miodowa ist der *Pałac Paca-Radziwiłłów* (Nr. 15). Ende des 17. Jh. wurde er von Tylman van Gameren für Prinz Dominik Mikołaj Radziwiłł geplant, später von Jakub Fontana und zuletzt von Henryk Marconi umgebaut. Leider sind die noblen Innenräume des Pałac Paca nicht zu besichtigen – hier ist das Gesundheitsministerium untergebracht. Als einzige ruthenische griechisch-orthodoxe Kirche der Stadt hat die *Cerkiew Zaśnięcia Najświętszej Marii Panny* (Nr. 16) eine für die Gemeinde wichtige Funktion, auch wenn der Bau kaum als Gotteshaus zu erkennen ist.

Der klassizistische *Pałac Borchów* (Nr. 17/19) hat eine wechselvolle Geschichte hinter sich. Im 17. Jh. zunächst im Stil des Barock errichtet, später umgebaut und als Restaurant genutzt, ging er aus dem Eigentum der namensgebenden Adelsfamilie in das des Erzbistums über. Nach der Rekonstruktion in der Nachkriegszeit ist der Palast heute der Sitz des Primas von Polen. Am Ende der Straße steht das

Entspanntes Flair in der Neustadt

Collegium Nobilium (Nr. 24), früher eine Eliteschule, heute Sitz einer Theaterakademie.

Bus 116, 180, Haltestelle Kapitulna. Ⓜ Ratusz/Arsenał.

Katedra Polowa Wojska Polskiego

Feldkathedrale der Polnischen Armee

An der Stelle der heutigen Kathedrale baute der Piaristenorden 1642 eine Holzkirche, die in den Jahren 1660–1682 ihre heutige steinerne Form erhielt. Die Fassade im Stil des Palladianismus, ein von Venetien ausgehender klassizistischer Stil des 16. Jh., vollendete Jakub Fontana 1769. Im 19. Jh. bauten die russischen Besatzer die Kathedrale in eine orthodoxe Kirche mit Zwiebeltürmen um, was nach der Wiedererlangung der politischen Unabhängigkeit 1918 rückgängig gemacht wurde. Im Zweiten Weltkrieg wurde sie als Feldlazarett genutzt und bei Bombenangriffen zerstört. Der Wiederaufbau dauerte von 1946 bis 1960.

Als wichtigste Warschauer Garnisonskirche ist die Katedra Polowa zugleich die Kathedrale des polnischen Militärs und Ort aller religiösen Zeremonien der Armee; ein Anker als Symbol für die Marine und ein Propeller für die Luftwaffe schmücken den Eingang. In einer kleinen Kapelle auf der linken Seite wird der Gefallenen der großen Schlachten der polnischen Geschichte gedacht, in einer Kapelle auf der rechten den Opfern des Massakers von Katyń, bei dem die Rote Armee 1939 mehr als 20.000 Menschen, vorwiegend polnische Intellektuelle, ermordete.

Tägl. 9–18 Uhr. Messe Mo–Sa 7, 7.30, 18, So 8, 10, 12, 13, 18 Uhr. www.katedrapolowa.pl. Ul. Długa 13/15.

Bus 116, 180, Haltestelle Plac Krasińskich. Ⓜ Ratusz/Arsenał.

Pałac Krasińskich

Krasiński-Palais

Den auch als „Palast der Republik" bekannten Bau plante Tylman van Gameren 1677–1683 im Auftrag der

Magnatenfamilie Krasiński. Bei der Inneneinrichtung beeindrucken besonders die Reliefs mit den Heldentaten des römischen Patriziers Marcus Valerius. Zeitweise war hier im 18. Jh. eine bedeutende Sammlung von Werken Rembrandts, Dürers, Rubens' und Correggios zu sehen, die heute z. T. im Nationalmuseum (→ Tour 4) gezeigt wird. Zurzeit dient das Schloss als Dependance der Nationalbibliothek, Interessierte können hier in alten Drucken, Ikonografien und Manuskripten stöbern. Vor dem Palast stehen seit 2009 farbenfrohe Pegasus-Skulpturen.

Mo–Fr 9–17 Uhr, Juli/Aug. nur bis 15 Uhr; Ikonografien nur Di 12–16 und Mi 9–14 Uhr. www.bn.org.pl. Plac Krasińskich 3/5.

Bus 116, 180, Haltestelle Plac Krasińskich. Ⓜ Ratusz/Arsenał.

Ogród Krasińskich

Krasiński-Garten

Der 1676 von Tylman van Gameren angelegte Barock-Park war bis zur Eröffnung des Saski-Parks 1727 Warschaus größte Parkanlage, erst 1776 wurde sie für die Allgemeinheit geöffnet. Seitdem dürfen die Bürger zwischen alten Schwarznuss-, Ginkgo- und Haselnussbäumen flanieren. Den westlichen Teil des Gartens schmückt ein barockes Tor, ebenfalls ein Werk von van Gameren. In den Jahrzehnten vor dem Zweiten Weltkrieg war der Park v. a. bei den in der Nähe wohnenden Juden beliebt, auch heute trifft man hier häufig jüdische Touristen an. Seit der Restaurierung im Millenniumsjahr locken ein Teich mit künstlichem Wasserfall, Blumenbeete und ein moderner Spielplatz auch wieder viele Warschauer an.

April bis Okt. 7–24 Uhr, Nov. bis März 7–22 Uhr. Bus 116, 180, Haltestelle Plac Krasińskich. Ⓜ Ratusz/Arsenał.

Gmach Sądu Najwyższego Rzeczypospolitej Polskiej

Oberstes Gericht der Republik Polen

Mit diesem Gebäude schufen die Architekten Marek Budzyński und Zbigniew Badowski 1996 eines der eindrucksvollsten Bauwerke der letzten Jahrzehnte. Verbunden sind die Gebäudeteile auf beiden Straßenseiten durch eine Überführung; getragen wird der gläserne Bau

Farbenfrohe Pegasus-Skulpturen vorm Obersten Gericht

E ssen & Trinken (S. 53)
1 La Rotisserie
2 Fret@Porter
3 Freta 33
6 Pod Samsonem
7 Honoratka

C afés (S. 53)
5 Pożegnanie z Afryką

E inkaufen (S. 53)
5 Pożegnanie z Afryką

S onstiges (S. 53)
4 Stara ProchOFFnia

von 76 grünen Säulen, geschmückt von der Waage der Justitia und juristischen Lehrsätzen auf Polnisch und Latein.

An der dem Platz abgewandten Ostseite des Gebäudes symbolisieren drei Karyatiden Glaube, Hoffnung und Liebe. Die Gesichter der weiblichen Skulpturen sind übrigens denen der Frau und der beiden Töchter des Architekten Budzyński nachempfunden. Das Kunstwerk steht etwas abseits, weil der damalige Bischof der gegenüberliegenden Feldkathedrale die Skulpturen als „zu nackt" empfand. Der Entwurf musste deshalb um 180 Grad gedreht werden – die Skulpturen stehen nun am Eingang bei den Parkplätzen an der ulica Świętojerska. Um dort hinzukommen, geht man rechts am Denkmal und der Ostseite des Gebäudes vorbei.

Das begrünte Dach des Gerichtsgebäudes provozierte einige Warschauer zu dem sarkastischen Kommentar, dies sei durchaus symbolisch zu verstehen:

Karyatiden am Obersten Gericht

„Darüber wächst schon Gras ...“ Als die PiS 2015 Regierungspartei wurde, führte sie illegale Zwangspensionierungen der Richter am Obersten Gericht samt ebenso nicht-rechtsstaatlicher Neubesetzungen durch.

Besichtigung nur für polnische Schulklassen und Studentengruppen. www.sn.pl. Plac Krasińskich 2/4/6.

Bus 116, 180, Haltestelle Plac Krasińskich. Ⓜ Ratusz/Arsenał.

Pomnik Powstania Warszawskiego
Denkmal des Warschauer Aufstands

Das monumentale Mahnmal von Wincenty Kućma und Jacek Budyn wurde zum 45. Jahrestag des Warschauer Aufstands am 1. August 1989 enthüllt. Es zeigt die Aufständischen, wie sie aus Abwasserkanälen steigen und eine Barrikade verteidigen. Das städtische Kanalsystem wurde während des Aufstands 1944 genutzt, um sich zwischen den zerstreuten Gruppen zu bewegen und zu kommunizieren (→ Geschichte der Stadt).

Das Denkmal beeindruckt durch die Dynamik ihrer Skulpturen, die sich tatsächlich zu bewegen scheinen. An dieser Stelle hielt der frühere Bundespräsident Roman Herzog seine gefeierte Rede zum 50. Jahrestag des Warschauer Aufstands, nachdem er zuvor denselben noch mit dem Ghettoaufstand von 1943 verwechselt hatte. In seiner Rede bat er die Polen um Vergebung für alle Verbrechen, die ihnen von deutscher Seite angetan wurden.

Ul. Długa. Bus 116, 180, Haltestelle Plac Krasińskich. Ⓜ Ratusz/Arsenał.

Kościół Paulinów pod wezwaniem Św. Ducha
Heiliggeistkirche der Pauliner

Die Kirche des städtischen Krankenhauses aus dem 14. Jh., ursprünglich eine Holzkirche, wurde in der Schwedischen Sintflut von 1555 bis 1557 zerstört und als barocke Steinkirche neu errichtet. Paulinermönche aus Częstochowa (Tschenstochau) gründeten bei der Kirche ein Kloster, das sie mit dicken Mauern vor Angriffen schützten.

Zum Gedenken an die Mönche startet hier seit 1711 alljährlich am 6. August eine Pilgerwanderung bis in das für Katholiken bedeutende Kloster Jasna Góra in Tschenstochau.

Links an der Kirche versteckt sich übrigens ein unscheinbarer Anbau: Es ist „Warschaus kleinstes Haus" (→ Kasten, S. 50).

Tägl. 9–17 Uhr. Messe Mo–Sa 7, 8, 17, So 7, 9.30, 11, 12.30, 18, 20.30 Uhr. www.paulini .com.pl. Ul. Długa 3.

Bus 116, 180, Haltestelle Plac Krasińskich. Ⓜ Ratusz/Arsenał.

Kościół Dominikanów św. Jacka
Hyazinth-Kirche der Dominikaner

Die 1603–39 nach Plänen von Giovanni Battista Trevano gebaute Kirche des Dominikanerklosters präsentierte sich früher in einem Stilmix aus Renaissance und Frühbarock. Beim Wiederaufbau nach dem Zweiten Weltkrieg gab man den barocken Elementen den Vorzug, weshalb das Gotteshaus heute harmonischer wirkt als früher.

Die größte Sehenswürdigkeit im Inneren ist die nach einem Entwurf von Tylman van Gameren zwischen 1691 und 1694 gebaute Kotowski-Kapelle links vom Eingang: Sie zählt zu den wenigen und schönsten Kirchenkapellen Warschaus, die in ihrer ganzen Pracht vollständig wiederhergestellt wurden.

Tägl. 9–18 Uhr. Messe Mo–Sa 7, 8.15, 12, 18, So 8, 9, 10.30, 12, 16, 18, 19.30, 21.30 Uhr. www.freta.dominikanie.pl. Ul. Freta 10.

Bus 116, 180, Haltestelle Plac Krasińskich. Ⓜ Ratusz/Arsenał.

Muzeum Marii Skłodowskiej-Curie
Marie-Curie-Museum

In diesem Haus wurde Warschaus wohl bekannteste Tochter 1867 geboren und wuchs hier auf. Obwohl die Eltern beide als Lehrer arbeiteten und Maries Begeisterung für die Wissenschaft weckten, blieb ihr im von Russland unterdrückten Polen eine qualifizierte Ausbildung verwehrt. So ging Marie zum Studium nach Paris. Dort entdeckte sie zusammen mit ihrem späteren Ehemann Pierre Curie die Elemente Polonium und Radium, ein Meilenstein in der Erforschung der Radioaktivität.

Für ihre bahnbrechenden Leistungen erhielt Curie 1903 den Nobelpreis für Physik und 1911 den für Chemie.

Das Museum widmet sich weniger der Forscherin Curie als vielmehr dem Menschen dahinter. Neben den historischen Gerätschaften erlauben v. a. die persönlichen Fotografien und Dokumente einen intimen Blick auf das faszinierende Leben der polnischen Nobelpreisträgerin.

Sept. bis Mai Di–So 10–18 Uhr, Juni bis Aug. Di–So 10–19 Uhr, Mo jeweils geschlossen. Eintritt 3 €, erm. 1,50 €, Di frei. ☏ 22-8318092, muzeum-msc.pl. Ul. Freta 16.

Bus 116, 180, Haltestelle Plac Krasińskich. Ⓜ Ratusz/Arsenał.

Rynek Nowego Miasta
Neustädter Marktplatz

Der 1408 angelegte Platz war damals mit 135 mal 120 Metern Fläche zweimal so groß wie der Marktplatz der Altstadt.

Nach 1680 unterstrich ein Rathaus die Selbstständigkeit der Neustadt als eigene Gemeinde. Nachdem die Neustadt Teil Warschaus geworden war, wurde es 1818 abgerissen. Bei der Wiederbebauung nach dem Weltkrieg rekonstruierte man die Gebäude aus dem 18. und

Nowe Miasto → Karte S. 47

19. Jh., wobei hier weniger Detailtreue als bei anderen Bauten festzustellen ist – der aufmerksame Betrachter erkennt sofort den Einfluss des Sozialistischen Realismus. Heute schmückt sich der Neustädter Marktplatz mit einem schönen Brunnen in unregelmäßig dreieckiger Gestalt. An warmen Tagen locken Biergärten und Cafés mit Tischen im Freien.

Bus 116, 180, Haltestelle Plac Krasińskich. Ⓜ Ratusz/Arsenał.

Kościół św. Kazimierza

Kazimierz-Kirche

Der weiße Bau mit runder Kuppel ist der Blickfang auf dem Neustädter Marktplatz, von innen zeigt er sich eher schlicht. Ursprünglich war das Gotteshaus ein Palast, wurde dann aber von Königin Maria Kazimiera Sobieska zu einer Kirche für den Benediktinerinnen-Orden umfunktioniert. Zwischen 1688 und 1692 wurden unter Leitung von Tylman van Gameren größere Umbauten im klassizistischen Stil des Palladianismus realisiert, der sich an dem venezianischen Architekten Palladio

(1508–1580) orientiert. Im Zweiten Weltkrieg versorgten hier die Benediktinerinnen zunächst verwundete Zivilisten. Im August 1944 eröffneten sie ein weiteres Spital für verletzte Aufständische, was schwere Bombardierungen der deutschen Truppen zur Folge hatte. Am 31. August 1944 wurden bei einem Luftangriff vier Priester, 35 Nonnen und mehr als tausend Zivilisten getötet. Im Gegensatz zur Kirche wurde das bis zum Krieg daneben stehende Kotowski-Palais nicht wieder aufgebaut. Wegen seiner Funktion als Lazarett war es ebenfalls ein bevorzugtes Ziel der deutschen Luftwaffe.

Messe: Mo–Sa 7.30 Uhr (Juli/Aug. erst um 8 Uhr), So 9 und 17 Uhr. www.sakramentki. opoka.org.pl. Rynek Nowego Miasta.

Bus 116, 180, Haltestelle Plac Krasińskich, Ⓜ Ratusz/Arsenał.

Kościół Nawiedzenia Najświętszej Marii Panny

Kirche Mariä Heimsuchung

Das auch als Marienkirche bekannte Gotteshaus zählt zu den ältesten Kirchen der Stadt – und zu den seltenen

---

Warschau im Kasten

Warschaus kleinstes Haus

Warschau quillt über vor mächtigen Schlössern und Palästen, vor Wolkenkratzern und endlosen Wohnblocks. Höher, weiter, breiter, länger war seit Jahrhunderten die Devise der Architekten. An der nördlichen Seite der Heiliggeistkirche in der ulica Długa jedoch findet sich die Ausnahme in Form eines Anbaus, den man leicht übersieht – fast wirkt er wie ein zum Gotteshaus gehörender Schuppen. Doch gleich nach seinem Bau Ende des 18. Jh. bekam das klassizistische Häuschen eine eigene Hausnummer (ulica Długa 1), es diente als Wohnung. Auch wenn die Menschen in früheren Zeiten äußerst beengt lebten, hier war nun wirklich kein Platz. Vielleicht handelte es sich um Polens erste *kawalerka*, eine Art Einzimmerappartement oder Junggesellenwohnung? Die Hausarbeit wäre hier zumindest überschaubar.

In den 1950er-Jahren hatte sich in dem zimmergroßen Häuschen ein Kiosk eingerichtet, seitdem werden aus dem Fenster Zeitungen, Süßigkeiten und Getränke verkauft. Übrigens: Warschaus lange Zeit schmalstes Haus steht nicht weit entfernt in der Altstadt am plac Kanonia.

Bauwerken im Stil der Gotik. 1411 wurde die Kirche an der Stelle eines heidnischen Tempels gebaut, der spätgotische Glockenturm stammt von 1581. Die im Zweiten Weltkrieg zerstörte Marienkirche wurde 1947–1952 neu aufgebaut; ihr Inneres ist entsprechend schlicht gehalten.

Hinter dem Gotteshaus erstreckt sich ein kleiner Park, von dem Treppen an die Weichsel führen. Wegen der schönen Sicht auf den Fluss und das andere Ufer ist der Park ein beliebtes Ziel der Sonntagsspaziergänger.

Tägl. 8–18.30 Uhr, im Sommer nur sporadisch. Messe Mo–Fr 7, 15, 18.30 Uhr, Sa 7, 18.30 Uhr, So 8.30, 9.30, 11, 12, 18.30 Uhr. www.przyrynek.waw.pl. Ul. Przyrynek 2.

Bus 227, 503, Haltestelle Konwiktorska. Ⓜ Dworzec Gdański.

Kirche Mariä Heimsuchung

Multimedialny Park Fontann

Multimedia-Brunnenpark

Der 2011 eröffnete Komplex aus vier Brunnen wurde bei Warschauer und Touristen schnell zum Publikumsmagneten. Tagsüber ist es einfach ein recht schön gestalteter Platz mit Brunnenanlage, an der Kinder gerne spielen. An Sommerwochenenden wartet dann das große Multimedia-Spektakel „Wasser – Licht – Klang", bei dem diverse Themen, u. a. die Geschichte Warschaus, mithilfe von Lasern, Beamern, LEDs, Fontänen sowie oft dramatischer Musik und Sounds dargestellt werden.

Brunnenbetrieb tägl. 8.30–22.30 Uhr, Wasserspiele tägl. 16–16.30 Uhr; Mai bis Juli. 21.30–22 Uhr, Aug. 21–21.30 Uhr, Sept. 20.30–21 Uhr jeweils Fr/Sa Multimedia-Brunnen-Show. www.parkfontann.pl. Skwer I Dywizji Pancernej (zwischen Neustadt und Weichsel). Bus 118, 185, Haltestelle Sanguszki.

Kościół św. Franciszka

Franziskanerkirche

Im Gegensatz zu anderen polnischen Städten kamen die Franziskaner erst spät nach Warschau: 1646. Neben ihrem Kloster steht die Kirche, mit deren Bau 1679 im barocken Stil begonnen wurde; die Arbeiten zogen sich bis 1788 hin, wovon die strenge klassizistische Fassade zeugt. Die wertvollsten Kunstschätze haben hier den Krieg überstanden: Besonders sehenswert ist beim Heiligkreuz-Altar das Kruzifix von Andreas Schlüter (1660–1714), Schöpfer des verschollenen, berühmten Bernsteinzimmers. Ebenso sehenswert sind der „Christus am Ölberg" (1661) im Presbyterium, ein Gemälde des „schlesischen Rembrandts", Michael Willmann, sowie die Reliquien des Heiligen Vitalis in der Kapelle beim Presbyterium.

Tägl. 8–19 Uhr. Messe Mo–Sa 6.30, 8, 10, 19, So 7, 8.30, 10, 11.30, 13, 17, 19 Uhr. www.warszawa.franciszkanie-warszawa.pl. Ul. Zakroczymska 1.

Bus 227, 503, Haltestelle Konwiktorska. Ⓜ Dworzec Gdański.

Pałac Sapiehów

Sapieha-Palais

Gebaut wurde das Palais 1731–46 für den litauischen Großkanzler Jan Fryderyk Sapieha. Der verschwenderische spätbarocke Stil und die langgezogene Fassade zeugen von der Bedeutung des Kanzlers. Im 19. Jh. wurde das Palais als Kaserne zweckentfremdet, das für den Novemberaufstand von 1830 wichtige Vierte Infanterieregiment war zu

Multimedia-Show beim Brunnenpark

dieser Zeit hier stationiert (→ Geschichte der Stadt). 1944 wurde der Palast von den deutschen Truppen zerstört und schließlich abgerissen; in den Nachkriegsjahren wurde das Gebäude rekonstruiert und dient seitdem als Schulgebäude.

Ul. Zakroczymska 6. Bus 227, 503, Haltestelle Konwiktorska. Ⓜ Dworzec Gdański.

Pomnik Poległym i Pomordowanym na Wschodzie

Denkmal der im Osten Gefallenen und Ermordeten

Das Mahnmal in Form eines offenen Eisenbahnwaggons voller Kreuze erinnert seit 1995 an all die Polen, die nach dem Angriff Russlands 1939 auf Polen von der Roten Armee nach Sibirien verschleppt und dort ermordet worden waren, sowie an die Opfer des Katyń-Verbrechens: Bei dem Massaker wurden mehr als 20.000 Angehörige der polnischen Intelligenz auf Befehl des Kreml exekutiert. Auf jeder der metal-lenen Schwellen steht der Name eines russischen Ortes, an dem Verbrechen gegen Polen begangen wurden. Bis zur Wende 1989 waren diese traurigen Taten natürlich ein Tabuthema.

Ul. Muranowska. Tram 15, 18, 35 und Bus 116, 157, 227, Haltestelle Muranowska. Ⓜ Dworzec Gdański.

Intraco I

Intraco-I-Hochhaus

Der gläserne, 138 m hohe Büroturm mit 39 Stockwerken ist weithin sichtbar und eignet sich gut zur Orientierung. Allerdings passt er so gar nicht in die Umgebung, was daran liegen mag, dass der schwedische Investor 1975 bei der Gestaltung offenbar freie Hand hatte. Wegen der ausschließlichen Verwendung von Glas an der Fassade wirkt der Monolith aber eher schlicht und markiert, wohlwollend gesagt, einen interessanten Kontrast zur Neustadt.

Kein Zutritt. Ul. Stawki 2. Tram 15, 18, 35 und Bus 116, 157, 227, Haltestelle Muranowska. Ⓜ Dworzec Gdański.

Praktische Infos

→ Karte S. 47

Restaurants

mein Tipp **Fret@Porter** **2** Liebevoll geführtes Restaurant, das auch als Galerie, Café, Club und Bar fungiert. Wohlgefühlt haben sich hier schon so unterschiedliche Stars wie Paulo Coelho, Pierre Cardin, Cesaria Evora, Kayah, Czesław Niemen oder die Deutsche Sarah Connor. Fret@Porter-Ente mit Wildrosensoße, Kartoffelklößchen und mit Roter Bete gefülltem Bratapfel 14 €. Tägl. 10–23 Uhr. Ul. Freta 37. ℰ 22-6352055, www.fretaporter.pl.

Honoratka **7** In dem seit 1826 betriebenen Restaurant pflegte Chopin gelegentlich zu speisen – ob im Palastkeller oder im von einem Grünstreifen umgebenen Sommergarten, ist nicht überliefert. Im selben Gebäude residiert übrigens die deutsch-polnische IHK. Lunchmenü von 12 bis 16 Uhr 5 €, auch sonst erschwinglich. Tägl. 12–23 Uhr. Ul. Miodowa 14 (Eingang auch über ul. Podwale 11). ℰ 22-6350 397, www.honoratka.com.pl.

mein Tipp **Freta 33** **3** Mediterrane und polnische Fusionsküche in einfallsreich und stilvoll eingerichtetem Raum. Viele wechselnde Tagesgerichte, das Gemüse dazu stammt aus ökologischem Anbau, Fleisch und Käse werden von polnischen Bauern aus der Region bezogen. Tägl. 12–23 Uhr. Ul. Freta 33/35. ℰ 22-6350931, www.freta33.pl.

Pod Samsonem **6** An dem Restaurant mit einigen jüdischen Gerichten scheiden sich die Geschmäcker. Doch das Pod Samsonem ist eine Institution, nicht zuletzt, weil es das erste Nachkriegslokal war, auf dessen Speisekarte z. B. wieder Karpfen auf jiddische Art zu finden war (5,50 €). Tägl. 10–23 Uhr. Ul. Freta 3/5. ℰ 22-8311788, www.podsamsonem.pl.

La Rotisserie **1** Edles Hotelrestaurant im Le Régina, in dem frische Gerichte nach der Saison kreiert werden, Chefkoch Piotr Szulc sammelt einen Preis nach dem anderen ein. 5-Gänge-Degustationsmenü 46 €. Mo–Fr 12–22.30, Sa/So 13–22.30 Uhr. Ul. Kościelna 12. ℰ 22-5316070, www.rotisserie.pl.

Cafés

Pożegnanie z Afryką **5** Wie in ganz Polen serviert auch diese Filiale ausgezeichneten Kaffee. Tägl. 7–21 Uhr, im Sommer bis 22 Uhr. Ul. Freta 4/6. ℰ 22-501383091, www.pozegnanie.com.

Einkaufen

Pożegnanie z Afryką **5** Zahllose Kaffeesorten, dazu Kunst und Schmuck rund um die schwarze Bohne. Mo–Fr 10–19, Sa/So 10–17 Uhr. Ul. Freta 4/6. www.pozegnanie.com.

Kultur

Stara ProchOFFnia **4** Zentrum mit Theater, Konzerten und Kunstprojekten. Galerien tägl. 13–20 Uhr, Abendveranstaltungen meist 19 oder 20 Uhr. Ul. Boleść 2. ℰ 22-6358964, www.scek.pl.

Ein Lokal neben dem anderen in der Neustadt

Auf Warschaus Prachtallee
Tour 3

Der sogenannte Königstrakt führt vom Schlossplatz nach Süden. Entlang der aus drei Straßen zusammengesetzten Achse geht es vorbei an Adelspalästen, dem Universitätscampus und Regierungsgebäuden, flaniert man auf Alleen und Einkaufsstraßen.

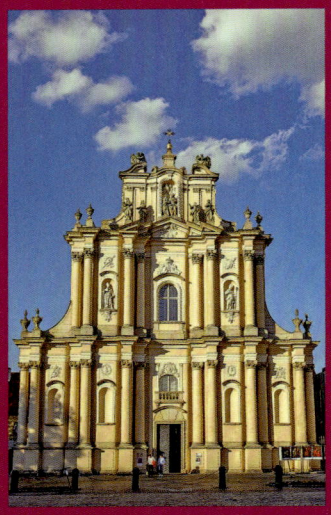

St.-Anna-Kirche, eine von Warschaus schönsten Kirchen, S. 60

Präsidentenpalast, hier wurde Geschichte geschrieben, S. 62

Warschauer Universität, klassischer Campus, S. 63

Heiligkreuzkirche, Urne mit Chopins Herzen, S. 63

Palme, Warschaus neues Wahrzeichen, S. 58

Königstrakt
Trakt Królewski

Nach der Restaurierung zwischen 2006 und 2008 und erneut 2018 bis 2019 präsentiert sich der Boulevard so schön wie lange nicht mehr, was die Warschauer zurecht mit Stolz erfüllte, trifft der in der Vorkriegszeit gängige Beiname „Paris des Ostens" für die polnische Metropole zumindest für diese Achse der Stadt wieder zu. Mit zehn Kilometern Länge bis zum Schloss in Wilanów zählt der Königstrakt zu den längsten Prachtstraßen der Welt.

Den Anfang macht die *Krakowskie Przedmieście*, die Krakauer Vorstadt. Ihren Namen verdankt sie dem mittelalterlichen Krakauer Stadttor und der Straße, die in die frühere Hauptstadt Polens führte. Schon im 14. Jh. gab es hier vereinzelte Siedlungen, in den folgenden Jahrhunderten wurden die ersten Paläste gebaut, für die in der von Mauern eingezwängten mittelalterlichen Altstadt kein Platz mehr war.

Auch die darauf folgende Allee *Nowy Świat* (Neue Welt) verdeutlicht mit ihrem Namen denselben Zweck. Heute ist die Nowy Świat der Teil des Königstrakts, auf dem die Warschauer am liebsten flanieren, hier reihen sich die Geschäfte, Cafés und Bars aneinander.

Ab dem *plac Trzech Krzyży* (Platz der drei Kreuze) schließlich beginnen die *aleje Ujazdowskie*, in deren Nähe die meisten Botschaften residieren, wovon exklusive Restaurants und Boutiquen profitieren.

Der eigentliche Königstrakt führt noch weiter, vorbei an den *Łazienki Królewskie* (→ Tour 9) bis nach *Wilanów* (→ Tour 12). Seit dem Chopinjahr 2010 sind Hörstationen entlang des Königstrakts zwischen der Altstadt und der aleje Jerozolimskie zu finden. Bei diesen kann man sich auf Bänken ausruhen und im Sitzen Chopins beliebtesten Kompositionen lauschen.

Tour-Info: Ausgangspunkt ist der Schlossplatz (Plac Zamkowy), unter dem der → Tunnel der Ost-West-Trasse W-Z (Tunel Trasy W-Z) verläuft.

Anfahrt mit Bus 116, 128, 175, 180, 222, Haltestelle plac Zamkowy. Tram 4, 13, 20, 23, 26, Haltestelle Stare Miasto.

Ende: plac Trzech Krzyży. Rückfahrt mit Bus 108, 116, 118, 166, 171, 180, Haltestelle plac Trzech Krzyży.

Dauer: reine Gehzeit 45 bis 75 Min.

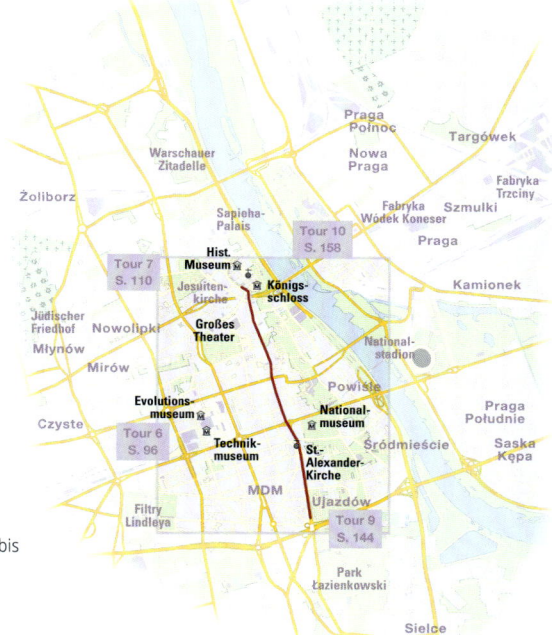

Spaziergang

Die Tour auf dem Königstrakt ist einfach, muss man doch immer nur geradeaus in Richtung Süden laufen. Unsere Beschreibung beschränkt sich deshalb darauf, einige Paläste, Denkmäler und Bauten vorzustellen, die unten im Abschnitt „Sehenswertes" nicht erwähnt werden. Bei den jeweiligen Sehenswürdigkeiten finden Sie auf einem Würfel Hinweistafeln mit Kurzinfos auf Polnisch und Englisch.

Den Anfang auf der rechten Straßenseite der *Krakowskie Przedmieście* macht die Kamienica Prażmowskich im Rokoko-Stil (Nr. 87), einem Zentrum der polnischen Literaten.

Einen schönen Blick über diesen Teil des Königstrakts und auf die Altstadt bietet die → Aussichtsterrasse (Taras Widokowy) vom Glockenturm der → St.-Anna-Kirche (Kościół św. Anny, linke Straßenseite), zweifellos eines der schönsten Gotteshäuser Warschaus. Direkt daneben ist im Hinterhof der → Masowische Miniaturenpark (Park Miniatur Woj. Mazowieckiego) zu sehen.

Weiter vorbei an einigen schönen Bürgerhäusern und der zur Linken steil abfallenden ulica Bednarska stoßen wir auf der linken Straßenseite auf das → Adam-Mickiewicz-Denkmal (Pomnik Adama Mickiewicza), das am Ende des länglichen Platzes vor der barocken → Karmeliterkirche (Kościół Karmelitów) mit ihrer spektakulären klassizistischen Fassade steht. Direkt daneben thront zwischen zwei Löwenskulpturen das Reiterdenkmal für Fürst Józef Poniatowski, hinter dem sich der prächtige → Präsidentenpalast (Pałac Prezydencki) mit zwei Seitenflügeln ausbreitet. Ihm direkt gegenüber residiert das Ministerium für Kunst und Kultur im spätbarock-klassizistischen *Pałac Potockich* (Nr. 15) mit einer beachtenswerten Mauer im Neorokoko-Stil.

Nobler als im → Hotel Bristol wird man in Polen kaum schlafen können; der

E **ssen & Trinken** (S. 65/66)
1 Literatka
6 Babooshka
8 Dawne Smaki
9 Specjały regionalne
10 Bar Familijny
13 Cô Tú
18 Atelier Amaro
19 Ale Gloria
20 Pod Gigantami

C **afés** (S. 66)
2 Green Caffè Nero
7 Vincent
11 Blikle
12 Cava

E **inkaufen** (S. 66)
4 Kordegarda
5 Fibak
16 EMPIK Megastore
17 Vitkac
21 Bęc Zmiana

N **achtleben** (S. 66)
3 ojczysta czysta
10 Akwarium
14 Pijana Wiśnia
14 Pawilony
15 Pijalnia Wódki i Piwa

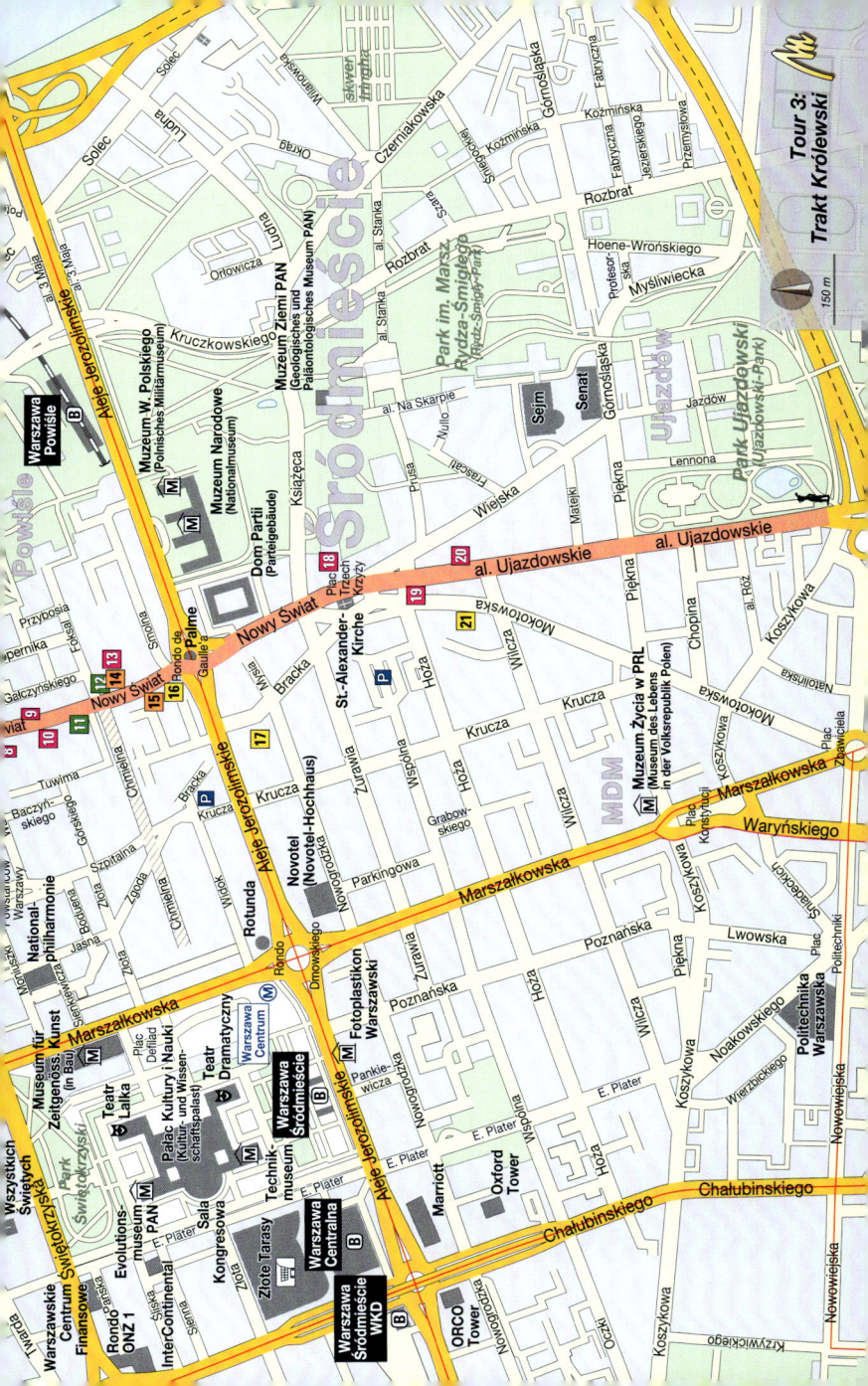

weiße Neo-Renaissance-Palast neben dem Präsidentenpalast an der Ecke zur ulica Karowa verdeutlicht, wie es auf dem Königstrakt vor dem Zweiten Weltkrieg ausgesehen hat. Ein paar Schritte weiter auf der linken Seite rahmen zwei Denkmäler für den Schriftsteller Bolesław Prus und den polnischen Primas Stefan Wyszyński die dahinter stehende → **Visitantinnenkirche** (Kościół Wizytek) ein.

Einen interessanten Kontrast zu den hauptsächlich barocken, klassizistischen und historistischen Gebäuden bildet das → **Haus ohne Kanten** (Dom Bez Kantów) direkt gegenüber der Kirche (rechte Seite zwischen ulica Tokarzewskiego-Karaszewicza und ulica Królewska), das das Hotel Bristol modernistisch widerspiegelt.

Ein paar Schritte weiter erreichen wir durch das schöne neobarocke Tor auf der linken Seite den Campus der → **Warschauer Universität** (Uniwersytet Warszawski). Auf der anderen Straßenseite steht der *Pałac Czapskich* (Nr. 5), heute Sitz der Akademie der Schönen Künste. Das Herz des romantischen Komponisten Chopin wurde nach seinem Tod in die nahe → **Heiligkreuzkirche** (Bazylika św. Krzyża) gebracht, die man nicht nur deswegen gesehen haben sollte.

An der Weggabelung bei der Kirche steht passenderweise hinter dem → **Nikolaus-Kopernikus-Denkmal** (Pomnik Mikołaja Kopernika) der *Pałac Staszica* (Nr. 72), den Antonio Corazzi von 1820 bis 1830 für die Gesellschaft der Wissenschaften errichtete. Heute ist das Palais Sitz der Polnischen Akademie der Wissenschaften.

Wir bleiben auf dem Königstrakt und überqueren die ulica Świętokrzyska.

Warschau im Kasten

Eine Palme für Warschau

Während eines Israelbesuchs hatte die Künstlerin Joanna Rajkowska die Idee, mit künstlichen Palmen an die Herkunft des Namens aleje Jerozolimskie (Jerusalemer Alleen) zu erinnern und so der früher hier lebenden Juden zu gedenken. Die Allee kreuzt den Königstrakt beim Rondo de Gaulle'a, auf der Höhe der Nowy Świat und dem ehemaligen Parteigebäude. Und Rajkowska setzte sich gegen die anfänglichen, ästhetisch begründeten Proteste

durch. Eigentlich war ihr Konzept, die gesamte Straße ein ganzes Jahr lang mit Palmen zu schmücken, doch reichte das Geld nur für eine einzige. Die aber blieb wenigstens nach dem Ende des Projekts im Jahr 2003 stehen. Inzwischen hat die Nachbildung einer Dattelpalme schon ihre erste Rundumerneuerung hinter sich und steht seitdem unter dem offiziellen Schutz des Stadtpräsidenten. Heute ist sie eines der Warschauer Wahrzeichen und gilt als Symbol für ein hoffentlich glücklicheres Jahrtausend. Ihr Bild schmückt Broschüren, Postkarten, T-Shirts, Bücher und Souvenirs.

Palme beim Ronda de Gaulle'a

Der Königstrakt lädt zum gemütlichen Flanieren ein

Hier beginnt die *ulica Nowy Świat*, auf der Flanieren angesagt ist: Über einige hundert Meter geht es vorbei an edlen Geschäften, Restaurants und Cafés. Die schönsten Gebäude auf diesem etwa 600 m langen Abschnitt stehen auf der rechten Straßenseite: der spätbarocke *Pałacyk Sanguszków* (Nr. 51) und der *Pałac Kossakowskich* (Nr. 19).

Angekommen am Rondo Charles'a de Gaulle'a, an dem sich Nowy Świat und aleje Jerozolimskie kreuzen, fällt die in der Straßenmitte stehende Palme (→ Kasten, S. 58) ins Auge. Auf der anderen Straßenseite erinnert das *Charles-de-Gaulle-Denkmal* daran, dass der spätere französische Präsident nach dem Ersten Weltkrieg in der Nowy Świat wohnte.

Direkt dahinter, an derselben Ecke des Rondos, erhebt sich das einstige → **Parteigebäude** (Dom Partii), in dem heute das Banken- und Finanzzentrum untergebracht ist. Ein Stück weiter nach links auf den aleje Jerozolimskie stoßen wir auf das mächtige Gebäude des *Nationalmuseums* (→ Tour 4).

Auch wenn der eigentliche Königstrakt noch ein paar Kilometer weiter führt, endet unser Spaziergang 300 m weiter am → **Platz der drei Kreuze** (plac Trzech Krzyży) mit der → **St.-Alexander-Kirche** (Kościół św. Aleksandra) in seiner Mitte.

Wer Kondition für weitere 600 m auf dem Königstrakt hat, kann den Weg noch bis zum *Park Ujazdowski* gehen oder die *Łazienki Królewskie* (→ Tour 9) besuchen.

Sehenswertes

Tunel Trasy W–Z
Tunnel der Ost-West-Trasse

Während man überirdisch an der Rekonstruktion der Vergangenheit arbeitete, wurde die urbane Zukunft in einen Tunnel verlegt. Der Tunnel einer von Ost nach West verlaufenden Straßentrasse wurde wegen des steigenden Verkehrsaufkommens schon 1949 eröffnet. Um die Geneigtheit der Warschauer zum Sozialismus zu erhöhen, wurden die Aufzüge und Gänge im Prunk des „Sozialistischen Realismus" geschmückt, der an die historischen

Metrostationen in Moskau erinnert. Heute zeigen sich Auto- und Straßenbahntunnel sowie Treppen und Aufzüge eher nüchtern, wenngleich der Kontrast zum darüberliegenden Schlossplatz reizvoll ist. Bei den Toiletten gibt es übrigens eine alte Schalttafel mit russischer Beschriftung zu sehen.

Plac Zamkowy. Bus 116, 128, 175, 180, Haltestelle plac Zamkowy. Tram 4, 13, 20, 23, 26, Haltestelle Stare Miasto.

St.-Anna-Kirche

Taras Widokowy
Aussichtsterrasse

Wer die 150 Stufen im Glockenturm der Kirche St. Anna bezwungen hat, wird mit einem traumhaften Blick auf die Altstadt, den Schlossplatz und die beginnende Krakowskie Przedmieście belohnt. Auch für das obligatorische Erinnerungsfoto zu empfehlen.

Mo–Fr 10–18 Uhr (Mai bis Okt. bis 21 Uhr), Sa/So 11–18 Uhr (Mai bis Okt. bis 22 Uhr), bei Regen oder Schneefall geschlossen. Ein-

tritt 1,50 €, erm. 1 €. ✆ 22-3749484, www.taraswidokowy.pl. Ul. Krakowskie Przedmieście 68, plac Zamkowy.

Bus 116, 128, 175, 180, Haltestelle plac Zamkowy. Tram 4, 13, 20, 23, 26, Haltestelle Stare Miasto.

Kościół św. Anny
St.-Anna-Kirche

Die heutige Universitätskirche geht auf einen Kirchenbau für das Bernhardinerkloster zurück, der Mitte des 15. Jh. vollendet wurde. Die Liste der bei späteren barocken und klassizistischen Umbauten tätigen Baumeister liest sich wie ein Best of der wichtigsten Warschauer Architekten: Tylman van Gameren, Jakub Fontana, Karol Bay, Chrystian Piotr Aigner, Henryk Marconi und andere hinterließen hier ihre Spuren. Eine Besonderheit ist auch die Mitwirkung des Allroundtalents Stanisław Kostka Potocki an der Gestaltung der Fassade mit den vier Evangelisten Matthäus, Markus, Lukas und Johannes.

Das Innere lockt mit prachtvollen Altären, einer sehenswerten Kanzel, schöner Orgelempore und Fresken von Walenty Żebrowski. Im benachbarten Kloster sind gotische Sterngewölbe und ein gotischer Saal erhalten geblieben. Übrigens hat die Kirche den Ruf, dass jede hier geschlossene Ehe unter einem guten Stern stehen wird – auf einen Termin muss man entsprechend lange warten.

Tägl. 8–18.30 Uhr, Messe Mo–Fr 7 (nur im Semester), 7.30, 15, 18.30 Uhr, Sa 15, 18.30, So 8.30 (nur im Semester), 10, 12, 15, 19, 21 Uhr. www.swanna.waw.pl. Ul. Krakowskie Przedmieście 68, plac Zamkowy.

Bus 116, 128, 175, 180, Haltestelle plac Zamkowy, Tram 4, 13, 20, 23, 26, Haltestelle Stare Miasto.

Park Miniatur Woj. Mazowieckiego
Masowischer Miniaturenpark

Hier werden detailgetreue und detailverliebte Modelle von Warschauer Bauwerken aus der Vorkriegszeit gezeigt.

Modelle von Warschauer Bauwerken der Vorkriegszeit im Miniaturenpark

Interessant sind die kleinen Nachbauten der verlorenen, (noch) nicht rekonstruierten Bauwerke auf jeden Fall. Eine Ausstellung also für alle, die sich ein Bild davon machen wollen, wie Warschau vor den deutschen Zerstörungen ausgesehen hat. Nicht umsonst galt Warschau damals als eine der schönsten Städte in ganz Europa. Übrigens sitzen die Teams mehrere Monate an den einzelnen Modellen.

März/April und Nov./Dez. Mo–Fr 10–18, Sa/So 10–20, Mai/Okt. Mo–So 10–20, Juni bis Sept. Mo–So 10–22 Uhr. Eintritt 3,50 €, erm. 3 €, Familien 9 €, Kinder bis 5 J. frei. Führungen auf Deutsch nach Voranmeldung 25 €. www.miniaturymazowieckie.com. Ul. Krakowskie Przedmieście 66.

Bus 116, 128, 175, 180, Haltestelle plac Zamkowy, Tram 4, 13, 20, 23, 26, Haltestelle Stare Miasto.

Pomnik Adama Mickiewicza

Adam-Mickiewicz-Denkmal

Von patriotischer Bedeutung war die Enthüllung des Denkmals im Jahr 1898, das Cyprian Godebski (1835–1909) zum 100. Geburtstag des Nationaldichters in Zeiten verschärfter Russifizierung schuf. Aus eben diesem Grund rissen die Nazis es ab und transportierten die Teile nach Hamburg; von dort wurden sie nach dem Krieg an die heutige Stelle zurück verbracht und 1950 zu einem vollständigen Denkmal rekonstruiert. Seitdem blickt der polnische Dichterfürst wieder mit stolzgeschwellter Brust und in beinahe römischer Pose auf die Passanten

Ul. Krakowskie Przedmieście. Bus 116, 128, 175, 180, 222, Haltestelle Hotel Bristol, Ⓜ Nowy Świat-Uniwersytet.

Kościół Karmelitów

Karmeliterkirche

Das Gotteshaus ist auch als Mariä-Himmelfahrt- und Josephskirche bekannt. Die spektakuläre Fassade mit klassizistischen Elementen und Anspielungen an den Orient und das antike Ägypten ist ein Meisterwerk von Efraim Szreger, für dessen Fertigstellung er bis 1779 siebzehn Jahre lang arbeitete. Die barocke Kanzel und der Hauptaltar wurden von Tylman van Gameren geschaffen. Da die Kirche unzerstört blieb, war sie bis zum Wiederaufbau des Johannisdoms (→ Tour 1) die wichtigste Kathedrale der Stadt.

Messe Mo–Sa 7 und 18.30, So 9.30, 11, 12.30, 18.30 Uhr. Ul. Krakowskie Przedmieście 52/54, www.wmsd.waw.pl. Bus 116, 128, 175, 180, 222, Haltestelle Hotel Bristol, Ⓜ Nowy Świat-Uniwersytet.

Pałac Prezydencki

Präsidentenpalast

Der nach den vorherigen adeligen Besitzern auch Pałac Koniecpolskich, Radziwiłłów oder Pałac Namiestnikowski genannte Prunkbau wurde 1643 errichtet; für das heutige neoklassizistische Erscheinungsbild zeichnet Chrystian Piotr Aigner verantwortlich. Bis zu seiner Nutzung als Palast des Präsidenten (seit 1994) war das Gebäude Ort historisch bedeutsamer Ereignisse: 1791 trafen sich hier die Abgeordneten, um die Verfassung auszuarbeiten; ab 1818 war der Palast der Sitz des russischen Statthalters; 1955 wurde in den Räumlichkeiten der legendäre Warschauer Pakt geschlossen, 1970 der Warschauer Vertrag zwischen Polen

Der ewige Student auf dem Universitätscampus

und der BRD als Teil der Ostverträge; und 1989 tagte hier der „Runde Tisch" mit Vertretern der sozialistischen Noch-Regierungspartei sowie der Gewerkschaft Solidarność, weiterer Demokratiebewegungen und der katholischen Kirche.

www.president.pl. Ul. Krakowskie Przedmieście 46/48. Bus 116, 128, 175, 180, 222, Haltestelle Hotel Bristol, Ⓜ Nowy Świat-Uniwersytet.

Hotel Bristol

Hotel Bristol

Um die Wende zum 20. Jh. errichteten Władysław Marconi und Stanisław Grochowicz das Gebäude mit dem charakteristischen Turm – eine Mischung aus Jugendstil und Neo-Renaissance; für die Gestaltung im Stil der Sezession waren v. a. die Krakauer Tadeusz Stryjeński und Franciszek Mączyński verantwortlich. Trotz späterer Umbauten blieb die im Jugendstil gehaltene Inneneinrichtung des Wieners Otto Wagner d. J. erhalten. Nach den Zerstörungen im Weltkrieg wurde das Gebäude zunächst im Stil des Sozialistischen Realismus wieder aufgebaut; nach der Rekonstruktion im ursprünglichen Stil in den frühen 1990er-Jahren knüpft das Haus wieder an seine Blütezeit in den Goldenen Zwanzigern an. Ohne Zweifel ist das Hotel heute das luxuriöseste in ganz Polen. Wer sich eine Übernachtung nicht leisten kann, darf zumindest das Ambiente (in eleganter Kleidung) bei einem Cafébesuch genießen.

www.hotelbristolwarsaw.pl.   Ul. Krakowskie Przedmieście 42/44. Bus 116, 128, 175, 180, 222, Haltestelle Hotel Bristol, Ⓜ Nowy Świat-Uniwersytet.

Kościół Wizytek

Visitantinnenkirche

Von innen wie von außen zählt die auch als St. Joseph bekannte Kirche zu den schönsten Gotteshäusern in Warschau (→ Foto S. 54) . Gebaut wurde sie

1728–1761 nach den spätbarocken Entwürfen von Karol Bay. Nach dem Tod Bays vollendete Efraim Szreger die auffällige Fassade und den Hauptaltar, während Jan Jerzy Plersch die Skulpturen an der Fassade und die Kanzel gestaltete. Formvollendet wirkt der den Proportionen des Innenraums kunstfertig angepasste Hauptaltar. Die heutige Pracht erklärt sich nicht zuletzt dadurch, dass die Kirche im Zweiten Weltkrieg von Zerstörungen weitgehend verschont blieb.

Tägl. 8.30–13 und 15–17 Uhr. Messe Mo–Sa 7, 8, 17, So 7.30, 9, 10, 11, 12 und 17 Uhr. www. wizytki.waw.pl. Ul. Krakowskie Przedmieście 34.

Bus 116, 128, 175, 180, 222, Haltestelle Hotel Bristol, Ⓜ Nowy Świat-Uniwersytet.

Dom Bez Kantów

Haus ohne Kanten

Nach der Legende geht der Name auf ein Missverständnis zurück: Die Architekten Czesław Przybylski (1880–1936) und Stefan Bryła (1886–1943) sollen die Aufforderung von Marschall Józef Piłsudski, ein Haus ohne „kanty" zu bauen, allzu wörtlich genommen haben. Das polnische Wort für „Kante" bezeichnet zugleich „Schwindel" – die Bauleiter sollten sich also nicht bestechen lassen. Wie dem auch sei: Der modernistische Bau mit seiner abgerundeten Fassade (Renovierung 2019/20) schafft einen reizvollen Kontrast zum schräg gegenüber stehenden Hotel Bristol.

Ul. Krakowskie Przedmieście 11. Bus 102, 111, 116, 175, 180, 222, Haltestelle Uniwersytet, Ⓜ Nowy Świat-Uniwersytet.

Uniwersytet Warszawski

Warschauer Universität

Schon von der Krakowskie Przedmieście aus ziehen die klassizistischen Fassaden des *Pałac Uruskich* (Nr. 30, heute Geografiefakultät) und des *Pałac Tyszkiewiczów* (Nr. 32, Polnische Literaturakademie) den Blick auf sich. Und

hinter dem schönen Haupttor verstecken sich weitere sehenswerte Gebäude der 1816 gegründeten Universität, die 1830–1862 zur Zeit der russischen Besatzung geschlossen bleiben musste. Der Pałac Kazimierzowski (Nr. 26/28, Rektorat) am östlichen Ende des Campus wurde als Villa Regia 1637–41 im Stil des Barock gebaut, verdankt sein heutiges Aussehen aber klassizistischen Umbauten im frühen 19. Jh. In der Mitte des Campus steht die Alte Bibliothek, vom Eingang aus gesehen links das neoklassizistische Auditorium Maximum. Auf einer der Bänke sitzt die von Studierenden geschaffene Skulptur des Ewigen Studenten, der mehr zu entspannen als zu büffeln scheint.

Der Campus ist für Polens größte Hochschule natürlich längst viel zu klein, ihre Räumlichkeiten verteilen sich heute über das ganze Stadtgebiet.

www.uw.edu.pl. Ul. Krakowskie Przedmieście 26/28/30/32. Bus 102, 111, 116, 175, 180, 222, Haltestelle Uniwersytet, Ⓜ Nowy Świat-Uniwersytet.

Bazylika św. Krzyża

Heiligkreuzkirche

Vor dem Eingangsportal schmückt eine interessante, das Kreuz tragende Christusfigur von Andrzej Pruszyński (1836–1895) den Treppenaufgang. Die spätbarocke Fassade stammt von Jakub Fontana, die Kirche plante Józef Szymon Bellotti Ende des 17. Jh.

Ein Besuch im Innern lohnt nicht nur wegen der vielen barocken Altäre und Epitaphe: Geradezu eine Pilgerstätte ist die Urne mit dem Herzen von Frédéric Chopin, das, wie er es gewünscht hatte, nach seinem Tod hier die letzte Ruhe fand.

Tägl. 10–18 Uhr. Messe Mo–Sa 6, 7, 7.30, 8, 9, 12, 16.30, 17, 18, 19 Uhr (außer Sa). So 6, 7.30, 9, 10.30, 11.45, 13, 16, 19 Uhr. www.swkrzyz.pl. Ul. Krakowskie Przedmieście 3.

Bus 102, 111, 116, 175, 180, 222, Haltestelle Uniwersytet, Ⓜ Nowy Świat-Uniwersytet.

Trakt Królewski → Karte S. 56/57

Urne mit Chopins Herzen

Pomnik Mikołaja Kopernika
Nikolaus-Kopernikus-Denkmal

Vor dem Institut der Polnischen Akademie der Wissenschaften erinnert ein Denkmal an den wohl einflussreichsten Forscher des Landes. Während der deutschen Besetzung beseitigten die Nazis die polnischen und lateinischen Inschriften und brachten stattdessen eine deutschsprachige Gedenktafel an, die Kopernikus als deutschen Forscher rühmte; die Tafel wurde nun immer wieder von den Widerständlern entwendet und daraufhin von den Nazis stets durch eine neue ersetzt – ein für die Polen lebensgefährlicher Streit um die Nationalität des Forschergenies. Humor zeigten die Aufständischen, als die Besatzer ein anderes Denkmal, für Jan Kiliński, versteckten. An der Kopernikus-Skulptur hinterließen sie folgende Nachricht: „Wegen der Beseitigung des Kiliński-Denkmals verlängere ich den Winter um zwei Monate, Kopernik." 1944 wollten die Deutschen das Kopernikus-Denkmal einschmelzen, wozu den abziehenden Truppen jedoch keine Zeit mehr blieb.

Ul. Krakowskie Przedmieście. Bus 102, 111, 116, 175, 180, 222, Haltestelle Uniwersytet, Ⓜ Nowy Świat-Uniwersytet.

Dom Partii
Parteigebäude

Das auch als „Weißes Haus" bekannte Gebäude wurde 1952 im Stil des Sozialistischen Realismus für die Polnische Vereinigte Arbeiterpartei gebaut. Da nur wenigen Menschen der Zugang erlaubt war, entstanden in der Folgezeit viele bis heute bekannte Legenden – so gab es Gerüchte über geheime Tunnels zum Kulturpalast sowie zu einem unterirdischen Fluchtbahnhof mit Verbindung nach Moskau. Während hier früher das „Kapital" von Marx studiert wurde, dient der Bau mit seinen realsozialistischen Reminiszenzen heute ironischerweise als Sitz der Warschauer Wertpapierbörse, um die kaum weniger mysteriöse Geschichten kursieren …

Ul. Nowy Świat 6. Tram 7, 9, 24, 25, Bus 111, 117, 158, Haltestelle Muzeum Narodowe. Bus 111, 116, 175, 180, Haltestelle Foksal (nur unter der Woche). Ⓜ Nowy Świat-Uniwersytet.

Plac Trzech Krzyży, Kościół św. Aleksandra
Platz der drei Kreuze, St.-Alexander-Kirche

Als einer der exklusivsten Plätze der Hauptstadt ist er heute eine Adresse für Luxusrestaurants und edle Boutiquen. Sein Name erklärt sich durch die drei Kreuze, von denen eines auf der Kirche steht, die beiden anderen auf den Säulen gegenüber ihrem Eingang. Das 1818–25 von Christian Aigner geplante neoklassizistische Gotteshaus zeigt auffällige Ähnlichkeiten mit dem römischen Pantheon. Bei der Rekonstruktion nach dem Krieg verzichtete man auf die Wiederherstellung der Umbauten aus dem späten 19. Jh. und orientierte sich an den ursprünglichen Plänen.

Das südliche Ende des Platzes schmückt seit 1752 eine Skulptur des Heiligen Johannes Nepomuk, die Kronmarschall Franciszek Bieliński als

Dank für die Pflasterung der ulica Nowy Świat in Auftrag gegeben hatte.

Kirche: Messe Mo–Sa 6.30, 7, 7.30, 8, 9, 16, 19, So 7, 8.30, 10, 11, 11.30, 12, 13, 16, 19 Uhr. www.swaleksander.pl. Ul. Książęca 21.

Bus 108, 116, 118, 166, 171, 180, Haltestelle plac Trzech Krzyży.

Praktische Infos

→ Karte S. 56/57

Restaurants

meinTipp Atelier Amaro 18 Wechselnde Tageskarte, und was für eine! Wojciech Modest Amaro, Polens Stern am Küchenhimmel, 2019 bei den *The Best Chef Awards* zu den 100 besten Köchen der Welt gewählt, Slow-Food-Verfechter und Liebling des Michelin, zaubert mit Momenten statt mit Gängen. Dabei werden stets frische Zutaten aus der Region in verblüffenden Kombinationen zusammengestellt. Die gelungensten werden dann in Rezeptsammlungen wie „Polens Küche des 21. Jahrhunderts" oder „Natur der polnischen Küche" publiziert – beide wurden zu Bestsellern. Sechs oder neun „Momente" kosten 78 bzw. 105 €, der Lunch 37 oder 55 €. Mi–Fr 12–14, Di–Fr 18–22.30, Sa 17–22.30 Uhr. Plac Trzech Krzyży 10/14, ☎ 792-222 211 (mobil), www.atelieramaro.pl.

Ale Gloria 19 Statt ihre Gäste auf einem roten Teppich willkommen zu heißen, lässt Gastronomin Magda Gessler sie durch einen von Erdbeeren und weißen Schwänen geschmückten Gang eintreten. Auch wenn dabei die Grenze zum Kitsch für manchen überschritten ist, das Ale Gloria wird man wohl nie vergessen. Auch der Chefkoch ist einfallsreich – seine Gerichte ließen sogar die Berufsgourmets von Michelin staunen. Der Salat „Erdbeerfelder" mit Roastbeef, Rukola, Feldsalat, Granatapfel und Fruchtdressing kostet 11 €. Tägl. 12–23, So bis 22 Uhr. Plac Trzech Krzyży 3, ☎ 22-5847080, www.alegloria.pl.

Pod Gigantami 20 Diplomaten schätzen das Restaurant mit seinen europäischen und polnischen Gerichten. Zwei Atlanten (poln. Gigant) tragen den Balkon des interessanten Gebäudes aus dem frühen 20. Jh. Drei Gänge 26–140 €. Mo–Sa 12–23 Uhr. Al. Ujazdowskie 24. ☎ 22-6292312, www.podgigantami.pl.

Literatka 1 Altpolnisches Restaurant mit urig-gemütlicher Einrichtung, der Kaffee wird aus alten Porzellantassen getrunken. Schweinshaxe in Bier mit Kohl, Kartoffeln, Senf und Meerrettich 11,50 €. Tägl. 10–24 Uhr. Krakowskie Przedmieście 87. ☎ 22-8273054, www.literatka.com.pl.

Dawne Smaki 8 Bedeutet übersetzt so viel wie „Geschmäcker wie anno dazumal". Nicht nur die Karte, auch die Kellner und die Einrichtung spielen mit und ermöglichen so eine kleine Zeitreise. Schöner Garten hinterm Restaurant. Flambierte Wildschweinlende in Rotwein-Wacholdersauce auf Steinpilzen für 16 €. Mo–Do 12–24, Fr/Sa 12–1, So 12–23 Uhr. Ul. Nowy Świat 49, ☎ 22-658320, www.dawnesmaki.pl.

Babooshka 6 Russische Küche, georgische Limo, moldawischer Wein und ukrainisches Bier. Billig und deshalb immer voll. Bliny mit Räucherlachs und Kaviar 9 €. Tägl. 12–22, Fr/Sa bis 23 Uhr. Ul. Oboźna 9/102. ☎ 22-4063366, www.babooshka.pl.

meinTipp Specjały regionalne 9 Sympathisches Restaurant mit den leckersten Spezialitäten aus

Die Pawilony sind ein schöner Kontrast zum eleganten Königstrakt

Warschaus Umgebung und ganz Polen, natürlich alles saisonal und ohne Chemie. Da gibt es *żurek* im Brotteig und der Baumkuchen stammt aus eigener Herstellung, die *pierogi* sowieso. Bigos 9 €. Tägl. 12–23.30 Uhr, im Sommer oft auch bis 3 Uhr in der Nacht geöffnet. Ul. Nowy Świat 44, www.restauracja-specjalregionalne.pl .

*mein***Tipp** Bar Familijny **10** Milchbar mit langer Geschichte und den üblichen Niedrigpreisen, aber sauber. Mo–Fr 7–20, Sa/So 9–17 Uhr. Ul. Nowy Świat 39.

*mein***Tipp** Cô Tú **13** Kultige vietnamesische Bar in einem Pavillon, die schon Gourmetpreise gewonnen hat. Mo–Fr 11–21, Sa 12–21, So 12–19 Uhr. Bei den Pavillons im Innenhof, Ul. Nowy Świat 22–28/21.

Cafés

*mein***Tipp** Blikle **11** Was so schwäbisch klingt, ist eine polnische Institution in Sachen Konditorenkunst und neben dem Kaffeehaus Wedel (→ Tour 6) das zweite traditionsreiche Kaffeehaus Warschaus. So–Do 9–22, Fr/Sa 9–23 Uhr. Ul. Nowy Świat 35. ☎ 22-8266450, www.blikle.pl.

Vincent **7** Patisserie, deren Croissants bis auf den Königstrakt hinaus duften. Tägl. 6.30–24, Fr/Sa bis 1 Uhr. Ul. Nowy Świat 64.

Green Caffè Nero **2** Im Haus *Telimena* spielte Chopin für seine Freunde. Das Café hat wirklich guten Kaffee und ungewöhnliche Kuchen und Torten wie die Spinattorte „Wimbledon". Tägl. 7–23 Uhr. Krakowskie Przedmieście 27, ☎ 22-4652097, www.greencaffenero.pl.

Cava **12** „Eine Tasse voller Genuss" ist der Wahlspruch des Cafés. Tatsächlich stehen hier Baristas, die ihr Handwerk verstehen. Mo–Fr 9–24, Sa/So ab 10 Uhr. Ul. Nowy Świat 30/Ecke ul. Foksal. www.cava.pl.

Lokale für Tag und Nacht

*mein***Tipp** Pawilony **14** Diverse Kneipen und Clubs in den Pavillons, die sich in einem Hinterhof verteilen. Schöner Kontrast zum eleganten Königstrakt. Ul. Nowy Świat 22/28.

Pijana Wiśnia **10** In der betrunkenen Kirsche (so lautet der Name) gibt es Kirschlikör auf Wodkabasis und ein sehr rot leuchtendes Design. So–Mi 12–24, Do 12–1, Fr/Sa 12–2 Uhr. Ul. Nowy Świat 37.

Pijalnia Wódki i Piwa **15** Eine weitere der in den letzten Jahren so in Mode gekommenen „polnischen Tapas-Bars". Es gibt Kurze und weitere Getränke für 1–2,50 €, als Grundlage Snacks wie Würstchen oder Bigos für 2 €. Dazu werden alte und neue polnische Schlager zum Mitsingen gespielt. Durchgehend geöffnet. Ul. Nowy Świat 19, www.pwip.com.pl.

Akwarium **3** Jazzkonzerte und Cocktails in und um den Pavillon am kleinen Platz. Im Sommer wird's mal heiß, mal lauschig. Mo/Di 12–22, Mi/So 12–23, Do 12–1, Fr/Sa 12–2 Uhr. Krakowskie Przedmieście 60a, www.skwerhoovera.pl.

ojczysta czysta **2** Bar, in der es Wodka und Bier für 1,50–2,50 € gibt, polnische Snacks für 3–4 €. Etwas eleganter als die anderen Nachahmer der berühmten Bar Przekąski Zakąski. So–Do 12–1, Fr/Sa 12–3 Uhr. Krakowskie Przedmieście 33, www.ojczystaczysta.pl.

Einkaufen

EMPiK Megastore **16** Bücher, Stadtpläne, Zeitschriften, CDs und mehr in einer Filiale von Polens großer Buchhandelskette. Auch Kartenvorverkauf. Mo–Sa 9–22 Uhr. Ul. Nowy Świat 15/17. www.empik.com.

Bęc Zmiana **21** Seit 2002 unterstützt die Stiftung kulturelle und soziale Projekte in Warschau, inzwischen sind ihre Mitglieder aber auch vielgefragte Experten für Stadtplanung und den öffentlichen Raum. In der kleinen Buchhandlung findet man viele alternative Guides und kitschfreie Souvenirs. Di–Fr 11–19, Sa 12–18 Uhr. Ul. Mokotowska 65, www.beczmiana.pl.

Vitkac **17** Shopping-Galerie für Luxusmode und teure Designerstücke. Mo–Sa 11–21, So 11–18 Uhr. Ul. Bracka 9, www.vitkac.com.

Galerien

Kordegarda **4** Die Galerie gehörte lange zur Nationalen Kunstgalerie Zachęta (→ Tour 5) und ist jetzt dem Nationalen Kulturzentrum unterstellt, für Qualität ist also gesorgt. Zu den Ausstellungen kommen viele Passanten, weniger die Kunstfreaks. Di–So 11–19 Uhr. Krakowskie Przedmieście 15/17, ☎ 22-4210125, www.kordegarda.org.

Fibak **5** Die Galerie des ehemaligen polnischen Tennisprofis und Kunstsammlers Wojciech Fibak zeigt Klassiker der polnischen Moderne wie Tadeusz Kantor, aber auch junge Talente. Mo–Fr 11–19, Sa 11–16 Uhr. Krakowskie Przedmieście 5, ☎ 22-3200297, www.galeriafibak.com.pl.

Tour 4

Die beiden näher zur Weichsel hin gelegenen Stadtteile lassen Touristen häufig links liegen. Zu Unrecht, denn v. a. Mariensztat hat den Ruf des romantischen Warschaus. In Powiśle dagegen entstehen immer mehr Prestigeprojekte.

Marienstädter Marktplatz, romantisches Fleckchen, S. 73

Universitätsbibliothek, Meisterwerk & riesiger Dachgarten, S. 74

Wissenschaftszentrum Kopernikus, Natur und Technik entdecken, S. 75

Denkmal der Sirene, Sagengestalt vor Uferpromenade, S. 76

Frédéric-Chopin-Museum, für Freunde des Komponisten, S. 76

Nationalmuseum, Highlights aus Antike & 19. Jahrhundert, S. 77

Zwei Stadtteile an der Weichsel

Mariensztat und Powiśle

Warschauer Journalisten notieren zufrieden, dass sich die Stadt nun endlich dem sie durchfließenden Fluss zuwende, statt ihm wie bisher die kalte Schulter zu zeigen. Der Name **Mariensztat** setzt sich, wie unschwer zu erkennen, aus dem weiblichen Vornamen und dem polonisierten Wort „Stadt" zusammen. Im 18. Jh. entstand zwischen Altstadt und der Weichsel eine neue Siedlung, die der Adelige Eustachy Potocki bei seiner Vermählung mit Maria Kątska als Mitgift erhielt. Seiner Braut zuliebe nannte er das Viertel romantisch Maryenstadt, und schmeichelte mit dem deutschen Suffix zugleich dem aus Sachsen stammenden König August III. Erst nach dem Zweiten Weltkrieg, in dem auch Maryenstadt fast völlig zerstört wurde, wählte man den polnischen Namen.

Anders als die nahen Gebäude des Königstrakts und der Altstadt wurde Mariensztat nicht detailgetreu rekonstruiert und verlor damit sein Vorkriegsflair. Die Architekten setzten aber bei den Aufbauarbeiten von 1948 bis 1949 in der neuen Siedlung keine reinen sozialistischen Ideale um, sondern kreierten einen Stil, der an ein Dorf des 18. Jh. erinnert – sie gaben Mariensztat einen fast dörflichen Charakter, der noch heute zu spüren ist.

Das Herz der Siedlung ist der *Rynek* mit dem Brunnen, den wie in ganz Mariensztat schöne Skulpturen schmücken. Ansonsten prägen das Viertel viele Grünflächen, die in den Stadtteil Powiśle übergehen.

Powiśle war jahrhundertelang das Armenzentrum Warschaus. Arbeitslose, Handwerker, Hafenarbeiter und Fischer bewohnten den verrufenen Ort mit ärmlichen Häusern und viel Rotlichtmilieu – Powiśle unterschied sich deutlich vom Reichtum, der weiter westlich herrschte. Das sollte sich nach dem Zweiten Weltkrieg nicht ändern. Viele zerstörte Häuser wurden nicht wieder aufgebaut, teilweise wurden Plattenbauten errichtet. Erst in den letzten Jahren entstanden einige große, moderne Neubauten, darunter architektonisch interessante Projekte wie die neue Universitätsbibliothek und das 2010 eingeweihte Wissenschaftszentrum, die das Gesicht von Powiśle langsam verändern; daneben haben sich weitere Fakultäten sowie exklusive Residenzen mit Luxusappartements angesiedelt. Fashion-Begeisterte freuen sich auf viele Boutiquen rund um die ul. Solec.

Damit die Stadt dem Fluss endlich nicht mehr „die kalte Schulter zeigt", wurde mit dem 2002 fertiggestellten Weichselstraßentunnel (Tunel Wisłostrady) ein erster Schritt getan, die trennende und breit am Ufer entlanglaufende Hauptverkehrsstrasse in den Untergrund zu verbannen. Hier ist in den letzten Jahren endlich die lange geplante Promenade gebaut worden, die

einer Metropole wie Warschau angemessen ist.

Tour-Info Ausgangspunkt ist der Schlossplatz. Anfahrt mit Bus 116, 128, 175, 180, Haltestelle Plac Zamkowy. Tram 4, 13, 20, 23, 26, Haltestelle Stare Miasto.

Die recht lange Tour können Sie beliebig abkürzen, indem Sie sich z. B. auf Mariensztat oder die modernen Bauten am Weichselufer beschränken.

Ende: Sejm und Senat, ul. Wiejska 4/6/8/10. Rückfahrt mit Bus 107, 159, Haltestelle Wiejska.

Dauer: reine Gehzeit 3 bis 3¾ Std.

Spaziergang

Ein Tipp: Ergänzen Sie Ihre Tour bei gutem Wetter mit einem Spaziergang auf der neuen Weichselpromenade, entweder von Mariensztat bei der Weichsel nach rechts entgegen der Flussrichtung oder ab dem Kopernikuszentrum nach links, also in Flussrichtung.

Vom Schlossplatz, dem Beginn unserer Tour, geht es in Richtung Krakowskie Przedmieście am steinernen Gesims

entlang, von dem unten die *Trasa W-Z* zu sehen ist. Wir verlassen den Platz vor dem Glockenturm der *St.-Anna-Kirche* und steigen die Treppen hinunter. Dabei halten wir uns rechts auf der ulica Mariensztat und kommen nach 150 m in der Grünanlage zu einer Frauenstatue im Stil des Sozialistischen Realismus, die ein Huhn in der Hand hält.

E Essen & Trinken (S. 80/81)

2 MaNGo
3 Veg Deli
4 SAM
6 Dziurka od Klucza
12 Tamka 43
15 Endorfina Foksal
17 Kamanda Lwowska
19 Studio Buffo

C Cafés (S. 81)

18 Café Lorentz

N Nachtleben (S. 81)

1 Pod Barykką
8 Barka
9 Plac Zabaw
10 Sen Nocy Letniej
16 Warszawa Powiśle

E Einkaufen (S. 81)

5 Femi Pleasure
7 Uashmama
11 Andrzej Zaręba
Pracownia
13 Chopin Store
14 Marta Ruta Hats

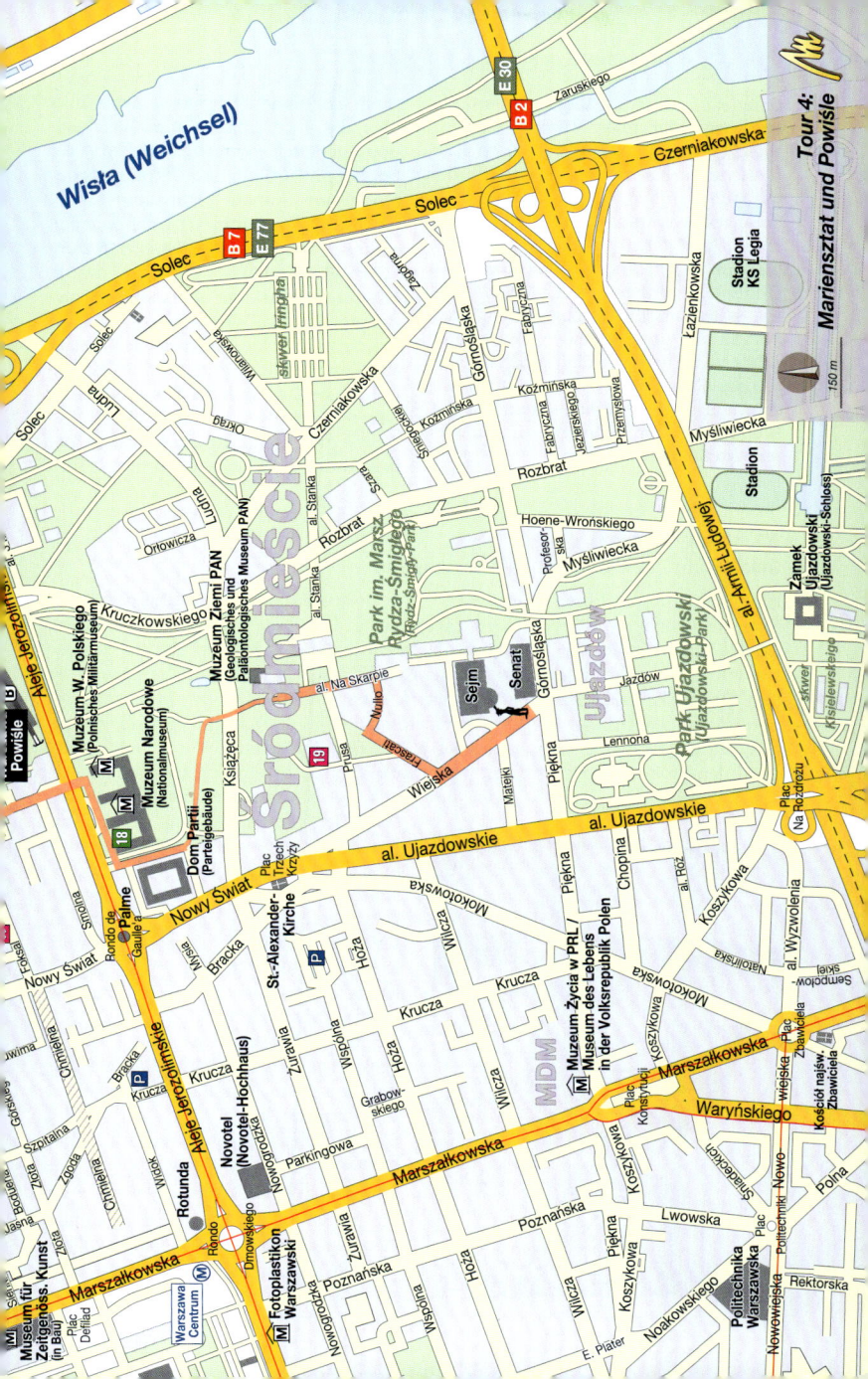

Geradeaus führt der Weg zum → **Mari-enstädter Marktplatz** (Rynek Marien-sztacki). Von dort weiter auf der *ulica Mariensztat* bis zur *ulica Dobra*, in die wir rechts einbiegen. Vorbei an der Orientalistik-Fakultät der Universität und einer Klinik gehen wir 450 m geradeaus bis zur → **Universitätsbibliothek/BUW** (Biblioteka Uniwersytecka BUW), deren → **Botanischer Dachgarten** (Ogród Botaniczny na dachu) einen der schönsten Ausblicke über die Stadt bietet; das Eingangstor des Gartens erreichen wir schon ein paar Meter vor der Bibliothek. Hier befinden wir uns bereits im Stadtteil *Powiśle*.

Nach der Bibliothek geht es nach links über die ulica Lipowa zum Weichselufer, an dem sich von 2017 bis 2019 der temporäre Pavillon des → **Museums der Modernen Kunst** (Muzeum Sztuki Nowoczesnej) befindet. Direkt daneben steht seit 2010 das → **Wissenschaftszentrum Kopernikus** (Centrum Nauki Kopernik), eines der Warschauer Prestigeprojekte. Auf der anderen Seite der Schrägseilbrücke, die wir nach 350 m am Fluss entlang unterqueren, ist bereits das → **Denkmal der Sirene** (Pomnik Syreny) zu sehen. Nach Brücke und Sirene geht es auf die ulica Zajęcza, die uns zurück in Richtung Stadtmitte führt.

Warschau im Kasten

Geld macht nicht glücklich, po warszawsku

In einem Brunnen unter dem Frédéric-Chopin-Museum steht die Skulptur einer Ente mit Krone, die an eine beliebte Warschauer Gute-Nacht-Geschichte erinnert, das Märchen von der Goldenen Ente (Złota kaczka): Eine wunderhübsche Prinzessin wurde von einer bösen Hexe in eine Ente verzaubert und in die Verliese unter dem Ostrogski-Palast gesperrt. Erst wenn jemand einen Teil des Münzschatzes unter dem Palast findet und ihn an einem einzigen Tag für sein Vergnügen ausgibt, wäre sie von dem bösen Zauber erlöst. Der Finder würde dann reich sein, denn den größeren Rest des riesigen Schatzes dürfte er für sich behalten ... Tatsächlich begab es sich eines Tages, dass ein junger Schuhmacher die 100 Dukaten fand. Den ganzen Tag lang irrte er um-

her, gab das Geld mit vollen Händen aus, bis ihm nur noch ein einziger Groschen blieb. Er drehte ihn zwischen Daumen und Zeigefinger und warf das Geldstück schließlich einem bettelnden Kriegsinvaliden in den Hut. Frohen Mutes kehrte er zum Palast zurück. Doch weder bekam er den Schatz, noch wurde das schöne Mädchen erlöst, denn er hatte ja nicht die gesamte Summe zu seinem Vergnügen ausgegeben. Der Jüngling wurde aber ein gefragter Schuhmachermeister, fand eine liebevolle Frau und lebte mit seiner Familie fortan glücklich und zufrieden.

Die Moral des Märchens mit halbem Happyend: Einem Bettler etwas zu geben, ist ganz in Ordnung – denn Geld allein macht sowieso nicht glücklich.

Nach 450 m, bei der ulica Topiel, gehen wir links und bei der nächsten Kreuzung rechts in die steil ansteigende ulica Tamka, womit wir den Stadtteil Powiśle wieder verlassen. Wo nach 250 m linker Hand der *Brunnen mit Ente* (→ Kasten, links) auftaucht, steigen wir die Treppen hoch zum → **Frédéric-Chopin-Museum** (Muzeum Fryderyka Chopina), das seit 2010 wieder geöffnet ist.

Eine weitere Treppe führt hinauf zur ulica Ordynacka, auf der wir rechts – vorbei an der Chopin-Universität – bis zur ulica Okólnik gehen. Am Ende der ulica Okólnik führt die Tour schräg links in den Park mit einem Spielplatz. Wir umrunden den schönen Zamoyski-Palast in einem unvollständigen Halbkreis und gehen dann geradeaus Richtung Süden bis zum Parkplatz und den aleje Jerozolimskie. Um auf die andere Straßenseite zu gelangen, nehmen wir die Unterführung, deren Ein- und Ausgang sich bei den beiden schönen neoklassizistischen Türmchen befindet, und erreichen so das → **Nationalmuseum** (Muzeum Narodowe), in dessen östlichem Flügel das → **Polnische Militär-museum** (Muzeum Wojska Polskiego) untergebracht ist. Vor der Straßenüberquerung können Sie zur Linken den schönen Neorenaissance-Türmchen, die den Beginn des Most Poniatowskiego markieren, einen Blick schenken.

Am westlichen Ende des Museums biegen wir nach links und folgen der aleja Lorentza direkt am Zaun entlang; anschließend schräg links über die Grünfläche auf dem parallel zur Hauptstraße verlaufenden Weg, bis die Fußgängerbrücke zu sehen ist, die uns über die breite Straße geradewegs zum → **Geologischen und Paläontologischen Museum PAN** (Muzeum Ziemi PAN) führt.

Nach dem Museum geht es auf der aleja Na Skarpie weiter, zur Linken erstreckt sich der *Śmigłego-Rydza-Park* mit breiter Terrasse und Treppe. Nach rechts, über die ulica Nullo, erreichen wir die ulica Frascati, in die wir links einbiegen und nach 200 m erneut links in die ulica Wiejska.

Gegen Ende der Straße erreichen wir das polnische Parlament, den → **Sejm**, sowie den → **Senat**, gegenüber steht das moderne „Denkmal der Heimatarmee".

Mariensztat und Powiśle → Karte S. 70/71

Sehenswertes

Marienstädter Marktplatz

Der zentrale Platz des Stadtteils wurde 1865 angelegt und war schon damals an drei Seiten bebaut. An der offenen Nordseite führte vor dem Zweiten Weltkrieg das Wiadukt Pancera vorbei, das sicherlich weniger Verkehr ertragen musste als die heutige Trasa W-Z. Trotzdem ist es auf dem Platz recht ruhig, wobei heute weniger los sein dürfte als in den Fünfzigerjahren. Kinder und junge Erwachsene sangen hier propagandistische Lieder, auch Szenen des ersten polnischen Farbspielfilms „Przygoda na Mariensztacie" (Abenteuer in Mariensztat) wurden hier gedreht. Die Lieder und der Film lobten den Bau der Wohnsiedlung und kreierten das bis heute bestehende Image als Warschaus romantischste Ecke.

Ein schönes Fotomotiv sind die knienden Kinderfiguren am Brunnen in der Mitte des Marktplatzes.

Bus 118, 127, Haltestelle Mariensztat.

Botanischer Dachgarten der Universitätsbibliothek/BUW

Mit 10.000 m² Fläche zählt er zu den größten Dachgärten Europas, v. a. aber ist er einer der schönsten des

Der Dachgarten der BUW bietet fantastische Ausblicke

Kontinents. Gestaltet wurde der 2002 eröffnete Ogród Botaniczny von Irena Bajerska. Ein Wasserfall verbindet den oberen mit dem unteren Teil des Gartens, in dem viele seltene Pflanzen wachsen. Die Ränder der Dachterrasse sind jeweils durch Brücken und Pergolas miteinander verbunden. Die Brücken wie auch die Aussichtsterrasse bieten einen fantastischen Blick über Weichsel und Stadt. Und von vielen Stellen kann man durch die Glaskuppel und spezielle Fenster die Studenten beim Lernen beobachten oder das Interieur der Bibliothek begutachten.

Nov. bis März 8–15 Uhr (ohne Zugang zum Dach), April/Okt. bis 18 Uhr, Mai bis Sept. bis 20 Uhr. Eintritt frei. www.buw.uw.edu.pl. Ul. Dobra 56/66.

Bus 105, 118, 127, Haltestelle Biblioteka Uniwersytecka, Ⓜ Centrum Nauki Kopernik.

Biblioteka Uniwersytecka/BUW
Universitätsbibliothek/BUW

Als 1999 das neue Gebäude nach fünfjähriger Bauzeit fertig war, verließ die Universitätsbibliothek nach 150 Jahren endlich den alten, längst zu klein gewordenen Campus. Die Architekten Marek Budzyński und Zbigniew Badowski schufen hier ein Meisterwerk, das bald zu den neuen Wahrzeichen Warschaus zählte und auch den polnischen Papst beeindruckte. Das Gebäude besteht aus zwei ineinander verwobenen Teilen, der Vorbau lässt Platz für Cafés, Geschäfte und Restaurants.

Vor dem Gebäude an der sog. „Kulturellen Fassade" sind mehrere Tafeln angebracht, darunter ein Notenfragment der Etüde b-moll von Karol Szymanowski, naturwissenschaftliche Formeln sowie diverse religiöse oder philosophische Textpassagen in den Originalsprachen Sanskrit, Hebräisch, Arabisch, Altgriechisch, Altrussisch und Altpolnisch. Beim Eingang der Bibliothek stehen die „Kolumnada Filosofów" genannten vier hohen Säulen, geschmückt mit den Büsten der polnischen Philosophen Kazimierz Twardowski, Jan Łukasiewicz, Alfred Tarski und Stanisław Leśniewski. Einen Blick wert sind auch die bewachsene Dachterrasse und die Glaskuppel im Zentrum der Bibliothek (s. o.).

Im Semester: Mo–Fr 8–22, Sa 9–21, So 15–20 Uhr, Sept. Mo–Fr 9–21, Sa 12–19, So 15–20 Uhr (Juli/Aug. Mo/Di 14–21, Mi–Fr 9–16 Uhr). Kostenloser Tagespass am So beim Info-Tresen beim Eingang. Erster Di im Monat um 14.30 Uhr Führung für 1 € nach Voranmeldung: 📞 22-5525181; www.buw.uw.edu.pl. Ul. Dobra 56/66.

Bus 105, 118, 127, Haltestelle Biblioteka Uniwersytecka, Ⓜ Centrum Nauki Kopernik.

Muzeum Sztuki Nowoczesnej

Museum der Modernen Kunst

Bis zur Fertigstellung des Museumsbaus auf dem plac Defilad wird seit März 2017 (bis voraussichtlich Ende 2022) in einem Pavillon moderne Kunst verschiedenster Art ausgestellt. Berliner werden diesen Bau vielleicht erkennen, war doch von 2008 bis 2010 auch die Temporäre Kunsthalle Berlin darin untergebracht. Wie in der deutschen Hauptstadt wird auch an der Weichsel die Fassade des Pavillons als „bespielbare Außenhaut" bemalt, angesprayt oder plakatiert. Ungewöhnliche Fotomotive mit der Warschauer Skyline im Hintergrund sind also garantiert.

Di–Fr 12–20, Sa 11–20, So 11–18 Uhr. Eintritt 1 €, erm. 0,50 €. 📞 22-4310755, www.artmuseum.pl. Adresse bis 2020: Skwer Skibniewskiego „Cubryny". Bus 102, 162, 185, Haltestelle Metro Centrum Nauki Kopernik, Ⓜ Centrum Nauki Kopernik.

Centrum Nauki Kopernik

Wissenschaftszentrum Kopernikus

Der Gebäudekomplex über dem Tunel Wisłostrady (Weichselstraßentunnel) ist seit seiner Fertigstellung 2010 aus zwei Gründen einen Besuch wert. Zum einen ist der Bau von Architekt Jan Kubec ein Meisterwerk, das die Umgebung prägt; das Dach ist ebenso be-

grünt wie das der nahen Universitätsbibliothek, das Planetarium umhüllt ein rostroter Mantel, und die verschiedenen Ebenen fließen mit dem Amphitheater ineinander. Der zweite Grund für eine Visite sind die interaktiven Ausstellungen an mehr als 400 Orten innerhalb und außerhalb des Gebäudekomplexes, an denen die Naturwissenschaften besonders für Laien und Kinder lebendig dargestellt werden. Insgesamt also ein stimmiges Gesamtkonzept aus Museum, Jahrmarkt-Attraktionen, Action, ungewöhnlichen Erfahrungen und wirklichem Einfühlen in naturwissenschaftliche Themen. So kann man sein eigenes Porträt von einem Roboter zeichnen lassen oder einen Mord aufklären, Skelette ausbuddeln, sein Gesicht altern lassen, Tornados und Erdbeben bei der Entstehung beobachten – oder die musikalischen Ursprünge der verschiedenen Weltreligionen entdecken. Nicht zuletzt bietet das Zentrum ausländischen Gästen

Im Wissenschaftszentrum Kopernikus

Mariensztat und Powiśle → Karte S. 70/71

einen Einblick in das junge, weltoffene und liberale Polen. Mit der Chipkarte kann man sich anmelden und die diversen Ergebnisse der Stationen abspeichern, um sie sich am Ende aushändigen zu lassen.

Zentrum: Sept. bis März Mo–Fr 9-18, Sa/So 10–19 Uhr, April bis Juni Mo–Fr 8–18, Sa/So 10–19 Uhr, Juli/Aug. Mo–So 9–19 Uhr, 1. Mo im Monat geschlossen; wegen des großen Andrangs ist eine Reservierung bzw. ein Internetkauf zu empfehlen. Achtung: häufig wechselnde Öffnungszeiten. Eintritt 8 €, erm. 5,50 €. ℘ 22-5964100, www.kopernik.org.pl.

Planetarium: Sept. bis März Mo–Do 9–18.30, Fr 9–21.30, Sa/So 10–20.30 Uhr, April bis Juni Mo–Do 8.30–19.15, Fr 8.30–21.30, Sa/So 10–20.30 Uhr, Juli/Aug. Mo–Do 9–19.30, Fr 9–21.30, Sa/So 10–20 Uhr. Eintritt 5,50–7 €, erm. 4–5 €. ℘ 22-5964100, www.niebokopernika.pl.

Entdeckergarten: Durchgehend geöffnet, Dachgarten Mai bis Aug. 10–20 Uhr, Sept./Okt. 10–17 Uhr. Eintritt frei. Wybrzeże Kościuszkowskie 20. Bus 102, 162, 185, Haltestelle Metro Centrum Nauki Kopernik, Ⓜ Centrum Nauki Kopernik.

Pomnik Syreny
Denkmal der Sirene

Die unserer Meinung nach schönere der beiden Sirenen, eine Sagengestalt aus der Gründungslegende Warschaus (→ Geschichte der Stadt), steht direkt am Weichselufer. Wie ihre Schwester in der Altstadt (→ Tour 1) hat das Guss-Zinn-Bronze-Denkmal eine bewegte Geschichte hinter sich, die in diesem Fall die abgebildete Krystyna Krahelska betrifft: Die junge Poetin und Ethnografin stand 1939 der Bildhauerin Ludwika Nitschowa Modell. Nitschowa veränderte dabei das Gesicht der Sirene so weit, dass man ihr lebendes Vorbild auf den Straßen der Stadt nicht erkennen konnte. Krystyna Krahelska wurde nur einige Monate später als Soldatin der Heimatarmee (→ Geschichte der Stadt) in den ersten Stunden des Warschauer Aufstands schwer verletzt und starb am 2. August 1944.

Ul. Wybrzeże Kościuszkowskie. Bus 102, 162, 185, Haltestelle Metro Centrum Nauki Kopernik, Ⓜ Centrum Nauki Kopernik.

Muzeum Fryderyka Chopina
Frédéric-Chopin-Museum

Ein Muss für Chopin-Freunde, doch auch das Gebäude an sich ist sehenswert – stolz erhebt sich das Ostrogski-Schloss (Zamek Ostrogskich) über der ulica Tamka. Prinz Janusz Ostrogski erwarb das Gelände Ende des 16. Jh. und begann mit dem Bau einer Burg. Aus dieser Zeit stammt das Backsteinfundament, auf dem 1681 nach Plänen von Tylman van Gameren die heutige Palastresidenz emporwuchs. Anfang des 18. Jh. wurde das Schloss mit prunkvoll-barockem Interieur versehen.

Im Zweiten Weltkrieg zerstört, nutzte die Chopin-Gesellschaft das wieder aufgebaute Schloss seit Mitte der 50er-Jahre als Sitz, später auch als Museum. Umfangreiche Restaurierungsarbeiten am Palast wurden, pünktlich zum 200. Geburtstag des Komponisten, 2010 abgeschlossen. Seitdem sind hier endlich wieder die wertvollen Notenschriften, private Briefe und Fotografien zu sehen. Viel spannender aber ist die sehr gelungene Erneuerung des Ausstellungskonzepts: Modernste Multimedia-Technik und Museumsdidaktik helfen, in die Welt von Chopin geradezu einzutauchen. Dabei entscheidet der Besucher, was er wann und in welcher Reihenfolge sehen und hören möchte. Neu ist auch der Aufbau der Präsentation: In den Kellerräumen lernt man Chopins erste kompositorischen Schritte als Kind kennen. Im Erdgeschoss wird seine Kindheit in Żelazowa Wola (→ Ausflüge) und Warschau dokumentiert. Im ersten Stock mit dem Pariser Salon sind interaktive Hörstationen installiert; der zweite Stock schließlich widmet sich Chopins europäischen Reisen und den letzten Tagen seines Lebens. Natürlich

Viel Multimediales gibt es im Chopin-Museum zu entdecken

sind hier auch regelmäßig Klavierkonzerte mit Werken des Komponisten zu hören.

Di–So 11–20 Uhr, Mo geschlossen. Eintritt 5,50 €, erm. 3 €, Familien 15,50 €, Mi frei. ☏ 22-4416251, www.chopin.museum. Ul. Okólnik 1.

Bus 102, 105, 162, Haltestelle Topiel oder Nowy Świat, Ⓜ Nowy Świat-Uniwersytet.

Muzeum Wojska Polskiego
Polnisches Militärmuseum

Das Haus präsentiert etwas verstaubt mehr als ein Jahrtausend Militärgeschichte, Erklärungen auf Englisch oder Deutsch fehlen. Mehr als entschädigt wird man allerdings durch die Qualität der Exponate. Zu den kostbarsten zählen der vergoldete Helm eines heidnischen Häuptlings aus dem 10. Jh. sowie die Husarenrüstungen, die u. a. bei der Schlacht vor Wien die polnische Kavallerie vor den Türken schützten. Exotisch und teils ungewöhnlich sind die Sammlungen außereuropäischer Waffen mit Stücken aus der ottomanischen Türkei, dem Tata-

renreich, Japan und Afrika. In einem Park neben dem östlichen Flügel sind Panzer, gepanzerte Fahrzeuge und Flugzeuge zu sehen, die die polnische Armee im Zweiten Weltkrieg einsetzte.

Im April 2020 soll das Museum in der Warschauer Zitadelle (→ Tour 11) seine neuen Pforten öffnen, wo es dann seine Sammlungen auf größerer Fläche und mit modernster Technik ansprechend präsentieren kann.

Mi 10–17, Do–So 10–16 Uhr, Mo/Di geschlossen. Eintritt 4 €, erm. 2 €, Familienticket 7,50 €, Do frei, Audioguide 1 €. ☏ 22-6295271, www.muzeumwp.pl. Al. Jerozolimskie 3.

Tram 7, 9, 22, 24, 25. Bus 111, 117, 158. Haltestelle Muzeum Narodowe. Ⓜ Nowy Świat-Uniwersytet.

Muzeum Narodowe
Nationalmuseum

Das 1862 gegründete Museum der Schönen Künste ist seit 1916 polnisches Nationalmuseum. 1926 wurde mit dem Bau des heutigen modernistischen Gebäudes begonnen, die offizielle

Einweihung fand erst 1938 statt. Zwar konnte das Museumsgebäude den Zweiten Weltkrieg verhältnismäßig unbeschadet überstehen und viele Werke versteckt oder gerettet werden. Einige wertvolle Stücke wurden jedoch von den Nazis zerstört oder befinden sich noch immer als Beutekunst in Deutschland.

Das *Erdgeschoss* zeigt antike, mittelalterliche sowie christliche Kunst, *auf der ersten Etage* sind ausländische und polnische Malerei sowie *im 3. Stockwerk* Kunsthandwerk und Gebrauchskunst zu sehen. Im *Erdgeschoss* finden die regelmäßigen Wechselausstellungen statt.

Von den *antiken Kunstschätzen* (Erdgeschoss, rechts des Eingangs) ziehen ein ägyptischer Papyrus aus dem 14. Jh.

Fresko der heiligen Anna aus dem 8. Jahrhundert

v. Chr., Keilschriften, ägyptische Statuen und zylinderförmige Siegel aus Mesopotamien die Blicke auf sich. Aufgrund der Beteiligung des Nationalmuseums an einer Ausgrabung in der altgriechischen Siedlung Tyritake auf der Krim kommen seit 2008 regelmäßig neue interessante Stücke dazu. Manchmal muss man sich wegen Neuausrichtungen und Restaurierungsarbeiten mit den griechischen Helmen und dem imposanten Schild aus dem 6. Jh. begnügen.

Von 1961 bis 1964 wurden die vom Nationalmuseum finanzierten Ausgrabungen der Kathedrale im nubischen Faras, heute Sudan, realisiert, das Nationalmuseum ergatterte dabei u. a. das wunderschöne Fresko der Heiligen Anna, die Mutter der heiligen Maria, aus dem 8. Jh. Man kann sie in der *Faras-Sammlung* (Erdgeschoss, links des Eingangs) bewundern. Seit der Neueröffnung 2014 werden diese Fresken auch angemessen präsentiert, im Hintergrund laufen frühchristliche Gesänge. Eindrucksvoll!

Die *Mittelalter-Sammlung* (Erdgeschoss, rechts des Eingangs) zeigt v. a. christliche Kunst, Triptychen und Schnitzkunst.

Anschließend erreicht man über die Treppen das erste Stockwerk und damit die *Galerie der Kunst des 19. Jahrhunderts*. Was dem Louvre die Mona Lisa, ist dem polnischen Nationalmuseum die „Bitwa pod Grunwaldem" („Schlacht von Grunwald") von Jan Matejko. Das gewaltige, detailreiche Ölgemälde zeigt die polnische Armee im siegreichen Kampf gegen den Deutschen Orden. Ein weiteres Werk des auf Historiengemälde spezialisierten Malers aus Krakau ist der „Stańczyk" (Hofnarr). Józef Mehoffers Gemälde „Dziwny ogród" („Seltsamer Garten") zieht oft Kinderaugen auf sich. Władysław Podkowińskis Warschauer Stadtansichten, Józef Chełmońskis ländliche Motive wie

„Bociany" („Störche") sowie Jacek Malczewskis „Polski Hamlet" („Polnischer Hamlet") und „Śmierć" („Der Tod") sind weitere sehenswerte Werke dieser Sammlung. Ein Glanzlicht im Jahr 2014 war die Präsentation einiger Raubkunstwerke, die erst in den letzten Jahren wieder in den Besitz des Museums gekommen waren. Besonders erwähnenswert ist die Wechselausstellung zu Ehren von Aleksander Gierymski, dessen lange verschollenes Meisterwerk „Żydówka z pomarańczami" („Die Jüdin mit den Orangen", → Foto, S. 68) 2010 auf einer Auktion in Buxtehude auftauchte und seit der Rückgabe im Nationalmuseum zu sehen ist, inzwischen auch in der festen Ausstellung.

Nicht verpassen sollte man die verträumten (Kinder-)Zeichnungen von Stanisław Wyspiański in einem kleinen Nebenzimmer.

In der *Galerie der Alten Europäischen Malerei* im ersten Stock ist die „Jungfrau mit Kind" von Sandro Botticelli ein Publikumsmagnet, ein zweiter sind die berühmten Veduten und das Selbstbildnis von Canaletto, alle zu sehen unter dem Motto „Große und kleine Geschichten".

Die Galerie *Kunst im 20. und 21. Jahrhundert* im ersten Stockwerk zeigt interessante Werke der Moderne, darunter Tadeusz Kantor, Witkacy, die „Sozialistischen Realisten" und ein Keramikensemble von Picasso, doch sind Liebhaber moderner Kunst besser beraten, die Zachęta (→ Tour 5) oder das Zamek Ujazdowski (→ Tour 9) zu besuchen. Das liegt auch daran, dass leider viele in den Archiven schlummernde Schätze nur zu besonderen Gelegenheiten gezeigt werden, darunter etwa das Kabinett der Zeitgenössischen *Grafiken und Zeichnungen* mit Zeichnungen von Pablo Picasso, Paul Klee, Witkacy u. a.

Di–So 11–18, Do bis 20 Uhr, Mo geschlossen. Dauerausstellungen 5 €, erm. 2,50 €, Gruppen 2,50 €/Pers., Kinder 7–16 J. und Studenten 0,25 €, Di frei, Führungen (auf Deutsch) 45 €. Wechselausstellungen (mit Zugang zu Dauerausstellungen) 6 €, erm. 4 €. ☎ 22-6293093, www.mnw.art.pl. Al. Jerozolimskie 3.

Tram 7, 9, 22, 24, 25. Bus 111, 117, 158. Haltestelle Muzeum Narodowe. Ⓜ Nowy Świat-Uniwersytet.

Muzeum Ziemi PAN

Geologisches und Paläontologisches Museum PAN

1951 eröffnete das Museum nach 20-jähriger Planungszeit mit ersten Sammlungen von Edelsteinen, Mineralien und Fossilien. Die Dauerausstellungen „Es gibt nur eine Erde", „Gestaltungsprozesse der Erde", „Aus der geologischen Vergangenheit der Erde", „Granit, Granit", „Bevor die Kohle entstand" und „Meteoriten – Steine vom Himmel" zeigen heute nahezu 100.000 Exponate. Am besten, man vergleicht die verschiedenen Gesteinsformen und erfreut sich an der vielfältigen Schönheit.

Unbestrittener Höhepunkt aber ist eine der weltweit größten Sammlungen an Bernsteinen und Inklusionen. Achten Sie hier besonders auf den mehr als 4 kg schweren Bernsteinbrocken aus Borneo sowie die vom erhärteten Harz eingeschlossenen Insekten und Blüten.

Mo–Fr 9–16, So 10–16 Uhr, Sa geschlossen. Eintritt 2 €, erm. 1 €, So frei. ☎ 22-6298063, www.mz.pan.pl. Al. Na Skarpie 20/26, 27.

Bus 108, 118, 162, 166, Haltestelle Książęca oder Bus 116, 171, 180, Haltestelle pl. Trzech Krzyży.

Sejm i Senat

Sejm und Senat

Polens parlamentarische Tradition geht zurück bis ins 15. Jh., 1569 zogen die beiden Häuser von Krakau nach Warschau um. Im Unterhaus, dem Sejm, kam zunächst der Landadel zusammen, im Senat hingegen die Magnaten und hohe Geistlichkeit. Von 1569 bis

Mariensztat und Powiśle ↓ Karte S. 70/71

1795 hatte der von den beiden Kammern gewählte König Stimmrecht. Schon kurz nach der Französischen Revolution verabschiedeten hier die Abgeordneten des Sejm Europas erste demokratische Verfassung, die wegen der Teilungen Polens jedoch nicht in Kraft treten konnte. Der Sejm als Geburtsort für Demokratie und Grundrechte spielt in Polen also eine ähnliche Rolle wie die „Verfassungsgebende Nationalversammlung" 1848 in der Frankfurter Paulskirche. In den heutigen Gebäudekomplex zogen der mit dem Bundestag vergleichbare Sejm und der dem Bundesrat ähnliche Senat erst kurz nach der Unabhängigkeit im Jahr 1918. Das frühere Mädcheninternat wurde den Bedürfnissen eines modernen Parlaments nach und nach angepasst; weder der Abgeordnetensaal noch das halbrunde Hauptgebäude unterscheiden sich heute in Sachen Komfort und repräsentativer Eleganz von anderen Parlamenten. Sehenswert sind die Art-Déco-Flachreliefs an der Fassade, die u. a. Wissenschaft, Handel und Recht symbolisieren. Gegenüber dem Gebäude steht das Pomnik Armii Krajowej (Denkmal der polnischen Heimatarmee) in Form eines windgeblähten Segels, das den Widerstand gegen den Naziterror symbolisiert.

Mehrmals jährlich Tage der offenen Tür und kostenlose Führungen nach Anmeldung (v. a. Schüler, Studenten, Wissenschaftler): Mo–Fr 9–15.20 Uhr, frühzeitige Anmeldung über die Webseite nötig. ☎ 22-6942500, www.sejm.gov.pl (Sejm). ☎ 22-6949265, www.senat.gov.pl (Senat). Ul. Wiejska 4–10.

Bus 107, 159, Haltestelle Wiejska.

Praktische Infos

→ Karte S. 70/71

Restaurants

meinTipp Tamka 43 **12** Der Besitzer Paweł Kwiatkowski hat ein gutes Händchen für Chefköche, die ihre Kunst u. a. im Kopenhagener Noma (mehrmals zum besten Restaurant der Welt gewählt), im Seehaus Riederau am Ammersee sowie im El Bulli an der Costa Brava erlernt haben – keine Frage, ihre Michelin-Sterne haben sie sich verdient. Gutes Preis-Leistungs-Verhältnis, das 7-Gänge-Degustationsmenü kostet mit 52 € (mit Wein 97 €) um einiges weniger, als man in Paris, London oder Madrid für vergleichbare Qualität hinblättern muss. Tägl. 12–22 Uhr, Sa/So ab 12 Uhr. Ul. Tamka 43 (gegenüber Chopin-Museum), ☎ 22-4416234, www.tamka43.pl.

Endorfina Foksal **15** Das luxuriöse Restaurant im Palast der Zamoyski-Familie garantiert ein Erlebnis für Auge und Gaumen, ob in den eleganten Renaissance-Innenräumen oder im höfischen Garten. Edle saisonale Küche mit entsprechenden Preisen. Tägl. 12–23 Uhr. Ul. Foksal 2, ☎ 22-8275411, www.endorfinafoksal.pl.

Kamanda Lwowska **17** Uriges ukrainisches Restaurant, einige Gerichte wie das Pferdetatar sind für westeuropäische Gaumen dann doch etwas gewöhnungsbedürftig. Fleischplatte für 2 Pers. 24 €. Tägl. 12–24 Uhr. Ul. Foksal 10, ☎ 22-8281031, www.kamandalwowska.pl.

Studio Buffo **19** Das Restaurant im gleichnamigen Musiktheater ist bei Warschauer Schauspielern beliebt. Hauptgericht 8,50–17,50 €. Mo–Fr 9.30–23, Sa/So 13–23 Uhr. Ul. Konopnickiej 6, ☎ 22-3390775, www.studiobuffo.com.pl.

SAM **4** Bio-Bistro mit Brot aus dem eigenen Backofen und vielen exotischen Gerichten, mehrfach wurde das Frühstück zu Warschaus bestem gewählt. Mo–Fr 8–22, Sa/So 9–22 Uhr. Ul. Lipowa 7a, www.sam.info.pl.

Dziurka od Klucza **6** Sehr gut besucht, eigentlich immer voll. Auf den Tisch kommen italienische und mediterrane Gerichte mit einem Schwerpunkt auf Meeresfrüchten und selbstgemachter Pasta von 7,50 bis 11,50 €. Mo–Sa 12–22, So 12–21 Uhr. Ul. Radna 13, ☎ 500-150494 (mobil), www.dziurkaodklucza.com.pl.

Veg Deli **3** Ein vegetarisches Restaurant, in dem nicht nur viel Wert auf die Zutaten gelegt wird, sondern auch auf die raffinierte Zubereitung. Eingerichtet mit viel fröhlichem Weiß. Mo–Sa 12–22, So 12–20 Uhr. Hauptgericht 6–7,50 €. Ul. Radna 14, ☎ 773-669874 (mobil), www.vegdeli.pl.

ManGo Veganes Streetfood von Falafel bis Hummus. So–Do 11–21.30, Fr/Sa 11–22 Uhr. Ul. Dobra 53, www.mangovegan.pl.

Cafés

Café Lorentz 18 Entspanntes Café im Westflügel des Nationalmuseums mit Liegestühlen davor. Sa–Do 10–18, Fr 10–21 Uhr. Al. Jerozolimskie 3, www.cafelorentz.pl.

Lokale für Tag und Nacht

MeinTipp **Warszawa Powiśle 16** Ein alter runder Fahrkartenschalter, ein paar Liegestühle davor und ein Plattenspieler. So einfach wie in Berlin vor ein paar Jahren kann es sein, einen Kultclub zu eröffnen. So–Do 9–1, Fr/Sa 10–4 Uhr. Ul. Kruczkowskiego 3b.

Pod Baryłką 1 Typische Eckkneipe, wie es sie in Deutschland leider immer seltener gibt. Seit 1990 eine Institution des entspannten Nachtlebens mit polnischen Bieren und Cocktails. Im Sommer ist der Biergarten auf dem Rynek mehr als gut besucht, für Raucher gibt es bei kalten Temperaturen einen Rauchersaal. Tägl. 12–24 Uhr, Di/Do/Sa ab 14 Uhr. Rynek Mariensztacki, Ul. Garbarska 7. ☎ 22-8266239, www.podbarylka.pl.

Plac Zabaw 9 Bedeutet übersetzt Spielplatz, allerdings keiner für Kinder. Intern haben wir es „Anlegestelle für das Clubschiff BarKa" (s. u.) getauft. Es gibt Streetfood, Cocktails und Bier von den Hütten am Weichselufer, gespielt wird Livemusik, aufgelegt wird ambitionierte Elektromusik. Perfekt für lauschige Sommerabende. Tägl. 11–2, Fr/Sa bis 6 Uhr. Bulwar Grzymały-Siedleckiego (in der Nähe der Sirene).

BarKa 8 Entspannte Atmosphäre in lauen Sommernächten auf einer zum Club umfunktionierten Fähre. Regelmäßig Konzerte und DJ-Sets. Bulwar Grzymały-Siedleckiego auf Höhe der Wybrzeze Kościuszkowskie 35 (in der Nähe der Sirene). Tägl. 12–2, Fr/Sa bis 6 Uhr.

Sen Nocy Letniej 10 Einen Sommernachtstraum (so die Übersetzung) kann man hier bei Livekonzerten und DJ-Partys auf dem Clubschiff erleben. Mo–Do 13–23, Fr–So 13–2 Uhr. Bulwar Grzymały-Siedleckiego (in der Nähe der Sirene), www.sennocyletniej.com.pl.

Einkaufen

MeinTipp **Marta Ruta Hats 14** Die Boutique der sympathischen Designerin Marta Ruta bietet für die modebewusste Warschauer Dame teils ungewöhnliche Hüte und Mützen. Mo–Fr 11–18 Uhr. Ul. Solec 97.

Sozialistische Frauenstatue in Mariensztat

Chrum.com 2 T-Shirts mit Warschau-Motiven oder polnischen Wortspielen und Anspielungen auf Politik, Popkultur und den Alltag in Polen. Teils international verständlich. Mo–Fr 11–19, Sa 12–18 Uhr. Ul. Dobra 53, www.chrum.com.

Femi Pleasure 5 Nein, nicht das, was Sie jetzt vielleicht gedacht haben. Stattdessen farbenfrohe und sportliche Warschauer Mode für aktive Frauen. Mo–Fr 11–20, Sa/So 11–17 Uhr. Ul. Browarna 4, www.femistories.com.

SANS 7 Trag-, kombinier- und bezahlbare Frauenmode der Warschauer Designerin Alexandra Dubińska. Mo–Fr 12–19, Sa 12–17 Uhr. Ul. Leszczyńska 12, www.showroom.pl.

Uashmama 7 Schöne Designertaschen von vier Schwestern aus der Toskana. Mo–Fr 11–19, Sa 11–17 Uhr. Ul. Leszczyńska 12, www.uashmama.com.pl.

Chopin Store 13 Chopin-Andenken und -Bücher, aber auch viele wirklich schöne und qualitativ hochwertige Souvenirs. Mo 9–17, Di–So 9–19 Uhr. Ul. Tamka 43, www.chopinstore.eu.

Andrzej Zaręba Pracownia 11 Ganz elegant mit einem Hut aus Warschau zurückkehren? Seit zwei Generationen stellt die Familie Damen- und Herrenhüte in verschiedensten Formen und Farben her. Mo–Fr 10–18, Sa 10–14 Uhr. Ul. Kopernika 25, www.azareba.pl.

Mariensztat und Powiśle → Karte S. 70/71

Um den Sächsischen Garten
Tour 5

Rund um den Park Saski gibt es Paläste, Kunstgalerien und das Teatr Wielki, das Große Theater, zu bestaunen. In den letzten Jahren haben sich Bürogebäude, Firmenhochhäuser und Banken hinzugesellt, denn in diesem Teil Warschaus tut man v. a. eines: arbeiten.

Großes Theater, kolossales Gebäude für Staatstheater und Nationaloper, S. 89

Metropolitan, Bürogebäude von Sir Norman Foster, S. 91

Sächsischer Garten, Blumenbeete, Springbrunnen und Skulpturen, S. 92

Zachęta, eine der ambitioniertesten Kunstgalerien Polens, S. 92

Sächsischer Garten
Park Saski

Im westlich an die Altstadt grenzenden Viertel sind um die Mittagszeit die Bistros und Sushi-Bars von den Angestellten der umliegenden Firmen bis auf den letzten Platz besetzt. Geschäfte gibt es kaum, interessante schon gar nicht. Stattdessen ist die Gegend eine der beliebtesten Ecken zum Ausgehen. Elegante Cocktailbars, versnobte Clubs, aber auch Oper und Nationaltheater sorgen dafür, dass die Straßen außerhalb der Bürozeiten nicht aussterben.

Interessant kann ein Besuch des Viertels auch sein, um die Veränderungen der Stadt zu verstehen und ihre Entwicklungssprünge zu verfolgen. So erinnert der *plac Piłsudskiego* immer mehr an alte, glanzvolle Zeiten. Und der *Park Saski* zeigt, dass Warschau zu Unrecht als graue Metropole verschrien ist.

Als eine der vielen grünen Oasen war dieser ein Teil der sog. *Sächsischen Achse* (Oś Saska), die ihren Namen dem sächsisch-polnischen König August II. verdankt, besser bekannt unter seinem Beinamen der Starke. Die städtebauliche Anlage aus dem Anfang des 18. Jh. verläuft im rechten Winkel zur Krakowskie Przedmieście und war bis zum Zweiten Weltkrieg von den die Prachtstraße säumenden Palästen geprägt. Vom Prunk des gerne in barockem Luxus schwelgenden Königs ist leider wenig erhalten. Das Sächsische und das Brühlsche Palais sollten eigentlich längst rekonstruiert werden als eines der ehrgeizigsten Projekte seit dem Wiederaufbau des Königsschlosses. Die Bauzäune standen schon, als die Finanzkrise die Pläne vorerst auf Eis legte.

Anders verhält es sich mit der einst neben dem Sächsischen Palais stehenden orthodoxen Alexander-Newski-Kathedrale (Sobór św. Aleksandra Newskiego). Als verhasstes Symbol der Russifizierung wurde sie nach dem Ende der Teilungen Polens nach und nach abgerissen.

Tour-Info Ausgangspunkt ist das Arsenal in der ulica Długa 52, in dem das Staatliche Archäologische Museum untergebracht ist.

Anfahrt mit Tram 4, 15, 18, 23, 26. Bus 107, 111, 190, Haltestelle Metro Ratusz Arsenał. Ⓜ Ratusz Arsenał.

Ende: Ethnografisches Museum (Muzeum Etnograficzne), ul. Kredytowa 1.

Rückfahrt mit Bus 111, 128, 175, Haltestelle plac Piłsudskiego. Oder mit Bus 102, 105, 128, 175, Haltestelle Zachęta. Ⓜ Świętokrzyska.

Dauer: reine Gehzeit 1:45 bis 2:30 Std.

Spaziergang

Nach dem Besuch von → **Arsenal** und → **Staatlichem Archäologischem Museum** (Państwowe Muzeum Archeologiczne PMA) nutzen wir die Unterführung der Metrostation Ratusz Arsenał, um auf die andere Seite der ulica Andersa zu gelangen. Dort kommen wir bei einem typischen Block im Stil des Sozialistischen Realismus heraus, in dem sich das legendäre *Muranów-Kino* befindet, das 2003 bei den Europa Cinemas Awards für das europaweit beste Programm ausgezeichnet wurde.

Rechts davon steht das *Mostowski-Palais*, das Hauptquartier der Warschauer Polizei. Wir wenden uns aber nach links, überqueren die aleja Solidarności an der Ampel und stehen auf dem → **Bankenplatz** (plac Bankowy).

An seiner Westseite passieren wir das Rathaus, die Stadtverwaltung, ein Denkmal für den romantischen Nationaldichter Juliusz Słowacki und das Ministerium für Staatsvermögen, bis wir an der Ecke zur ulica Elektoralna auf das → **Museum der Johannes-Paul II.-Sammlung** (Muzeum Kolekcji im. Jana Pawła II) stoßen.

Zurück auf dem Plac Bankowy gehen wir in Richtung des → **Blauen Hochhauses** (Błękitny Wieżowiec), das an der Stelle der im Zweiten Weltkrieg zerstörten Großen Synagoge steht. Vor dem Glasturm erinnert ein ausnehmend hässliches Denkmal an den Vorkriegsstadtpräsidenten Stefan Starzyński (→ Geschichte der Stadt), das der Beliebtheit des Politikers Hohn spricht.

Nach ein paar Schritten nach rechts, an der aleja Solidarności entlang, und dann wieder rechts in die ulica Tlomackie erreichen wir das → Jüdische Historische Institut (Żydowski Instytut Historyczny), in dem u. a. das berühmte Ringelblum-Archiv mit Dokumentationen zum Warschauer Ghetto zu finden ist.

Wir gehen nun die ulica Tłomackie weiter und die erste Möglichkeit nach links in die ulica Corazziego, die geradewegs auf die lange Zeit bekannteste Ruine der Stadt zuführt, die der → Polnischen Bank (Reduta Bank Polski). Von dort halbrechts in die ulica Bielańska und 200 m bis zur Kreuzung hinunter, dann nochmals rechts in die ulica Senatorska bis zur → St.-Anton-Kirche der Reformatoren (Kościół św. Antoniego oo. Reformatorów). Neben dieser ist für ein paar Jahre das → Jüdische Theater (Teatr Żydowski) untergebracht.

Nach der Kirche und dem Theater erreichen wir links den Saski-Park; statt aber in den Park zu gehen, biegen wir links in die ulica Niecała, vorbei an einer typischen Appartementresidenz reicher Warschauer, und dann links in die ulica Wierzbowa. Ein Zebrastreifen wird überquert, und wir stehen vor einem Seitenflügel des Teatr Wielki.

Um die Ecke öffnet sich der *Theaterplatz* (plac Teatralny) mit imposanten, großteils klassizistischen Bauten. Das als → Großes Theater (Teatr Wielki) bekannte mächtige Gebäude ist zugleich Sitz des → Staatstheaters (Teatr Narodowy) und der *Nationaloper* (Opera Narodowa). Schräg gegenüber bildet das ehemalige Rathaus, das → Jabłonowski-Palais (Pałac Jabłonowskich), mit seinem Neorenaissance-Stil einen verblüffenden Kontrast.

Vom Theaterplatz führt die links abgehende, kurvige ulica Nowy Przejazd nach 150 m zur Warschauer Interpretation der griechischen Siegesgöttin Nike. Wer nach dem Stefan-Starzyński-Denkmal auf dem plac Bankowy nicht zu verschreckt ist, kann hier also ein weiteres sehen: Das → Denkmal der Warschauer Helden Nike (Pomnik Bohaterów Warszawy Nike) ist aber weitaus gelungener und ein beliebtes Fotomotiv.

Wieder zurück am Theaterplatz, biegen wir links in die ulica Senatorska, die am → Primas-Palais (Pałac Prymasowski) vorbeiführt. An der nächsten Ecke nach rechts in die ulica Kozia einbiegen, in der wir auf das äußerst sehenswerte → Karikaturenmuseum (Muzeum Karykatury) stoßen.

Warschau im Kasten

Wenn viele arbeiten, damit eine lächelt …

Alle Jahre wieder kommt der Weihnachtsstress, werden Geschenke doch grundsätzlich zu spät gekauft. Wer sie schon im November besorgt, kann die Feiertage dagegen ruhig auf sich zukommen lassen. Nicht so im Fall von König August II. Mocny. Zwar kümmerte er sich bereits sieben Wochen vor dem Fest um die Bescherung für seine geliebte Tochter Anna Karolina Orzelska (1707–1769), stressig wurde die Sache aber trotzdem. Der König hatte sich nämlich ein Geschenk überlegt, das unter keinen Baum passt: einen im Rokoko-Stil aufwendig umgebauten Palast. Und so mussten nicht weniger als 300 Maurer und Handwerker 45 Tage und Nächte lang schuften, um das Gesicht der Königstochter, die in Europa als eine der schönsten Frauen ihrer Zeit galt, pünktlich zum Fest zum Strahlen zu bringen. Doch Schönheit vergeht bekanntlich, auch die des Pałac Błękitny (Blaues Palais). Er verblasst heute gegenüber den benachbarten Bauwerken, und so ist es kein großer Verlust, dass man ihn nicht besichtigen kann.

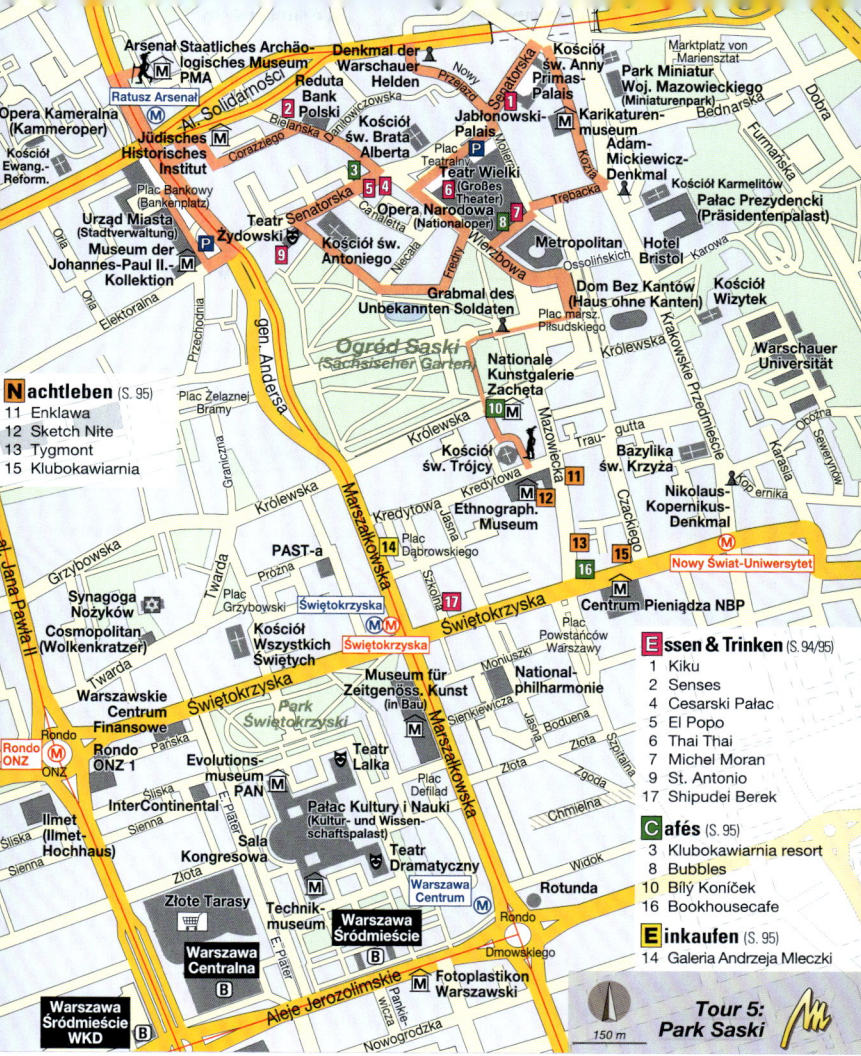

Nachtleben (S. 95)

11 Enklawa
12 Sketch Nite
13 Tygmont
15 Klubokawiarnia

Essen & Trinken (S. 94/95)

1 Kiku
2 Senses
4 Cesarski Pałac
5 El Popo
6 Thai Thai
7 Michel Moran
9 St. Antonio
17 Shipudei Berek

Cafés (S. 95)

3 Klubokawiarnia resort
8 Bubbles
10 Bílý Koníček
16 Bookhousecafe

Einkaufen (S. 95)

14 Galeria Andrzeja Mleczki

**Tour 5:
Park Saski**

150 m

Parallel zur ulica Krakowskie Przedmieście gehen wir die ulica Kozia weiter und biegen nach 200 m, an ihrem Ende, rechts in die ulica Trębacka ein. Das bereits von hier aus sichtbare → **Metropolitan-Gebäude** (Metropolitan) von Norman Foster zählt zu den schönsten Bauten zeitgenössischer Architektur. Staunen Sie aber nicht zu sehr, denn beim Überqueren des Zebra-

streifens sollten Sie sich vor rasenden Porsches und Jaguars in Acht nehmen.

Ruhiger wird es auf der anderen Seite des Metropolitan mit seinem schönen Innenhof. Über den platz Piłsudskiego erreichen wir das → **Grabmal des Unbekannten Soldaten** (Grób Nieznanego Żołnierza), das in der Vorkriegszeit in das Sächsische Palais integriert war

Das Nike-Denkmal ist ein beliebtes Fotomotiv

und heute gegenüber dem Józef-Piłsudski-Denkmal steht. Immer wieder
gibt es Pläne, das Palais zu rekonstruieren. Bereits von 1924 bis 1926 abgetragen und nicht wieder aufgebaut wurde
die orthodoxe Alexander-Newski-
Kathedrale, aus politischen Gründen
nachvollziehbar, architektonisch jedoch ein großer Verlust. Auf wenig Ge-
genliebe stoßen heute bei den Warschauern zwei neue Denkmäler auf dem
bzw. gegenüber vom Platz. Die Treppe
erinnert an die Opfer des Flugzeug-
absturzes bei Smoleńsk, bei dem u. a.
der damalige Präsident Lech Kaczyński
starb. Und genau ihm ist das künstlerisch sehr unvorteilhafte Denkmal
auf der anderen Straßenseite gewidmet.

Ein weiterer Teil der sog. Sächsischen
Achse ist der herrliche → **Sächsische
Garten** (Ogród Saski), der sich hinter
dem Grabmal des Unbekannten Soldaten ausbreitet. An seinem südlichen
Rand, etwa auf Höhe des Brunnens im
Garten, befindet sich mit der → **Nationalen Kunstgalerie Zachęta** (Zachęta
Narodowa Galeria Sztuki) der in Polen
wohl bedeutendste Ausstellungsort für
zeitgenössische Kunst.

Nach dem Besuch der Zachęta gehen
wir weiter Richtung Süden, umrunden
die Evangelisch-Augsburgische Kirche
der Heiligen Dreieinigkeit und erreichen das → **Ethnografische Museum**
(Muzeum Etnograficzne).

Sehenswertes

Arsenał & Państwowe Muzeum
Archeologiczne PMA

Arsenal & Staatliches
Archäologisches Museum

Von 1638 bis 1643 ursprünglich als
Zeughaus errichtet, diente das frühba-

rocke Gebäude später als Offiziersschu-
le und Waffendepot. Historisch bedeutend ist das Arsenal wegen dreier
Ereignisse. 1794 wurde es während des
Kościuszko-Aufstands gestürmt, um an
die Waffen zu kommen und sie unter
der Bevölkerung zu verteilen. Beim

November-Aufstand von 1830 wiederholte sich die Geschichte. Und während der deutschen Besatzung im Zweiten Weltkrieg wurden hier konspirative Aktionen geplant und Juden sowie Polen deutscher Abstammung versteckt, die der Kollaboration mit den Nazis entgehen wollten. 1943 gelang es der Pfadfinderbewegung Szare Szeregi in der „Operation Arsenal", den Widerstandskämpfer Jan Bytnar aus einem Gestapo-Transport zu befreien.

Das *Museum* zeigt Fundstücke aus Polen von der Altsteinzeit über das Mittelalter bis zur Neuzeit. Besonders gelungen sind die Präsentationen zur 2500 Jahre alten Siedlung bei Biskupin in der Nähe des heutigen Posen sowie zur Architektur der polnischen Romanik und Gotik. Seit 2018 gibt es Renovierungsarbeiten, die 2021 abgeschlossen sein sollen.

Museum: Bis 2021 wegen Renovierungsarbeiten geschlossen. Bisher galt: Mo–Fr 9–16, So 10–16 Uhr, Sa geschlossen. Eintritt 2,50–3 €, erm. 1–1,50 €, So frei. ☎ 22-5044800, www.pma.pl. Ul. Długa 52.

Tram 4, 15, 18, 23, 26. Bus 107, 111, 190, Haltestelle Metro Ratusz Arsenał. Ⓜ Ratusz Arsenał.

Plac Bankowy
Bankenplatz

Wie am Namen unschwer zu erkennen, wurde der Platz zu repräsentativen Zwecken angelegt: für Banken, Börse und das Palais des Schatzministeriums (1825). Die imposanten klassizistischen Paläste von Antonio Corazzi an der Westseite wurden nach dem Krieg rekonstruiert, die mit Arkaden verbundenen Gebäude werden heute als Rathaus und Stadtverwaltung genutzt.

An der Ostseite des Platzes verzichtete man auf eine Rekonstruktion, weshalb der plac Bankowy architektonisch etwas zusammengewürfelt erscheint.

Tram 4, 15, 18, 35, Bus 107, 111, Haltestelle plac Bankowy. Ⓜ Ratusz Arsenał.

Muzeum Kolekcji im. Jana Pawła II
Museum der Johannes-Paul-II.-Sammlung

Trotz des Namens ist die reiche Sammlung von 400 Gemälden und Skulpturen nicht die des polnischen Papstes – das Ehepaar Janina und Zbigniew Carroll-Porczyński vermachte sie der Warschauer Erzdiözese. 1989 bekam die Sammlung ein eigenes Museum im von Antonio Corazzi 1825–1829 errichteten Palast der Bank Polski. Obwohl hier wirklich sehenswerte Werke u. a. von Dürer, Rembrandt, Caravaggio, Gainsborough, Van Dyck oder da Cortona zu entdecken sind, wirkt die Museumsgestaltung etwas angestaubt. Durchaus interessant aber ist die themenbezogene Präsentation wie in den Sälen „Mutter und Kind" oder „Bibel und Heilige". Noch interessanter dürfte die Meinung mehrerer polnischer Kunsthistoriker sein, die die Authentizität einiger der Werke infrage stellen, was zu einem jahrelangen Rechtsstreit führte.

Di–Fr 10–16 Uhr, Sa/So ab 11 Uhr (mit Führung). Eintritt 4 €, erm. 2,50 €. ☎ 22-6202725, www.mkjp2.pl. Plac Bankowy 1.

Tram 4, 15, 18, 35. Bus 107, 111. Haltestelle plac Bankowy. Ⓜ Ratusz Arsenał.

Błękitny Wieżowiec
Blaues Hochhaus

Der Firmensitz vieler polnischer Filialen von Weltkonzernen, auch bekannt unter den Namen Blue Tower Plaza, Srebrny Wieżowiec (Silberturm) oder Złoty Wieżowiec (Goldturm), steht an der Stelle der 1943 von den Nazis zerstörten Großen Synagoge. Das jüdische Gotteshaus mit seiner Kuppel lehnte sich architektonisch an die Berliner Synagoge und das Pantheon an. Die Bauarbeiten für den Büroturm begannen Ende der 8oer-Jahre und endeten 1991, obwohl an dieser Stelle schon in

Park Saski ↓ Karte S. 85

den 50er-Jahren ein Hochhaus geplant war. Die dunklen, das Sonnenlicht reflektierenden Glasscheiben sollen es weniger dominant erscheinen lassen – urteilen Sie selbst.

Plac Bankowy 2. Tram 4, 15, 18, 23, 26. Bus 107, 111, 190, Haltestelle Metro Ratusz Arsenał. Ⓜ Ratusz Arsenał.

Blaues Hochhaus

Żydowski Instytut Historyczny

Jüdisches Historisches Institut

Zu sehen ist hier die weltweit größte Sammlung von Originaldokumenten, Büchern und Objekten, von Kunstwerken und Sakralgegenständen, die mit der Geschichte der polnischen Juden zusammenhängen und die Shoah überstanden. Das reiche Veranstaltungsangebot mit Wechselausstellungen, Themenabenden, Diskussionen und Konzerten befasst sich mit dem jahrhundertelangen kulturellen Einfluss, den die jüdische Gemeinde auf Polen hatte. Angeboten werden auch zweistündige Führungen durch das ehemalige Ghetto (buchbar über die Homepage). Untrennbar verbunden ist die Geschichte der inzwischen staatlichen Kulturinstitution mit dem Historiker Emanuel Ringelblum, der das Untergrundarchiv des Warschauer Ghettos leitete. Zeitweise selbst ein Teil des Ghettos, wurde hier nicht nur geforscht, sondern auch praktisch geholfen.

Mo–Fr und So 10–18 Uhr. Eintritt 3 €, erm. 2 €, So frei. Führung (auf Englisch) mit Voranmeldung 75 €/Gruppe. ✆ 22-8279221, www.jhi.pl. Ul. Tlomackie 3/5.

Tram 4, 15, 18, 23, 26. Bus 107, 111, 190, Haltestelle Metro Ratusz Arsenał. Ⓜ Ratusz Arsenał.

Reduta Bank Polski

Polnische Bank

Das 1907–1911 erbaute Gebäude, lange Zeit die prominenteste Ruine im Zentrum der Stadt, diente seit 1926 als Sitz der Bank Polski. Eigentlich sollte hier das Museum des Warschauer Aufstands einziehen, man verzichtete aber darauf, da der Platz nicht ausreichte. Inzwischen wird das Gebäude als Bürozentrum genutzt, auch wenn es von außen teilweise noch immer den Eindruck einer Ruine vermittelt.

Ul. Bielańska 10. Tram 4, 15, 18, 23, 26. Bus 107, 111, 190, Haltestelle Metro Ratusz Arsenał. Ⓜ Ratusz Arsenał.

Kościół św. Antoniego oo. Reformatorów

St.-Anton-Kirche der Reformatoren

Das Gotteshaus, ursprünglich eine Holzkirche, wurde 1668–1680 von Józef Szymon Bellotti durch einen barocken Steinbau ersetzt. Mit dem Projekt wurde an eine gewonnene Schlacht gegen das Zarenreich gedacht. Nach den Zerstörungen im Weltkrieg wurde St. Anton bis 1956 wieder aufgebaut. Im Kreuzgang erinnern Gräber und Epitaphe an die Opfer der Naziverbrechen und des Katyń-Massenmords.

Messe: Mo–Sa 6.30, 7, 8, 18 Uhr, So 7, 8, 9.30, 11, 12.30, 18, 20 Uhr (20 Uhr nur während des

Semesters). www.swietyantoni.com.pl. Ul. Senatorska 31/33.

Bus 111, 175, 222, Haltestelle plac Teatralny. Ⓜ Ratusz Arsenał.

Teatr Żydowski
Jüdisches Theater

Das auch nach den jüdischen Schauspielerinnen Ester Rachel und ihrer Tochter Ida Kamińska benannte Theater ist ein kultureller und sozialer Treffpunkt der Warschauer Juden. Gespielt werden seit der Gründung 1950 v. a. Dramen, gelegentlich auch Musicals wie Anatevka (Fiddler on the Roof). Eine Besonderheit des Theaters ist, dass hier regelmäßig Stücke in jiddischer Sprache auf die Bühne kommen – das ist weltweit einzigartig. Wegen Renovierungsarbeiten gab es 2016 einen Umzug in ein derzeit nur vorübergehend bespieltes Behelfsquartier. Theatermacher und Publikum müssen sich wohl noch ein paar Jahre gedulden, bis der Altbau am pl. Grzybowski fertig ist.

Kasse: Mi–Fr 10–14 und 15–19, Sa/So bei Vorführungen am selben Tag. Karten 7,50–25 €. ℰ 22-6206281, www.teatr-zydowski.art.pl. Ul. Senatorska 35.

Bus 111, 175, 222, Haltestelle plac Teatralny. Ⓜ Ratusz Arsenał.

Teatr Narodowy
Staatstheater

Offiziell hat das Theater den Status der ersten Bühne Polens inne, weshalb das Publikum hier die besten Regisseure und Schauspieler des Landes genießen darf. Gespielt werden von dem 1765 von Stanisław August gegründeten Ensemble Klassiker, aber auch zeitgenössische Stücke des polnischen Theaters. Von den drei über die Stadt verteilten Bühnen ist die Sala Bogusławskiego mit 600 Sitzen im Westflügel des *Teatr Wielki* (→ Großes Theater) die schönste. Dieser Flügel des Großen Theaters

brannte 1985 ab, der Wiederaufbau dauerte fast elf Jahre.

Kasse: Di–Sa 11–14.30 und 15–19, So ab 16 Uhr oder 2 Std. vor den Aufführungen. Eintritt 10–35 €. ℰ 22-6920609, www.narodowy.pl. Bus 111, 175, 222, Haltestelle plac Teatralny. Ⓜ Ratusz Arsenał.

Teatr Wielki, Opera Narodowa
Großes Theater und Nationaloper

Schon von seiner Größe beeindruckt das von 1825 bis 1833 nach Plänen von Antoni Corazzi errichtete Gebäude. Und es illustriert mit seiner Geschichte die politische Situation und historische Entwicklung bei den Bauarbeiten: Während Warschau zu Beginn als Königreich unter dem russischen Reich noch relativ eigenständig war, zog nach dem Novemberaufstand von 1830 der Zar die Zügel an. Der Name „Nationaltheater" wurde verboten, weshalb man sich für den bis heute gültigen entschied. Das Bauwerk, damals das größte Theater Europas, sollte noch prächtiger werden – was ebenfalls untersagt wurde.

Von außen gefällt die neoklassizistische Fassade mit dem an die Antike angelehnten Fries und den Säulengängen. Im Zweiten Weltkrieg zerstörten die deutschen Truppen das Gebäude fast vollständig, weshalb sowohl Oper als auch Nationaltheater in der Nachkriegszeit zunächst auf andere Bühnen ausweichen mussten. Für den Wiederaufbau war Architekt Bohdan Pniewski (1897–1965) verantwortlich, der das Theater bis zu seinem Tod rekonstruierte und erweiterte. Bei der Gestaltung des weitläufigen Foyers ließ er sich vom Ballsaal des Königsschlosses inspirieren.

Schmuckstück des Teatr Wielki ist die *Hauptbühne im Moniuszko-Saal*, die mit 48 m Höhe und 57 m Tiefe auch größte Inszenierungen ermöglicht.

Park Saski ↓ Karte S. 85

Auftreten darf dort die polnische Nationaloper, deren rund tausend Beschäftigte Opern- und Ballettaufführungen auf höchstem Niveau garantieren. Zu besonderen Anlässen dürfen auch die Kollegen der spielenden Zunft die Bühne nutzen.

Den Platz vor dem Gebäude zieren die Denkmäler für Stanisław Moniuszko (1819–1872), Gründer der Nationaloper, und Wojciech Bogusławski (1757–1829), ein Schauspieler und Regisseur, der an der Weichsel unter dem Beinamen „Vater des polnischen Theaters" bekannt ist.

Führung (leider nur auf Polnisch): tägl. 9.15 Uhr, Eintritt 7,50 €, erm. 5 €.

Kasse: tägl. 9–19 Uhr, Sa/So ab 11 Uhr. Eintritt 4–48 €. ℰ 22-6920200, www.teatrwielki.pl. Plac Teatralny 1.

Bus 111, 175, 222, Haltestelle plac Teatralny, Bus 116, 175, 180, 222, Haltestelle plac Zamkowy. Ⓜ Ratusz Arsenał.

Pałac Jabłonowskich
Jabłonowski-Palais

Das mit seinem Turm weithin sichtbare einstige Rathaus wurde erst 1997 rekonstruiert. 1773–1785 wurde das Gebäude von Jakub Fontana und Dominik

Moniuszko-Denkmal mit Blick auf das Jabłonowski-Palais

Merlini errichtet. Nach Umbauten zu Beginn des 19. Jh. ersetzte der Palast das städtische Rathaus auf dem Altmarkt, das abgerissen worden war. Nach einem Brand während des Januaraufstands 1863 wurde das Jabłonowski-Palais neu aufgebaut, diesmal im Stil der Neorenaissance. Nach dem Wiederaufbau in den 1990er-Jahren strahlt es wieder in alter Pracht, kann aber leider nicht besichtigt werden.

Ul. Senatorska 14/16. Bus 111, 175, 222, Haltestelle plac Teatralny, Bus 116, 175, 180, 222, Haltestelle plac Zamkowy. Ⓜ Ratusz Arsenał.

Pomnik Bohaterów Warszawy Nike
Denkmal der Warschauer Helden Nike

Warschaus Version der Siegesgöttin ist den Opfern des Zweiten Weltkriegs gewidmet. Die in kampfbereiter Pose auf einer Säule kniende Statue von Marian Konieczny (geb. 1930) löste zahlreiche Kontroversen aus, obwohl sie nach unserer Meinung zu den gelungeneren Skulpturen in Warschau zählt. An der heutigen Stelle an der Trasa W–Z steht die Nike erst seit 1997, zuvor schmückte sie den Theaterplatz.

Trasa W–Z. Bus 111, 175, 222, Haltestelle plac Teatralny, Bus 116, 175, 180, 222, Haltestelle plac Zamkowy. Ⓜ Ratusz Arsenał.

Pałac Prymasowski
Primas-Palais

Ende des 16. Jh. auf Initiative des Bischofs von Płock errichtet, wurde das Palais schon bald zerstört; seit dem Wiederaufbau zeigt es sich in klassizistischer Form. Leider wird man die im neuen Millennium schön restaurierten Innenräume kaum zu Gesicht bekommen, da sie nur für Konferenzen, Festlichkeiten und Bälle vermietet werden. Die dafür fällige Gebühr übertrifft den üblichen Eintrittspreis der Warschauer Paläste ein wenig. 2016 hat ein 5-Sterne-Hotel in den Räumlichkeiten eröffnet.

Das Metropolitan von Norman Foster

Park Saski → Karte S. 85

www.hotelbellotto.pl. Ul. Senatorska 13/15. Bus 116, 175, 180, 222, Haltestelle plac Zamkowy.

Muzeum Karykatury

Karikaturenmuseum

Ein Geheimtipp! Das Museum dokumentiert nicht nur die Biografien der wichtigsten polnischen Karikaturisten, auch ihre Werke sind natürlich zu sehen. So kann man etwa den Stil der Zeichnungen eines Jan Piotr Norblin (1745–1830) mit den Bildern vergleichen, die man von Wilhelm Busch im Kopf hat. Gut zu verfolgen ist die Entwicklung der polnischen Karikatur über die letzten drei Jahrhunderte bis zu den heutigen Meistern ihres Fachs, wie Henryk Sawka (geb. 1958) oder Sławomir Mrożek (1930–2013).

Di–So 10–18 Uhr. Eintritt 2 €, erm. 1 €, Di frei. ✆ 22-8278895, www.muzeumkarykatury.pl. Ul. Kozia 11.

Bus 116, 175, 180, 222, Haltestelle plac Zamkowy.

Metropolitan

Metropolitan-Gebäude

In beeindruckender Form präsentiert sich das 2003 fertiggestellte Bürogebäude, auf das die Warschauer besonders stolz sind. Stararchitekt Norman Foster bewies mit seiner Arbeit, dass moderne Architektur durchaus mit älteren Gebäuden in der Umgebung harmonieren kann. Auf keinen Fall sollte man einen Abstecher in den Innenhof verpassen, in dem ein elektronisch gesteuerter Brunnen nicht nur die Kinder begeistert.

Innenhof durchgehend geöffnet. www.metropolitan.waw.pl. Plac Piłsudskiego 1.

Bus 111, 128, 175, Haltestelle plac Piłsudskiego.

Grób Nieznanego Żołnierza

Grabmal des Unbekannten Soldaten

Auf Initiative von unbekannten Warschauern wurde in den 1920er-Jahren wie überall in Europa der im Ersten Weltkrieg gefallenen Soldaten gedacht, hier zuerst allerdings nur inoffiziell mit einer Steintafel. General Władysław Sikorski ließ das heutige Mahnmal mit der ewigen Flamme 1925 von Stanisław Ostrowski (1879–1947) errichten. Die erhaltenen Säulen gehörten zu den mittleren Arkaden des Pałac Saski, der im Zweiten Weltkrieg zerstört wurde und aufwendig rekonstruiert werden soll (letzte Pläne sehen 2018 als Starttermin vor). Im Grabmal wurde ein unbekannter polnischer Soldat bestattet, der bei der Verteidigung von Lemberg (Lwów) gefallen war, auch Erde von den Schlachtfeldern wurde hinzugefügt. Nach der Zerstörung beim Warschauer Aufstand wurde das Grabmal wieder aufgebaut und zudem den Opfern des Zweiten Weltkriegs gewidmet. Gegenüber dem Grabmal steht ein Kreuz zum Gedenken an den polnischen Papst Johannes Paul II., der hier 1979 eine auch politisch bedeutende Messe hielt.

Wachablösung tägl. 12 Uhr. Projekt zum Saski-Palast: www.saski360.pl. Plac Piłsudskiego. Bus 111, 128, 175, Haltestelle plac Piłsudskiego. Oder Bus 102, 105, 128, 175, Haltestelle Zachęta.

Ogród Saski

Sächsischer Garten

Auf der sog. Sächsischen Achse von der Krakowskie Przedmieście in Richtung Westen bildete der für König August II. Mocny geschaffene Park ein Schmuckstück. Um 1700 schrittweise vergrößert, wurde er bereits 1727 für die Allgemeinheit geöffnet, immerhin ein halbes Jahrhundert vor Versailles.

Der heutige Landschaftspark im englischen Stil erfreut mit von Blumenbeeten gesäumten Promenaden, einem See und zahlreichen Skulpturen.

Besonders beliebt sind der von Henryk Marconi 1855 gebaute Springbrunnen, die Sonnenuhr von 1863 in der Nähe, der ebenfalls von Marconi geschaffene Wasserturm sowie der Sybillen-Tempel. Nach dem Krieg wurden die Gärten nicht in alter Größe wiederhergestellt, trotzdem ist schwer vorstellbar, dass sie früher schöner waren als heute. Die begonnene Rekonstruktion der beiden Paläste auf dem plac Piłsudskiego ist also auch in diesem Sinne ein spannendes Projekt.

Durchgehend geöffnet. Plac Piłsudskiego. Bus 111, 128, 175, Haltestelle plac Piłsudskiego. Oder Bus 102, 105, 128, 175, Haltestelle Zachęta.

Zachęta Narodowa Galeria Sztuki

Nationale Kunstgalerie Zachęta

„Zachęta", so der Kurzname einer der ambitioniertesten Kunstgalerien Polens,

Der beliebte Springbrunnen im Sächsischen Garten

Videoinstallation in der Nationalgalerie Zachęta

bedeutet so viel wie „Ermutigung" oder „Ansporn". Gegründet wurde die gleichnamige Gesellschaft 1860, die Galerie eröffnete zur Jahrhundertwende und wurde nach der Wende 1990 wieder ins Leben gerufen. Das Neorenaissance-Gebäude realisierte der Warschauer Architekt Stefan Szyller 1899–1903, auch der Entwurf für das Glasdach im Innenhof stammt von ihm.

Ein tragisches Ereignis brachte die Galerie in die Geschichtsbücher. Bei einer Vernissage am 16. Dezember 1922 wurde der Zwischenkriegspräsident Gabriel Narutowicz von einem geistig verwirrten Maler erschossen. Den Zweiten Weltkrieg überstand das Gebäude fast unbeschädigt, dennoch wurde die ursprüngliche Sammlung ins Nationalmuseum verbracht, wo sie bis heute zu sehen ist.

Im Millenniumsjahr feierte man das 100-jährige Jubiläum mit einer großen Ausstellung zum polnischen Kunstschaffen in diesem Zeitraum. Seit 2003 hat die Zachęta den Status einer nationalen Kunstgalerie, ihre wechselnden Ausstellungen sind in der Stadt, in Polen und sogar im Ausland Gesprächsthema, wenngleich für manchen die modernen Werke zu provokativ sind. So versuchte der nationalkonservative Politiker Witold Tomczak, die Skulptur „La Nona Ora" (1990) des italienischen Künstlers Maurizio Cattelan (geb. 1960) zu zerstören. Sie zeigt Papst Johannes Paul II., wie er von einem Meteoriten getroffen wird. Anschließend beleidigte Tomczak die in Polen überaus angesehene Kuratorin Anda Rottenberg mit teils antisemitischen Artikeln und „offenen Briefen".

Di–So 12–20 Uhr, Mo geschlossen. Eintritt 4 €, erm. 2,50 €, Familien 4,50 €, Kinder und Jugendl. bis 26 J. 0,25 €, Do frei. ☎ 22-5569600, www.zacheta.art.pl. Plac Małachowskiego 3.

Bus 111, 128, 175, Haltestelle plac Piłsudskiego. Oder Bus 102, 105, 128, 175, Haltestelle Zachęta. Ⓜ Świętokrzyska.

Muzeum Etnograficzne

Ethnografisches Museum

Das 1888 gegründete Museum zeigt Stücke der polnischen, europäischen und außereuropäischen Volkskulturen;

Volkskunst im Ethnografischen Museum

schen Ethnologen Bronisław Piotr Piłsudski (1866–1918), Leopold Janikowski (1855–1942) und Jan Kubary (1846–1896).

Die interessantesten Exponate sind die der polnischen Volkskunst, v. a. Schnitzarbeiten, traditionelle Trachten aus fast allen Landesteilen sowie afrikanische Masken aus verschiedenen Regionen des Kontinents.

Di/Do/Fr 10–17, Mi 11–19, Sa 10–18, So 12–17 Uhr, Mo geschlossen. Eintritt 3 €, erm. 1,50 €, Kinder bis 16 J. 0,25 €, Do frei, Wechselausstellungen 5 €, erm. 2,50 €, ☎ 22-8277641, www.ethnomuseum.pl. Ul. Kredytowa 1.

Bus 111, 128, 175, Haltestelle plac Piłsudskiego. Oder Bus 102, 105, 128, 175, Haltestelle Zachęta. Ⓜ Świętokrzyska.

den Fundus dafür bieten u. a. die großen privaten Sammlungen der polni-

Praktische Infos

→ Karte S. 85

Restaurants

meinTipp Cesarski Pałac **4** Das mit Stilgefühl asiatisch eingerichtete Lokal betritt der Gast über eine Brücke, unter der in einem Bächlein Fische schwimmen. Die chinesische Besitzerin Yajia Lin-Iwanejko gilt in Warschau als Botschafterin des guten Geschmacks. Spektakulär ist der mongolische Grill im benachbarten „Tshingis Chan", von dem der Küchenchef fernöstliche Leckereien nach Wunsch auf den Teller zaubert. Hauptgericht um die 7–30 €, Pekingente 34 €. Mo–Do 12–22, Fr 12–23, Sa/So 12.30–23 Uhr. Ul. Senatorska 27, ☎ 22-8279 707, www.cesarskipalac.com.

meinTipp Kiku **1** Vielleicht Warschaus beste Sushi-Bar, die schönste allemal. Das Auge isst mit und erfreut sich an der Papierkunst in dieser „japanese dining gallery". Japanische Nudeln 9–12 €, Sushi-Set 16–37 €. Tägl. 12–23 Uhr. Ul. Senatorska 17, ☎ 22-8920901, www. kiku.pl.

meinTipp Shipudei Berek **17** Im Oktober 2015 eröffnet, hat dieses israelische Restaurant mit Grillbar die Herzen und Mägen der Warschauer im Sturm erobert. Das perfekte Frühstück (2–4 €), die positive pastellbunte Inneneinrichtung und die leckeren israelischen Spezialitäten des Chefkochs Ofir Vidavsky (früher beim beliebten Restaurant Branja in Tel Aviv) werden ihren Teil

dazu beigetragen haben. Hauptgericht 5–15 €. Mo–Sa 8–24, So 10–24 Uhr. Ul. Jasna 24, ☎ 22-8262510, www.berekwarszawa.pl.

Michel Moran **7** Sehr populär bei den Managern, die im gegenüberliegenden Metropolitan-Gebäude arbeiten. Chefkoch Michel Moran wirkte zuvor schon in renommierten Restaurants in Paris, Genf, Luxemburg und Madrid, in Warschau erfüllte er sich dann den Traum eines eigenen Lokals, das 2019 renoviert wurde. Business-Lunch 16–22 €, ansonsten häufig wechselnde Gerichte wie Perlhuhnfilet mit saisonalen Beilagen für 22 €. Mo–Fr 12.30–24, Sa 13–24 Uhr, So Ruhetag. Plac Piłsudskiego 9, ☎ 22-8260107, www.restaurantbistrodeparis.com.

Senses **2** Warschaus zweiter Michelin-Stern ging an dieses Restaurant, und zwar vollkommen zu Recht. Der französisch-italienische Chefkoch Andrea Camastra verspricht Ehrlichkeit und Emotionen beim Kochen. Relativ erschwinglich ist das Tasting Menu als Piccolo (nur Mo–Do), Medio oder Grande (80, 105 bzw. 145 €, ohne Wein, Service plus 10 %). Ohne Reservierung keine Chance! Mo–Sa 17.30–22 Uhr. Ul. Bielańska 12 (im Senator-Gebäude), ☎ 22-3319697, www.sensesrestaurant.pl.

Thai Thai **6** Der thailändische Küchenchef Surachart Urajaroen garantiert höchste Qualität. 2013 eröffnete er sein Restaurant in den edlen Räumlichkeiten im Nationaltheater. Gegrillte Riesengarnelen mit Chili- und süß-saurer Sauce 20 €. Tägl. 12–23 Uhr. Plac Teatralny 3 (im Theater), www.thaithai.pl.

El Popo Mexikanisches Restaurant mit Papageien im Käfig. Chili 5,50 €, Fajita 10–15 €. Tägl. 12–24 Uhr. Ul. Senatorska 27, ☏ 22-8272 340, www.kregliccy.pl.

St. Antonio Ein beliebtes Restaurant in guter Lage mit großem Garten. Hauptgericht 8–15 €. Di–Sa 11–24, So/Mo 12–24 Uhr. Ul. Senatorska 37, ☏ 22-8263008, www.stantonio.pl.

Cafés & Pubs

Bubbles Liebevoll eingerichtetes Café, mit Glück ist noch ein Platz am Fenster frei, denn das Bubbles mit den vielen Sektsorten ist bei Schauspielern des Teatr Wielki beliebt. Mo–Fr 11–23, Sa/So 13–24 Uhr. Plac Piłsudskiego 9, ☏ 22-8276411, www.bubbles.com.pl.

Klubokawiarnia resort Nettes Clubcafé unter dem Motto „Reduce – Reuse – Recycle". Hippe Einrichtung aus recycelten Einkaufswagen, Büchern, Straßenschildern und Klopapierrollen. Zum Essen gibt es Toasts und Wraps. So–Do 11–2, Fr/Sa bis 4 Uhr. Ul. Bielańska 1.

meinTipp **Bílý Koníček** Passend zum Völkerkundemuseum, in dem das Café untergebracht ist, zeigt sich die Inneneinrichtung: vielfältig und wunderschön! Dazu gibt es leckeren Kuchen mit selbstgemachter Sahne, Geschirr mit Ethnomotiven und Musik aus aller Welt. Di–Sa 10–19, So/Mo 10–18 Uhr. Ul. Kredytowa 1 (im Museum), www.ethnomuseum.pl.

Bookhousecafe Café mit kostenlosem Hotspot in der Buchhandlung, wurde 2008 zum für Familien mit Kindern angenehmsten Ort im Zentrum gekürt. Mo–Fr 7.30–21 Uhr. Ul. Świętokrzyska 14.

Lokale für Tag und Nacht

Tygmont Vom US-Jazz-Magazin Downbeat einst unter die 100 bedeutendsten Jazzclubs der Welt gewählt, die guten Zeiten sind aber längst Geschichte. Inzwischen leider, leider nur noch eine drittklassige Disco. Di/Mi 22–5, Do 22–7, Fr/Sa 22–8 Uhr. Ul. Mazowiecka 6, www.tygmont.com.pl.

Klubokawiarnia Hat zwar etwas nachgelassen, aber immer noch ausgelassene Stimmung und viel internationales und junges Publikum. Dürfte auch daran liegen, dass man sich fürs Klubo weniger rausputzen muss als für die edlen Clubs in der ul. Mazowiecka. Eng und schwitzig

wird es eigentlich immer, egal ob R&B, Disco oder House aufgelegt wird. Do–Sa 22–7 Uhr. Ul. Czackiego 3/5, www.klubokawiarnia.pl.

Enklawa Ziemlich strenge Türsteher, ohne Hemd und elegante Schuhe läuft nichts, noch besser Anzug und selbst für Frauen sollte es nicht zu leger sein. Wer reinkommt, kann polnische Promis treffen und sich freuen, dass der relativ kleine Dancefloor nicht ganz so überfüllt ist. Eintritt 5–6 €. Mi–Sa 22–3 Uhr. Ul. Mazowiecka 12, ☏ 22-8273151, www.enklawa.com.

Sketch Nite Auf drei Ebenen verteilt sich der Club, zeitweise der angesagteste in der Stadt. Die Tür ist trotzdem relativ durchlässig. Manchmal Mi 22–3, aber immer Fr/Sa 24–6 Uhr. Ul. Mazowiecka 11a, ☏ 795-122219 (mobil), www.sketchnite.pl.

Galerien

meinTipp Galeria Andrzeja Mleczki Der politisch nicht korrekte Karikaturist ist in Polen Kult. In der Galerie kann man Plakate, Bücher, Postkarten, T-Shirts, Tassen und sogar Bettwäsche mit seinen Motiven erstehen. Tägl. 10–18 Uhr. Ul. Marszałkowska 140, www.mleczko.pl.

Im Sächsischen Garten

Park Saski → Karte S. 85

Kulturpalast und Wolkenkratzer
Tour 6

Rund um den Kulturpalast pulsiert das Herz der Stadt. Hier arbeiten Banker und Manager, hier wird hemmungslos dem Konsum gefrönt. Nirgendwo sonst ist Warschau aber auch so chaotisch und aufregend – und fast wöchentlich ist eine neue Baustelle zu entdecken …

● **Paradeplatz**, noch unfertiges Zentrum voller Gegensätze, S. 100

● **Kulturpalast**, Wahrzeichen mit Aussicht, S. 101

● **Goldene Terrassen**, hypermodernes Einkaufszentrum, S. 105

● **Wolkenkratzer**, einige von Warschaus neuen Türmen, S. 105

Zentrum
Centrum

Immer noch unfertig wirkt die Umgebung rund um den plac Defilad. Nach dem Krieg als repräsentatives Zentrum geplant, wurde in den 1950er-Jahren letztlich kaum mehr als der Kulturpalast errichtet, ein ungeliebtes Geschenk Stalins in Form eines monströsen Wolkenkratzers. Der Zentralbahnhof war schon ein von Geldmangel bedingter Kompromiss, die lange vorhandenen, seltsam zeltförmigen Einkaufszentren auf dem Platz sowieso, und auch der Übergang zwischen Königstrakt und Kulturpalast in Form der in den 60er-Jahren hochgezogenen Ściana Wschodnia (Ostwall) ist alles andere als gelungen. Eine interessante Ausnahme ist die markante Rotunde der PKO-BP-Bank von 1979, bei der man sich gerne trifft, bevor man in die ulica Chmielna zum Shoppen oder Essen geht.

In den kommenden Jahren wird sich das Bild um den plac Defilad und die angrenzenden Straßen gründlich ändern. Schon jetzt träumen die Warschauer von einem harmonischen Zentrum, in dem der Kulturpalast keine derart dominante Rolle mehr spielen wird. Dann werden noch mehr Wolkenkratzer und weitere architektonisch interessante Gebäude das Bild einer modernen Metropole prägen: In Planung sind neue Museen, eine neue Philharmonie, Einkaufsarkaden und Brunnenanlagen … oder doch ein Warschauer Central Park? (→ Kasten, S. 102). Die in den Himmel ragenden Türme, die Glasfassaden und geschwungenen Linien der schon gebauten Gebäude sind für Warschauer und Polen wie eine Bestätigung, dass der Sozialismus endgültig begraben ist und neue, wirtschaftlich starke und politisch freie Zeiten angebrochen sind. Selten zeigt sich die Symbolkraft zeitgenössischer Architektur so deutlich wie in Warschau!

Tour-Info Ausgangs-
punkt ist die ul. Chmielna
am Königstrakt. Anfahrt
mit Bus 111, 116, 175,
180, Haltestelle Foksal.

Ende: Varso Tower in
der ul. Chmielna/Ecke
aleja Jana Pawła II. Wei-
terfahrt mit Tram 7, 9,
10, 17, 24, 25, 33, Bus
127, 128, 158, Haltestelle
Dworzec   Centralny.
Ⓜ Rondo ONZ.

Dauer: reine Gehzeit 1:15
bis 1:45 Std.

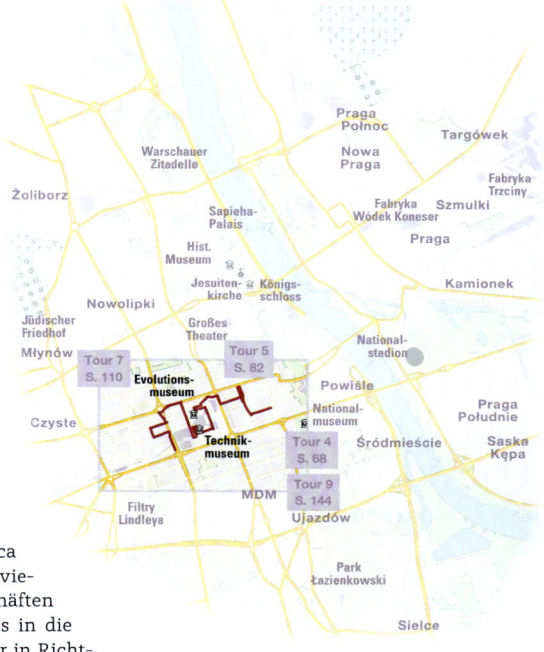

Spaziergang

Von der ulica Nowy Świat
biegen wir in die ulica
Chmielna ein. Vorbei an vielen Boutiquen und Geschäften
geht es nach 300 m rechts in die
ulica Szpitalna, auf der wir in Richtung Norden das traditionsreiche Kaffeehaus Wedel zur Rechten passieren.

Weiter geradeaus geht es zum → **Platz
der Aufständischen Warschaus** (plac
Powstańców Warszawy), an dem Warschaus ältestes Hochhaus steht. Wesentlich   moderner   zeigt   sich   der
Moniuszki Tower daneben. Für einen
Moment verlassen wir den Platz, um
zum → **Geldzentrum der Nationalbank**
(Centrum Pieniądza NBP) zu gelangen
Anschließend gehen wir zurück und
weiter durch das Tor an dem langen
Wohnblock an der Westseite des Platzes und dann geradeaus auf der ulica
Sienkiewicza erreichen wir die → **Nationalphilharmonie** (Filharmonia Narodowa), die sich in dem gegenüberliegenden Glasbau spiegelt. Noch ein paar
Schritte weiter Richtung Westen, und
schon ist der berühmt-berüchtigte Kulturpalast (Pałac Kultury) zu sehen. Zuvor ist noch die ulica Marszałkowska
zu überqueren (an der Ampel rechts
oder alternativ durch die Unterführung

zur Linken), und wir stehen auf dem
→ **Paradeplatz** (plac Defilad). Durch
den Świętokrzyski-Park im Norden des
Platzes, vorbei am Brunnen, geht es
nach links zur Nordseite des Kulturpa-
lasts, zum → **Evolutionsmuseum PAN**
(Muzeum Ewolucji PAN) im Palast der
Jugend, einem Flügel des mächtigen
Bauwerks. Auf dem Weg zur Ostseite
lohnen Blicke auf die mit sozialistischen Skulpturen geschmückte Fassade. Und ab Ende 2022 lohnt zudem ein
Abstecher zum → **Museum für Zeitgenössische Kunst** (Muzeum Sztuki
Nowoczesnej). Danach können wir den
Wolkenkratzer, offiziell → **Kultur- und
Wissenschaftspalast** (Pałac Kultury i
Nauki) genannt, auch betreten, um die
prunkvollen Innenräume zu besichtigen und mit dem Aufzug auf die Aussichtsterrasse   zu   fahren.   An   seiner
Südseite lohnt ein kurzer Abstecher in
die Kinoteka sowie ein längerer ins derzeit allerdings geschlossene → **Technik-**

museum (Muzeum Techniki). Schließlich geht es zur Westseite, in der sich seit 2016 das → **Puppenhausmuseum** (Muzeum Domków dla Lalek) und seit 1955 der → **Kongresssaal** (Sala Kongresowa) befinden.

Auf der gegenüberliegenden Straßenseite kommen wir direkt zum spektakulären → **Einkaufszentrum Goldene Terrassen** (Złote Tarasy). Gleich nebenan befindet sich der von Stararchitekt Daniel Libeskind entworfene → **Złota-44-Wolkenkratzer** (Złota 44 Tower). Ein seltsames Loch zwischen dem Haupthaus und einer schmalen Säule ziert den daneben stehenden → **Intercontinental-Wolkenkratzer** (InterContinental), den Grund dafür finden Sie im Kasten „Licht und Schatten" (→ S. 102). Weiter auf der ulica Emilii Plater in Richtung Norden steht das → **Warschauer Finanzzentrum** (Warszawskie Centrum Finansowe). Anschließend geht es links in die ulica Świętokrzyska bis zum → **Rondo-ONZ 1-Wolkenkratzer** (Rondo ONZ 1). Auf der anderen Straßenseite streckt sich das → **Ilmet-Hochhaus** (Ilmet) etwas weniger weit in den Himmel.

Die aleja Jana Pawła II gehen wir nun 300 m nach Süden und bei der ulica Śliska nach rechts bis zum ehemaligen Kinderkrankenhaus, in dem bis 2023 das → **Museum des Warschauer Ghettos** (Muzeum Getta Warszawskiego) entstehen wird. In der Parallelstraße, der ulica Złota stoßen wir im Hinterhof des Hauses Nr. 62 auf die → **Reste der Ghettomauer** (Fragmenty murów getta). Für alle, die sich für Architektur interessieren, gibt es noch einen Höhepunkt: den bei Abschluss der Bauarbeiten 310 m hohen → **Wolkenkratzer Varso** (Varso Tower).

Im Geldzentrum der Nationalbank

Sehenswertes

Centrum Pieniądza NBP
Geldzentrum der Nationalbank

In der Schule beim Wirtschaftsunterricht nicht aufgepasst? Hier kann man's nachholen: In mehreren Ausstellungen erfährt man viel über die Geschichte des Geldes von Münzvorläufern bis zu bargeldlosen Zahlungsmitteln. Erklärt werden auch Institutionen wie die Börse oder die Funktionen einer Zentralbank. Spannend, lehrreich und interaktiv.

Di/Mi/Fr–So 10–18, Do 10–20 Uhr. Eintritt frei, Audioguide (polnisch und englisch) frei. ☎ 22-1852525, www.cpnbp.pl. ul. Świętokrzyska 11/21. Bus 107, Haltestelle Pl. Powstańców Warszawy oder Bus 111, 116, 175, 180, Haltestelle Ordynacka. Ⓜ Nowy Świat-Uniwersytet.

Plac Powstańców Warszawy
Platz der Aufständischen Warschaus

Der 1921–1945 nach Napoléon Bonaparte benannte Platz ist anscheinend mit einem Fluch belastet. Im 18. Jh.

Die Philharmonie spiegelt sich im gegenüberliegenden Gebäude

stand hier ein Sterbespital für arme Warschauer. Wegen der nur halbherzigen Wiederaufbauarbeiten nach dem Zweiten Weltkrieg ist der Platz auch heute beileibe keine Schönheit, den Sitz der Polnischen Nationalbank tauften die Warschauer respektlos, aber treffend „Sarg". Der gläserne Moniuszki Tower auf der anderen Seite wurde auf einem alternativen Blog treffend als „hypermoderne Rakete inmitten von Trümmern" bezeichnet.

Interessant ist jedoch das bis 2019 restaurierte *Hotel Warszawa*. Unter dem Namen Prudential wurde es 1934 im Art-déco-Stil errichtet und war bis zum Bau des Kulturpalasts mit 66 m Warschaus höchstes Gebäude. Wegen der schweren Stahlträger hielt es im Zweiten Weltkrieg Artilleriebeschuss und Sprengungen stand und wurde in den 50er-Jahren im realsozialistischen Stil umgebaut.

Plac Powstańców Warszawy. Bus 107, Haltestelle Pl. Powstańców Warszawy oder Bus 111, 116, 175, 180, Haltestelle Ordynacka. Ⓜ Świętokrzyska.

Filharmonia Narodowa

Nationalphilharmonie

Unter der künstlerischen Leitung (bis 2013) des Penderecki- und Boulanger-Schülers Antoni Wit entwickelte sich die Nationalphilharmonie zu einem der angesehensten Häuser in Europa. Interessanterweise hat das Orchester schon viele Soundtracks für Computerspiele und japanische Animationsfilme produziert; für Freunde klassischer Musik dürfte wichtiger sein, dass im schönen Konzertsaal alle fünf Jahre der Chopin-Wettbewerb veranstaltet wird.

Von außen hat das im Jahr 1900 in nur zwölf Monaten fertiggestellte Gebäude allerdings viel von seiner früheren Pracht eingebüßt, weshalb ein Neubau auf dem plac Defilad geplant ist. Die grellgrünen Neonröhren mit dem Schriftzug „Filharmonia" passen auch so gar nicht zu einem Haus, das sich der anspruchsvollen klassischen Musik widmet. Eine Anekdote erzählt von den deutschen Komponisten Christoph

Gluck und Georg Friedrich Händel, deren Büsten in den Vorkriegsjahren nebeneinander an der Fassade zu sehen waren. „Glück im Handel" wünschten sich dann die geschäftstüchtigen Warschauer auf Deutsch, wenn sie hier vorbeikamen.

Kasse: Mo–Sa 10–14 und 15–19 Uhr, So bei Veranstaltungen 4 Std. vor Beginn. Karten 5–40 €. ✆ 22-5517111, filharmonia.pl. Ul. Jasna 5.

Tram 4, 18, 35, Bus 128, 175, 178, Haltestelle Metro Świętokrzyska. Ⓜ Świętokrzyska.

Plac Defilad

Paradeplatz

Auf dem bisher noch weitläufigen Platz mit dem Kulturpalast wird in den nächsten Jahren das neue Zentrum Warschaus entstehen, das alle anderen Citys in Europa in den Schatten stellen soll. Geplant sind u. a. ein neues Philharmoniegebäude, diverse Wolkenkratzer, Einkaufspassagen, Glaspaläste sowie der dringend benötigte Bahnhofsumbau. Oder werden doch die Pläne für einen Warschauer Central Park verwirklicht? Wie auch immer, der in sozialistischer Zeit (und bis heute) beliebte Witz wird wohl bald seinen Sinn verlieren: „Wo hat man den schönsten Blick auf Warschau? Vom Kulturpalast: Von dort aus sieht man ihn nicht."

Nach der Realisierung des Großprojekts wäre wohl auch eine Umbenennung angezeigt, denn für Schauspiele wie Militärparaden wird auf dem plac Defilad, der nach dem Krieg noch Stalin-Platz hieß, kein Platz mehr sein. Zuvor gilt es allerdings noch, mit den im Sozialismus enteigneten Grundstücksbesitzern einen bezahlbaren Kompromiss zu finden. Übrigens kam 2016 eine Korruptionsaffäre rund um die Restitutionen ans Licht.

Tram 4, 7, 9, 18, 22, 24, 25. Bus 117, 127, 128, 131, 158, 171, Haltestelle Centrum. Ⓜ Centrum.

Muzeum Ewolucji PAN

Evolutionsmuseum PAN

Kinder und Dino-Fans werden inmitten der Skelette und Modelle ihren Spaß haben, auch wenn die Art der Präsentation fast schon prähistorischen Charakter hat. Trotzdem begeistern sich Generationen von Kindern stets aufs Neue für Dinosauriergerippe und Modelle frühzeitlicher Menschenahnen.

Im *Palast der Jugend* gibt es zudem Sporthallen, ein Schwimmbad sowie regelmäßig Veranstaltungen für Kinder und Teenager, von Theater über Tanz bis zu Sprachkursen.

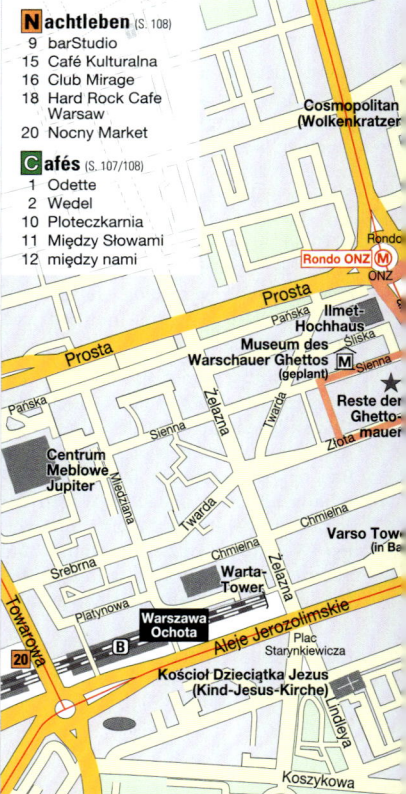

Museum: Di–Fr 8–16, Sa 10–16, So 11–16 Uhr, Mo/Feiertage geschlossen. Eintritt 2 €, erm. 1 €. ℘ 22-6566637, www.muzewol.pan.pl.

Palast der Jugend: ℘ 22-6203363, www.pm. waw.pl. Plac Defilad 1, Eingang ul. Świętokrzyska.

Tram 4, 18, 35, Bus 128, 175, 178, Haltestelle Metro Świętokrzyska. Ⓜ Świętokrzyska.

Muzeum Sztuki Nowoczesnej

Museum für Zeitgenössische Kunst

Die Baustelle ist schon seit 2019 zu begutachten. Im Dezember 2022 sollen hier dann die ersten Ausstellungen an, vor oder unter den riesigen Betonwänden zu sehen sein. Bis dahin finden Liebhaber moderner Kunst im Pavillon an der Weichsel (→ Tour 4), in der Zachęta (→ Tour 5) oder im Zentrum für Zeitgenössische Kunst (→ Tour 9) mehr als nur Ersatzorte.

Geplante Eröffnung 2022, Öffnungszeiten und Eintrittspreise bei Druckgang noch nicht bekannt. Plac Defilad, www.artmuseum.pl.

Tram 4, 18, 35, Bus 128, 175, 178, Haltestelle Metro Świętokrzyska. Ⓜ Świętokrzyska.

Pałac Kultury i Nauki

Kultur- und Wissenschafts- palast

Für die von 1952 bis 1956 dauernden Bauarbeiten wurden eigens 3500

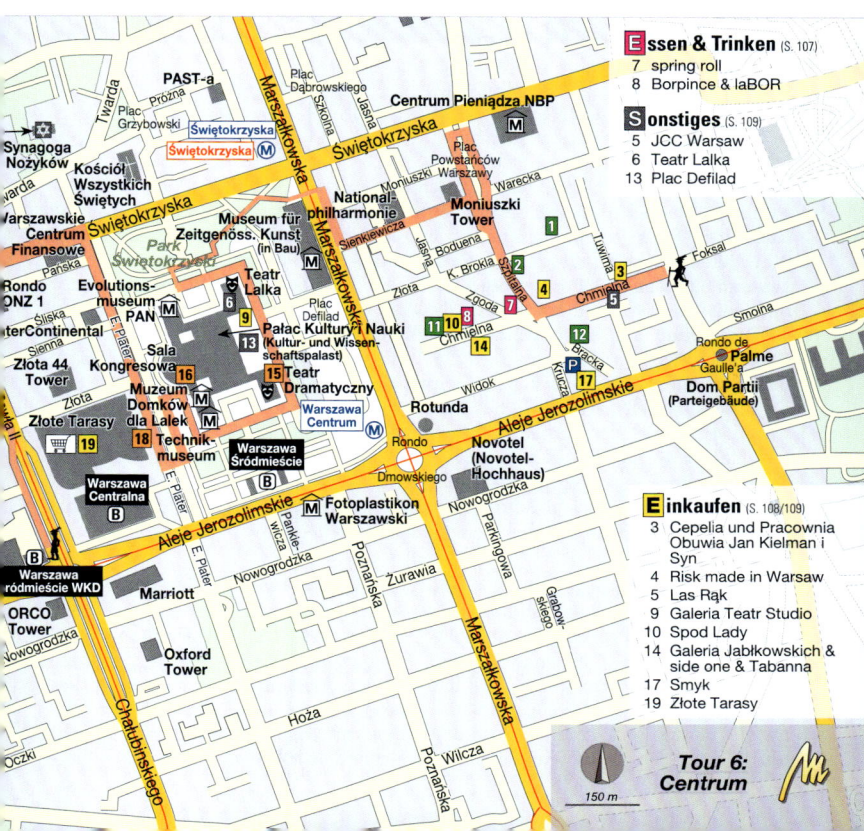

E ssen & Trinken (S. 107)
- 7 spring roll
- 8 Borpince & laBOR

S onstiges (S. 109)
- 5 JCC Warsaw
- 6 Teatr Lalka
- 13 Plac Defilad

E inkaufen (S. 108/109)
- 3 Cepelia und Pracownia Obuwia Jan Kielman i Syn
- 4 Risk made in Warsaw
- 5 Las Rąk
- 9 Galeria Teatr Studio
- 10 Spod Lady
- 14 Galeria Jabłkowskich & side one & Tabanna
- 17 Smyk
- 19 Złote Tarasy

Tour 6: Centrum

150 m

Der „Stalinstachel" wird das künstliche Licht brauchen

Warschau im Kasten

Licht und Schatten

In den kommenden Jahren wird das Zentrum um den plac Defilad große städtebauliche Veränderungen erleben. Neben dem neuen Museum für Zeitgenössische Kunst, der neuen Nationalphilharmonie und dem Bahnhofsneubau werden v. a. die Wolkenkratzer herausstechen. Doch inmitten dieser Goliaths der Stadtplanung bereiten ein paar verhältnismäßig kleine, alte und hässliche Davids den Investoren schlaflose Nächte. Nicht genug, dass die langen Wohnblocks stehen bleiben werden. Damit die neuen Wolkenkratzer und Hochhäuser den Bewohnern das Tageslicht nicht verdecken, müssen die Architekten bei ihren Projekten Rücksicht nehmen. Deutlich wird das z. B. beim Intercontinental-Wolkenkratzer, dessen wie herausgeschnitten wirkendes Loch zwischen dem Hauptturm und der schmalen, tragenden „Säule" der Existenz des kleinen Wohnblocks an der ulica Pańska 3 geschuldet ist. Wenig Mitleid haben die Stadtplaner dagegen mit dem Kulturpalast. Wenn die Vorhaben umgesetzt werden, wird dem „Stalinstachel" das Licht von den neuen kapitalistischen Prunkbauten genommen werden – das einstige Wahrzeichen Warschaus wird dann fast nicht mehr zu sehen sein!

russische Arbeiter abgestellt, die zusammen mit ihren polnischen Kollegen den 231 m hohen Turm des Kulturpalastes in Rekordzeit vollendeten. Obwohl der russische Architekt Lew Rudniew durch ganz Polen reiste, um traditionelle Bauwerke zu studieren und deren Stile in den Palast einfließen zu lassen, gefiel der Wolkenkratzer den Warschauern kein bisschen. Die Spitznamen wie Bejing (Anlehnung an die Abkürzung PKiN), Pajac (polnisch: Clown, Verballhornung von Pałac/Palast), „Stalinstachel" oder, etwas milder, „russische Hochzeitstorte" hängen sicher damit zusammen, dass die überwiegende Mehrheit der Polen sowohl den Diktator als auch den Sozialismus entschieden ablehnte. So waren auch die 2007 aufkommenden Proteste gegen die Aufnahme des Gebäudes in das Denkmalschutzregister großteils politisch motiviert.

Die Fassade des Kulturpalastes schmücken mächtige Säulen und Skulpturen. Polenkennern wird auffallen, dass die Attiken den Renaissance-Tuchhallen in Krakau nachempfunden sind. Beherrschend sind die sozialistischen Allegorien der Figuren, die Wissenschaft, Arbeit und Kunst darstellen. Die Phase der Entstalinisierung nach dem Tod des Diktators ist an einem Detail zu erkennen: Bei der Skulptur mit dem Buch in der Hand wurde der ursprünglich unter Marx, Engels und Lenin eingravierte Name Stalins entfernt.

Einige der Innenräume mit „sozialistischen" Kronleuchtern, Marmorfluren und weiteren, i. d. R. faszinierenden, aber überdimensionierten Details sind öffentlich zugänglich, unter anderen die Museen und Theater. Viele Säle sind aber leider nur noch im Rahmen einer Führung zu besichtigen (s. u.). Man sollte es sich nicht nehmen lassen, auch den Clubs auf der Westseite, dem Café Kulturalna im Teatr Dramatyczny und der Kinoteka einen Besuch abzustatten.

Über die Ostseite gelangt man zum Aufzug, der zum „Gotischen Saal" im 30. Stock auf 114 m Höhe fährt. Publikumsmagnet dort ist natürlich die Aussichtsterrasse mit Rundblick über die Stadt. Angeblich soll der russische Kosmonaut Jurij Gagarin an dieser Stelle Höhenangst bekommen haben, obwohl er der erste Mensch im Weltall war. Das Sicherheitsgitter ließ man übrigens erst einbauen, als sich schon acht Lebensmüde von der Brüstung in den Tod gestürzt hatten.

Aussichtsterrasse: tägl. 9–18 Uhr, Mai–Aug. tägl. bis 20 Uhr und Fr/Sa bis 23.30 Uhr. Eintritt 5 €, erm. 4 €, Gruppen mit mehr als 10 Pers.

Kulturpalast und Skyline aus ungewöhnlicher Perspektive

4 €, 5,50 € in Sommernächten. ℘ 22-6567600, www.pkin.pl. Plac Defilad 1.

Führungen: Mo–Fr 12, 14, 16 Uhr, Sa/So 11–16 Uhr zur vollen Stunde Führung auf Englisch durch die wichtigsten Säle und auf die Aussichtsterrasse. Eintritt 7,50 €, erm. 6 €. www.tourleaders.pl.

Tram 4, 7, 9, 18, 22, 24, 25. Bus 117, 127, 128, 131, 158, 171, Haltestelle Centrum. Ⓜ Centrum.

Muzeum Techniki

Technikmuseum

Das zweite Museum im Kulturpalast ist seit einigen Jahren geschlossen. Nach der geplanten Wiedereröffnung wird das Haus wieder die Geschichte der Technik zeigen mit sehenswerten Exponaten wie historischen Haushalts- und Telekommunikationsgeräten. Die

Schriftsteller mit Schreibblockade im Puppenhausmuseum

Kosmonautenprogramme und Ausstellungen zum Hüttenwesen hingegen ließen noch 2015 den Geist des jungen Sozialismus der 50er-Jahre spüren.

Bis auf unbestimmte Zeit geschlossen. ✆ 22-6566747, www.mtip.pl. Plac Defilad 1.

Tram 4, 7, 9, 18, 22, 24, 25. Bus 117, 127, 128, 131, 158, 171, Haltestelle Centrum. Ⓜ Centrum.

Muzeum Domków dla Lalek

Puppenhausmuseum

Schon lustig, dass die kleinen Puppenhäuser ausgerechnet im großen Kulturpalast ausgestellt werden. Seit 2007 hat die Stiftung Belle Époque nach und nach die Sammlung aufgebaut, die Puppenhäuser aus der guten alten Zeit zeigt. Deren verspielter Detailreichtum begeistert nicht nur kleine Mädchen. Besonders gut gefallen hat uns das Puppenhaus des Schriftstellers mit Schreibblockade: auf dem Boden zerknülltes Papier, daneben Rotweinflaschen, er selbst frustriert im Bett liegend …

Tägl. 9–19 Uhr. Eintritt 5 €, erm. 4 €, Gruppen 3 €, Führung auf Deutsch 23 €. ✆ 517-490047 (mobil), www.muzeumdomkow.pl. Plac Defilad 1 (zwischen Touri-Info und Kongresssaal).

Tram 7, 9, 22, 24, 25, 33. Bus 117, 127, 131. Haltestelle Dworzec Centralny. Ⓜ Centrum.

Sala Kongresowa

Kongresssaal

Das Sahnestück des Kulturpalastes bietet beinahe 3000 Menschen Platz. Hier fanden früher die Kongresse der Kommunistischen Partei statt, hier spielten aber auch schon Größen wie die Stones, Miles Davis, Marlene Dietrich oder Louis Armstrong. Der halbrunde Konzertsaal ist eigentlich nur bei Aufführungen, Messen und Tagungen zu besichtigen, mit etwas Glück fällt Ihr Warschaubesuch aber auf die lange Nacht der Museen oder den Tag des offenen Denkmals, vielleicht gibt auch einer Ihrer Lieblingsmusiker gerade ein Konzert. Die 2016 begonnenen Restaurierungsarbeiten im Kongresssaal sollen bis 2024 abgeschlossen sein.

Plac Defilad 1.

Tram 7, 9, 22, 24, 25, 33. Bus 117, 127, 131. Haltestelle Dworzec Centralny. Ⓜ Centrum.

Złote Tarasy

Einkaufszentrum Goldene Terrassen

An dem extravaganten Gebäude scheiden sich die Geschmäcker. Für die einen ist der Konsumtempel geschmackloser Kitsch, für andere ein Gewinn für die Stadt. Fakt ist, dass er schon kurz nach Fertigstellung 2007 zu einem neuen Wahrzeichen Warschaus und das Team um den US-amerikanischen Architekten Jon Jerde mit Preisen überhäuft wurde. Interessant ist v. a. das gewellte Glasdach, das aus acht ineinander fließenden Kuppeln besteht. Der Name bezieht sich übrigens weder auf die Lage noch auf den Umsatz der auf 225.000 m² verteilten Geschäfte, Boutiquen, Restaurants, Kinos und Büros, sondern auf die Straße, an der die Shopping Mall liegt.

Mo–Sa 9–22, So 9–21 Uhr (am So nur Restaurants, Kino etc.). ✆ 22-2222200, www.zlote tarasy.pl. Ul. Złota 59.

Tram 7, 9, 22, 24, 25, 33. Bus 117, 127, 131. Haltestelle Dworzec Centralny. Ⓜ Centrum / Ⓜ Rondo ONZ.

Złota 44 Tower

Złota-44-Wolkenkratzer

Bei diesem Projekt ging es nach Aussagen der Verantwortlichen um nicht weniger, als Warschau auf die Weltkarte der Architektur und ins öffentliche Interesse Europas zurückzubringen. Mit Daniel Libeskind hat man in mehrfacher Hinsicht den Richtigen für die Aufgabe gewählt. Der in Warschau geborene Stararchitekt kennt den Ort seit seiner Kindheit, hat die Weichselmetropole oft als architektonisch interessan-

teste Stadt Europas bezeichnet und wurde nicht zuletzt wegen seiner vielgelobten Entwürfe beauftragt. Der Wolkenkratzer ragt, harmonisch von einer segelförmigen Hülle verschlungen, 192 m in den Himmel und erfüllt dabei modernste ökologische Standards. Unverständlich ist aber die Gestaltung der Fassade, die dermaßen billig und hässlich aussieht, dass viele Warschauer ihren Zorn in Leserbriefen, Blogs und auf Facebook kundtaten. Robert Lewandowski hat es nicht gestört, er hat hier 2016 eine Wohnung gekauft.

www.zlota44.com. Ul. Złota 44.

Tram 7, 9, 22, 24, 25, 33. Bus 117, 127, 131. Haltestelle Dworzec Centralny. Ⓜ Rondo ONZ

InterContinental

Intercontinental-Wolkenkratzer

Die seltsame Form des 164 m hohen Turms erklärt sich durch Bauauflagen (→ Kasten, S. 102). Seit seiner Fertigstellung 2003 ist der Wolkenkratzer eines der höchsten Hotels der Welt. Wer über das nötige Kleingeld für die Mitgliedskarte oder eine Übernachtung verfügt, sollte sich einen Wellness-Tag im 43. und 44. Stock des Hotels leisten – es gibt kaum einen Ort in Warschau mit besserer Sicht.

RiverView Wellness Centre: Ein-Tages-Pass 25–37,50 €. Mo–Fr 6–23, Sa/So 7–21 Uhr. ✆ 22-3288640, www.warszawa.intercontinental.com, www.riverview.com.pl. Ul. Emilii Plater 49.

Tram 7, 9, 22, 24, 25, Haltestelle Dworzec Centralny. Bus 109, 160, Haltestelle Emilii Plater. Ⓜ Rondo ONZ.

Warszawskie Centrum Finansowe

Warschauer Finanzzentrum

Nach zweijähriger Bauzeit wurde der Wolkenkratzer, der sich mit 165 m nicht mehr in den Top Ten der höchsten Gebäude Warschaus befindet, 1998 für die Finanzwelt eröffnet. Leider

Centrum → Karte S. 100/101

sind die ebenfalls sehenswerten Innenräume nicht zu besichtigen, so bleibt
der Blick auf die Fassade des von einem
polnisch-amerikanischen Architekten-
team entworfenen Turms.

www.wfc.pl. Ul. Emilii Plater 53. Tram 7, 9, 22,
24, 25, Haltestelle Dworzec Centralny. Bus 109,
160, Haltestelle Emilii Plater. Ⓜ Rondo ONZ.

Rondo ONZ 1
Rondo-ONZ 1-Wolkenkratzer

Mit 194 m ist der Wolkenkratzer des
Architekturkonzerns Skidmore, Owings
and Merrill noch unter den Top Ten der
höchsten Gebäude Warschaus. Nachdem 2006 die Arbeiten nach dreijähri-
ger Bauzeit beendet waren, freuten sich
die Warschauer über einen gelungenen
Turm. Die Investoren mussten ihn jedoch wegen der auf 200 Millionen Euro
gestiegenen Baukosten verkaufen und
erzielten sogleich nach Fertigstellung

260 Millionen Euro. Besonders interessant sind die Aufzüge, die auch vom
Erdgeschoss aus zu beobachten sind.

www.rondo1.pl. Tram 10, 17, 33. Bus 109, 160,
174. Haltestelle Rondo ONZ. Ⓜ Rondo ONZ.

Ilmet
Ilmet-Hochhaus

Von weither durch den Mercedes-Stern
auf dem Dach zu erkennen ist der 1997
gebaute Turm, in dem viele internationale Firmen ihren Sitz haben. Mit
seinen rötlich-lachsfarbenen Querverst-
rebungen und seiner harmonischen Form
zählt er sicher zu den schöneren Hoch-
häusern der Stadt. 2011 entschied sich
der Eigentümer jedoch zu einem Abriss
des Turms, stattdessen soll irgendwann
ein 188 m hoher Wolkenkratzer mit
dem Namen Warsaw One entstehen.

Al. Jana Pawła II 15. Tram 10, 17, 33, Bus 109,
160, 174, Haltestelle Rondo ONZ. Ⓜ Rondo ONZ.

Warschauer Skyline bei Sonnenuntergang

(Muzeum Getta Warszawskiego)

Museum des Warschauer Ghettos

Pünktlich zum 80. Jahrestag des Aufstands im Warschauer Ghetto soll das Museum eröffnen, also im Jahr 2023. Zum Museumsdirektor wurde der Experte Albert Stankowski ernannt, für das inhaltliche Konzept ist der israelische Historiker Daniel Blatman verantwortlich. Als Ausstellungsgebäude wird das frühere Kinderkrankenhaus der Familien Bersohn und Bauman dienen, das seit dem späten 19. Jh. und bis 1942 eine wichtige Aufgabe bei der Heilung kranker jüdischer Kinder erfüllte.

Geplante Eröffnung 2023, Öffnungszeiten und Eintrittspreise bei Redaktionsschluss noch nicht bekannt. **ul. Śliska 51/Sienna 60.** Tram 10, 17, 33, Bus 109, 160, 174, Haltestelle Rondo ONZ. Ⓜ Rondo ONZ.

Fragmenty murów getta

Reste der Ghettomauer

Von der 1940 gebauten Ghettomauer sind nur vereinzelte Teile stehen geblieben. So an zwei Stellen im Hinterhof dieses Mietshauses, was zudem

zeigt, wie weit sich das Ghetto nach Süden ausgedehnt hat.

Ul. Sienna 55, Zugang über ulica Złota 62 (zwischen den Pavillons mit den Geschäften), außerhalb der Ferien manchmal auch über den Schulhof in der ul. Sienna 53. Tram 10, 17, 33, Bus 109, 160, 174, Haltestelle Rondo ONZ. Ⓜ Rondo ONZ.

Varso Tower

Varso-Wolkenkratzer

Nach Plänen des verstorbenen polnischen Milliardärs Jan Kulczyk entsteht bis 2021 Warschaus höchster Wolkenkratzer. Mit 310 m wird er nicht nur den Kulturpalast überragen, sondern das höchste Gebäude der EU sein. Umrahmt wird der Turm im Komplex Varso Place von zwei kleineren Bürogebäuden. Übrigens wird man den Wolkenkratzer aus der Architektenfeder von Sir Norman Foster nicht nur von außen bewundern können: Geplant sind eine Galerie, ein Panoramarestaurant mit Bar in den Stockwerken 46 und 47 sowie eine Aussichtsterrasse auf 230 m.

www.varso.com. Ul. Chmielna / al. Jana Pawła II. Tram 7, 9, 10, 17, 24, 25, 33, Bus 127, 128, 158, Haltestelle Dworzec Centralny. Ⓜ Rondo ONZ.

Centrum → Karte S. 100/101

Praktische Infos

→ Karte S. 100/101

Restaurants

meinTipp **spring roll** 🟥7 Sehr leckere Frühlingsrollen und Warschaus bester vietnamesischer lấu, zu deutsch Feuertopf. So–Do 12–22, Fr/Sa 12–23 Uhr. Ul. Szpitalna 3, ☏ 22-4681264, www.springroll.waw.pl.

Borpince & laBOR 🟥8 Ungarisches Kellerrestaurant mit langer Weinkarte und vielen vegetarischen Gerichten. Spezialitätenplatte für 2 Pers. 20,50 €. Tägl. 12–23 Uhr. Ul. Zgoda 1, ☏ 22-8282244, www.borpince.pl.

Cafés

meinTipp **Wedel** 🟥2 Eine polnische Institution, die den Geist des 19. Jh. atmet. Seit mehr als

150 Jahren wird unter den Kronleuchtern von Kellnerinnen in Uniform eine heiße Schokolade serviert, die nicht von dieser Welt zu sein scheint. Mo–Fr 8–22, Sa 9–22, So 10–21 Uhr. Ul. Szpitalna 8, ☏ 22-8272916, www.wedel pijalnie.pl.

Ploteczkarnia 🟥10 Schwer zu übersetzender Name, irgendetwas in die Richtung: Ort zum Plauschen oder Klönen. Das kann man hier auch gut bei einer Tasse Tee von einer der vielen ausgesuchten Teesorten. Als Mitbringsel kann man z. B. Schokoladentafeln mit Warschau-Motiven erwerben. Mo–Fr 12–19 Uhr. Ul. Chmielna 26/65 (im Hinterhof), www.ploteczkarnia.pl.

Odette 1 Das französisch inspirierte Gebäck und die Macarons waren 2016 der Renner in Warschau. Jeder wollte davon naschen, und das wird sich in den kommenden Jahren wohl so schnell nicht ändern. Auch zum Mitnehmen. Mo 13–20, Di–So 10–20 Uhr. Ul. Górskiego 6/7, www.odette.pl.

Między Słowami 11 Eine Oase der Ruhe im lärmenden Stadtzentrum zu sein, ist hier mehr als nur ein Versprechen: sympathisches Café mit Tischen im Innenhof und vielen Brettspielen. Mo–Fr 7.30–23, Sa/So 8.30–23 Uhr. Ul. Chmielna 30, ☎ 22-8267468.

Lokale für Tag und Nacht

meinTipp **między nami 12** „Unter uns", so der Name auf Deutsch. Das deutsche Magazin Polen Plus entdeckte hier das „Lebensgefühl des stilvollen Warschaus", das italienische Blatt „Glamour" fand den „Rhythmus einer Hauptstadt". Polenweit gilt die Mischung aus Café und Club inzwischen als Marke, und auch in Berlin ist man auf den polnischen Geschmack gekommen, dort wurde eine Filiale eröffnet. Mo–Do 10–23, Fr/Sa 10–24, So 14–23 Uhr. Ul. Bracka 20, ☎ 22-8285417, www.miedzynamicafe.com.

Café Kulturalna 15 Ein Künstlercafé der Warschauer Intelligenz im Teatr Dramatyczny, dramatisch geht es mitunter auch bei den Freejazz- und Rockkonzerten oder bei DJ-Sets zu. Die Inneneinrichtung im Stil der 50er hat man gelassen. So–Do 12–1, Fr/Sa 12–3 Uhr. Im Kulturpalast, plac Defilad 1, ☎ 22-6566281, www.kulturalna.pl.

Club Mirage 16 Technoclub mit einer Tanzfläche, die wie in einem entfesselten LSD-Trip far-

Im Kulturpalast wird auch getanzt

big blinkt. Ansonsten gibt es einen Brunnen und viele sozialistische Kronleuchter. Manchmal werden auch Hits und Disco Polo aufgelegt. Mi–Sa ab 21 Uhr. Eintritt ab 5 €. Im Kulturpalast, plac Defilad 1, ☎ 22-6201454, www.club mirage.pl.

barStudio 9 Klubokawiarnia mit „gesellschaftlich-kulturell-politischen Ambitionen". Bei unserem ersten Besuch vor einigen Jahren wurde ein Kinderfest mit viel Gelächter und Spaß organisiert. So–Do 9–1, Fr/Sa 9–5 Uhr. Plac Defilad 1.

Hard Rock Cafe Warsaw 18 Wem die überall gleiche Mischung aus Burgern und Rockmusik gefällt, wird auch die Warschauer Filiale mögen. Aber oft gute Live-Acts! So–Do 9–24, Fr/Sa bis 2 Uhr. Złote Tarasy, Ul. Złota 59, ☎ 22-2220 700, www.hardrockcafe.pl.

Nocny Market 20 Auf dem Nachtmarkt warten unzählige *foodtrucki* mit Streetfood von Hamburgern über Tintenfisch bis zu Donuts. Man kann sich sogar tätowieren lassen. Immer mit dem Blick auf alte Dampfloks. Fr/Sa 17–1, So 16–23 Uhr. Ul. Towarowa 3/5 (ehem. Bahnhof Warszawa Główna).

Einkaufen

meinTipp **Risk made in Warsaw 4** Die beiden Warschauer Designerinnen Antonina Samecka und Klara Kowtun wollten eine Mode kreieren, die schick und zugleich ungezwungen ist. Und das dürfte ihnen gelungen sein. Kundinnen loben die Weiblichkeit, die Eleganz und die Einfachheit der meist grauen, khakifarbenen oder weißen Hosen, Röcke, Kleider und Oberteile. Hier sollte jede Frau vorbeischauen, die nach tragbaren, vielfältig kombinierbaren und bezahlbaren Designerstücken sucht. Mo–Sa 10–20, So 10–16 Uhr Ul. Szpitalna 6, www.risk madeinwarsaw.com.

Smyk 17 Macht seit mehr als 50 Jahren Kinder froh. In das erste und legendäre Kaufhausgebäude der Kette konnte das Paradies für Spielzeug, Plüschtiere, Bekleidung und Spiele zurückkehren. Mo–Sa 10–21 Uhr. Ul. Krucza 50, www.smyk.com.

Pracownia Obuwia Jan Kielman i Syn 3 Leider haben in Polen in den letzten Jahren immer mehr Schuhmacher aufgegeben. Zum Glück hat mit Kielman ein Familienunternehmen in vierter Generation überlebt, das wiederholt zum besten seiner Zunft in Europa gewählt wurde. Die Wartezeit für maßgefertigte Schuhe zum Preis ab 500 € beträgt 3–6 Wo-

Kunstinstallation vorm Ostflügel des Kulturpalasts

chen bei mehrmaliger Anprobe – zu lange sicherlich für den Wochenendtouristen, reinschauen darf man trotzdem. Mo–Fr 11–19, Sa 11–14 Uhr. Ul. Chmielna 6, ☏ 22-8284630, www.kielman.pl.

side one Plattenladen mit interessanten Vinyls für DJs und Sammler. Mo–Fr 13–19, Sa 12–16 Uhr. Ul. Chmielna 21, www.sideone.pl.

Spod Lady Die Übersetzung lautet „unterm Ladentisch". Zu kaufen gibt es ostalgische Souvenirs und Retro-Geschenke, die das sozialistische Polen augenzwinkernd abfeiern. Mo–Fr 11–19, Sa 11–15 Uhr. Ul. Chmielna 26 (Hinterhof), www.spodlady.com.

Cepelia Polnisches Kunsthandwerk, schöne Mitbringsel. Mo–Fr 11–19, Sa 11–15 Uhr. Ul. Chmielna 8, www.cepelia.pl.

Las Rąk Von handgemachten Souvenirs, Plüschtieren, Taschen und Kissen überquellender Laden, einige schöne Stücke und ein netter Besitzer. Tägl. 11.11–19.19 Uhr, im Sommer bis 20.20 Uhr. Ul. Chmielna 9, www.lrlr.pl.

Tabanna Farbenfrohe Kleider, Röcke, Hosen und Blusen der Warschauer Designerin Anna Tabaczyńska. Für alle Frauen, die sich Buntes trauen. Mo–Fr 12–20, Sa 12–16 Uhr. Ul. Chmielna 21 (im Hinterhof rechts).

Złote Tarasy Im Konsumtempel mit seinen mehr als 200 Geschäften, Kinos, Fast-Food-Restaurants und Cafés verbringen manche Touris-

ten einen ganzen Tag. Mo–Sa 9–22 Uhr. Ul. Złota 59, ☏ 22-2222200, www.zlotetarasy.pl.

Galeria Jabłkowskich Interessante Fotoausstellungen, sehr oft im Innenhof des Gebäudes. Tägl. 7–22 Uhr. Ul. Chmielna 21, www.dtbj.pl.

Galeria Teatr Studio Das nach Polens Vorzeige-Avantgardisten Witkacy benannte Kunstzentrum zeigt zeitgenössische polnische Werke, während im Theater nicht weniger Ambitioniertes aufgeführt wird. Di–So 11–19 Uhr, Juli/Aug. geschlossen. ☏ 22-6566911, www.teatrstudio.pl.

Kultur

Teatr Lalka Puppentheater mit langer Tradition im Kulturpalast. Eintritt 7,50 €. Pałac Kultury i Nauki, plac Defilad 1, ☏ 22-6204950, www.teatrlalka.waw.pl.

JCC Warsaw Das Jewish Community Center organisiert ein buntes, vielfältiges und lebensfrohes jüdisches Leben in Warschau. Zum Reinschnuppern ist jeder eingeladen. Mo–Do 11–21, Fr 11–16, So 10–20 Uhr. Ul. Chmielna 9a, www.jccwarszawa.pl.

Plac Defilad Das Gemeinschaftsprojekt mehrerer Organisationen hat sich sehr erfolgreich die Belebung des Plac Defilad zum Ziel gesetzt. Im Sommer gibt es Konzerte, Happenings, Kinderfeste und vieles mehr. Plac Defilad an der gesamten Ostflanke des Kulturpalastes, www.pldefilad.pl.

Auf den Spuren des Ghettos
Tour 7

Von der tragischen Geschichte des Viertels in der nördlichen Innenstadt ist kaum noch etwas zu erahnen. Auf der Fläche des einstigen jüdischen Ghettos erinnern nur mehr vereinzelte Mauerreste, Mahnmäler und Museen an die Verbrechen der Nazis.

Nożyk-Synagoge, Mittelpunkt des heutigen jüdischen Lebens, S. 117

Museum des Warschauer Aufstands, tragisch und faszinierend, S. 121

Wolkenkratzer, die höchsten Türme und tiefsten Baugruben, S. 118–123

Historisches Museum der Polnischen Juden, Museums-Highlight in Europa neben dem Denkmal der Ghettohelden, S. 124

Powązki-Friedhof, Ruhestätte mit wunderschönen Grabsteinen, S. 127

Nördliche Innenstadt
Śródmieście Północne

Das Quartier präsentiert sich in einem weitgehend chaotischen Stilmix: Wohnblocks des Sozialistischen Realismus, Plattenbauten und zeitgenössische Architektur wechseln sich ab. Besonders die Wolkenkratzer der letzten Jahre im Unterbezirk Mirow lassen einen staunen. Wie sehr die Schrecken der Geschichte im Bewusstsein der Warschauer dennoch verwurzelt sind, zeigt die Tatsache, dass die Grenzen des früheren Ghettos nicht nur auf Touristenkarten, sondern in fast jedem Stadtplan verzeichnet sind. Mahnmäler und Museen, die an den Zweiten Weltkrieg erinnern, sind über ein Gebiet verstreut, das die damalige Größe des Ghettos verdeutlicht.

Das *Museum des Warschauer Aufstands* zählt zu den ambitioniertesten historischen Projekten, die in den letzten Jahren in Europa verwirklicht wurden. Und das *Historische Museum der Polnischen Juden* präsentiert sich nicht weniger eindrucksvoll. Doch nicht nur mit dem Naziterror verbundene Stätten findet man in der nördlichen Innenstadt. Rund um den plac Grzybowski sind einige jüdische Institutionen präsent, die wegen der Rückkehr vieler Juden aus Israel oder den USA stetig erweitert werden.

In den *Mirów-Markthallen* werden wie seit Jahrhunderten die täglichen Einkäufe erledigt, im neuen *Warsaw Trade Tower* wird gearbeitet. Als Père Lachaise Warschaus gilt der sich über eine enorme Fläche im Nordwesten ausbreitende *Powązki-Friedhof*. Die Gräber reicher und berühmter Polen mit kunstvoll gestalteten Grabsteinen sind hier ebenso zu bestaunen wie die Parkanlage, an die sich der ebenfalls sehenswerte *Jüdische Friedhof* anschließt.

Tour-Info Ausgangspunkt ist das Hochhaus der Polnischen Telefon-Aktiengesellschaft (PAST-a) in der ul. Zielna 39 (Zentrumsnähe). Anfahrt mit Tram 4, 15, 18, 35. Bus 128, 175, Haltestelle Metro Świętokrzyska. Ⓜ Świętokrzyska.

Ende: Jüdischer Friedhof (Cmentarz Żydowski), ul. Okopowa 49.

Rückfahrt mit Tram 1, 22, 27, Haltestelle Cm. Żydowski. Bus 180, Haltestelle Esperanto, Fahrzeit ins Zentrum mit Tram 13 Min., mit Bus 20 Min.

Dauer: reine Gehzeit 4:30 bis 6 Std. Eine Zweiteilung der Tour kann sinnvoll sein.

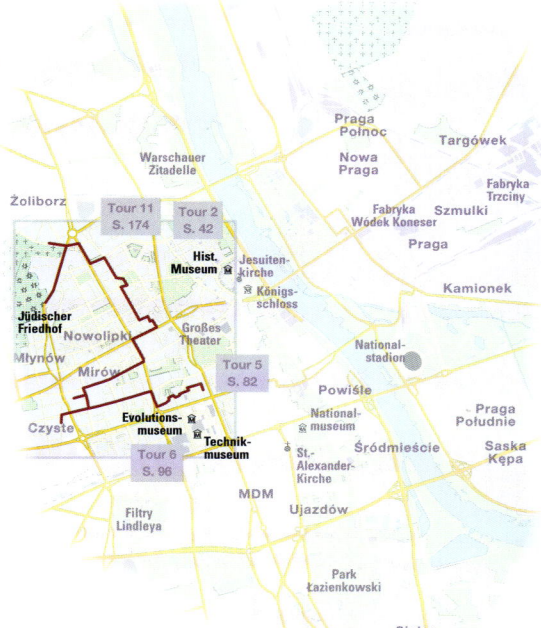

Spaziergang

Diese Tour ist die längste in diesem Reisebuch; nehmen Sie sich also genug Zeit und benutzen Sie zwischen den einzelnen Stationen eventuell öffentliche Verkehrsmittel – oder teilen Sie den Rundgang auf.

Die beim Startpunkt, dem Hochhaus der → **Polnischen Telefongesellschaft** (PAST-a), abzweigende → **Próżna-Straße** (ulica Próżna) wurde nach dem Zweiten Weltkrieg vernachlässigt, noch im Jahr 2010 hatte sie die tragische Ausstrahlung einer Kriegsruine. In den 1920er- und 30er-Jahren eines der Zentren des jüdischen Warschaus, sieht sie inzwischen wieder edel und schick aus mit entsprechend teuren Restaurants. Die Próżna-Straße führt direkt auf den inzwischen rundum erneuerten → **Grzybowski-Platz** (plac Grzybowski) zu, an dem zur Linken die → **Allerheiligenkirche** (Kościół Wszystkich Świętych) steht. Ein Relikt der goldenen Zeit des Warschauer Judentums ist die → **Nożyk-Synagoge** (Synagoga Nożyków) nur einige Schritte hinter dem Theater. Wegen Bauarbeiten kann man die Synagoge aber bis auf Weiteres erst nach dem Wolkenkratzer Cosmopolitan betreten.

Auf der ulica Twarda geht es weiter zu eben diesem Wolkenkratzer → **Cosmopolitan**, dann zum → **Spektrum Tower**, anschließend zum Wolkenkratzer → **Skysawa** und dann nach rechts in die aleja Jana Pawła II. An der nächsten Kreuzung sind auf der rechten Seite der Wolkenkratzer → **Q22** und der → **PZU-Tower** zu sehen, auf der linken ragt der → **Westin-Tower** in den Himmel.

Der folgende Teil der Tour ist lang; wer sie nicht vollständig gehen mag, geht nach Süden zur Bushaltestelle beim Rondo ONZ, steigt für zwei Haltestellen in die Linie 109 oder 178 in Fahrtrichtung Os. Górczewska bzw. PKP Ursus ein und bei der Haltestelle Rondo Daszyńskiego wieder aus.

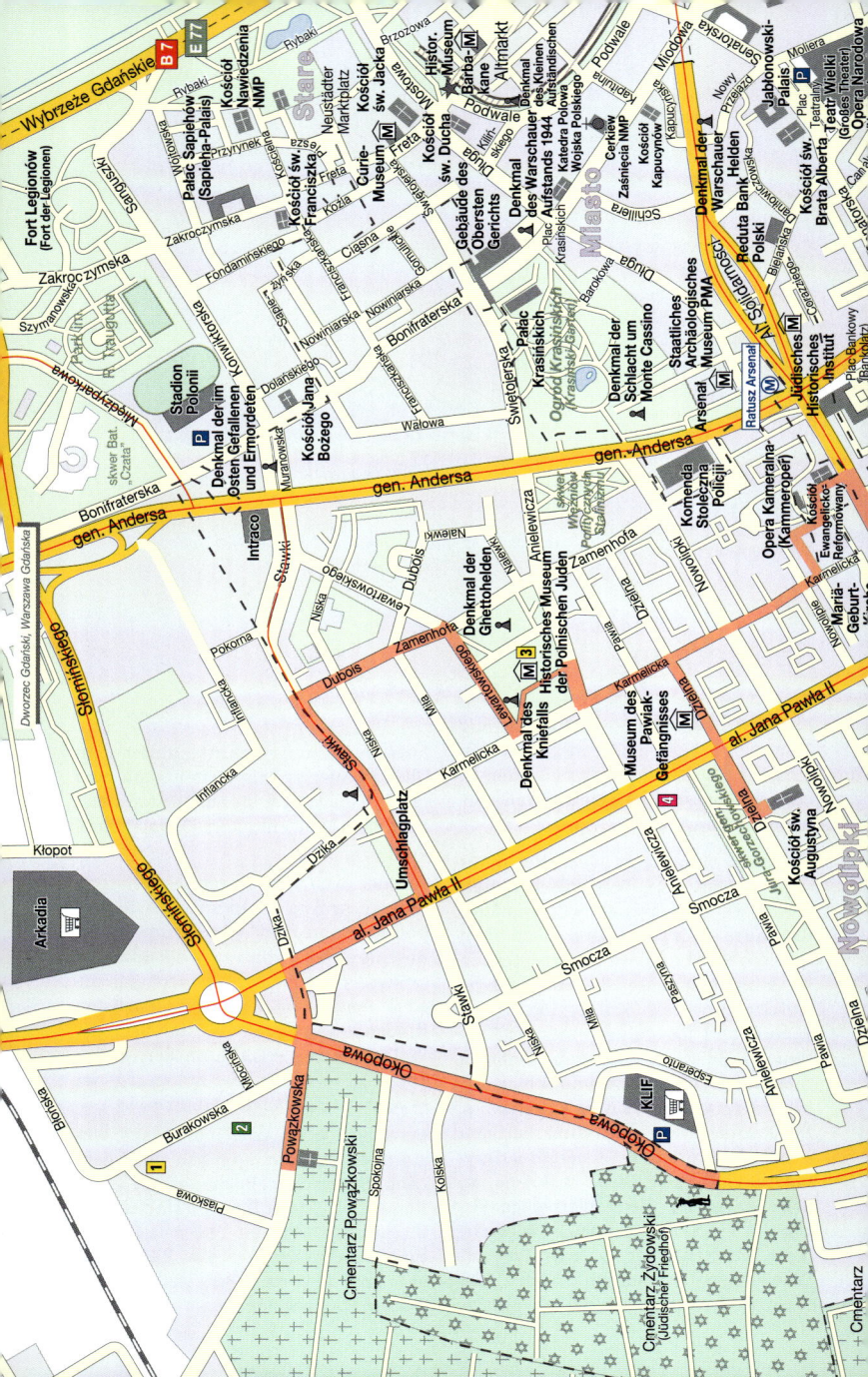

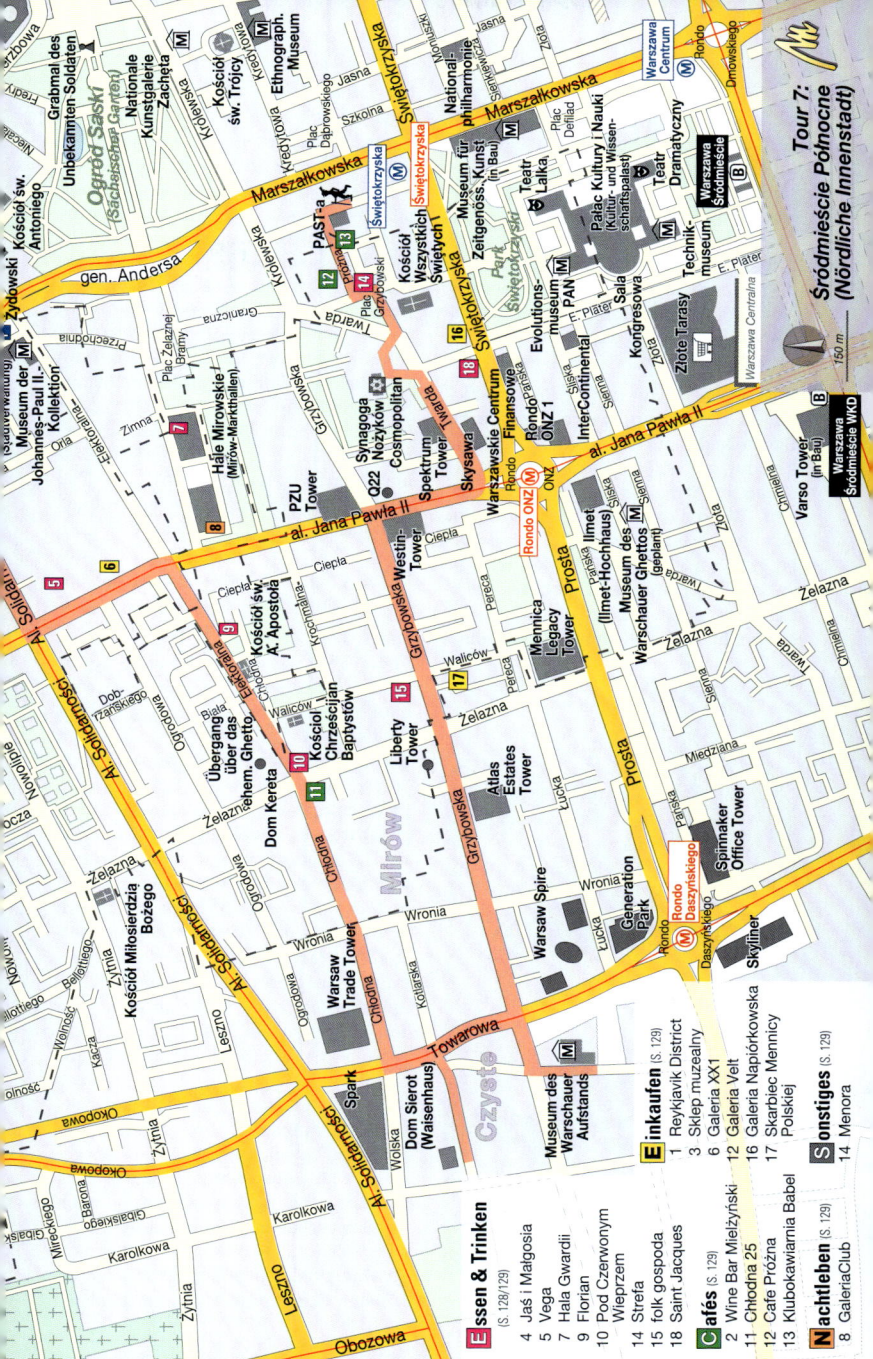

Tour 7: *Śródmieście Północne (Nördliche Innenstadt)*

Warszawa Centrum

Grabmal des Unbekannten Soldaten
Kunstgalerie Zachęta
Nationale Galerie
Kościół św. Trójcy
Ethnograph. Museum

Ogród Saski (Sächsischer Garten)
Kościół św. Antoniego
Zydowski M
Museum der Johannes-Paul II.-Kollektion

gen. Andersa

National-Philharmonie
Museum für Zeitgenöss. Kunst
Teatr Lalka
Świętokrzyska
Kościół Wszystkich Świętych
Plac Grzybowski

Warszawa Śródmieście

Teatr Dramatyczny

Pałac Kultury i Nauki (Kultur- und Wissenschaftspalast)

Technik-museum

Park Świętokrzyski

PAST-a

Świętokrzyska

Hale Mirowskie (Mirów-Markthallen)

Synagoga Nożyków
Cosmopolitan
Spektrum Tower
Skysawa
Warszawskie Centrum
Rondo ONZ M

Evolutions-museum
PAN
Sala Kongresowa
Złote Tarasy

Warszawa Centralna

al. Jana Pawła II

PZU Tower

Rondo ONZ
Warsaw Financial
Rondo Pańska
InterContinental

Museum des (Ilmet-Hochhaus)
Ilmet
Museum des Warschauer Ghettos (geplant)

Varso Tower (im Bau)
Warszawa Śródmieście WKD

al. Jana Pawła II

Übergang über das ehem. Ghetto.
Kościół św. A. Apostoła
Westin-Tower

Mennica Legacy Tower

Liberty Tower

Atlas Estates Tower

Kościół Chrześcijan Baptystów
Dom Kereta

Mirów

Warsaw Spire

Warsaw Trade Tower

Generation Park
Rondo Daszyńskiego M

Spinnaker Office Tower

Skyliner

Czyste

Kościół Miłosierdzia Bożego

Dom Sierot (Waisenhaus)

Museum des Warschauer Aufstands

E **ssen & Trinken** (S. 128/129)
4   Jaś i Małgosia
5   Vega
9   Hala Gwardii
9   Florian
10 Pod Czerwonym Wieprzem
14 Strefa
15 folk gospoda
18 Saint Jacques

C **afés** (S. 129)
2   Wine Bar Mielżyński
11 Chłodna 25
12 Cafe Próżna
13 Klubokawiarnia Babel

N **achtleben** (S. 129)
8   GaleriaClub

E **inkaufen** (S. 129)
1   Reykjavik District
3   Sklep muzealny
6   Galeria XX1
12 Galeria Velt
16 Galeria Napiórkowska
17 Skarbiec Mennicy Polskiej

S **onstiges** (S. 129)
14 Menora

Wer die 1,2 km lange Fußstrecke vorzieht, wird einige Hochhäuser und Wolkenkratzer sehen, die in Bau oder schon fertiggestellt sind. Die erste Baustelle ist die des → **Mennica Legacy Towers** südlich der Münzprägeanstalt (Mennica Polska). Weiter auf der ul. Grzybowska stößt man an der Ecke zur ul. Żelazna auf die Ruinen der ehemaligen Fabrik Duschik & Scholze, die rekonstruiert ein Teil des neuen → **Liberty Tower** werden soll.

Weiter geht es auf der ul. Grzybowska, an der zur Linken eventuell schon die Baustelle des mit 165 m geplanten Wolkenkratzers *Atlas Estate Towers* zu sehen sein wird, bis zum beeindruckenden Wolkenkratzer → **Warsaw Spire**. Vor diesem biegt man links ab und gelangt so zur Baustelle des → **Generation Park**. An den anderen Ecken des Kreisverkehrs entstehen zurzeit noch die Wolkenkratzer → **Skyliner** und → **Spinna-**

Auf dem Powązki-Friedhof

ker Office Tower. Anschließend geht man zurück zum Warsaw Spire und überquert die breite ulica Towarowa, geht ein paar Schritte weiter geradeaus, die erste Möglichkeit nach links und gelangt so zum → **Museum des Warschauer Aufstands** (Muzeum Powstania Warszawskiego), eines der modernsten Museen in Europa. Weniger markant präsentiert sich das → **Waisenhaus** (Dom Sierot), in dem der berühmte Pädagoge Janusz Korczak tätig war. Bekannt wurde Korczak nicht nur für seine bahnbrechenden Ideen in der Kindererziehung, sondern auch als tragischer Märtyrer, der für die von ihm betreuten Waisenkinder in den Tod ging. Man erreicht das Waisenhaus über die ulica Towarowa, die man 200 m nach Norden läuft, und dann links in die ulica Jaktorowska einbiegt, bis zur Haus-Nr. 6.

Nach dem Besuch des Waisenhauses überqueren wir erneut die ulica Towarowa auf Höhe der Baustelle des Hochhauses *Spark* und stehen so vor dem vielleicht eindrucksvollsten der neuen Hochhaustürme, dem → **Warsaw Trade Tower**. Wer nun rechts auf der ulica Chłodna an Autowerkstätten und Baugrundstücken vorbeigeht, entdeckt nach Überquerung der ulica Żelazna an der nördlichen Straßenseite ein Denkmal, das an den nicht mehr erhaltenen → **Übergang über das ehemalige Ghetto** (Most łączący dwie części getta) erinnert. An dieser Stelle gelangten die internierten Juden vom nördlichen in den südlichen Teil des Ghettos. Direkt danach kommt man links in einen Innenhof, in dem das schmale → **Keret-Haus** (Dom Kereta), das eine symbolische wie künstlerische Funktion hat, zwischen zwei Wohnblöcken eingezwängt ist. Hier trennen sich die ulica Chłodna und die etwas schräg nach Norden verlaufende, verkehrsberuhigte ulica Elektoralna, wobei wir Letztere mit ihren vielen in den letzten Jahren eröffneten Cafés und Restaurants wählen.

An der *St.-Andreas-Kirche* (Kościół św. Andrzeja Apostoła) links vorbei, geradeaus weiter und ein paar Schritte rechts an der gegenüberliegenden Seite der aleja Jana Pawła II laden die historischen → **Mirów-Markthallen** (Hale Mirowskie) zum Kaufen und Bummeln ein. Danach geht es 400 m auf der aleja Jana Pawła II nach Norden, vorbei an Wohnblöcken im Stil des „Sozialistischen Realismus". An der nächsten Ecke biegen wir rechts in die breite aleja Solidarności ein, auf der nach 400 m links die Evangelisch-Reformierte Kirche (Kościół Ewangelicko-Reformowany) steht. Schräg hinter der Kirche versteckt sich die → **Kammeroper** (Opera Kameralna), die über die Grenzen Warschaus und Polens hinaus für ihre Mozart-Interpretationen berühmt ist.

Auf Gehwegen links an der Kammeroper vorbei und wieder nach links erreichen wir die ulica Karmelicka, die wir rechts und geradeaus nach Norden gehen, dann nach links in die ulica Dzielna bis zum → **Museum des Pawiak-Gefängnisses** (Muzeum Więzienia Pawiak), vor dem das Mahnmal eines kahlen Baumes an den für seine Folterungen gefürchteten Ort erinnert. Auf der anderen Straßenseite der aleja Jana Pawła II und ein paar Schritte weiter steht in der ulica Dzielna die → **St.-Augustinus-Kirche** (Kościół św. Augustyna), die als einziges Gebäude in der Umgebung von der Zerstörung des Ghettos verschont blieb.

Nach einem Blick auf das Gotteshaus geht es auf der ulica Dzielna zurück zur ulica Karmelicka, auf der wir den Weg nach Norden fortsetzen und bei der zweiten Möglichkeit rechts in die ulica Anielewicza einbiegen. Im Park auf der linken Seite steht seit 2013 der eindrucksvolle Bau des → **Historischen Museums der Polnischen Juden** (Muzeum Historii Żydów Polskich); dahinter stoßen wir auf das bekannte → **Denkmal der Ghettohelden** (Pomnik

Denkmal des Kniefalls

Bohaterów Getta). Hier tat 1970 Willy Brandt seinen berühmten Kniefall, ein historisch bedeutsamer Moment, an den in unmittelbarer Nähe, im Nordwesten des Parks, das → **Denkmal des Kniefalls** (Pomnik przyklękającego Willy'ego Brandta) erinnert.

Anschließend biegen wir in die von Gedenksteinen gesäumte ulica Zamenhofa ein, gehen auf dieser Straße 350 m nach Norden und dann nach links, bis wir an der ulica Stawki das Denkmal am ehemaligen → **Umschlagplatz** sehen, an dem die SS und Wehrmacht die Juden zusammentrieben, bevor sie in die Vernichtungslager deportiert wurden.

Die ulica Stawki führt Richtung Westen nach 250 m zur aleja Jana Pawła II, in die wir rechts einbiegen und nach 300 m vor dem Rondell, bei der Tankstelle, links in die ulica Dzika gehen. Geradeaus über die breite ulica Okopowa kommen wir zum → **Powązki-Friedhof** (Cmentarz Powązkowski) in der gleichnamigen Straße, einem der schönsten Friedhöfe Europas. Kaum weniger reizvoll ist der → **Jüdische Friedhof** (Cmentarz Żydowski), den wir nach 1 km auf der ulica Okopowa in Richtung Südwesten erreichen. Hier endet unser Rundgang durch die Nördliche Innenstadt.

Śródmieście Północne ↓ Karte S. 112/113

Sendlerowas Liste

Polen war das einzige der von den Nazis besetzten Länder, in dem eine staatliche Organisation zur Rettung der Juden existierte. Die im Untergrund agierende polnische Exilregierung gründete als eines ihrer Organe den „Rat für die Unterstützung der Juden", besser bekannt unter dem Codenamen *Żegota*. Ins Leben gerufen wurde er von der Sozialistin Wanda Krahelska-Filipowicz und der Schriftstellerin Zofia Kossak-Szczucka. Wie Letztere betonte, beruhte die Hilfe für jüdische Polen auf der tiefen Überzeugung, Protest und Widerstand seien die Pflicht eines jeden Menschen und Katholiken. Der inzwischen verstorbene Władysław Bartoszewski, früher außenpolitischer Berater des damaligen polnischen Ministerpräsidenten Donald Tusk, machte sich durch sein organisatorisches Geschick verdient und kämpfte u. a. gegen die Szmalcowniki genannten polnischen Nazi-Kollaborateure.

Unter den vielen bekannten und vergessenen Widerständlern ging besonders die Krankenschwester *Irena Sendlerowa* in die Geschichte ein. Rund 2500 jüdische Kinder schmuggelte sie aus dem Warschauer Ghetto und versteckte sie unter neuen Namen in Klöstern, bei polnischen Familien, in Waisenhäusern. Obwohl sie von der Gestapo aufgespürt und in der Haft gefoltert wurde, verriet sie die neuen Namen der Kinder nicht; zwecks späterer Familienzusammenführung hatte sie die Namenslisten in Einmachgläsern unter einem Apfelbaum versteckt. Auf dem

Weg zu ihrer Hinrichtung schlug ein bestochener SS-Mann sie nieder und ließ sie in einem Straßengraben liegen, worauf sie von der Żegota gerettet werden konnte – ihr Name tauchte später auf den Listen der hingerichteten Polen auf.

Irena Sendlerowa blieb bis zu ihrem Tod 2008 bescheiden: „Jedes mit meiner Hilfe gerettete Kind ist die Berechtigung meiner Existenz auf dieser Erde, nicht jedoch ein Anrecht auf Ruhm", sagte Irena Sendlerowa über ihr selbstloses Tun. Dank gefälschter Dokumente, ausgeklügelter Fluchtwege und Verstecke konnten im ganzen Land allein von der Żegota etwa 75.000 Juden gerettet werden. Hinzu kommen weitere Organisationen und zahllose Privatleute, die für ihre jüdischen Mitmenschen das Leben riskierten: Polen war im Zweiten Weltkrieg das einzige Land, in dem auf die Juden gewährte Hilfe ausdrücklich die Todesstrafe stand. Und trotzdem: Die meisten der „Gerechten unter den Völkern" in der israelischen Gedenkstätte Yad Vashem stammen aus Polen.

Denkmal der Ghettohelden

Sehenswertes

Polska Akcyjna Spółka Telefoniczna PAST-a

Polnische Telefon-Aktiengesellschaft

Schon von Weitem sichtbar ziert ein Anker, das Symbol des um Unabhängigkeit kämpfenden Polens, die Fassade des Hochhauses, einst der Sitz der Polnischen Telefongesellschaft, die hier ihre Zentrale hatte. Nach der Fertigstellung 1908 war es Warschaus höchstes Gebäude. Während des Warschauer Aufstands war der wegen seiner Höhe strategisch wichtige Turm 20 Tage lang hart umkämpft, bevor er schwer beschädigt von den Aufständischen eingenommen wurde.

Ul. Zielna 39. Tram 4, 15, 18, 35, Bus 128, 175, Haltestelle Metro Świętokrzyska. Ⓜ Świętokrzyska.

Plac Grzybowski, ul. Próżna

Grzybowski-Platz, Próżna-Straße

Hier pulsierte einst das Leben, rund um den 2011 restaurierten Platz und die Straße befand sich eines der jüdischen Zentren der Stadt. Derzeit wird weiter saniert, edle Restaurants haben schon eröffnet; außerdem sollen Wohnungen für jüdische Rückkehrer aus den USA und Israel entstehen. Der Zustand der nördlichen Häuserreihe in der ul. Próżna erinnerte allerdings noch bis 2016 an die Schrecken der Shoah. Auch hier wird eifrig restauriert. Während des jährlichen Jüdischen Festivals Anfang September leben die kurze Straße und der Platz auf. Klezmerkonzerte, Jiddisch-Workshops, Filme und vieles mehr begeistern dann jüdische und nichtjüdische Besucher gleichermaßen. Kein Wunder, dass das Jüdische Theater nach dem Abschluss des Neubaus an diesen Ort zurückkehren wird.

Tram 4, 15, 18, 35, Bus 128, 175, Haltestelle Metro Świętokrzyska. Bus 102, 105, 227, Haltestelle plac Grzybowski. Ⓜ Świętokrzyska.

Kościół Wszystkich Świętych

Allerheiligenkirche

Das Gotteshaus wurde 1861–1883 an der Stelle einer alten Renaissance-Kirche gebaut, seine beiden Türme und die schöne Neorenaissance-Fassade weisen deutlich auf Baumeister Henryk Marconi hin. Während der deutschen Okkupation war die Allerheiligenkirche eine von drei katholischen Kirchen im Ghetto. Vom Saulus zum Paulus wurde in dieser Zeit Prälat Marceli Godlewski, der in der Vorkriegszeit noch durch antijüdische Predigten aufgefallen war. Als er das Morden und den Antisemitismus im Ghetto miterlebte, half er unter Einsatz seines Lebens vielen Juden bei der Flucht und beim täglichen Überleben. Mitglied der Gemeinde war übrigens auch Ludwik Hirszfeld, der das Rhesus-System der Blutgruppen entwickelte.

Tägl. 10–17 Uhr. Messe Mo–Sa 6.30, 7.15, 8, 9, 17, 18 Uhr (Juli/Aug. weder 9 noch 17 Uhr), So 6.30, 8, 9.30, 11, 12.30, 18.30 Uhr. www.wszyscyswieci.pl. Plac Grzybowski 3.

Tram 4, 15, 18, 35, Bus 128, 175, Haltestelle Metro Świętokrzyska. Bus 102, 105, 227, Haltestelle plac Grzybowski. Ⓜ Świętokrzyska.

Synagoga Nożyków

Nożyk-Synagoge

Von den Hunderten von jüdischen Gebetshäusern in Warschau ist dies das einzige, das den Zweiten Weltkrieg überlebt hat. Heute ist es für die wachsende jüdische Bevölkerung Warschaus als Synagoge von Bedeutung. Mit Michael Schudrich steht der Gemeinde der Oberrabbiner von Polen vor. Den Auftrag zum Bau der orthodoxen Synagoge vergab im späten 19. Jh. der Kaufmann

Śródmieście Północne → Karte S. 112/113

Zalman Nożyk an Leandro Marconi (1834–1919), den Sohn von Henryk Marconi. Von diesem stammt die 1902 fertiggestellte neoromanische Fassade mit byzantinischen Details. Das wertvollste Objekt im Innern ist eine Thora-Rolle, die aus der 1943 zerstörten Großen Synagoge am plac Bankowy (→ Tour 5) in die USA gerettet werden konnte.

Mo–Fr 9–17, So 11–17 Uhr, Fr ab Sonnenuntergang und Sa geschlossen. Kippa kann ausgeliehen werden. Eintritt 2,50 €. Gruppenanmeldung unter ☎ 502-400849 (mobil), www. warszawa.jewish.org.pl. Ul. Twarda 6.

Tram 4, 15, 18, 35, Bus 128, 175, Haltestelle Metro Świętokrzyska. Bus 102, 105, 227, Haltestelle plac Grzybowski. Ⓜ Świętokrzyska.

In der Nożyk-Synagoge

Cosmopolitan

Cosmopolitan

Ende 2013 waren die Arbeiten am auch Twarda oder Hines Tower genannten Wolkenkratzer von Helmut Jahn beendet. Zusammen mit dem Bahntower am Potsdamer Platz und dem Frankfurter Messeturm wird das zweithöchste Ap-

partementhaus Warschaus einen besonderen Platz im Katalog des „Starchitekten" einnehmen. In die Luxuswohnungen und Penthouses sind natürlich nur die Warschauer mit den dicksten Brieftaschen eingezogen. Unmittelbar neben dem 160 m hohen Cosmopolitan soll in den kommenden Jahren mit dem Turm der Jüdischen Gemeinde der nächste zum Staunen bringende Bau entstehen.

www.apartamentycosmopolitan.pl. Ul. Twarda 2/4. Tram 4, 15, 18, 35, Bus 128, 175, Haltestelle Metro Świętokrzyska. Bus 102, 105, 227, Haltestelle plac Grzybowski. Ⓜ Świętokrzyska.

Spektrum Tower

Spektrum Tower

Die interessante 128 m hohe Komposition aus steinernen Quadern und Zylindern wurde nach Finanzierungsproblemen 2003 fertiggestellt und 2015 modernisiert. Ein weiterer Grund für die Verzögerung war der Fund einer 580 kg schweren Fliegerbombe aus dem Zweiten Weltkrieg während der Bauarbeiten, die nach der sog. Top-Down-Methode (gleichzeitiges Bauen der ober- und unterirdischen Teile) realisiert wurden. Das Dach zieren weder Helm noch Antenne, es dient als Hubschrauberlandeplatz. Eine Besonderheit ist der von außen sichtbare, in einem Winkel von 14° gebaute Aufzugsschacht, in dem die Lifte mit 2,5 m pro Sekunde hoch- und hinunterschießen.

Ul. Twarda 14. Tram 10, 17, 33. Bus 160, 174, Haltestelle Rondo ONZ. Ⓜ Rondo ONZ.

Skysawa

Skysawa

2022 wird der nächste Baustein der Warschauer Skyline fertig. 155 m in die Höhe wird dann der schlichte gläserne Wolkenkratzer ragen, für den ein Büroturm aus den Sechzigern abgerissen worden war.

Ul. Świętokrzyska 36. Tram 10, 17, 33. Bus 160, 174, Haltestelle Rondo ONZ. Ⓜ Rondo ONZ.

Q22

Q22

Immer häufiger zeigt sich in Warschau auch der unerbittliche Hunger des Kapitalismus. Gebäude, die erst in den Neunzigern errichtet wurden, reißt man nun wieder ab, um Platz zu schaffen für noch höhere, noch modernere Türme. So entstand an der Stelle des Hotels Mercure Fryderyk Chopin zwischen 2013 und 2016 mit dem Q22 ein 195 m hoher Wolkenkratzer mit Büroflächen mit abgeschrägter Fassade.

Al. Jana Pawła II 22. Tram 10, 17, 33. Bus 160, 174, Haltestelle Rondo ONZ. Bus 102, 105, Haltestelle Aleja Jana Pawła II. Ⓜ Rondo ONZ.

PZU Tower

PZU-Tower

Von 1997 bis ins Jahr 2000 zogen sich die Arbeiten an dem Büroturm eines Versicherungsunternehmens am ehemaligen Hauptsitz der Warschauer Jüdischen Gemeinde. Besonders gelungen ist das Atrium zwischen dem 18. und 25. Stockwerk, zu dem der Zutritt leider nicht gestattet ist. Bemerkenswert ist die an einer Seite auffallend gerundete Form des Gebäudes, zum anderen das ausgeklügelte Lüftungs- und Heizungssystem, das Sonneneinstrahlung und natürliche Luftströme intelligent nutzt und so den Verbrauch fossiler Energien nahezu auf Null reduziert.

Al. Jana Pawła II 24. Tram 10, 17, 33. Bus 160, 174, Haltestelle Rondo ONZ. Bus 102, 105, Haltestelle Aleja Jana Pawła II. Ⓜ Rondo ONZ.

Westin Tower

Westin-Tower

Besonders hoch ist das Gebäude zwar nicht, architektonisch dafür umso gelungener. Unter anderem wurden beim Bau 2001–2003 auch Stilelemente der umliegenden Gebäude mit aufgenommen. Faszinierend ist der „Anbau" des

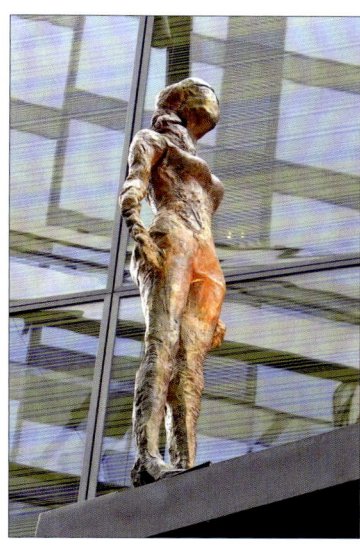

Skulptur beim Cosmopolitan

Panorama-Aufzugsschachts, den die Lifte mit 3,5 m/s hochschießen. Eine Visite wert ist auch das Patio; im Zweifelsfall kann man sagen, dass man eventuell ein Zimmer sucht.

www.westin.pl. Al. Jana Pawła II 21. Tram 10, 17, 33. Bus 160, 174, Haltestelle Rondo ONZ. Bus 102, 105, Haltestelle Aleja Jana Pawła II. Ⓜ Rondo ONZ.

Mennica Legacy Tower

Mennica Legacy Tower

Seit 2016 wurde hier eifrig gearbeitet, damit das Hochhaus der polnischen Münzprägeanstalt bis Ende 2019 fertig wurde. Mit 140 m wird der Büroturm zwar nicht besonders hoch, bekommt dafür aber eine interessante, fächerartige Glasfassade. Rund um den Tower entstehen noch luxuriöse Appartement-Residenzen.

www.mennicalegacytower.pl. Ul. Pereca 21. Tram 1, 22, 24, 28. Bus 102, 105, 190 Haltestelle Muzeum Powstania Warszawskiego. Ⓜ Rondo Daszyńskiego.

Śródmieście Północne → Karte S. 112/113

Warsaw Spire kratzt an den Wolken

Liberty Tower
Liberty Tower

Mitte 2020 soll mit den ersten Arbeiten am Liberty Tower begonnen werden, der bei Fertigstellung im Jahr 2023 140 m in den Himmel ragen wird. Pläne sehen vor, die Fabrik Duschik & Scholze zu rekonstruieren und in das Bürogebäude zu integrieren. Den halb verfallenen Altbau direkt daneben möchte die Jüdische Gemeinde retten, um in dessen Räumlichkeiten eine Galerie mit Fotografien des Ghettos einzurichten.

Ul. Grzybowska 50. Tram 1, 22, 24, 28. Bus 102, 105, 190, Haltestelle Muzeum Powstania Warszawskiego. Ⓜ Rondo Daszyńskiego.

Warsaw Spire
Warsaw Spire

Mit 220 m Höhe ragt der 2015 vollendete, neomodernistische, ellipsenförmige Wolkenkratzer des belgischen Architektenbüros Jaspers & Eyers Partners als seitdem zweithöchster Bau in Warschau in den Himmel. Flankiert wird der bei den Eurobuild Awards 2011 als Sieger hervorgegangene Turm von zwei niedrigeren Gebäuden, Brunnenanlagen und Arkaden sowie von kapselförmigen Ausstellungsschaufenstern. Ein Blick in diese Kunst- und Designausstellungen lohnt sich ebenso wie jener auf die Street-Art an den Häuserwän-

den gegenüber. Zwei interessante Details am Spire sind der schon vor Baubeginn „Alienmaul" getaufte Eingangsbereich sowie die Glasfassade, die über das eigentliche Gebäude hinausragt.

www.warsawspire.pl. Ul. Towarowa/Łucka. Tram 1, 22, 24, 28. Bus 102, 105, 190, Haltestelle Muzeum Powstania Warszawskiego. Ⓜ Rondo Daszyńskiego.

Generation Park
Generation Park

2014 wurde das nur wenige Jahre zuvor renovierte Bürogebäude des IPN (vergleichbar mit der deutschen Gauck-Behörde) abgerissen, um Platz zu schaffen für den 180 m hohen Wolkenkratzer, der 2021 fertiggestellt werden soll. Dessen Investor Skanska kündigte seinem Kollegen, dem Investor des benachbarten Warsaw Spire, einen „harten Kampf um die Herzen der Warschauer" an. Entstehen sollen nämlich auch für die Öffentlichkeit nutzbare Flächen. Die Baustelle schmücken Kinderzeichnungen.

Ecke ul. Towarowa/Prosta /Łucka/Wronia. Tram 1, 22, 24, 28. Bus 102, 105, 190, Haltestelle Muzeum Powstania Warszawskiego. Ⓜ Rondo Daszyńskiego.

Skyliner
Skyliner

Auf der Baustelle wird bis 2020 ein 195 m hoher Wolkenkratzer entstehen, der auch unter dem Namen Spectrum oder Kaleidoscope Tower bekannt ist. Was wohl Feng-Shui-Experten zur eigentümlichen, sechseckigen Form und deren Einfluss auf Kreativität und Arbeitsverhalten im Büroturm sagen werden? Touristen können sich auf die geplante zweistöckige SkyBar in 165 m Höhe freuen. Direkt an den Turm schließt sich der 140 m hohe Warsaw Hub an, der ebenfalls 2020 fertig wird.

www.skylinerbykarimpol.pl. Ecke ul. Towarowa/Prosta. Tram 1, 22, 24, 28. Bus 102, 105, 190,

Haltestelle Muzeum Powstania Warszawskiego. Ⓜ Rondo Daszyńskiego.

Spinnaker Office Tower

Der Name spielt auf das gleichnamige Vorsegel an. Im Prinzip wird der 180 m hohe Wolkenkratzer nämlich aus sechs ineinander verschachtelten, länglichen Türmen bestehen. Im obersten Geschoss ist schon jetzt ein Panorama-Restaurant mit großem Bullaugenfenster geplant. Ein weiterer Name für den Wolkenkratzer, der 2021 fertig sein soll, ist Warsaw Unit.

Ecke ul. Towarowa/Prosta/Pańska/Wronia. Tram 1, 22, 24, 28. Bus 102, 105, 190, Haltestelle Muzeum Powstania Warszawskiego. Ⓜ Rondo Daszyńskiego.

Museum des Warschauer Aufstands

Der blutige Aufstand der Warschauer Bevölkerung gegen die deutschen Besatzer im Juli 1944 wurde in stalinistisch-sozialistischer Zeit totgeschwiegen – die für ein freies Polen Kämpfenden wurden lange Zeit als Verräter diskreditiert und teilweise in sowjetische Straflager verschleppt. Kein Wunder, dass nach der Wende die Forderung aufkam, endlich die eigene Geschichte schreiben zu können. Zum 60. Jahrestag des Aufstands war es dann soweit. Das Gebäude des ehemaligen Straßenbahnkraftwerks wurde pünktlich zum 31. Juli 2004 feierlich eingeweiht.

Unabhängig vom historischen Hintergrund ist das Haus aus einem weiteren Grund bemerkenswert. Die federführenden Museumsdesigner Jarosław Kłaput, Dariusz Kunowski und Mirosław Nizio haben hier Polens modernstes Museum geschaffen – und eines der ambitioniertesten weltweit. Alle zeitgemäßen museumsdidaktischen Konzepte wurden berücksichtigt, Interaktivität ist kein leeres Versprechen: Die Informationen muss man sich selbst suchen, man hört im Vorbeigehen etwas, steuert ein Video, kriecht durch Kanalrohre, schlüpft also in die Rolle der Aufständischen.

Auf dreieinhalb Etagen verteilen sich die Ausstellungen, für die man mindestens zwei, eher vier Stunden einplanen sollte. Zu den spektakulärsten Objekten zählen ein komplett erhaltenes Bombenflugzeug (eine Consolidated B-24), der von den Aufständischen eingesetzte Panzerwagen Kubuś und eine exakte Nachbildung des Palladium-Kinos, in dem wie einst Filme des Informationsbüros der Polnischen Armee laufen. Sehr spannend sind auch die zahllosen persönlichen Briefe und Tagebücher von Aufständischen.

Über den Aufzug erreicht man die Aussichtsterrasse mit guter Sicht auf die Umgebung.

Vor dem Gebäude erinnert eine 156 m lange Mauer, die Mur Pamięci, an die Aufständischen; die Namen von etwa 10.000 getöteten Kämpfern sind hier eingraviert.

Polenweit gab es eine lange und heftige Diskussion um die Frage, ob das Museum historisch korrekt oder vielleicht deutschfeindlich sei. Letzteres trifft nach unserer Meinung nicht zu, an den Tatsachen wurde nicht gerüttelt. Zu Wort kommt in einem Film beispielsweise auch ein Mitglied des Sturm-Pionier-Regiments Herzog, ein Pionier-Bataillon der Wehrmacht, das zur Niederschlagung des Aufstands eingesetzt wurde. Allerdings: Für Kinder scheint uns das Museum wenig geeignet, auch wenn oder gerade weil es eine spezielle Kinderabteilung gibt: Eine gewaltfreie Erziehung wird hier ad absurdum geführt, stattdessen dürfen die Kleinen ein bisschen Krieg spielen. Wie bei anderen Weltkriegsausstellungen empfehlen wir einen Besuch erst ab 14 Jahren, bei reifen Kindern vielleicht schon ab zwölf Jahren.

Śródmieście Północne → Karte S. 112/113

Im Museum des Warschauer Aufstands

Museum: Mo/Mi/Fr 8–18, Do 8–20, Sa/So 10–18 Uhr, Di geschlossen, Juli/Aug. jeweils erst ab 10 Uhr. Eintritt 6 €, erm. 5 €, Gruppen 4 €/Pers., So frei. Führungen (auf Deutsch) für Gruppen nach Voranmeldung 50 € plus erm. Eintritt von 4 €/Pers., deutschsprachiger Audioguide 2,50 €. ☏ 22-5397905, www.1944.pl. Ul. Grzybowska 79, Eingang ul. Przyokopowa.

Tram 1, 22, 24, 28 Bus 102, 105, 190, Haltestelle Muzeum Powstania Warszawskiego. Ⓜ Rondo Daszyńskiego.

Dom Sierot
Waisenhaus der Sierot-Gesellschaft

„Güte darf man verlangen, aber keine, die Aufopferung ist." Der Mann, der dies sagte, hielt sich nicht an seine Worte, stattdessen opferte er sein Leben für „seine" Kinder: Janusz Korczak, der wohl einflussreichste Pädagoge seiner Generation, wurde 1878 als Henryk Goldszmit in Warschau geboren. Zunächst arbeitete der polyglotte Sohn einer jüdischen Familie als Kinderarzt, bevor er zu schreiben begann. Schon seine ersten Romane und Kinderbücher waren erfolgreich, was auch seiner Kar-

riere als Arzt förderlich war. Mit dem erwirtschafteten Gewinn finanzierte er dann sein Herzensprojekt, das Waisenhaus (Dom Sierot).

Diese Lebensaufgabe prägte in den 1930er-Jahren auch sein pädagogisches Hauptwerk, das für Kinderrechte eintrat und die Bedürfnisse der Kinder ernst nahm. Da sich das Waisenhaus außerhalb des von den Nazis eingezäunten Ghettos befand, wurde Korczak zur Verlegung ins Ghetto gezwungen. Im August 1942 holte die SS dort die ungefähr 200 Kinder ab, um sie in das Vernichtungslager Treblinka zu verschleppen. Korczak bestand darauf mitzufahren, obwohl er wusste, dass dies seinen Tod bedeuten würde. In den letzten Tagen vor ihrem Tod wollte er „seinen" Kindern Trost spenden, wovon auch das erhaltene Tagebuch erzählt, das er im Ghetto zu schreiben begann.

Heute ist im Dom Sierot ein Forschungszentrum zu Leben und Werk von Janusz Korczak eingerichtet, das sog. Korczakianum. Die (auch englischsprachige) Ausstellung zur Geschichte des Waisenhauses wurde 2012 gründlich überarbeitet und ist nach Voranmeldung zu besichtigen.

Di–Fr 10–16 Uhr. Eintritt frei, Gruppen mit Voranmeldung 37,50 €. ☎ 22-6323027, www.muzeumwarszawy.pl, www.janusz-korczak.de. Ul. Jaktorowska 6.

Tram 1, 22, 24, 28. Bus 102, 105, 190, Haltestelle Muzeum Powstania Warszawskiego. Ⓜ Płocka (ab 2020).

Warsaw Trade Tower
Warsaw Trade Tower

Das mit 208 m zweithöchste Gebäude Warschaus und Polens ist eine Arbeit von Piotr Majewski und Andrzej Wyszyński. 1999 nach nur zweijähriger Bauzeit fertiggestellt, zählt der Wolkenkratzer zu den gelungensten seiner Art, was auch die kritischen Warschauer einräumen. Mit 7 m/s gehören die Aufzüge zu den schnellsten Europas. Ein Blick ins Foyer lohnt sich, auch wenn man als Tourist nicht höher als bis zum zweiten Stock durchkommt. Einen interessanten Kontrast bildet das Kopfsteinpflaster in der ul. Ogrodowa, das auch als Kulisse für einen Film im frühen 19. Jh. dienen könnte.

www.wtt.pl. Ul. Chłodna 51. Tram 1, 22, 23, 24, 26, 27. Bus 190. Haltestelle Okopowa, Ⓜ Płocka (ab 2020).

Most łączący dwie części getta
Übergang über das ehemalige Ghetto

Auf Höhe des heutigen Hauses mit der Nr. 22 befand sich bis zur Auflösung des Ghettos 1943 ein hölzerner Fußgängerübergang, der den nördlichen mit dem südlichen Teil des Ghettos verband. Heute erinnern zwei Stelen an die Opfer und die längst abgerissene Brücke. Hier kann man mithilfe von Okularen vier Dias mit Originalansichten aus der Zeit des Ghettos betrachten und dazu jüdische Trauermusik hören.

Ul. Chłodna 22 (früher 24/26). Tram 1, 22, 23, 24, 26, 27. Bus 190. Haltestelle Okopowa, Ⓜ Rondo ONZ.

Dom Kereta
Keret-Haus

Die mit einer Breite von 92 bis 152 cm im Jahr 2012 errichtete Kunstinstallation gilt als schmalstes Haus der Welt. Der erste Bewohner und Namensgeber ist der israelische Schriftsteller, Poet und Drehbuchautor Etgar Keret. Eingezwängt zwischen zwei Wohnblöcken an der Stelle des früheren Übergangs zwischen den beiden Teilen des Ghettos, erfüllt das Gebäude heute auch eine symbolische Funktion – Keret hat polnische Wurzeln und befindet sich zwischen der Heimat seiner Eltern und seinem Geburtsland Israel. Einst schmuggelte seine Mutter hier als Kind Brot zu ihrer Familie ins Ghetto. 2016 nahm Keret die polnische Staatsbürgerschaft an. Die Installation kann man als Brücke zwischen Tradition und Moderne deuten, zugleich soll auf die beengten Wohnverhältnisse vieler Warschauer aufmerksam gemacht werden.

Tag der offenen Tür einmal imMonat, meist Sa 12–15 Uhr. Eintritt gegen Spende von mind. 5 €. www.domkereta.pl. Ul. Chłodna 22/ul. Żelazna 74. Tram 1, 22, 23, 24, 26, 27. Bus 190. Haltestelle Okopowa. Ⓜ Rondo ONZ.

Hale Mirowskie
Mirów-Markthallen

Die um 1900 gebauten Hallen aus rotem Backstein waren bis zu ihrer Zerstörung im Zweiten Weltkrieg die größten ihrer Art in Warschau. Ihre ursprüngliche Funktion als Marktplatz erfüllen heute wohl die Goldenen Terrassen (→ Tour 6). Doch im Gegensatz zu den üblichen Konsumtempeln kann man in den und um die Mirów-Hallen noch immer vergleichsweise ursprünglich und unterhaltsam einkaufen. Die Hallen wurden nach dem Krieg rekonstruiert, verfielen aber seit den 80er-Jahren mehr und mehr; nach gründlicher Restaurierung 2011 und 2012 sind zum Glück wieder viele schöne architektonische Details zu erkennen.

Mo–Sa 10–19 Uhr, viele Stände öffnen früher. Plac Mirowski 1. Tram 17, 33, Bus 160, Haltestelle Hala Mirowska.

Opera Kameralna

Kammeroper

In dem von außen beinahe wie ein Einfamilienhaus anmutenden Gebäude werden hauptsächlich barocke Werke, mittelalterliche Singspiele sowie fast vergessene und zeitgenössische polnische Opern gespielt, gelegentlich auch italienische Komponisten. Berühmt ist das Haus als Kammeroper, das als einziges das gesamte Opern-Oeuvre von Mozart im Repertoire hat.

Kasse: Mo–Fr 11–19 Uhr, Sa/So ab 16 Uhr. Karten 7,50–80 €. ☎ 22-8312240, www.opera kameralna.pl. Al. Solidarności 76 b.

Tram 18, 23, 26, 35, Bus 111, 227. Haltestelle Metro Ratusz Arsenał. Ⓜ Ratusz Arsenał.

Muzeum Więzienia Pawiak

Museum des Pawiak-Gefängnisses

Das 1830 gebaute Gefängnis hat eine lange und erschütternde Geschichte. Doch die schlimmsten Verbrechen gegen seine Häftlinge geschahen während der deutschen Besatzung, als die Gestapo das Gebäude für Verhöre und Folterungen nutzte. Geschätzte 120.000 Insassen durchliefen von 1939 bis 1944 das Gefängnis, von denen 37.000 anschließend in und um Warschau hingerichtet wurden, weitere 60.000 kamen in die Vernichtungslager.

„Wir werden Pawiak rächen", war eine in den letzten Kriegsjahren oft gehörte Parole. 1944 sprengten die Nazis vor ihrem fluchtartigen Rückzug alle Einrichtungen; vor dem Gebäude steht ein Baum mit Gedenkplaketten (→ Foto S. 110), der die Zerstörungen auf wundersame Weise überlebt hat. Das heutige Museum und Mausoleum dokumentiert die Schrecknisse dieser Zeit, der Besuch ist erst ab 14 Jahren erlaubt.

Mi–So 10–17 Uhr, Mo/Di geschl. Eintritt 2,50 €, erm. 1 €, Do frei. ☎ 22-8319289, www. muzeum-niepodleglosci.pl. Ul. Dzielna 24. Tram 17, 33, Bus 107, Haltestelle Nowolipki.

Kościół św. Augustyna

St.-Augustinus-Kirche

Ende des 19. Jh. gebaut, ist die Kirche weniger wegen ihrer eigentlich reizvollen Neorenaissance-Architektur bekannt. Vielmehr wurde sie durch das Foto, das die Kirche nach der Niederschlagung des Ghettoaufstands zeigt, zum Sinnbild für die Zerstörungen und Morde in Warschau: Das Bild des inmitten von Trümmern stehenden Gotteshauses, eine der drei Kirchen im Ghetto, zählt zu den bekanntesten Motiven des Zweiten Weltkriegs. Der Kirchturm wurde als Beobachtungspunkt und Maschinengewehrstand von der SS zweckentfremdet. Ein Stück weiter in der ul. Nowolipki wird ab 2020 ein beleuchteter Glasquader an den Fundort des Ringelblum-Archivs (→ S. 206) erinnern.

Tägl. 10–18 Uhr. Messe Mo–Fr 7, 8, 9, 18.30, So 7, 8.30, 10, 11.30, 13, 18.30, 19.45 Uhr. www. swaugustyn.pl. Ul. Nowolipki 18. Tram 17, 33, Bus 107, Haltestelle Nowolipki.

Muzeum Historii Żydów Polskich

Historisches Museum der Polnischen Juden

Nach langer Planungs- und Bauzeit fand die feierliche Eröffnung des Museums Ende Oktober 2014 statt. Die architektonisch ausgeklügelte Gestaltung stammt von den finnischen Architekten Ilmari Lahdelma (geb. 1959) und Rainer Mahlamäki (geb. 1956), die sich beim internationalen Wettbewerb u. a. gegen Daniel Libeskind durchsetzten, der das Jüdische Museum Berlin plante. Mit quadratischer Grundfläche, gläsernen Außenwänden und wellenförmigen Galerien im Innern setzt das Gebäude neue Maßstäbe in der polnischen Museumsarchitektur. Das Haus bietet nicht nur Raum für Ausstellungen zur 1000-jährigen Geschichte der polnischen Juden, sondern setzt auch die jahrhundertelangen guten Beziehungen zwischen katholischen und jüdischen Polen fort. Das zeigt besonders eindrucksvoll die Dauerausstellung, die in acht Etappen unterteilt ist. In der ersten Galerie „Wald" dreht sich alles um die Legende, der zufolge die in Westeuropa vertriebenen Juden ins Gebiet des heutigen Polen kamen und hier eine Botschaft aus dem Himmel vernahmen, die „Po-lin" lautete – aus dem Hebräischen ins Deutsche übersetzt: „Hier sollte man sich niederlassen". Auch die Liebesgeschichte zwischen König Kazimierz Wielki und der bildschönen Jüdin Esther kommt nicht zu kurz. Die zweite Galerie namens „Erste Begegnungen" beschäftigt sich mit dem Mittelalter und den Beiträgen der Juden zur Modernisierung des jungen Landes sowie dem entsprechend engen Verhältnis der polnischen Könige zu den Neuankömmlingen. „Paradisus Iudaeorum" (Jüdisches Paradies) heißt die dritte Galerie, die Polens goldene Epoche von der zweiten Hälfte des 16. Jh. bis ins 17. Jh. umfasst. Dieser Zeitraum stellte zugleich eine Blütezeit der immer größer werdenden jüdischen Gemeinde dar, was u. a. Krakaus jüdischer Stadtteil Kazimierz veranschaulicht. Beeindruckend ist die vierte Galerie mit dem Namen „Städtchen", in der eine kunstvolle Rekonstruktion von Gewölbe und Dach der nicht erhaltenen hölzernen Synagoge von Gwoździec (in der heutigen Ukraine) zu sehen ist. „Herausforderungen der Moderne" wurde die fünfte Galerie genannt, die sich mit dem Beitrag der jüdischen Bevölkerung zur Industrialisierung während der Teilungen Polens beschäftigt. Zugleich werden auch die Unterschiede

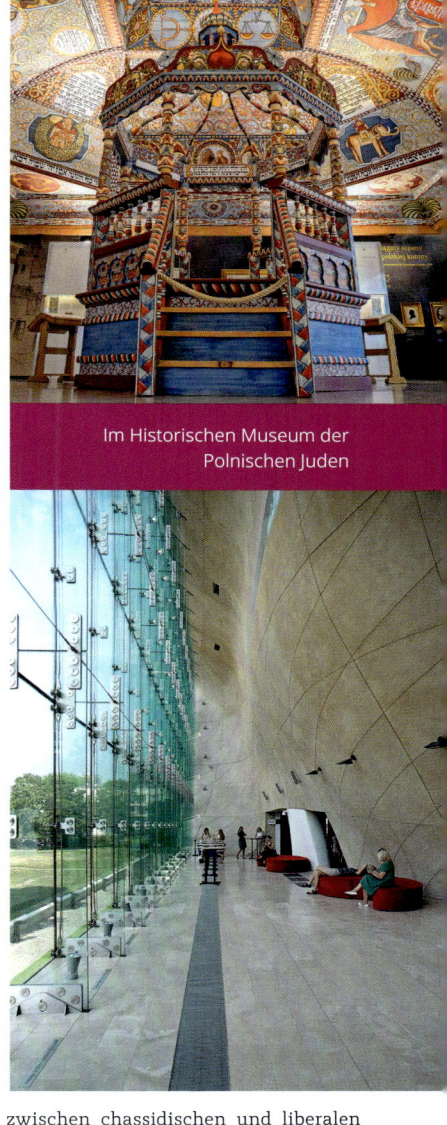

Im Historischen Museum der Polnischen Juden

zwischen chassidischen und liberalen Juden und die Frage nach Assimilierung, Integration und Aufklärung behandelt. Die sechste Galerie trägt den schlichten Namen „Straße", die mit multimedialen Fassaden der ul. Zamenhofa nachempfunden ist. Sie präsentiert das zweite goldene Zeitalter für die polnischen Juden während der Zwischenkriegszeit, in der berühmte Meisterwerke polnisch-jüdischer Künstler in den Gattungen Literatur, Theater und Film entstanden.

Mit der Shoa und speziell dem Warschauer Ghetto beschäftigt sich die siebte Galerie namens „Vernichtung". Den Abschluss bildet die achte Galerie unter dem Namen „Nachkriegszeit", die eine Epoche thematisiert, in welcher die meisten der wenigen überlebenden Juden Polen verließen, u. a. wegen Pogromen und antisemitischen Kampagnen der sozialistischen Machthaber. Als positiver und hoffnungsvoller Abschluss wird aber auch das Wiederaufkeimen des jüdischen Lebens in Polen nach dem Ende des Sozialismus präsentiert. Fazit: In Sachen Konzeption und Gestaltung zählt ein weiteres Museum der Stadt zu den Highlights in Europa. Die Bestätigung unserer Einschätzung kam im Jahr 2016 mit dem prestigeträchtigen European Museum of the Year Award.

Mo/Do/Fr 10–18, Mi/Sa/So 10–20 Uhr, Di geschl., letzter Einlass 2 Std. vor dem Schließen. Online-Reservierung empfohlen. Eintritt 8 €, erm. 5,50 €, Gruppen ab 10 Pers. 5,50 €, erm. 4 €, Familienticket 17,50 € (Dauer- und Wechselausstellungen), 7 €, erm. 4 €, Gruppen ab 10 Pers. 4 €, erm. 2,50 €, Familienticket 15 €, Kinder bis 16 J. 0,25 €, Do frei (nur Dauerausstellung). ☎ 22-4710301, www.polin.pl. Ul. Anielewicza 6.

Bus 100, 111, 180, Haltestelle Nalewki-Muzeum. Tram 17, 33, Haltestelle Anielewicza.

Pomnik Bohaterów Getta

Denkmal der Ghettohelden

Schon am fünften Jahrestag des Ghetto-Aufstands von 1943 wurde das Mahnmal enthüllt. Auf seiner Westseite zeigt es eine Menschenmenge in der Schlacht, auf der Ostseite die Erlösung der Märtyrer. Als Material wählte man schwedischen Labradorit, ein Gestein, das auch Albert Speer für seine

nationalsozialistischen Großbauten verwendete. Auf einer Tafel steht auf Polnisch, Jiddisch und Hebräisch folgende Widmung: „Für diejenigen, die in der nie dagewesenen heldenhaften Schlacht für die Würde und Freiheit des jüdischen Volkes, für ein freies Polen und für die Befreiung des Menschen gekämpft haben. Polnische Juden." Hier, an dieser Stelle, kniete 1970 Bundeskanzler Willy Brandt nieder, als er anlässlich der Unterzeichnung der Ostverträge nach Warschau gekommen war.

Von der ulica Zamenhofa bis zum Umschlagplatz verteilen sich 16 schwarze Granitblöcke, die an die Menschen und Ereignisse im Ghetto erinnern.

Plac Bohaterów Getta, ul. Zamenhofa. Bus 100, 111, 180, Haltestelle Nalewki-Muzeum. Tram 17, 33, Haltestelle Anielewicza.

Pomnik przyklękającego Willy'ego Brandta

Denkmal des Kniefalls

„Unter der Last der jüngsten Geschichte tat ich, was Menschen tun, wenn die Worte versagen. So gedachte ich Millionen Ermordeter." Mit diesen Worten erklärte der damalige Bundeskanzler Willy Brandt später seinen berühmten Kniefall vom 7. Dezember 1970 – ein symbolischer Akt, der für die Polen von ungeahnter Bedeutung war: Nur ein paar Schritte vom eigentlichen Ort des Geschehens entfernt, benannten die Warschauer den Platz nach diesem Ereignis, an das auch ein kleines Denkmal erinnert. Für Deutsche, die den einstigen Kanzler dafür noch immer verurteilen, sind die Worte des Hamburger Journalisten Hermann Schreiber so aktuell wie damals: „Dann kniet er, der das nicht nötig hat, für alle die, die es nötig haben, aber nicht knien – weil sie es nicht wagen oder nicht können oder nicht wagen können."

Skwer W. Brandta. Bus 100, 111, 180, Haltestelle Nalewki-Muzeum, Tram 17, 33, Haltestelle Anielewicza.

Umschlagplatz

Von diesem Ort aus, einem nicht mehr existierenden Güterbahnhof, wurden seit dem 22. Juli 1942 täglich 5000 bis 6000 Menschen nach Treblinka transportiert, an manchen Tagen bis zu 10.000. Seit 1988 steht zum Gedenken an die Opfer ein Monument von Hanna Szmalenberg und Władysław Klamerus an der Stelle des früheren Bahnhofseingangs. Stellvertretend für die rund 450.000 Juden des Ghettos sind 448 Vornamen von Abel bis Żanna in die Mauer eingraviert. An der Mauer des benachbarten Hauses ist auf Polnisch, Jiddisch und Hebräisch zu lesen: „Ach Erde, bedecke mein Blut nicht, und mein Schreien finde keine Ruhestatt. (Hiob 16.18)"

Ul. Stawki 10. Tram 17, 33, 35. Bus 157, Haltestelle Stawki.

Powązki-Friedhof

Mit 43 Hektar Fläche ist der 1790 entstandene Friedhof so groß wie der Vatikan, etwa 2.500.000 Menschen liegen hier begraben. Kein Wunder, dass der Cmentarz Powązkowski oft als Chronik der Stadt bezeichnet wird. Abgesehen von seiner Größe lohnt ein Besuch wegen der Harmonie der Kunstwerke und der Gestaltung des Parks.

Während des Warschauer Aufstands 1944 nutzte die polnische Armee die vielen Versteckmöglichkeiten zwischen den Gräbern und versorgte von hier aus das nahe Ghetto mit Nahrungsmitteln, Medikamenten und Waffen. Auf einer weitläufigen Fläche im nördlichen Teil sind die Opfer des Aufstands begraben. Da viele Namen der Getöteten unbekannt waren, tragen ihre Gräber oft nur eine Identifikations-Nummer des Polnischen Roten Kreuzes.

Mahnmal am Umschlagplatz

Neben den kunstvollen Grabsteinen und Skulpturen an einzelnen Gräbern ist auch das Mausoleum mit vielen Größen der polnischen Geschichte, aber auch von Architekten wie Dominik Merlini (1730–1797) einen Besuch wert. Eine Besonderheit ist die sog. aleja Zasłużonych, die „Allee der Verdienten" zwischen dem Eingangstor II (Brama św. Honoraty) an der ulica Powązkowska und der ulica Spokojna. Hier und an weiteren Orten des Friedhofs stößt man auf die Grabstätten wichtiger Warschauer Künstler, darunter der Lyriker und Dramatiker Zbigniew Herbert (1924–1998), der Tenorsänger Jan Kiepura (1902–1966), Regisseur Krzysztof Kieślowski (1941–1996), Jazzpianist und Filmkomponist Krzysztof Komeda (1931–1969), Rocksänger Czesław Niemen (1939–2004) und der Pianist Władysław Szpilman (1911–2000).

Am Eingangstor findet sich ein genauer Lageplan der Gräber. Trotzdem sind sie nicht immer einfach zu finden, da wegen der ständigen Erweiterungen keine einheitliche Kennzeichnung der Parzellen möglich war – manche sind mit Großbuchstaben, die meisten aber mit Zahlen markiert, einige wenige mit römischen Ziffern oder kleinen Buchstaben; so liegen beispielsweise die Parzellen 1 und 2 neben den Parzellen 181 und 159 usw. ... Etwas Zeit und Geduld sollte man also mitbringen.

Dez. bis April tägl. 7–17 Uhr, Mai bis Sept. tägl. 7–20 Uhr, Okt. bis 19 Uhr, Nov. bis 18 Uhr. Ul. Powązkowska 14. Tram 1, 22, 27. Bus 180. Haltestelle Powązkowska.

Cmentarz Żydowski

Jüdischer Friedhof

Die 1806 gegründete Ruhestätte, einer der größten jüdischen Friedhöfe in Europa, wird bis heute genutzt. Hier finden sich u. a. die Gräber von großen Rabbis wie Ber Meisels und Szlomo Lipszyc oder jüdischer Autoren wie Icchok Lejb Perec. Im Ausland weit bekannt ist beispielsweise Ludwik Za-

menhof, der Erfinder des Esperanto, oder der Pädagoge Janusz Korczak, dessen Grabmal daran erinnert, wie er mit seinen Waisenkindern in den Tod geht. Auf dem Friedhof finden sich auch zahlreiche symbolische Ruhestätten von Juden, die Polen verließen und anderswo begraben sind, oder von Opfern der Shoah, deren Leichnam nicht gefunden werden konnte.

Mo–Do 10–17 Uhr (Herbst/Winter nur bis zur Dämmerung), Fr 9–13, So 9–16 Uhr, Sa geschlossen. Eintritt 2,50 €. Männer müssen Kopfbedeckung tragen, Kippa kann ausgeliehen werden. ✆ 22-8382622, www.beisolam. jewish.org.pl. Ul. Okopowa 49/51.

Tram 1, 22, 27, Haltestelle Cm. Żydowski. Bus 180, Haltestelle Esperanto.

Praktische Infos → Karte S. 112/113

Restaurants

Pod Czerwonym Wieprzem **10** Die Idee für diese Kaschemme (zu Deutsch: „Unterm roten Schwein") muss den Besitzern bei einem Wodka-Besäufnis gekommen sein – oder eher noch am Tag danach beim Kater; man verkauft sich als letztes Geheimnis der PRL (Volksrepublik Polen) und tischt den Gästen diese Story auf: Im Jahr 2006 sollen Arbeiter auf ein Untergrundlokal gestoßen sein, in dem einst die Genossen speisten, auch Mao, Lenin, Castro und andere sollen vorbeigeschaut haben. Viele Gäste, auch Journalisten, wollten die Story gern glauben, in den USA wird eifrig von der commie-eatery erzählt. Ob sich auch Bruce Willis als Gast den Bären hat aufbinden lassen? Das Essen wird von Mädchen in sozialistisch korrekter Uniform an die Tische geschleppt: Lamm Lenin 14 €, Eisbein Erich 12 € und fürs Proletariat ein Schnitzel für 10 €. Tägl. 12–24 Uhr (Küche bis 23 Uhr). Ul. Żelazna 68, ✆ 22-8503144, www.czerwonywieprz.pl.

Vega **5** Eine der besten vegetarischen Bars in Warschau. Zwar keine schöne Einrichtung, aber frische Salate und einfallsreiche Gerichte. Bei jedem Besuch spendet man zudem automatisch an bedürftige Kinder. Großes Menü mit Vorspeise, Hauptgericht mit Beilage und Salat 3,50–4 €, mit Suppe 4–5 €. Tägl. 11–20 Uhr. Al. Jana Pawła II 36 c, ✆ 507-027146 (mobil) , www.vega-warszawa.pl.

Florian **9** Buntglasfenster, alte Möbel, verschiedene Säle, alte Spiegel und alter Sherry auf einem Schiebewagen. Angesichts der kreativ gestalteten Säle verblasst sogar die eigentlich gute polnische Küche. Dem Vorzeigedeutschen in Polen und Autor von „Viva Polonia", Steffen Möller, hat es auch gefallen. In einer seit 2010 verkehrsberuhigten Zone gelegen. Hauptgericht 8–19,50 €. Mo–Fr 10–22, Sa/So 12–23 Uhr. Ul. Chłodna 3, ✆ 22-6209398, www. florian.pl.

Saint Jacques **18** Französisches Bistro mit heimeligem Flair und guter Weinkarte. Gute Salate 6–9,50 €. Mo–So 12–23 Uhr. Ul. Świętokrzyska 34, ✆ 22-6202531, www.saintjacques.pl.

Strefa **14** Nicht nur die frischen Fischgerichte überzeugen. Hauptgerichte 10,50–23 €, Sa/So Degustationsmenü 30 €. Gelungene Einrichtung in Weiß-Beige-Grau. Tägl. 12–23 Uhr. Ul. Próżna 9, ✆ 22-2550850, www.restauracja strefa.pl.

folk gospoda **15** Urig eingerichtete Karczma, die Kellnerinnen und Kellner tragen alte Warschauer Tracht. Die Wildplatte kostet 35 €, der Folkburger 10 €. Tägl. 12–24 Uhr (Küche bis 23 Uhr), Folkmusik live tägl. 19.30 Uhr. Ul. Waliców 13, ✆ 22-8901605, www.folkgospoda.pl.

Hala Gwardii **7** 2019 der In-Ort in Warschau. Zum einen wie früher eine Markthalle für lokale und Öko-Produkte. An den Essensständen bekommt man wiederum die unterschiedlichsten Gerichte aus aller Welt. Und fast jedes beliebte Restaurant der Stadt hat hier eine Filiale. Markt: Sa 9–20, So 10–17 Uhr, Essensstände: Sa 11–1, So 11–23 Uhr Plac Żelaznej Bramy 1, www.halagwardii.pl.

Cafés

mein Tipp Cafe Próżna **12** Verströmt nicht nur wegen der alten Fotos die Atmosphäre des Vorkriegswarschaus. Sehr guter Kaffee, täglich frische Blumen, netter Service und viele junge Gäste, die auch den kostenlosen Hotspot nutzen. Oft Ausstellungen, abends Jazzkonzerte. So–Do 10–23, Fr/Sa bis 24 Uhr. Ul. Próżna 12, ☎ 22-6203257, www.cafeprozna.pl.

Klubokawiarnia Babel 13 Jüdisches Café mit vielen Kulturveranstaltungen und leckerem Essen von süß bis herzhaft. Mo–So 11–22 Uhr. Ul. Próżna 5, ☎ 511-004299 (mobil), www.tskz.pl.

Menora 14 Ein Anlaufpunkt, wenn Sie mehr über das ehemalige Ghetto und das heutige jüdische Leben in Warschau erfahren wollen. Beliebt sind die Kochkurse mit jüdischen, koscheren und israelischen Gerichten. In den gleichen Räumlichkeiten ist eine Filiale von Charlotte untergebracht, einer in Warschau beliebten Boulangerie (→ Tour 8). Mo–Fr 10–17 (Info), Mo–Fr 7–24, Sa 8–1, So 8–22 Uhr (Café). Pl. Grzybowski 2, ☎ 22-4710398, www.polin.pl.

Jaś i Małgosia 4 Ein Kultort, an den sich viele Warschauer mit Wehmut erinnern. Reaktiviert wurde das 1967 eröffnete und vor einigen Jahren geschlossene Café als „Märchen für Erwachsene". Mo 9–23, Di–Do 9–24, Fr 9–2, Sa 10–2, So 10–23 Uhr. Al. Jana Pawła II 57, www.klubjasimalgosia.pl.

Lokale für Tag und Nacht

mein Tipp Wine Bar Mielżyński **2** Bei Mielżyński treffen Warschaus Weinkenner auf die Schönen und Reichen der Metropole. Und sie alle schwärmen auch von der sehr guten mediterranen Küche. Der Chef spricht übrigens ein hervorragendes Deutsch. Mo–Fr 9–24, Sa 11–24, So 12–18 Uhr. Ul. Burakowska 5/7, ☎ 22-6368709, www.mielzynski.pl.

Chłodna 25 11 Ein manager- und tourifreies Zentrum der Gegenkultur mit toller Einrichtung; tagsüber wird hier am nächsten Roman oder Theaterstück gefeilt, abends folgen Poetry Slams und Jazzkonzerte. Viele Tränen gab es bei der vorübergehenden Schließung 2013, viel Freude bei der Wiedereröffnung 2014. So–Mi

10–23.45, Do 10–1, Fr/Sa 10–3 Uhr. Ul. Żelazna 75a (Eingang über ul. Chłodna 25), www.klubchlodna25.pl.

GaleriaClub 8 Hinter der verspiegelten Tür am Haupteingang der Markthallen verbirgt sich einer der beliebtesten Homoclubs der Stadt. Nicht so auf Coolness bedacht und elitär wie an anderen Orten, ist das Galeria auch Treffpunkt vieler Crossdresser, Drag Queens und feierwütiger Heten. Nicht zuletzt deshalb fühlt man sich hier manchmal wie in einem Film des spanischen Kult-Regisseurs Pedro Almodóvar. Di–So 21–5 Uhr. Plac Mirowski 1 (Hale Mirowskie), ☎ 22-8504155, www.clubgaleria.pl.

Einkaufen

Galeria Velt 12 Schöne Designerlampen und Glaswaren. Mo–Fr 11–19, Sa 11–16 Uhr. Ul. Próżna 12, ☎ 22-4879744, www.velt.pl.

mein Tipp Reykjavik District **1** Der isländische Designer Olly Lindal hat die Herzen der männlichen Warschauer Fashion-Victims mit seinen tollen Mänteln, Jacketts, Schals, T-Shirts und Anzügen im Sturm erobert (→ Foto S. 20). Einer der Gründe dürfte die ungewöhnlich gestaltete Boutique sein. Mo–Fr 13–19, Sa 12–17 Uhr. Ul. Burakowska 15, www.reykjavikdistrict.com.

Sklep muzealny 3 Museumsgeschäft im Historischen Museum der Polnischen Juden. Zu kaufen gibt es viel Interessantes und Schönes. Mi–Mo 10–18 Uhr. Ul. Anielewicza 6, www.polin.pl.

Skarbiec Mennicy Polskiej 17 Eine Welt der Münzen mit vielen Sammlerstücken. Mo–Fr 10–18 Uhr, Mi 11–18 Uhr. Im Innenhof des Aurum, ul. Grzybowska 43a/3, www.skarbiecmennicy.pl.

Galerien

Galeria Napiórkowska 16 Werke junger und arrivierter polnischer Künstler, für deren Förderung die Direktorin Katarzyna Napiórkowska, das Goldene Verdienstkreuz des Landes erhielt. Die ZEIT schwärmte über sie: „Kunstvoll. Sie hat Raum für die besten modernen Künstler des Landes." Und die sind nicht ganz billig ... Mo–Fr 11–19, Sa 11–15 Uhr. Ul. Świętokrzyska 32, ☎ 22-6521177, www.napiorkowska.pl.

Galeria XX1 6 Ein Kunstzentrum für die besten Künstler aus Masowien, regelmäßig sehenswerte Ausstellungen. Di/Mi/Fr 11–17, Do 13–19, Sa 11–15 Uhr. Al. Jana Pawła II 36, ☎ 22-6207872, www.galeriaxx1.pl.

Śródmieście Północne ↓ Karte S. 112/13

Im Herzen des Sozrealismus
Tour 8

In der südlichen Innenstadt sollte entlang einer beim Kulturpalast beginnenden Achse rund um die ulica Marszałkowska eine sozialistische Vorzeigesiedlung entstehen. Obwohl die Arbeiten nie vollendet wurden, ist die sog. MDM ein Musterbeispiel des Sozialistischen Realismus.

Lindley-Filteranlagen, faszinierendes Industriedenkmal, S. 134

Fotoplastikon, Vorläufer des Kinos, Zeitreise garantiert, S. 137

MDM, Sozialistischer Realismus entlang der ul. Marszałkowska, S. 139

Erlöserplatz, (nicht nur) unser Lieblingsplatz in Warschau, S. 138

Südliche Innenstadt
Śródmieście Południowe

Das Viertel wird geprägt durch die in den frühen 50er-Jahren entstandenen Bauten im Stil des Sozialistischen Realismus. Die modernen, verhältnismäßig großzügigen Wohnungen waren damals sehr begehrt. Dies sollte sich bald ändern, da ihr Baustil untrennbar mit dem ungeliebten Sozialismus verbunden war. Inzwischen haben sich die Warschauer mit den wuchtigen Blocks und den damals politisch korrekten Wandbildern abgefunden.

Viele Cafés, Restaurants, Geschäfte und Galerien locken in diesem südlichen Teil der Innenstadt. Am besten ist das Treiben auf dem *Erlöserplatz* und dem *Verfassungsplatz* zu beobachten. Treffen wird man hier auch auf angehende Ingenieure und Techniker der nahen *Politechnika*, die mit einem wirklich traumhaften Hauptgebäude verwöhnt sind: Die Aula der Hochschule sollte man gesehen haben; sie zählt im Bezirk zu den wenigen Vorkriegsbauten, die wie verlorene Farbtupfer im Sozialistischen Realismus wirken. Die Zeiten ebenfalls überdauert hat das *Fotoplastikon*, das sog. Warschauer Stereoskop, derzeit einer der angesagtesten Geheimtipps der Stadt: Der faszinierende Vorläufer des Kinos mit seiner unvergleichlichen, sentimentalen Atmosphäre zeigt unter anderem bewegte Originalaufnahmen des alten Warschaus.

Im westlich der südlichen Innenstadt gelegenen Stadtbezirk *Ochota* trägt die östlichste Siedlung den Namen *Filtry*, die bedeutendste Sehenswürdigkeit des Bezirks. Die *Wasserfilteranlagen* waren im 19. Jh. ein Meilenstein der Stadtentwicklung, der sich schon in ihrer Größe zeigt: Die Anlagen erstrecken sich auf einer riesigen Grundfläche bis zur südlichen Innenstadt.

Tour-Info Ausgangspunkt ist der zentrale plac Zawiszy, an der Ecke des charakteristischen → Millennium-Plaza-Hochhauses.

Anfahrt mit Tram 1, 7, 9, 22, 24, 25. Bus 127, 157, 159, 175, Haltestelle plac Zawiszy. Ⓜ Rondo Daszyńskiego.

Ende: Novotel-Hochhaus, ul. Marszałkowska 94.

Verbindungen: Tram 4, 7, 9, 18, 22, 24, 25. Bus 117, 127, Haltestelle Centrum. Ⓜ Centrum.

Dauer: reine Gehzeit 2 bis 2:45 Std.

Praga Północ
Targówek
Warschauer Zitadelle
Nowa Praga
Fabryka Trzciny
Żoliborz
Sapieha-Palais
Fabryka Wódek Koneser
Szmulki
Hist. Museum
Praga
Jesuiten-kirche
Königs-schloss
Kamionek
Jüdischer Friedhof Młynów
Nowolipki
Großes Theater
National-stadion
Tour 7 S. 110
Tour 5 S. 82
Powiśle
Czyste
Tour 6 S. 96
Evolutions-museum
National-museum
Praga Południe
Technik-museum
Śródmieście
Saska Kępa
St.-Alexander-Kirche
MDM
Filtry Lindleya
Tour 9 S. 144
Park Łazienkowski
Sielce

Spaziergang

Technische und architektonische Errungenschaften prägen diesen Stadtrundgang. Vom plac Zawiszy, dem Startpunkt, erreichen wir über die ulica Raszyńska bei der ersten Möglichkeit links die ulica Koszykowa, die entlang einer langen Mauer am Areal der → Lindley-Filteranlagen (Filtry Lindleya) verläuft. Immer wieder erspäht man hier Pumpen und Wasserhäuser aus rotem Backstein, die den Zweck der Anlage verraten. Leider ist das Gelände bislang nur an wenigen Tagen im Jahr öffentlich zugänglich, was sich in naher Zukunft ändern soll. Nach dem Ingenieur Lindley, der die Anlage bauen ließ, ist auch die Straße benannt, in die wir links einbiegen und so auf die → Kind-Jesus-Kirche (Kościół Dzieciątka Jezus) stoßen.

Der Schädel auf dem Obelisken vor dem Gotteshaus erinnert an die Toten eines Armenspitals, das am heutigen plac Powstańców Warszawy stand.

Weniger gruselig wird es in der ulica Nowogrodzka, in die wir rechts einbiegen und die im weiteren Verlauf an der Mauer eines Krankenhauses vorbeiführt. An der breiten Hauptstraße, der ulica Chałubińskiego, gehen wir ein paar Schritte nach links und stehen vor dem → ORCO-Tower. Durch die Unterführung kommen wir auf die andere Straßenseite, an der der → Lilium-Tower entstehen soll – der für 2009 geplante Baubeginn wurde aber wegen der Finanzkrise wiederholt verschoben. Der Turm soll nach seiner Fertigstellung den schräg gegenüber liegenden Kulturpalast an Höhe und sicher auch an Schönheit übertreffen.

In unmittelbarer Umgebung ragen bereits der → Marriott-Wolkenkratzer und der → Oxford-Tower in den Himmel. Bis 2023 soll der → Roma-Tower folgen. Weiter geht es auf der ulica Nowogrodzka, dann bei der ersten Möglichkeit links und über die ulica Emilii Plater zur Hauptstraße, der aleje Jerozolimskie, von der wir schon den Kulturpalast und die anderen Bauwerke

N achtleben (S. 143)

1 Drugie Dno
8 Teatr Roma
9 Miejsce Chwila
16 Foton Bar
18 Kraken Rum Bar
24 Znajomi Znajomych
31 12on14
33 Klub Dekada
36 Plan B

Warszawskie Centrum Finansowe

Rondo

Rondo ONZ (M)
ONZ

Rondo ONZ 1

Panska

Evolutions-museum PAN (M)

Prosta

Panska

Ilmet (Ilmet-Hochhaus)

Inter Continental

Sliska

Sala Kongresowa

Prosta

Zelazna

Twarda

Sliska

Sienna

Museum des Warschauer Ghettos (geplant) (M)

Zlota

Technik-museum (M)

Rondo Daszyńskiego

Sienna

Sienna

Zlota

Zlote Tarasy

Warszawa Centralna

Miedziana

Twarda

Chmielna

Towarowa

Srebrna

Chmielna

Zelazna

Varso Tower (in Bau)

(B)

Warszawa Śródmieście WKD

Marriott

al. Jana Pawla II

ORCO Tower

Lilium Tower

E. Plater

Platynowa

Warszawa Ochota (B)

Aleje Jerozolimskie

Nowogrodzka

Oxford Tower

Warszawa Główna (B)

Plac Zawiszy 19

Nowogrodzka

15 Plac Starynkiewicza

Kościoł Dzieciątka Jezus (Kind-Jesus-Kirche)

Lindleya

Oczki

Hoża

Millennium Plaza

Koszykowa

Koszykowa

Chalubinskiego

E. Plater

Daleka

Grójecka

Tarczyńska

Raszyńska

Kzywickiego

Daleka

Niemcewicza

Asnyka

33

35

Filtry Lindleya (Lindley-Filteranlagen)

Nowowiejska

Sędziowska

al. Niepodleglości

Plac Narutowicza (T)

Filtrowa

Filtrowa

Filtrowa

Langiewicza

Jesionowa

Akademicka

Mochnackiego

Mianowskiego

Raszyńska

Krzywickiego

Dantyszka

al. Wielkopolski

Łęczycka

Solariego

Krzywickiego

bł. Władysława z Gielniowa

39

E ssen & Trinken
(S. 140–142)

2 La Tomatina
4 Soul Kitchen
5 Sushi Zushi
6 butchery and wine
10 BeKef
11 Bambino
12 kroWARZYWA
15 Grand Kredens
17 Przegryź sobie coś pysznego
18 Beirut Hummus
19 Different
21 Wilczy Głód
22 Flambeeria
23 tel-aviv
24 Kuchnia Konfliktu

28 U Kresowiaka
29 Ćma
30 Dyspensa
32 U Szwejka

C afés (S. 142/143)

3 Alibi
7 Radio Café
14 Niezłe Ziółko
25 Słodki...Słony
34 Sucre
35 Filtry
36 Charlotte
37 Karma
38 Na Końcu Tęczy
39 Kolonia

E inkaufen (S. 143)

10 Galeria Grafiki i Plakatu
13 Butik Ani Kuczyńskiej
20 QПШ und Mokotowska 48
26 Pan tu nie stał
27 good mood
29 Hala Koszyki

Wawelska

Wawelska

Czubaki

Fińska

Leszowa

al. Niepodleglości

auf der nördlichen Seite sehen. Etwas schwerer zu finden ist das → **Warschauer Stereoskop** (Fotoplastikon Warszawski), ein Vorläufer des neuzeitlichen Kinos, das in eine vergangene Zeit entführt; es liegt versteckt im Hinterhof des Hauses al. Jerozolimskie 51.

Nach dieser beeindruckenden Zeitreise gehen wir die erste Möglichkeit nach rechts in die ulica Poznańska, auf der wir 800 m zurücklegen. Dort ändert die Straße ihren Namen in ulica Lwowska, auf der es weitere 300 m geradeaus geht. Wer müde Füße oder wenig Zeit hat, kann stattdessen mit der Metro von der Station Centrum in Richtung Süden zur Station Politechnika fahren. Unser Ziel ist jeweils das Hauptgebäude des → **Warschauer Polytechnikums** (Politechnika Warszawska) mit seiner faszinierenden Aula aus dem Jahr 1901. Von dem sternförmigen Platz zieht sich die ulica Nowomiejska 400 m bis zum → **Erlöserplatz** (plac Zbawiciela) mit seinem interessanten Architekturmix,

der von den beiden Türmen der → **Erlöserkirche** (Kościół Najśw. Zbawiciela) dominiert wird.

In purem Sozialistischem Realismus zeigt sich der mächtige → **Platz der Verfassung** (plac Konstytucji) mit seinen riesigen Kandelabern, der nach 200 m auf der ulica Marszałkowska in Richtung Norden erreicht ist. Der Platz ist das Herz des → **Wohnbezirks Marszałkowska-Straße** (Marszałkowska Dzielnica Mieszkaniowa – MDM). Wer Einblicke in typische Wohnungen dieser Zeit bekommen möchte, besucht das → **Museum des Lebens in der Volksrepublik Polen** (Muzeum Życia w PRL). Wem die Eindrücke außen genug sind, der geht direkt vorbei an den typischen Wohnblocks, immer geradeaus nach Norden in Richtung Zentrum ablaufen. Den Abschluss unseres Rundgangs bildet das → **Novotel-Hochhaus**, das wie schon das Millennium-Plaza-Haus beim Auftakt der Tour ein guter Orientierungspunkt ist.

Sehenswertes

Millennium Plaza

Millennium-Plaza-Hochhaus

Ein zweites Las Vegas mit Formel-1-Strecke und Spielkasinos wollte der umstrittene türkische Architekt und Geschäftsmann Vahap Toy im ostpolnischen Biała Podlaska aus dem Boden stampfen. Im Gegensatz zu dieser Investitionspleite wurde sein 116 m hoher Turm in der Hauptstadt 1999 vollendet. Die Warschauer mögen ihn trotzdem nicht und tauften ihn mit schmeichelhaften Namen wie Duschkabine, Dixie-Klo oder Red-Bull-Dose im Schraubstock. In den ersten Stockwerken befindet sich ein Einkaufszentrum, in höhere Aussichtshöhen gelangt man als Tourist leider nicht. Seit 2012 gibt es die sehr erfolgreiche Erleb-

niswelt „Niewidzialna Wystawa", bei der man im Dunkeln die Erfahrungen von Blinden nachempfinden kann.

www.millenniumplaza.pl.

Ausstellung: Tägl. 10–20 Uhr (Juli/Aug. ab 12 Uhr). Eintritt 7–8 €, erm. 6–7 €. ℰ 504-324444 (mobil), www.niewidzialna.pl. Al. Jerozolimskie 123a.

Tram 1, 7, 9, 22, 24, 25. Bus 127, 157, 159, 175, Haltestelle plac Zawiszy. Ⓜ Rondo Daszyńskiego.

Filtry Lindleya

Lindley-Filteranlagen

Rote Ziegelsteine prägen das Bild der Pump- und Filteranlagen und Säle, die das historische Wasserwerk der Stadt bilden. Das bis heute in Betrieb befindliche, wenn auch modernisierte Industriedenkmal soll in den nächsten Jah-

Unterirdische Wasserwelt der Filtry

ren in die Liste des UNESCO-Weltkulturerbes aufgenommen werden. Verantwortlicher Ingenieur war der Engländer William Lindley (1808–1900), einer der Pioniere der Ver- und Entsorgungstechnik, der Stromversorgung, des Eisenbahn- und Hafenbaus – kurz, der gesamten Stadtinfrastrukturplanung. Nachdem Lindley schon in Hamburg, Leipzig, Düsseldorf und Frankfurt moderne Wasserversorgungssysteme installiert hatte, führte sein gleichnamiger Sohn die Arbeiten in Warschau ab 1883 aus, und schon 1886 konnten die Einheimischen das Ergebnis schmecken. Wer Glück hat und sich rechtzeitig anmeldet, kann im Sommer an den Tagen der offenen Tür eine Führung mitmachen (bisher nur auf Polnisch). Auch wenn man die Sprache nicht versteht, sollte man sich diese Gelegenheit nicht entgehen lassen. Die unterirdische Wasserwelt mit ihren Ziegelsteinsälen und -tunnels sowie die anschließende Verkostung des frisch gefilterten Wassers fasziniert nicht nur Technikbegeisterte. Auskünfte erhält man beim Portier am Tor der ulica

Koszykowa, mit einiger Geduld unter der unten genannten Telefonnummer sowie in den Tourist-Informationen. Für die nächsten Jahre ist eine dauerhafte Öffnung geplant, was wohl auch mit der angestrebten Aufnahme in die Weltkulturerbe-Liste zusammenhängt.

Geöffnet in der Langen Nacht der Museen und im Juli/Aug. jeden Sonntag um 10, 11, 12, 13 und 14 Uhr sowie an ausgewählten Tagen (meist Mi/Do) um 9 und 11 Uhr (15 Min. vorher da sein). Führung nach frühzeitiger Anmeldung (max. 4 Pers.); dauerhafte Öffnung geplant. Eintritt Mo–Fr 2,50 €, So 4 €, erm. Mo–Fr 1 €, So 2 €. Reservierung über Eventim (sonntags) oder ☎ 22-6224404, www.mpwik.com.pl (wochentags). Kartenverkauf: pl. Starynkiewicza 5, Eingang: ul. Koszykowa 81.

Tram 7, 9, 22, 24, 25. Bus 127, 128, 157, 158, 175, Haltestelle Plac Starynkiewicza. Oder Bus 159, Haltestelle Lindleya.

Kościół Dzieciątka Jezus

Kind-Jesus-Kirche

Die Anfang des 20. Jh. gebaute neugotische Kirche wirkt etwas verloren, was daran liegt, dass das dazugehörige backsteinerne Hospital nach dem Krieg nicht wieder aufgebaut wurde. Als einer der wichtigsten Vertreter des Warschauer Historismus schuf Józef Pius Dziekoński hier ein Gotteshaus, das von außen interessanter ist als von innen.

Unheimlich und traurig wirkt der Totenschädel auf dem Obelisken vor dem Gotteshaus, der im 18. Jh. zur Erinnerung an die 30.000 im Spital Verstorbenen aufgestellt wurde. Die hygienischen Zustände im Krankenhaus sollen damals nicht die besten gewesen sein.

Tägl. 8.30–18 Uhr. Messe Mo–Sa 7, 8, 18, So 7.30, 9, 10.30, 12, 13.30, 18, 20 Uhr. www.dzieciatko-jezus.pl. Ul. Lindleya 2.

Tram 7, 9, 22, 24, 25. Bus 127, 128, 157, 158, 175. Haltestelle Plac Starynkiewicza.

ORCO Tower
ORCO-Tower

115 m ragt das auch als FIM-Tower bekannte Gebäude in die Höhe, das wohl besonders wegen seiner rosafarbenen Verstrebungen von den Warschauern zu den hässlichsten Bauten der Stadt gekürt wurde. Kaum 15 Jahre nach der Fertigstellung 1996 wurde er wieder umgebaut, wobei auch weniger dominante Farben verwendet wurden. Von der Form her war das gläserne Hochhaus sowieso schon interessant.

Kein Zutritt. Al. Jerozolimskie 81. Tram 7, 9, 10, 17, 22, 24, 25, 33. Bus 117, 127, 128, 131, 158, 174, 175. Haltestelle Dworzec Centralny. Ⓜ Centrum.

Marriott
Marriott-Wolkenkratzer

Der offizielle Name des 1980–1989 errichteten 170 m hohen Bauwerks ist Centrum LIM, durchgesetzt hat sich der Name der Hotelkette. Die Architekten Jerzy Skrzypczak, Andrzej Bielobradek und Krzysztof Stefański haben hier einen recht simplen Turm realisiert, der aber nachts überzeugt, wenn seine Fassade weiß leuchtet. Auf den

ersten Stockwerken residieren viele, teils noble Geschäfte. 1998 kletterte der als Spiderman gerühmte französische Freeclimber Alain Robert den Turm hinauf, wofür er gerade mal 17 Minuten benötigte. Für Ungeübte gibt es einen Aufzug in den Panorama Club, der auf den höchsten Etagen des Wolkenkratzers v. a. nachts einen faszinierenden Blick über die Stadt gewährt. Hier oben kostet der günstigste *wódka* 4,50 €, was bei dem Ausblick zu verschmerzen ist; zudem gibt es gute Weine und Cocktails.

Panorama-Bar im 40. Stock: Tägl. 20–2 Uhr. 📞 22-6307435, www.panoramaskybar.pl, www.lim.com.pl. Al. Jerozolimskie 65.

Tram 7, 9, 10, 17, 22, 24, 25, 33. Bus 117, 127, 128, 131, 158, 174, 175. Haltestelle Dworzec Centralny. Ⓜ Centrum.

Roma Tower
Roma-Tower

Auch die Kirche will in Warschau hoch hinaus. Der geplante Wolkenkratzer der Erzdiözese soll 2023 fertig werden und wird dann die Kirchtürme der Stadt um einiges überragen. Genutzt werden soll der Roma Tower dann u. a. als Hotel.

Ul. E. Plater/ul. Nowogrodzka. Tram 7, 9, 10, 17, 22, 24, 25, 33. Bus 117, 127, 128, 131, 158, 174, 175. Haltestelle Dworzec Centralny. Ⓜ Centrum.

Lilium Tower
Lilium-Tower

Eigentlich war der Bau für 2009 geplant. Wegen der Finanzkrise verzögerte sich das Projekt, lange hoffte man, dass der faszinierende Entwurf der irakischstämmigen Stararchitektin Zaha Hadid doch noch verwirklicht würde. Der Wolkenkratzer sollte nicht nur den Kulturpalast überragen, sondern mit seinen vier flügelförmigen Kanten zugleich ein Signal für die nächste Bauphase zeitgenössischer Architektur sein, auch für die unmittelbare Umgebung. Bis Ende 2022 soll nun ein ebenso hoher, aber kostengünstigerer Turm entstehen, der dem Hadid-Projekt vorgezogen wurde. Schade!

Al. Jerozolimskie/ul. Chałubiń-skiego. Tram 7, 9, 10, 17, 22, 24, 25, 33. Bus 117, 127, 128, 131, 158, 174, 175. Haltestelle Dworzec Centralny. Ⓜ Centrum.

Oxford Tower
Oxford-Tower

Auch als Intracco II bekannt, ist der 150 m hohe Wolkenkratzer im minimalistischen „internationalen Stil" gehalten. Nach Fertigstellung 1979 durfte der Turm im polnischen Kinderfilm „Herr Kleks im Kosmos" von Krzysztof Gradowski die Rolle einer Grundschule „spielen".

Ul. Chałubińskiego 8. Tram 7, 9, 10, 17, 22, 24, 25, 33. Bus 117, 127, 128, 131, 158, 174, 175. Haltestelle Dworzec Centralny. Ⓜ Centrum.

Fotoplastikon Warszawski
Warschauer Stereoskop

Vor einigen Jahren noch als absoluter Geheimtipp gehandelt, wird das nostalgische Kino immer mehr zu einer der Hauptsehenswürdigkeiten der Stadt. In der zweiten Hälfte des 19. Jh. entstanden überall in Europa zahllose Spielorte der in Deutschland erfundenen Anlage, die unter dem Namen „Kaiserpanorama" vermarktet wurde. Mit dem Auftreten der ersten neuzeitlichen Kinos verschwanden die Fotoplastika dann nach und nach. Nicht so in Warschau: Das Vorführgerät befindet sich als weltweit einziges seiner Art seit der Eröffnung 1904 ununterbrochen in Betrieb – und immer noch am selben Ort; es handelt sich hier also nicht um eine „Revitalisierung".

Der magische Ort lässt der Fantasie freien Lauf, und den Poeten und ersten Betreiber Tadeusz Chudy inspirierte das Fotoplastikon zu diesen Worten: „Es dreht sich langsam die Riesentrommel, wie das Weltall, in die vergangene Welt."

Spannende Zeitreise im Warschauer Stereoskop

Während der deutschen Besetzung diente die Anlage auch dazu, lebenswichtige Informationen auszutauschen, z. B. Pläne und Aufnahmen zu zeigen. In den Nachkriegsjahren erfüllte das Fotoplastikon wieder seine Funktion als Ort, um dem Alltag für ein paar Stunden zu entfliehen. Dabei können an der hölzernen Trommel bis zu 20 Personen dreidimensionale Fotos an sich vorbeiziehen lassen.

Gezeigt werden sonntags Bilder aus dem Warschau der Vorkriegszeit, die belegen, dass die polnische Hauptstadt einst eine der schönsten europäischen Metropolen war; auch historische und aktuelle Ansichten anderer Weltstädte sind zu sehen sowie Aufnahmen des heutigen Warschaus und zu wechselnden Themen. Seit 2008 ist das Fotoplastikon vorerst eine Abteilung des *Museums des Warschauer Aufstands*, wodurch sich der Eintrittspreis deutlich verringerte. Der Besitzer aber bleibt Tomasz Chudy, der Enkel des Gründers.

Mi–So 10–18 Uhr. Eintritt 1,50 €, erm. 1 €, Do frei. ✆ 22-6296078, www.fotoplastikon warszawski.pl. Al. Jerozolimskie 51 (Hinterhof).

Tram 4, 7, 9, 18, 22, 24, 25. Bus 117, 127, 128, 131, 158, 171, Haltestelle Centrum. Ⓜ Centrum.

Politechnika Warszawska

Warschauer Polytechnikum

Wenn die Schönheit eines Unigebäudes Einfluss auf die Leistungen der Studenten hätte, müssten die Absolventen des Warschauer Polytechnikums sehr gefragt sein. Tatsächlich gilt die Technische Hochschule als eine der besten des Landes. Für Touristen ist der fünfeckige, 1901 fertiggestellte Bau von Stefan Szyller (1857–1933) interessanter. Besonders gelungen ist die Aula, ein Innenhof, der mit farbigem Glas überdacht ist. 2008 fanden hier aufwendige Renovierungsarbeiten statt.

Mo–Fr 7–21, Sa 8–18 Uhr. ℘ 22-2347211, www.pw.edu.pl. Plac Politechniki 1.

Tram 10, 14, 15. Bus 118, 131, 187, 188, Haltestelle Metro Politechnika. Ⓜ Politechnika.

Innenhof des Warschauer Polytechnikums

Kościół Najśw. Zbawiciela

Erlöserkirche

Nachdem in den 1880er-Jahren der gleichnamige Platz bebaut worden war, folgte zwischen 1901 und 1927 der Bau der Kirche. Das Gotteshaus vereint moderne Interpretationen von polnischer Renaissance und Barock. Im Zweiten Weltkrieg verlor die dreischiffige Basilika bei Bombenangriffen ihre schlanken Türme und wurde beim Warschauer Aufstand fast vollständig zerstört. Aus ästhetischen und ideologischen Gründen wollte man beim Bau der sozialistischen Siedlung Marszałkowska-Straße (MDM) eigentlich auf die Rekonstruktion der beiden Türme verzichten, entschied sich zum Glück aber anders. Im Inneren warten prunkvolle Details, so der Hauptaltar mit der Weltkugel im Zentrum, die farbig abgesetzte Kanzel und die aufwendig gestalteten Seitenkapellen. Auch wer sich für sakrale Bauten wenig interessiert, sollte hier einen Blick riskieren.

Tägl. 8.30–18.30 Uhr. Messe Mo–Sa 6.30 (nur im Winter) 7, 7.30, 8, 9 (nur im Winter), 15, 17 (nur im Winter), 18.30 Uhr. So 7, 8.30, 10, 10.30 (nur Winter), 11.30, 13, 18.30 und 20.30 Uhr. www.parafiazbawiciela.org. Ul. Marszałkowska 37.

Tram 4, 10, 14, 18, 35, Haltestelle Plac Zbawiciela. Ⓜ Politechnika.

Plac Zbawiciela

Erlöserplatz

Auf dem runden, von Hofarchitekt und Gartenbaumeister Jan Chrystian Szuch (1752–1813) als Park einer königlichen Achse angelegten Platz kreuzen sich drei wichtige Straßenzüge. Viel prägender aber sind die hier aufeinander prallenden Architekturstile, die ihm eine verblüffend harmonische Gestalt geben. Dominant ist natürlich die Erlöserkirche mit ihren hohen Türmen, ansonsten zeigen die runden Wohnblocks

Der Plac Zbawiciela ist einer unserer Lieblingsorte in Warschau

Stilelemente der Jahrhundertwende, vereinzelt Jugendstil-Details und natürlich den Stil des Sozialistischen Realismus. Die Restaurants, Cafés und Kneipen sind fast touristenfrei, bei den Warschauern aber sehr beliebt. Im Sommer sorgen Tische unter den Arkaden für mediterranes Lebensgefühl. Der polnische Regisseur Krzysztof Krauze schenkte dem plac Zbawiciela in seinem gleichnamigen Film eine „Hauptrolle". Zwischen 2012 und 2015 stand in der Mitte des Platzes eine Installation in Form eines Regenbogens, die von homophoben Rechtsradikalen wiederholt angezündet wurde.

Tram 4, 10, 14, 18, 35, Haltestelle Plac Zbawiciela. Ⓜ Politechnika.

Plac Konstytucji
Platz der Verfassung

Der dreieckige Platz zählt zu den weltweit größten und interessantesten Anlagen im Stil des Sozialistischen Realismus und bildet so das passende Gegenüber für den Kulturpalast. An den Fassaden sind viele der typischen Menschendarstellungen der sozialistischen Propaganda zu entdecken (→ Foto S. 130). Eindrucksvoll sind auch die riesigen Kandelaber, mehrarmige, säulenartige Straßenlaternen. Hinter den östlichen Fassaden blieben an der ulica Piękna und ulica Koszykowa vereinzelt Vorkriegsgebäude erhalten, was einen ungewöhnlichen Kontrast zur „sozialistischen Moderne" schafft.

Tram 4, 15, 18, 35. Bus 118, 131, 151, 159, Haltestelle Plac Konstytucji. Ⓜ Politechnika.

MDM – Marszałkowska Dzielnica Mieszkaniowa
Wohnbezirk Marszałkowska-Straße

1950 wurden die Ruinen der klassizistischen und sezessionistischen Bauten aus der Vorkriegszeit abgetragen, in den folgenden zwei Jahren entstand hier eine moderne Siedlung für 45.000 Menschen. Ziel der Architekten war es, die Ideale des Sozialistischen Realismus in Form von mächtigen Wohnblocks mit breiten Balkonen und weitläufigen Arkaden zu verwirklichen. Dabei knüpften sie auch an die Bautraditionen der Hauptstadt an; so zeigen

Sozialistischer Realismus im MDM-Viertel

z. B. einige Fassaden Sgraffiti, die an Warschauer Altstadthäuschen erinnern. Dagegen sind die an der aleja Wyzwolenia stehenden Blocks eine Reminiszenz an die Pariser Place Vendôme. Wie ehrgeizig die Pläne für das MDM-Viertel waren, verdeutlicht die Tatsache, dass die 1952 fertiggestellten Gebäude nur ein Achtel des ursprünglich geplanten Projekts darstellen!

Gegenwärtig ist die Siedlung trotz ihrer Mächtigkeit bei den Warschauern akzeptiert und recht beliebt; ein Grund dürfte sein, dass ihr Stil durchgängig ist und sich auch in der Bauqualität deutlich von späteren Bausünden abhebt. Und während die Denkmalschützer die Aufnahme des Viertels in ihre Liste vorantreiben, freuen sich ihre Bewohner über zahlreiche Cafés, Restaurants, Geschäfte und Galerien.

Tram 4, 15, 18, 35. Bus 118, 131, 151, 159, Haltestelle Plac Konstytucji. Ⓜ Politechnika.

Muzeum Życia w PRL

Museum des Lebens in der Volksrepublik Polen

Anhand von Alltagsgegenständen aus der sozialistischen Zeit bekommt man eine Vorstellung vom damaligen Leben. Manchmal geht das mit einem Augenzwinkern, manchmal wird es auch ernster. Vom im ersten Stock gelegenen Museum aus hat man übrigens einen guten Blick über den Verfassungsplatz.

Sa–Do 10–18, Fr 12–20 Uhr. Eintritt 4,50 €, erm. 3 €. ✆ 511-044808 (mobil), www.mzprl.pl. Ul. Piękna 28/34. Tram 4, 15, 18, 35. Ⓜ Politechnika.

Novotel

Novotel-Hochhaus

Das frühere Hotel Forum zieht durch seine weiße Front und die schmale, längliche Form die Blicke auf sich. 1972–1974 gebaut, war es damals das modernste Hotel mit westlichem Standard – und mit 111 m das höchste.

Auch dieses Hochhaus spielte in einem polnischen Film eine Rolle: In dem 1993 von Barbara Sass gedrehten Streifen „Pajęczarki" (abgeleitet von pająk, dem polnischen Wort für Spinne) nutzt die Protagonistin das Hochhaus wie Spiderman als „Gymnastikgerät".

Ul. Marszałkowska 94. Tram 4, 7, 9, 18, 22, 24, 25. Bus 117, 127, 128, 131, 158, 171, Haltestelle Centrum. Ⓜ Centrum.

Praktische Infos   → Karte S. 132/133

Restaurants

Mein Tipp Grand Kredens **15** Für manchen mag es Kitsch sein, doch die meisten Besucher fühlen sich in diesem vor ungewöhnlichen Einfällen nur so überquellenden Restaurant pudelwohl. Unserer Meinung nach gibt es kaum ein Plätzchen, an dem das Warschau der Vor-

kriegszeit so authentisch ist. Die Betreiber wollten allerdings eine Atmosphäre irgendwo zwischen den Straßen von Paris, den Plätzen des antiken Roms und einer irischen Taverne schaffen. (Ach ja, statten Sie der Toilette einen Besuch ab, auch wenn Sie nicht müssen!) Gegrillter Fisch mit frischem Gemüse und Salat 14 €.

Mo–Fr 10–24, Sa/So 12–24 Uhr. Al. Jerozolimskie 111, ☎ 22-6298008, www.kredens.com.pl.

U Szwejka **32** Anti-Diät-Küche mit Riesenschnitzeln, Fleischbergen und Bierkrügen, die von Mädchen in Trachten an immer volle Tische geschleppt werden. Hauptgericht 5–8 €, „das beste Fleisch für die ganze Kompanie" (mind. 2 Pers.) für 15 €. Mo–Fr 8–24, Sa/So ab 10 Uhr. Pl. Konstytucji 1, ☎ 22-3391710, www.uszwejka.pl.

Soul Kitchen **4** „Essen für die Seele – Ja, Mann!" Zwar hat das edel und schlicht eingerichtete Restaurant keinen Bezug zu Fatih Akins gleichnamigem Meisterwerk, aber mit der Hauptfigur im Film doch eines gemeinsam: einen Koch, der mit Herz und Seele dabei ist. Häufig wechselnde Karte mit einigen Highlights, die immer dabei sind, Hauptgericht 9–35 €. So–Do 12–22, Fr/Sa 12–23 Uhr. Ul. Nowogrodzka 18a, ☎ 519-020888 (mobil), www.soulkitchen.pl.

butchery and wine **6** Der Name ist Programm, also gibt es sehr gute Steaks und sehr guten Wein. Und die haben natürlich ihren Preis: Ein polnisches, 28 Tage trockengereiftes Rib Eye kostet ohne Beilagen 30 €, eine Flasche Passage Cuvé aus Polen kostet 37,50 €. Mo–Sa 12–22, So 12–20 Uhr. Ul. Żurawia 22, ☎ -22-5023118, www.butcheryandwine.pl.

Dyspensa **30** Warme Farben geben diesem stilvollen Restaurant eine Extranote in Gemütlichkeit. Hauptgericht 9–22,50 €. Tägl. 12–22 Uhr. Ul. Mokotowska 39, ☎ 22-6299989, www.dyspensa.pl.

Ćma **29** Der Name für dieses bei jungen, reichen Warschauern und Stars beliebte Restaurant lautet übersetzt Nachtfalter und wurde nicht ohne Grund gewählt: offene Küche, Industriedesign und rund um die Uhr geöffnet. Ul. Koszykowa 63 (in der Hala Koszyki), www.mateuszgessler.com.pl

Sushi Zushi **5** Eine von Warschaus besten Sushibars, wie uns auch der ehemalige Fernsehstar Szymon Majewski (wie eine polnische Mischung aus Harald Schmidt und Stefan Raab) versicherte, den wir hier trafen. Mo–Do 12–23, Fr/Sa 12–3, So 13–22 Uhr. Ul. Żurawia 6/12, ☎ 22-4203373, www.sushizushi.pl.

La Tomatina **2** Wie eine italienische Trattoria, bei der zählt, was auf dem Teller landet, aber nicht unbedingt, wie es um den Teller herum aussieht. Eigene Pasta 6,50–10 €, Pizza 5–11,50 €. So–Do 11–23, Fr/Sa 11–24 Uhr. Ul. Krucza 47, ☎ 22-6251047, www.latomatina.pl.

*mein*Tipp tel-aviv **23** Vegetarische, vegane, glutenfreie, laktosefreie, koschere, v. a. aber leckere Gerichte wie das himmlische Hummus (5–7 €). Keine Frage, die jüdische Besitzerin Malka Kafka hat hier ein Vegetarierparadies geschaffen. Frühstück ganztags 4–9,50 €. So/Mo 10–23, Di–Do 10–0.30, Fr/Sa 10–2 Uhr, Küche nur bis 22.30, Fr/Sa bis 23.30 Uhr. Ul. Poznańska 11, ☎ 22-6211128, www.fooddesigners.pl.

Beirut Hummus **18** Snacks wie libanesisches Hummus, Kofta und weitere arabische Leckerbissen wie Tabouleh. Tägl. 12–2 Uhr. Ul. Poznańska 12, www.beirut.com.pl.

Wilczy Głód **21** Der Name ist ein Wortspiel, das übersetzt „Wolfshunger" bedeutet und sich auch auf den Namen der Straße bezieht, in der sich das Lokal befindet. Allerdings werden hier keine Fleischbrocken lieblos vor die Meute geworfen, stattdessen gibt es einfache Gerichte mit lokalen, saisonalen und vegetarischen Zutaten. Mo–Mi 12–18, Do 12–19, Fr 12–22, Sa 10.30–22 Uhr. Ul. Wilcza 29a, ☎ 22-8910285.

Przegryź sobie coś pysznego **17** „Iss eine leckere Kleinigkeit", so die Übersetzung; doch nicht nur die Karte mit vielen günstigen vegetarischen Gerichten kann sich sehen lassen. Die Galeristin Dominika Krzemińska und Journalist Piotr Najsztub engagieren auch die hippsten Künstler zur Verschönerung ihres Kunstbistros. Es gibt auch eine Hundekarte mit Leckereien für die Vierbeiner. Mo–Fr 9–22, Sa/So 11–22 Uhr. Ul. Mokotowska 52, ☎ 22-6217177.

*mein*Tipp BeKef **10** Wir haben nur die allerbesten Erinnerungen an die koschere Snackbar. Bei der Aktualisierung für die 3. Auflage haben wir hier nämlich unsere Fotokamera liegen lassen und sind auf der Suche durch die halbe Stadt wieder im BeKef gelandet, wo uns die freundliche Bedienung schon lächelnd erwartete. Man muss aber nicht erst den Fotoapparat vergessen, um sich wohlzufühlen, passenderweise bedeutet der Name aus dem Hebräischen übersetzt „Freude". Der Küchenchef Maimon Ben Ezra zaubert stets leckere und frische Gerichte aus Israel und dem Nahen Osten auf den Teller. Mo–Do 12–20, Fr 12–17 Uhr. Ul. Hoża 40, ☎ 22-2543380.

Bambino **11** Leider müssen immer mehr der günstigen Warschauer Milchbars schließen, mit dem Bambino hat eine der besten bis jetzt überlebt. Bleibt zu hoffen, dass das so bleibt. Mo–Fr 8–20, Sa/So 9–17 Uhr. Ul. Krucza 21, www.barbambino.pl.

🐌 Different **19** In der Tat anders: Die Kellner sind blind, man isst im Dunkeln, Gerichte kann man nicht bestellen, sondern nur eingrenzen (vegan, Fleisch, glutenfrei etc.) und der Gewinn fließt vollständig an die Familienhilfe „Mensch in Not". Das Lokal wurde ins Leben gerufen und wird unterstützt von einer Stiftung. Hier soll man als Gast auch einmal erfahren, wie sich das Leben blinder Menschen anfühlt. Menüs für 25, 40 oder 50 €. Di–Sa 16, 18, 20, So 14, 16, 18, 20 Uhr, je 1,5 Std. Al. Jerozolimskie 123a, ✆ 533-123123 (mobil), www.restauracjadifferent.pl.

kroWARZYWA **12** Der Name ist ein Wortspiel mit den polnischen Wörtern für „(lebende) Kuh" und „Gemüse". Zu essen gibt es vegane Burger, es werden keine TK-Kost, kein Genfood und kein Glutamat verwendet. Dennoch handelt es sich hier um veganes Fast Food. So–Do 11–23, Fr/Sa 11–24 Uhr. Ul. Hoża 29/31, www.krowarzywa.pl.

Flambeeria **22** Seit 2015 kann Warschau nicht genug von den Flammkuchen bekommen. Wir wollten auch mitreden und können nun bestätigen: lecker! Mo 10–21, Di–Do 10–22, Fr 10–23, Sa 12–23, So 12–21 Uhr. Ul. Hoża 61 (Eingang in ul. E. Plater), www.flambeeria.pl.

U Kresowiaka **28** Einfache, aber sehr gute Gerichte der ostpolnischen Küche wie die leckeren Pierogi und Pielmeni. Für 3–4 € wird man richtig satt. Mo–Fr 12–19, Sa 12–17 Uhr. Ul. Koszykowa 30 (beim pl. Konstytucji), ✆ 574-351965 (mobil).

🐌 Kuchnia Konfliktu **24** Ein gemeinnütziges Projekt, bei dem Migranten und Flüchtlinge unterstützt werden, die aus Kriegs- und Krisengebieten nach Polen gekommen sind. Sie bekommen Arbeit und kochen Gerichte aus ihrer Heimat. So–Mi 12–20, Do–Sa 12–22 Uhr. Ul. Wilcza 60.

Cafés

Mein Tipp Filtry **35** Jugendlich süß eingerichtetes Café mit persönlicher Note und sehr guten Kaffeemischungen. Man kann in Bildbänden und Büchern blättern, mit den sympathischen Besitzern klönen oder am Grünstreifen vorm Eingang auf einem der Liegestühle entspannen. Lecker sind die selbst gemachten Kuchen. Mo–Fr 8–21, Sa 9–21, So 10–20 Uhr. Ul. Niemcewicza 3, ✆ 669-787194 (mobil).

Mein Tipp Karma **37** Für Warschauer Twens definitiv ein trendiger *place-to-be*, dazu WiFi-Büro für alle, die nicht zu Hause arbeiten oder an ihrem Debütroman schreiben möchten. Die alte Kaffeeröstmaschine und Fotoausstellungen bieten auch was fürs Auge. Mo–Fr 8–24, Sa 9–24, So 9–23 Uhr. Plac Zbawiciela 3/5, ✆ 22-8758709, www.coffeekarma.eu.

Niezłe Ziółko **14** Schön eingerichtetes Bistrocafé mit leckeren Suppen, Bistrogerichten, Kuchen und belegten Broten, auch das Frühstück ist beliebt. Mo–Fr 8–20, Sa/So 9–20 Uhr. Ul. Krucza 17.

Słodki ... Słony **25** Magda Gesslers unverwechselbarer Stil zeigt sich auch in ihrem Café, das für ihre Verhältnisse schlicht „Süß ... Salzig" heißt. Der mit viel Holz gestaltete Tortentempel ist ein Paradies für Damen, für die mitgeschleppten Männer gibt es auch Herzhaftes. Mo 11–22, Di–So 10–22 Uhr. Ul. Mokotowska 45, ✆ 22-6224934, www.slodkislony.pl.

Kolonia **39** Eine Kolonie für Warschaus junge Eltern. Während auf die Kinder ein Spielzeugparadies mit Garten wartet, gibt es für Mama und Papa im Holzhaus selbst gemachte Kuchen und guten Kaffee. Tägl. 9–19, Fr/Sa bis 21 Uhr. Ul. bł. Ładysława z Gielniowa 11, ✆ 733-337568 (mobil).

Radio Café **7** Eine Hommage an die alten Zeiten, als Radio Free Europe den Hörern die virtuelle Flucht aus Polen ermöglichte. An der Wand passenderweise Fotos der 50er. Mo–Fr 7.30–23, Sa/So ab 10 Uhr. Ul. Nowogrodzka 56, ✆ 22-6252784, www.radiocafe.pl.

Alibi **3** Entzückendes kleines Café mit guter Teekarte, auch Lunch. Mo–Fr 11–18 Uhr. Ul. Nowogrodzka 8, ✆ 22-6220609.

Eines von vielen sozialistischen Details im Viertel MDM

mein Tipp Na Końcu Tęczy **38** Am Ende des Regenbogens (so die Übersetzung) findet man leckeres Eis, vielleicht sogar Warschaus bestes. Tägl. 10–21 Uhr. Al. Wyzwolenia 15, www.nakoncuteczy.pl.

Sucre **34** Eis ohne künstliche Zusatzstoffe, manchmal muss man etwas länger anstehen. Für eine Portion zahlt man 1 €. Außerdem gibt es leckere Macarons. Tägl. 10–20 Uhr. Ul. Mokotowska 12, www.sucre.pl.

Lokale für Tag und Nacht

Plan B **36** Unkomplizierter Club, in dem man noch Bier statt wie so oft in Warschau Cocktails trinkt, gute DJ-Sets. So–Do 11–2, Fr/Sa 11–4 Uhr. Al. Wyzwolenia 18 (Eingang über Plac Zbawiciela), ✆ 503-116154 (mobil).

Charlotte **36** Beliebte Boulangerie und französische Weinbar, schöner ist es auch am Montmartre nicht. Frühstück bis 23 Uhr! Mo–Do 7–24, Fr 7–1, Sa 9–1, So 9–22 Uhr. Al. Wyzwolenia 18 (am pl. Zbawiciela), www.bistrocharlotte.pl.

mein Tipp Foton Bar **16** Einrichtungsmäßig ein Cybergarten, die Cocktails werden extrem gut gemixt. Was will man mehr? Mo–Do 16–1, Fr/Sa 16–3, So 16–23.45 Uhr. Ul. Wilcza 9a, ✆ 507-140772 (mobil).

Znajomi Znajomych **24** Gute Cocktails, schöne Inneneinrichtung, aber weniger elegant als der Vorgängerclub Nobo. Stattdessen künstlerischer mit Kurzfilmabenden, Ausstellungen, Theatervorführungen und Funky Nites. Mo/Di 12–23, Mi/Do 12–1, Fr 12–3, Sa 10–3, So 10–23 Uhr. Ul. Wilcza 58 a, ✆ 507-740003 (mobil), www.znajomiznajomych.waw.pl.

Drugie Dno **1** 15 Sorten Craft Beer vom Fass und weitere 35 aus Flaschen. War 2019 äußerst beliebt zum Weggehen. So–Mo 15–24, Di–Do 15–1, Fr/Sa 15–3 Uhr. Ul. Nowogrodzka 4, www.drugiedno.pl.

Klub Dekada **33** Bezeichnet sich etwas großspurig als bester Club der Hauptstadt. Wenn man auf Ladies Nights mit Soul-Hits, Oldies aus der Funkära und 80er-Pop wie Abba steht, wird man seinen Spaß am Tanzen haben. Fr/Sa 22–5 Uhr. Ul. Grójecka 19/25, ✆ 22-8235558, www.dekada.pl.

mein Tipp 12on14 **31** Warschaus bester Jazzclub. Auftritte internationaler und polnischer Stars sowie viel versprechender Newcomer. Kasse Mo–Sa ab 12 Uhr, Konzerte ab 20.30 Uhr, Öffnung Di–Do 19–1, Fr 19–3 Uhr.

Ul. Noakowskiego 16, ✆ 22-6354949, www.12on14club.com.

Kraken Rum Bar **18** Sehr beliebte Cocktailbar (die meisten Cocktails natürlich mit Rum), in der es auch Meeresfrüchte zu essen gibt. So–Do 12–1 (oft länger), Fr/Sa 12–2.30 Uhr. Ul. Poznańska 12.

Miejsce Chwila **9** Sympathische Kneipe, nicht zuletzt wegen des an die Wand gemalten Großmütterchens. Mo–Do 14–24, Fr/Sa 14–2, So 16–23.45 Uhr. Ul. Żurawia 47.

Teatr Roma **8** Musicaltheater mit Produktionen wie Cats, Phantom der Oper oder Tanz der Vampire, aber auch wechselndem Programm. Eintritt 14–52 €. Ul. Nowogrodzka 49, ✆ 22-6288998, www.teatrroma.pl.

Einkaufen

mein Tipp Butik Ani Kuczyńskiej **13** Mini-Kleider, elegante Kostüme und casual Mode von einer renommierten Warschauer Designerin. Mo–Fr 11–19, Sa 10–15 Uhr. Ul. Mokotowska 61, www.aniakuczynska.com.

QπШ **20** Robert Kupisz ist vermutlich der kommende Star am polnischen Designerhimmel. Viele interessante trag- und sogar bezahlbare Stücke für Männer und Frauen. Mo–Fr 11–19, Sa 12–16 Uhr. Ul. Mokotowska 48/204, www.robertkupisz.com.

Mokotowska 48 **20** Verschiedene Boutiquen und Showrooms angesagter polnischer Modedesigner, darunter Joanna Klimas. Mo–Do 10–20, Fr 10–22, Sa 9–22, So 9–20 Uhr. Ul. Mokotowska 48

good mood **27** Schicke, aber unkomplizierte Frauenmode der Marken Rosso 35, hannes roether, REPEAT cashmere und WHICI Milano. Mo–Fr 11–19, Sa 11–16 Uhr. Ul. Mokotowska 43, www.goodmood-boutique.pl.

Galeria Grafiki i Plakatu **10** Besonders wegen der vielen polnischen Kunstplakate einen Abstecher zum Stöbern und Kaufen wert. Mo–Fr 11–18, Sa 10–15 Uhr. Ul. Hoża 40, ✆ 22-6214077 www.galeriagrafikiiplakatu.pl.

Pan tu nie stał **26** Ostalgischer Laden mit T-Shirts und mehr. Mo–Sa 11–19 Uhr. Ul. Koszykowa 34/50, www.pantuniestal.com.

Hala Koszyki **29** Lang und sehnsüchtig erwartete Revitalisierung der früheren Markthallen. Seit der Fertigstellung 2016 warten hier Bars, Kneipen und Geschäfte auf zahlungskräftige Kunden (→ Foto S. 268). Mo–Sa 9–21, So 9–20 Uhr. Ul. Koszykowa 63, www.koszyki.com.

Im grünen Warschau

Tour 9

Warschaus grüne Lunge zählt zu den schönsten Parkanlagen in Europa. Bei Touristen und Warschauern gleichermaßen beliebt, wird es hier an Sommerwochenenden nicht nur bei den sonntäglichen Chopin-Konzerten voll.

Botanischer Garten, eine der schönsten Anlagen Europas, S. 146

Frédéric-Chopin-Denkmal, immer einen Besuch und ein Foto wert, S. 148

Palais auf der Insel, architektonischer Höhepunkt im Park, S. 151

Schloss Ujazdowski, zeitgenössische Kunst im Palast, S. 153

Łazienki, Eichhörnchen füttern und Pfauen fotografieren, S. 156

Park der Königlichen Bäder

Łazienki Królewskie

Schon im 13. Jh. existierte an der Stelle der heutigen Grünanlagen die Siedlung Jazdów, bei der die masowischen Herzöge eine Burg bauten und unter König Zygmunt III. Waza ein Schloss entstand. Eigentlich handelt es sich bei den Parkflächen um drei durch Straßen getrennte Teile: Im Norden über der aleja Armii Ludowej breitet sich der eher unspektakuläre *Park Ujazdowski* aus, gleich darunter die *Agrykola* zwischen Allee und der gleichnamigen Straße, an der sich Botschaften und das Schloss befinden. Der interessanteste Teil aber sind die *Łazienki Królewskie*, was mit „Königliche Bäder" übersetzt wird und auf den einstigen Zweck der Parkanlage hinweist: Prinz Stanisław Herakliusz Lubomirski ließ hier im 17. Jh. von Tylman van Gameren den ersten Badepavillon bauen. Rund ein Jahrhundert später wurde der Pavillon in ein Wasserschlösschen umgestaltet, das König Stanisław August Poniatowski fortan als Sommerresidenz diente. In den letzten Blütejahren vor den Teilungen Polens wurden hier die klassizistischen Ideale des Königs realisiert, die als „Styl Stanisławowski" (→ Architektur) bekannt sind und an kaum einem anderen Ort der Stadt so harmonisch umgesetzt wurden.

Die Baumeister Dominik Merlini und Jan Chrystian Kamsetzer, die Bildhauer und Maler Marcello Bacciarelli und Jan Bogumił Plersch sowie der Landschaftsgärtner Jan Christian Schuch verwandelten die Łazienki Królewskie in eine Landschaft voller Seen, Blumenbeete, Teiche, klassizistischer Gebäude und an die Antike erinnernde Statuen, in der auch ein Amphitheater nicht fehlte.

Nach dem Tod des Königs ging der Besitz an den russischen Zaren Alexander I. über, der den Park, heute eine der großen Sehenswürdigkeiten Polens, noch um einige Gebäude erweiterte. Seit dem Ende des Ersten Weltkriegs steht der Park wieder den Polen offen, die seine Schönheiten oft und gern genießen.

Tour-Info Ausgangspunkt ist die Bushaltestelle Łazienki Królewskie, erreichbar mit den Linien 116, 166, 180.

Ende: Park Ujazdowski, Bus 116, 138, 166, 180, Haltestelle Plac Na Rozdrożu.

Dauer: reine Gehzeit 1¼ bis 1¾ Std. Fahrzeit ab Zentrum 8 Min.

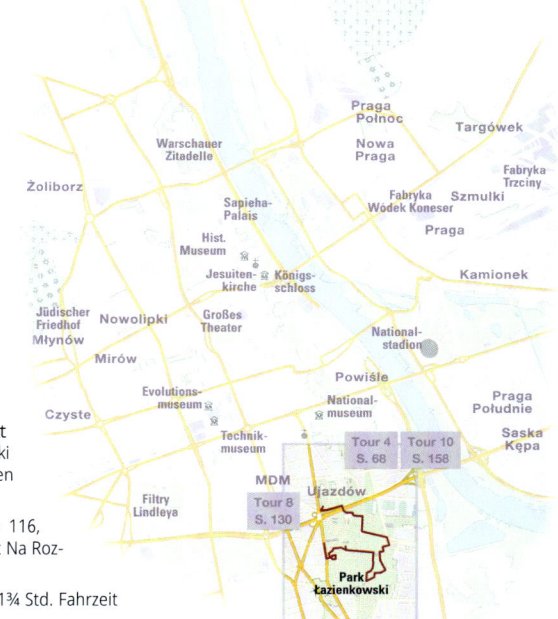

Spaziergang

Von der Bushaltestelle geht es ein paar Schritte nach Norden in Richtung Zentrum für die, die den schönen → **Botanischen Garten der Universität** (Ogród Botaniczny UW) besuchen möchten. Anschließend auf der aleje Ujazdowskie zurück zur Haltestelle, in deren Nähe das Józef-Piłsudski-Denkmal vor dem Palast steht. Wer die Eichhörnchen im Park füttern will, kann hier ein paar Nüsse kaufen, dann durch den Haupteingang hinein in den Park und geradeaus auf das berühmte → **Frédéric-Chopin-Denkmal** (Pomnik Fryderyka Chopina) zu. An dem von Blumenbeeten geschmückten Wahrzeichen der Stadt am kleinen Teich darf man an Sommersonntagen den kostenlosen Konzerten lauschen. Danach geht es auf dem halbkreisförmigen Weg hinter dem See nach links in Richtung der Allee und nach einem Viertelkreis nach rechts zum Denkmal für den polni-

schen Literaturnobelpreisträger Henryk Sienkiewicz. Von hier aus ist das Observatorium des Botanischen Gartens zu sehen. Dort gehen wir rechts, fast parallel zum Botanischen Garten, und gelangen nach 200 m zum → **Wasserturm** (Wodozbiór) und zur → **Alten Orangerie** (Stara Oranżeria).

Auf der Königspromenade genannten Hauptachse ist nach 100 m das → **Weiße Haus** (Biały Domek) erreicht, weiter auf dem breiten Weg folgt nach 200 m die → **Neue Hauptwache** (Nowa Kordegarda). Zwar ist von hier aus schon das „Palais auf der Insel" zu sehen, doch führt unser Weg erst am See entlang und weg vom Palast. Nach der 350 m entfernten Brücke am südlichen Ufer halten wir uns rechts und gehen bei der ersten Möglichkeit schräg links und geradeaus auf die → **Neue Orangerie** (Nowa Pomarańczarnia) zu. Anschließend kehren wir auf demselben Weg zurück oder wählen zur Abwechslung den schräg rechts abzweigenden. Wieder zurück am See, überqueren wir bei einer kleinen Kaskade und der Neptun-Skulptur eine weitere Brücke und gehen zum links schon sichtbaren → **Theater auf der Insel** (Teatr na Wyspie), das an ein antikes Amphitheater erinnert.

150 m weiter steht das → **Palais auf der Insel** (Pałac na Wyspie), eines der Warschauer Wahrzeichen und der Höhepunkt des Parkbesuchs; seine formvollendete Schönheit darf man von innen und von außen bewundern. Nordöstlich des Palais stehen dicht beieinander die → **Kadettenschule** (Podchorążówka), die → **Alte Hauptwache** (Stara Kordegarda) und das → **Myślewicki-Palais** (Pałac Myślewicki), letzteres sollte man auch von innen gesehen haben.

Über den sich von der Frontseite des Myślewicki-Palais entfernenden Weg verlassen wir den Park Łazienki Królewskie. Draußen geht es links auf die *ulica Agrykola* und die zweite Möglichkeit nach rechts bis zur → **Eremitage** (Ermitaż). Wieder zurück auf der ulica Agrykola, passieren wir das Reiterdenkmal zu Ehren des Türkenbezwingers Jan III. Sobieski und gehen durch das 150 m entfernte Tor bei den Sport-

anlagen nach rechts in diesen Teil des Parks, der wie die Straße Agrykola heißt, bis nach 200 m zur Rechten der Piaseczyński-Kanal auftaucht. Gegenüber vom Kanal führen Treppen zum → **Schloss Ujazdowski** (Zamek Ujazdowski) hinauf, das v. a. für seine Ausstellungen zeitgenössischer Kunst bekannt ist.

Wer der Parks noch nicht überdrüssig ist, kann abschließend den → **Ujazdowski-Park** (Park Ujazdowski) besichtigen, der weit weniger von Touristen überlaufen ist als die Łazienkie-Królewskie. Dorthin geht es auf der über die Hauptstraße führende Fußgängerbrücke nördlich des Schlosses, dann 300 m nach links in Richtung aleje Ujazdowskie.

Außerhalb des Spaziergangs

Abseits des oben vorgeschlagenen Spaziergangs sind weitere Gebäude und Skulpturen in ähnlichem Stil einen Besuch wert – beispielsweise der *Ägyptische Tempel* (Świątynia Egipska) im südwestlichen Teil des Łazienki-Parks, westlich der Neuen Orangerie. Oder der *Diana-Tempel* (Świątynia Diany) auf Höhe des Belvedere-Palasts und südwestlich des Chopin-Denkmals; beide wurden 1822 von Jakub Kubicki geplant.

Sehenswertes

Ogród Botaniczny UW
Botanischer Garten der Universität

Im Jahr 1818 auf Initiative des ersten Direktors Michał Szubert gegründet, erwarb sich der Botanische Garten schnell den Ruf, eine der interessantesten Anlagen in Europa zu sein. Doch als Reaktion auf den Novemberaufstand 1830 wurde er von den russischen Besatzern zur Strafe verkleinert.

Heute genießt der Besucher einen auf die frühere Größe erweiterten Park mit 5000 Pflanzenarten und tropischen Gewächshäusern, in denen es nur so spießt und blüht. Einen historischen Einblick gewähren die alten Fundamente des „Tempels der Göttlichen Vorsehung", der hier zum Gedenken an die Verfassung von 1791 entstehen sollte, aber erst jetzt, mehr als 200 Jahre später, in Wilanów errichtet wird (→ Kasten, S. 186). Sehenswert ist auch das *Astronomische Observatorium* mit

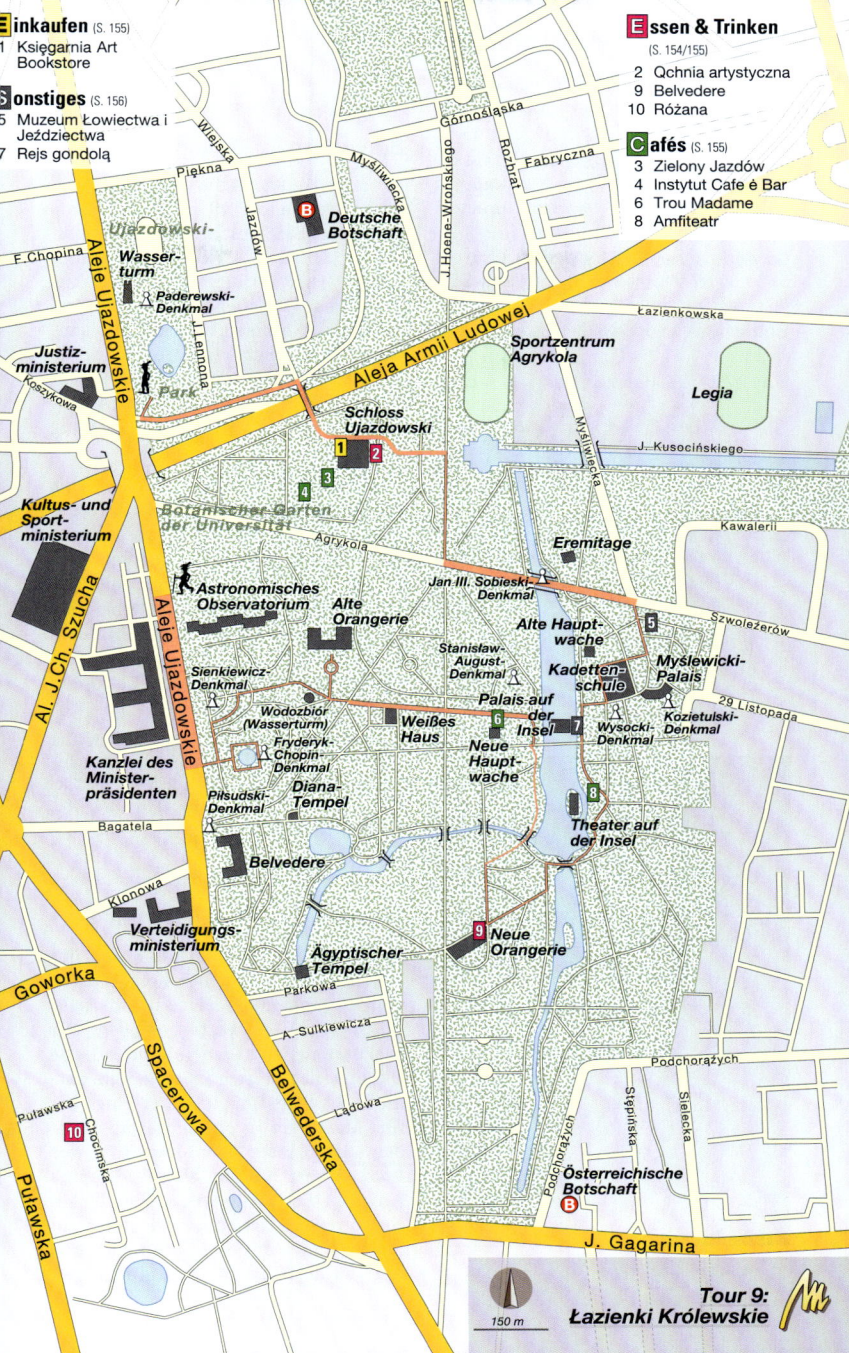

Einkaufen (S. 155)
1 Księgarnia Art Bookstore

Sonstiges (S. 156)
5 Muzeum Łowiectwa i Jeździectwa
7 Rejs gondolą

Essen & Trinken (S. 154/155)
2 Qchnia artystyczna
9 Belvedere
10 Różana

Cafés (S. 155)
3 Zielony Jazdów
4 Instytut Cafe é Bar
6 Trou Madame
8 Amfiteatr

Ujazdowski-

Görnośląska

Wielka

Rozbrat

Fabryczna

Piękna

B Deutsche Botschaft

E. Chopina

Wasser- turm

Paderewski- Denkmal

Justiz- ministerium

J. Lennona

Koszykowa

Park

Aleje Ujazdowskie

Myśliwiecka

Jazdów

J. Hoene-Wrońskiego

Aleja Armii Ludowej

Łazienkowska

Schloss Ujazdowski

Sportzentrum Agrykola

1 2

3

4

Kultus- und Sport- ministerium

Botanischer Garten der Universität

Agrykola

Myśliwiecka

J. Kusocińskiego

Legia

Eremitage

Kawalerii

Astronomisches Observatorium

Alte Orangerie

Jan III. Sobieski- Denkmal

Alte Haupt- wache

Szwoleżerów

5

Stanisław- August- Denkmal

Kadetten- schule

Myślewicki- Palais

Sienkiewicz- Denkmal

Aleje Ujazdowskie

Al. J. Ch. Szucha

Wodozbiór (Wasserturm)

Fryderyk- Chopin- Denkmal

Weißes Haus

Palais auf der Insel

6 7

Wysocki- Denkmal

Kozietulski- Denkmal

29 Listopada

Neue Haupt- wache

Kanzlei des Minister- präsidenten

Piłsudski- Denkmal

Diana- Tempel

Bagatela

8

Theater auf der Insel

Belvedere

Klonowa

Verteidigungs- ministerium

Ägyptischer Tempel

Parkowa

9 Neue Orangerie

Goworka

Spacerowa

A. Sulkiewicza

Podchorążych

Ładowa

Belwederska

Puławska

Chocimska

10

Stępińska

Sielecka

Podchorążych

B Österreichische Botschaft

J. Gagarina

150 m

Tour 9:
Łazienki Królewskie

der 1824 geschaffenen neoklassizistischen Fassade an der Südseite des Gartens.

Garten: April bis Aug. Mo–Fr 9–20, Sa/So 10–20 Uhr, Sept. tägl. 10–18 Uhr, Okt. tägl. 10–17 Uhr. ✆ 22-5530511, www.ogrod.uw.edu.pl. Al. Ujazdowskie 4.

Gewächshäuser: April bis Sept. Mi–Fr 10–14, Sa/So 10–17 Uhr, nach tel. Anmeldung Sept. bis April Mo–Fr 9–15 Uhr, ✆ 22-5530514.

Eintritt: Park und Gewächshäuser 3 €, erm. 1,50 €.

Bus 116, 166, 180, Haltestelle Łazienki Królewskie.

Die Łazienki Królewskie sind von Sonnenaufgang bis Sonnenuntergang geöffnet. Dez. bis Febr. 6.30–16 Uhr, März und Nov. 6–17 Uhr, April/Mai und Sept./Okt. 6–20.30 Uhr, Juni bis Aug. 6–23 Uhr, Eintritt zum Park frei. Wer alle Paläste und Gebäude sehen möchte, sollte sich das Kombiticket gönnen. Für einen Tag kostet es 10 € (Sommer 11 €), erm. 6 € (Sommer 7,50 €), Kinder bis 16 J. und Studenten bis 26 J. 1 €, für zwei Tage je 1 € mehr. Der Audioguide kostet an Tagen mit freiem Eintritt oder für Kinder und Studenten 3 €, ansonsten ist er im Preis inbegriffen.

In der Alten Orangerie

Belweder

Belvedere

In der zweiten Hälfte des 17. Jh. zunächst im Barockstil errichtet, wurde der Palast 1818–1822 von Jakub Kubicki im Stil des Neoklassizismus umgebaut. Hier residierte der als Statthalter des russischen Zaren eingesetzte Großherzog Konstanty – beim Novemberaufstand 1830 war das Palais ein entscheidendes Angriffsziel der Kadetten; der für seine Grausamkeit berüchtigte Herzog konnte jedoch rechtzeitig fliehen.

Zwischen den Weltkriegen und nach der Wende 1989 fungierte das Belvedere als Sitz des Präsidenten, heute wird es vom polnischen Präsidenten und Premier nur noch für Empfänge genutzt. Vor dem Schloss steht eine Statue des Marschalls Józef Piłsudski nach einem Entwurf des polnischen Exilpräsidenten Stanisław Ostrowski (1892–1982).

Zutritt jeden letzten Sa im Monat um 10 Uhr über das Reisebüro Escape & Explore Club (ul. Odkryta 31/7, ✆ 22-5060170, www.escapeclub. eu). Ul. Belwederska 54. Bus 116, 166, 180, Haltestelle Łazienki Królewskie.

Pomnik Fryderyka Chopina

Frédéric-Chopin-Denkmal

Das Jugendstildenkmal zu Ehren des bekanntesten polnischen Komponisten wurde 1909 von Wacław Szymanowski (1859–1930) entworfen, wegen der Diskussionen um seinen künstlerische Qualität aber erst 1926 feierlich enthüllt. Es zeigt Chopin unter einer der für Masowien typischen Trauerweiden, deren Äste über dem Kopf des Romantikers hängen. Wegen Chopins Ansehen bei den patriotischen Polen zerstörten die Nationalsozialisten 1940 das Denkmal, das erst 1958 rekonstruiert wurde. Rund um Skulptur und

Die Chopin-Konzerte an Sommerwochenenden begeistern Gäste aus der ganzen Welt

Teich breiten sich Rosen- und Blumenbeete aus, dazwischen sitzt und steht das Publikum, wenn hier in der Sommersaison die sonntäglichen Chopin-Konzerte stattfinden. 2012 fanden rund um das Denkmal aufwendige Instandhaltungs- und Verschönerungsarbeiten statt.

Konzerte Mitte Mai bis Sept. jeden So um 12 und 16 Uhr (kostenlos). www.lazienki-krolewskie.pl. Łazienki Królewskie.

Bus 116, 166, 180, Haltestelle Łazienki Królewskie.

Wodozbiór
Wasserturm

Von hier aus wurde das Wasser zu den Palästen, Brunnen und Bädern des Parks gepumpt. Seine runde Gestalt erhielt der Turm 1777, bei Umbauarbeiten 1827 nahm sich der Architekt Christian Piotr Aigner das Grabmal der Caecilia Metella an der römischen Via Appia zum Vorbild und gab dem Bauwerk sein heutiges Aussehen. Heute sind im Innern des Wasserturms gelegentlich Ausstellungen moderner oder klassischer Kunst zu sehen.

Łazienki Królewskie. Bus 116, 166, 180, Haltestelle Łazienki Królewskie.

Stara Oranżeria
Alte Orangerie

Dominik Merlini (1730–1797) war der Baumeister der 1786–1788 errichteten Orangerie. Genutzt wurde sie ursprünglich, um die südländischen Gewächse vor Frost zu schützen, darunter, wie der Name verrät, auch Orangen. Im östlichen Flügel residiert das bis heute genutzte *Hoftheater* (Teatr Stanisławowski) mit Fresken und Marmorarbeiten von Jan Bogumił Plersch (1732–1817); die anderen Innenräume zeigen über 800 Skulpturen polnischer Bildhauer vom 16. bis zum 20. Jh.

Mai bis Sept. Di–Do/Sa/So 10–18, Fr 10–20 Uhr, Okt. Bis April Di–So 9–16 Uhr. Eintritt 5 €, erm. 4 €, Kinder bis 16 J. und Studenten 0,25 €, Fr frei, Audioguide (auf Deutsch) im Preis inbegriffen. Łazienki Królewskie. Bus 116, 166, 180, Haltestelle Łazienki Królewskie.

Biały Domek

Weißes Haus

Wahrscheinlich war das Gebäude an der Königspromenade das erste, das Dominik Merlini in den Łazienki Królewskie errichtete; seine Bauzeit (1774–1776) und sein Zweck stehen hingegen fest: Es diente König Stanisław August Poniatowski als Liebesnest, in dem er seine Mätresse traf. Anders als die meisten Gebäude im Park überstand das Weiße Haus den Zweiten Weltkrieg fast unbeschadet, was besonders wegen der Fresken von Jan Bogumił Plersch und Jan Ścisło ein Grund zur Freude ist. An der Südfassade zeigt eine Sonnenuhr von 1776, welche Stund' geschlagen hat.

Die Neue Orangerie ist heute ein Luxusrestaurant

Mai bis Sept. Di–Do/Sa/So 10–18, Fr 10–20 Uhr, Okt. bis April Di–So 9–16 Uhr. Eintritt 2,50 €, erm. 2 €, Kinder bis 16 J. und Studenten 0,25 €, Fr frei, Audioguide (auf Deutsch) im Preis inbegriffen. www.lazienki-krolewskie.pl. Łazienki Królewskie. Bus 116, 166, 180, Haltestelle Łazienki Królewskie.

Nowa Kordegarda

Neue Hauptwache

Architekt war auch hier Dominik Merlini, für Bau und Inneneinrichtung (1779–1780) zeichnet Jan Bogumił Plersch verantwortlich; 1830 fügte Jakub Kubicki die Säulen und das klassizistische Dach hinzu. Obwohl der Name anderes vermuten lässt, wurde die Neue Hauptwache als Festpavillon und höfisches Komödientheater genutzt. Heute residiert hier ein Café mit dem Namen „Trou Madame", unter dem das Gebäude ebenfalls bekannt ist.

www.lazienki-krolewskie.pl. Łazienki Królewskie. Bus 108, 162, Haltestelle Agrykola.

Nowa Pomarańczarnia

Neue Orangerie

Adam Loeve und Józef Orłowski schufen den viktorianischen Glaspalast im Jahr 1860. Das Innere diente damals wie heute der Aufzucht von tropischen und subtropischen Pflanzen. 1989 eröffnete hier das Restaurant Belvedere seine Pforten, das bei betuchten Gourmets und Staatsgästen als feine Adresse gilt. Eine Besichtigung ohne Restaurantbesuch ist leider nicht gern gesehen.

Restaurant tägl. 12–23 Uhr. www.lazienki-krolewskie.pl. Łazienki Królewskie. Bus 116, 119, 131, 166, 167, 168, 180, Haltestelle Spacerowa.

Teatr na Wyspie

Theater auf der Insel

Klarer als bei diesem Amphitheater von 1790 könnten die Anspielungen auf die Antike, in diesem Fall das Theater von

Palais auf der Insel – der architektonische Höhepunkt in den „Königlichen Bädern"

Herculaneum am Golf von Neapel, nicht sein. Die Bühne auf einer künstlichen Insel im ebenso künstlich angelegten See schmückte Jan Chrystian Kamsetzer mit Ruinen und Skulpturen aus der griechischen Mythologie; die oberste Reihe des gegenüberliegenden Zuschauerrunds zieren ebenfalls klassizistische Skulpturen. Im Sommer gibt es hier regelmäßig Konzerte, Musicals und Theaterstücke.

www.lazienki-krolewskie.pl. Łazienki Królewskie. Bus 108, 162, Haltestelle Agrykola.

Pałac na Wyspie
Palais auf der Insel

Ohne Frage der architektonische Höhepunkt in den Łazienki Królewskie. Den Vorgängerbau, ein Badehaus, ließ Prinz Stanisław Herakliusz Lubomirski von 1680 bis 1690 von Tylman van Gameren errichten. Damals schon stand das Gebäude auf einer künstlichen Insel, die den See zweiteilt und über zwei Arkadenbrücken mit dem Park verbunden ist. Das heutige Palais planten Dominik

Merlini und Jan Chrystian Kamsetzer von 1772 bis 1793 für König Stanisław August Poniatowski. Seine Fassade gliedert eine von Säulen getragene Attika. Von Andre Le Bruns geschaffene Allegorien der vier Kontinente (ohne Australien) zieren die Fassade am äußeren Rand, über den Säulen sind es die vier Jahreszeiten und im Zentrum des Dachs die vier Elemente.

Seit 1775 diente das Palais auf der Insel als königliche Sommerresidenz, hier fanden an Donnerstagen die berühmten Tafelgespräche statt, die der aufgeklärte Monarch mit Freigeistern, Künstlern und Freimaurern führte. Nach der 1795 erzwungenen Abdankung von König Stanisław August ging das Palais in die Hand von Prinz Józef Poniatowski über, seit 1817 nutzten es die russischen Zaren.

Die Nationalsozialisten wollten den Pałac na Wyspie vor ihrem Rückzug eigentlich noch sprengen, doch das schnelle Vordringen der Roten Armee ließ „nur" noch ein Brandschatzen zu. Unter Leitung des Architekten Jan Dąbrowski wurde nach dem Krieg sofort mit dem Wiederaufbau begonnen, die Arbeiten dauerten bis 1960. Seitdem ist die alte Pracht auch im Inneren wieder zu bestaunen: Malereien, Skulpturen und Marmorarbeiten, die meisten Werke von Marcello Bacciarelli und Jan Bogumił Plersch.

Während das *Przedpokój* (Vorzimmer) recht nüchtern ist, zeigt die *Sala Jadalna* (Speisesaal) prunkvolle Säulenarbeiten und Skulpturen römischer Kaiser. Wer sich für Malerei interessiert, wird in der *Galeria Obrazów* (Gemäldegalerie) mit schwarzem Marmorkamin und im *Gabinet Portretowy* (Porträtkabinett) fündig; zu sehen sind hier u. a. weniger bekannte Werke von Rembrandt und Rubens. Beim *Pokój Bachusa* (Bacchuszimmer) handelt es sich um das ursprünglich im chinesischen Stil gestaltete Badezimmer; sein Deckengemälde über den holländischen Kacheln und der größtenteils barocken Dekoration zeigt Bacchus, Ceres und Venus mit Armor. Zusammen mit dem *Przedsionek* (Vorhalle) bildet es den Teil des Badehauses, der auf die Zeit von Prinz Stanisław Herakliusz Lubomirski zurückgeht.

Eine von vielen Skulpturen im Park

Besonders eindrucksvoll ist die zentrale, marmorne *Rotunda* (Rotunde) mit dem Pantheon der großen polnischen Könige (Kazimierz Wielki, Zygmunt I., Stefan Batory, Jan III. Sobieski) sowie der Kuppel, die die vier Tageszeiten zeigt.

Die *Sala Salomona* (Salomonsaal) war der Hauptsalon der Residenz.

Die von zwei gegenüberstehenden Kaminen geprägte *Sala Balowa* (Ballsaal) wurde für Empfänge, formelle Dinner und natürlich Bälle genutzt. Auf der einen Seite wird das mit einer Herkulesstatue geschmückte Sims von einem Zentaur und Zerberus gestützt, auf der anderen befindet sich die von Satyr Marsyas und König Midas gestützte Statue des Apoll.

Der wichtigste Raum des Palais ist natürlich der *Pokój Kąpielowy* (Badepavillon), der mit zwei Wannen ausgestattet war. Die wunderschön herausgearbeiteten Hochreliefs zeigen fünf Szenen aus Ovids Metamorphosen. Das sechste Relief ließ der König übrigens entfernen, um Platz für eine Heizung zu schaffen.

Mai bis Sept. Di–Do/Sa/So 10–18, Fr 10–20 Uhr, Okt. bis April Di–So 9–16 Uhr. Eintritt 6 €, erm. 4,50 €, Kinder bis 16 J. und Studenten 0,25 €, Fr frei. Audioguide (auf Deutsch) im Preis enthalten, www.lazienki-krolewskie.pl. Łazienki Królewskie.

Bus 108, 162, Haltestelle Agrykola.

Podchorążówka

Kadettenschule

Das ursprünglich als Küche und Bedienstetenunterkunft, später als Schule für die Offiziersanwärter genutzte Gebäude ist weniger architektonisch interessant als vielmehr geschichtlich. Hier begann nämlich der Novemberaufstand von 1830, der v. a. von den Kadetten ausging und ein Ziel hatte: ein von Russland befreites Polen. In den Räumlichkeiten befindet sich heute ein Museum für Wechselausstellungen und ein Geschäft für Andenken und Bildbände.

Mai bis Sept. Di–Do/Sa/So 10–18, Fr 10–20 Uhr, Okt. bis April Di–So 9–16 Uhr. Eintritt frei. ☎ 22-5060101, www.lazienki-krolewskie.pl. Ul. Agrykola 1. Bus 108, 162, Haltestelle Agrykola.

Stara Kordegarda

Alte Hauptwache

Auch wenn hier nur die Leibgarde des Königs untergebracht war, weist die zwischen 1791 und 1792 entstandene Kordegarda eine majestätische Fassade auf: Da der König von seinem „Palais auf der Insel" direkt auf das Gebäude blickte, wollte man ihm wohl keinen nüchternen Zweckbau zumuten; mit der Planung beauftragt wurde Jan Chrystian Kamsetzer.

www.lazienki-krolewskie.pl. Łazienki Królewskie. Bus 108, 162, Haltestelle Agrykola.

Pałac Myślewicki

Myślewicki-Palais

Der frühklassizistische Palast zieht durch seine an eine Konzertmuschel erinnernde Form die Blicke auf sich, geplant und gebaut wurde er 1775–79 von Dominik Merlini im Auftrag von König Stanisław August Poniatowski. Von den Innenräumen sind besonders der Speisesaal und das Badezimmer sehenswert, beide schmückte Jan Bogumił Plersch mit Wandmalereien.

Mai bis Sept. Di–Do/Sa/So 10–18, Fr 10–20 Uhr, Okt. bis April Di–So 9–16 Uhr. Eintritt 2,50 €, erm. 1 €, Kinder bis 16 J. und Studenten 0,25 €, Fr frei. Audioguide (auf Deutsch) im Preis enthalten, ☎ 22-5060101, www.lazienki-krolewskie.pl. Łazienki Królewskie. Bus 108, 162, Haltestelle Agrykola.

Ermitaż

Eremitage

Das quadratische Gebäude mit einem Mansardendach von Tylman van Gameren diente Prinz Stanisław Herakliusz Lubomirski als Rückzugsort. Neben seinen militärischen und politischen Fähigkeiten war der Prinz auch

Ausstellung im Zentrum für Zeitgenössische Kunst im Schloss Ujazdowski

als Poet, Theaterdramaturg und Verfasser von philosophischen, religiösen und historischen Abhandlungen bekannt. Heute finden hier ganz im Sinne Lubomirskis Ausstellungen, Konzerte und Literatentreffen statt.

www.lazienki-krolewskie.pl. Łazienki Królewskie. Bus 108, 162, Haltestelle Agrykola.

Zamek Ujazdowski

Schloss Ujazdowski

Die Schlossanlage thront über dem Park Agrykola mit dem Piaseczyński-Kanal, der über einige hundert Meter in Richtung Weichselufer führt. Im 13. Jh. stand an dieser Stelle ein Jagdschloss der masowischen Fürsten, das Matteo Castelli (1560–1632) für König Zygmunt III. Waza im barocken Stil umbaute (1620–1624). Seine heutige Gestalt verdankt das Schloss dem klassizistischen Umbau im späten 18. Jh. Im 19. Jh. wurde es als Militärspital genutzt, heute ist hier das überaus ambitionierte *Zentrum für Zeitgenössische Kunst* (Centrum Sztuki Współczesnej) zu Hause. In den ansprechend gestalteten Galerien stößt man auf Werke der derzeit größten polnischen Künstler. Wer sich für die Avantgarde und außergewöhnliche Werke der bildenden Kunst, Videokunst sowie Musik und Theater interessiert, sollte für einen Besuch genug Zeit einplanen; besonders spannend ist das Schaffen der jeweiligen „artists in residence", 2019 war dies z. B. der Schweizer Marc Hunziker.

Di/Mi/So 11–18, Do/Fr 12–20, Sa 10–19 Uhr, Mo geschlossen. Eintritt 4 €, erm. 2 €, Do frei. ☎ 22-6281271, www.csw.art.pl. Ul. Jazdów 2.

Bus 116, 138, 143, 166, 180, Haltestelle pl. Na Rozdrożu.

Park Ujazdowski

Ujazdowski-Park

Der Landschaftspark mit vielen Kastanienbäumen wurde 1893 von Gartenbaumeister Franciszek Szanior geplant; die Anlagen sind nicht annähernd so von Touristen überlaufen wie die Łazienki Królewskie, weshalb man den Teich mit kleinem Wasserfall und die über den Park verteilten Skulpturen entspannt betrachten kann. Die interessantesten Werke schufen die Bildhauer Pius Weloński (1849–1931) mit seinem „Gladiator" (1892) sowie Edward Wittig (1879–1941) mit „Ewa" (1911); einen Blick wert ist auch die öffentliche Waage am nördlichen Eingang zur ulica Piękna, die bis heute in Gebrauch ist.

Tägl. Sonnenaufgang bis -untergang. Al. Ujazdowskie. Bus 116, 138, 143, 166, 180, Haltestelle pl. Na Rozdrożu.

Praktische Infos → Karte S. 147

Restaurants

meinTipp Qchnia artystyczna **2** Eigentlich schon eine Sehenswürdigkeit ist diese europaweit gerühmte „Kunstküche", die an ein Improvisationstheater erinnert. In puncto Einrichtung trifft man auf schlichte, geschmackvolle Eleganz, die sich ebenso ständig ändert wie die Karte: Überrascht wird man von stets neuen Küchenkreationen und immer wieder neu und kunstvoll aufgespannten Vorhängen, liebevoll verzierten Vasen und originellen, zum Menü passenden Einfällen. Marta Gessler, die Chefin, lernte vor vielen Jahren, alternativ zu kochen, da ihr Sohn Allergiker ist; aus der Not heraus entwickelte sie kreative Rezepte, die inzwischen halb Polen nachkocht. Bemerkenswert sind auch die Kinderfreundlichkeit und die wahrscheinlich sympathischsten und schnellsten Kellner Warschaus. Hauptgericht 9–14 €. So–Mi 12–22, Do–Sa 12–23 Uhr. Ul. Jazdów 2 (Zamek Ujazdowski), ☎ 22-6257627, www.qchnia.pl.

Gondelfahrt in einer der schönsten Parkanlagen Europas

Belvedere 9 Eines dieser Luxusrestaurants, in die Staatspräsidenten ihre Gäste einladen, um mit der Schönheit und guten Küche des Landes zu prahlen. So speisten hier u. a. Helmut Kohl und Hillary Clinton, aber auch Promis wie Mick Jagger oder Sophie Marceau. Der Gourmettempel residiert im viktorianischen Glasbau der Neuen Orangerie mit ihren vielen tropischen Pflanzen, sogar das Vorzelt hat einen Kronleuchter. Business Lunch ab 18 €, Sonntagsbrunch ab 50 €. Mo–Fr 12–16 und 18–23, Sa 12–23, So 12–17 Uhr. Ul. Agrykoli 1, ☎ 22-5586701, www.belvedere.com.pl.

Różana 10 Sympathisch geführtes Luxusrestaurant, in dem es schon Angela Merkel mundete. Die Inneneinrichtung bietet gemütliche Eleganz mit frischen Blumen und lauschigem Garten. Hirschmedaillons mit Klößchen und hausgemachter Marinade 20 €. Tägl. 12–24 Uhr, oft auch länger. Ul. Chocimska 7, ☎ 22-8481225, www.restauracjarozana.com.pl.

Cafés

Amfiteatr 8 Die erstklassige Lage bestimmt den Preis, die Qualität des Kaffees ist trotzdem eher dürftig, der Service gestresst. Unter den Sitzreihen des Theaters auf der Insel (Teatr na Wyspie). Tägl. 10 Uhr bis Sonnenuntergang, www.belvedere.com.pl.

Trou Madame 6 Kaffee und Kuchen sind weniger zu empfehlen, die garantierten Besucherströme motivieren vielleicht nicht dazu. Unser Tipp: sich lieber eine der leckeren Waffeln (1,50–2,75 €) holen und auf eine Parkbank setzen. Tägl. 10 Uhr bis Sonnenuntergang. Nowa Kordegarda, ☎ 22-5586746, www.belvedere.com.pl.

Zielony Jazdów 3 Sommerprojekt des Kulturzentrums zur Förderung von nachhaltiger Stadtentwicklung, Slow Future, Kinderfreundlichkeit u. Ä. Als Gast kann man sich die Debatten und Vorträge aber auch sparen und sich in Liegestühlen oder Hängematten entspannen, so wie es viele Warschauer Familien machen. Ul. Jazdów 1 (Garten vorm Ujazdowski-Schloss), www.csw.art.pl.

Instytut Cafe & Bar 4 Minimalistisches, ruhiges Café mit wirklich gutem Espresso. Tägl. 9–20, Fr/Sa bis 22, Sa/So ab 10 Uhr. Im Instytut Teatralny, Ul. Jazdów 1.

Einkaufen

Księgarnia Art Bookstore 1 Kunstkataloge und Alben, aber auch Souvenirs wie die Warschauer Picasso-T-Shirts gibt es in dieser *Kluboksięgarnia* (schwer zu übersetzen, in etwa: Bücherei-Club). So/Di/Mi 11–19, Do/Fr 11–20, Sa 10–19 Uhr. Zamek Ujazdowski, Ul. Jazdów 2, www.artbookstore.pl .

Sonstiges

Muzeum Łowiectwa i Jeździectwa 🇪 Das Jagd- und Reitermuseum ist für Pferdenarren und Jagdbegeisterte einen Abstecher wert. Mai bis Sept. Di–Do/Sa/So 10–18, Fr 10–20 Uhr, Okt. bis April Di–So 9–16 Uhr. Eintritt 2,50 €, erm. 1 €, Kinder bis 16 J. und Studenten 0,25 €. Ul. Szwoleżerów 9, ☎ 22-5226630, www.lazienki-krolewskie.pl.

Rejs gondolą 🇫 Gondelfahrten auf dem Teich beim Palast. 10 Min. 2,50 €/Pers., erm. 1,50 €.

Warschau im Kasten

Wo kleine Barbaras aus der Hand fressen

Wo früher die Könige badeten und sich vergnügten, unternehmen heute viele Warschauer ihren Sonntagsspaziergang, geraten alljährlich zahllose Touristen ins Schwärmen. Doch nicht nur die Menschen fühlen sich in den Łazienki Królewskie wohl. Die Schwäne zeigen sich von ihrer fotogenen Seite, während die Pfauen zwischen klassizistischen Skulpturen umherstolzieren. Hier, wo sich im 16. Jahrhundert noch ein Reservat für wilde Tiere erstreckte, haben mittlerweile zahllose Eichhörnchen Beziehung zum Menschen geknüpft und sind entsprechend zutraulich. Nüsse naschen sie aus der Hand, posieren dabei vor der Linse des Fotografen, und manchmal lassen sie sich sogar streicheln. Vergessen Sie also nicht, eine Tüte mit den Nagetierleckereien mitzunehmen oder sich am Eingang eine zu kaufen. Sollte man mit dem Anlocken keinen Erfolg haben, schwören die Warschauer auf diese Methode: Mit sanfter Stimme soll man die polnische Koseform des Namens Barbara rufen. Das wiederholte „Basia, Basia, Basia" wird man im Park oft zu hören bekommen, wobei das „si" wie ein „ch" ausgesprochen wird – nicht wie in „Bach", sondern wie in „Becher". Falls Ihnen diese Lektion in polnischer Phonetik zu kompliziert ist, können Sie Ihr Glück auf Deutsch versuchen und die Tierchen mit „Babsi, Babsi, Babsi" locken; ob Sie so Ihr Ziel erreichen, wollen wir aber nicht versprechen.

Das andere Warschau
Tour 10

„Dort drüben am anderen Weichselufer hört Polen auf und beginnt Weißrussland. Oder Asien. Oder was auch immer", beschrieb uns ein Warschauer Manager die Unterschiede zwischen dem reichen und dem armen Teil seiner Heimatstadt.

Nationalstadion, Pragas Schmuckstück an historischem Ort, S. 164

Skaryszewski-Park, eine der schönsten Grünanlagen, S. 165

Neon-Museum, faszinierende sozialistische Neonreklamen, S. 166

Ul. Ząbkowska, Straße mit außergewöhnlichen Kneipen zum Eintauchen in Praga, S. 172

Zoologischer Garten, schöner Zoo mit rund 4000 Tieren, S. 168

Stadtteil Praga
Praga

Der Kontrast zwischen linkem, reichem und rechtem, armem Weichselufer ist groß. Warum also sollte man dann „ans andere Ufer" fahren? Ganz einfach: Praga ist authentisch, spannend, alternativ, voller Kultur und quicklebendig – und das wahre Warschau sowieso.

Vom linksseitigen Weichselufer unterscheidet sich Praga zunächst durch seine Geschichte. 1432 wird Praga erstmals urkundlich erwähnt, als eigenständige Siedlung auf der Höhe der Altstadt, dort, wo heute der Zoo liegt und sich vor 600 Jahren dichte Wälder ausbreiteten; wie bei der tschechischen Hauptstadt geht der Name Praga auf das slawische Wort für Brandrodung zurück.

In der zweiten Hälfte des 16. Jh. wurde hier eine der damals längsten Brücken Europas gebaut, was die Entwicklung von Praga natürlich förderte; 1648 verlieh König Władysław IV. Waza der Siedlung das Stadtrecht. Doch im Gegensatz zur Warschauer Altstadt waren die meist hölzernen Häuser nicht durch Mauern geschützt, weshalb die Nachbarstadt unter Brandschatzungen und Kriegen stark zu leiden hatte. Auch die Brücke hielt nicht dauerhaft stand. Nachdem 1776 eine zweite Brücke die Weichsel überspannte, wurde Praga 1791 offiziell ein Teil Warschaus. Nur drei Jahre nach der Eingemeindung rächten sich die russischen Truppen für den Kościuszko-Aufstand (→ Geschichte der Stadt) mit dem sog. Gemetzel von Praga. Fast alle Gebäude waren danach zerstört, die Häuser und Kirchen geplündert. Die Chronik berichtet von 23.000 Toten auf polnischer Seite, ihr Blut soll über die Straßen in die Weichsel geflossen sein und sie rot gefärbt haben. Beim Novemberaufstand von 1830 tobten in Praga erneut Kämpfe zwischen polnischen und russischen Truppen. In den Jahrzehnten danach gab es erste Schritte zu einer Industrialisierung, Praga entwickelte sich zu einem typischen Arbeitervorort.

Der vielleicht folgenreichste historische Unterschied zwischen Warschau und Praga ist durch den Verlauf des Zweiten Weltkriegs bedingt. Begünstigt durch die Lage am rechten, östlichen Weichselufer, rückte die Rote Armee 1944 schnell bis Praga vor – und wartete erst einmal ab. Und während im Westteil der Stadt der „Warschauer Aufstand" ausbrach, war in Praga Frieden eingekehrt. Deshalb hielt sich die Zerstörung in Grenzen. Die wahre, unzerstörte Altstadt sei in Praga, sagen die, deren Familien schon seit Jahrhunderten hier leben. „The right side of Warsaw", nennen es doppeldeutig die Zugezogenen.

Pragas Charme gründet auch darin, dass hier noch der alte Warschauer Dialekt gesprochen wird und das Kopfsteinpflaster vieler Straßen noch so aussieht wie vor 100 Jahren. Ursprünglich, beinahe dörflich erscheint der Stadtteil. Besonders beeindrucken die in fast allen Hinterhöfen zu entdeckenden Opferstöcke, die der Muttergottes gewidmet sind; herausgeputzt sind sie, geschmückt und oft so farbenfroh, wie man es eher in Südamerika vermuten würde – sie zeigen Pragas wahre Seele.

Während die Opferstöcke grellbunt strahlen, pendeln Pragas Farben ansonsten zwischen Abgasgrau und Rostrot. Die oft verfallenen Häuser zeigen Einschusslöcher, abblätternden Putz, Löcher in Treppen – Praga war auch im Sozialismus das vernachlässigte Stiefkind. Und wenn sich Warschau/West heute als Wirtschaftswunderstadt feiert, hat die kleine östliche Schwester noch immer den Ruf weg, ein Ort voller Trostlosigkeit, Alkoholismus und Gewalt zu sein. Wie die Berliner Mauer teile die Weichsel Warschau in ein besseres Westufer und ein schlechteres Ostufer, schrieb der Warschauer Journalist Edwin Bendyk. Dabei erlaubt sich Polens Hauptstadt auf der östlichen Weichselseite noch den Luxus eines fast unbegradigten Flussufers, das man eher auf dem Land als in einer Zweimillionenmetropole erwarten würde.

Pragas eigenartige Mischung ist authentisch, ehrlich, ungekünstelt. Deshalb zog es seit Jahren mehr und mehr Musiker, Künstler, Schauspieler und Kreative hierher, und nach den Künstlern kamen die Intellektuellen und Studenten. In Praga zu leben ist ein Lebensgefühl, eine Philosophie, das Kulturleben ist schrill und bunt, die Zahl der alternativen Cafés, Kneipen und hippen Clubs groß. Inzwischen zieht der Stadtteil nicht mehr nur Nachteulen und Outsider an; Großinvestitionen wie das neue Nationalstadion und neue Wohnkomplexe beginnen, die Mieten nach oben zu treiben, und dort, wo es vorher nur alternative Kneipen gab, öffnen feine Restaurants ihre Türen.

Praga-Liebhaber sehen die Entwicklung mit einem weinenden Auge, ist der gefräßige Kapitalismus doch längst angekommen. Wenigstens das Weichselufer von Praga wird wohl so friedlich und unberührt bleiben, wie es bisher war.

Tour-Info *Ausgangspunkt* ist das Nationalstadion (Stadion Narodowy). Wer sich dafür weniger interessiert, kann die Tour erst im alten Teil Pragas beim Basar beginnen.

Tram 7, 9, 24, 25. Bus 102, 111, 117, 158. S1, S2. Haltestelle Rondo Waszyngtona/Warszawa Stadion. Ⓜ Stadion Narodowy

N achtleben (S. 172/173)
1 Skład Butelek und Hydrozagadka
8 Łysy Pingwin
10 Offside
13 W Oparach Absurdu
16 Bazar und Centrum Zarządzania Światem

E inkaufen (S. 173)
2 Nizio Gallery
4 Szuflada
12 Galeria Klitka
14 ZOO Market

S onstiges (S. 173)
19 Bootsverleih

E ssen & Trinken (S. 171/172)
5 Skamiejka
9 Le Cedre
11 Pyzy Flaki Gorące
15 Bar Ząbkowski und Retro Praga
17 Warszawa Wschodnia
18 Karczma u Dedka
21 Przystań

C afés (S. 172)
2 cafe.melon
3 La Playa
6 Mucha nie siada
7 St. Praga
15 Stara Praga
20 Misianka
21 temat:rzeka

Oder für den Basar: Tram 3, 4, 6, 13, 20, 23, 25, 28. Bus 120, 135, 162. Haltestelle Dw. Wileński. Ⓜ Dw. Wileński.

Ende: Herz-Jesu-Basilika, ul. Kawęczyńska 53.

Tram 7, 13, Haltestelle Kawęczyńska-Bazylika. Bus 138, 170, Haltestelle Wołomińska.

Dauer: reine Gehzeit der Tour 2:30 bis 3:45 Std., Anfahrt vom Zentrum ca. 10 Min.

Spaziergang

Wer das für die EM 2012 errichtete → **Nationalstadion** (Stadion Narodowy)

begutachtet hat, biegt am Rondo Waszyngtona in die ul. Francuska ein und schlendert auf dieser durch die gemütliche Siedlung → **Saska Kępa**. Anschließend geht es auf der ul. Francuska zurück zum Rondo und rechts in den → **Skaryszewski-Park** (Park Skaryszewski), der als einer der schönsten Warschaus gilt. Im Park bleiben wir zunächst auf der von Blumenbeeten begleiteten Hauptachse, gehen nach 350 m die vierte Möglichkeit bei der Rotunde nach links, auf der Rotunde den zweiten Weg erneut nach links und zum Schwanenteich, dessen südliches Ufer die Skulptur einer Badenden schmückt. Wir gehen am nördlichen Ufer entlang bis zum gepflegten *Ogród Różany* (Rosengarten) mit einer weiteren schönen Skulptur, einer Tänzerin. Anschließend etwa 600 m am großen, länglichen See entlang, bis zur Rechten eine Skulptur namens „Rhythmus" auftaucht, die ihrem Namen alle Ehre macht. Zur Linken plätschert ein kleiner Wasserfall (kaskada), bei dem wir uns links halten und eine kleine Steigung zum Gedenkstein für die Heimatarmee (Pomnik Armii Krajowej) hinaufgehen. Dort die Treppen hinunter und bis zur ulica Międzynarodowa, auf der wir nach links gehen und 400 m geradeaus, dabei einen Fußballplatz passieren und weiter über den Steg, zu dessen Linken der See zu sehen ist. Würden wir von hier aus nach rechts gehen, könnten wir den Ort sehen, an dem bis 2025 der architektonisch spannende Neubau für die Sinfonia Varsovia entstehen soll.

Wir verlassen den Park aber am nördlichen Ufer entlang nach 500 m bei der

Praga → Karte S. 160/161

Typisch Praga: pittoresk verfallener Hinterhof mit herausgeputzter Muttergottes

Kirche und gehen rechts in die Lubelska-Straße. Fans von Neonreklamen und Industriearchitektur sollten hier rechts in die ul. Zamoyskiego abbiegen und anschließend in die ul. Mińska, um das → **Neon-Museum** (Muzeum Neonu) und die → **Soho-Fabryk** (Fabryka Soho) zu sehen. Wieder zurück auf der ul. Zamoyskiego erfüllt Schokoladenduft die Luft, denn wir passieren die *Schokoladenfabrik Wedel*, die wohl die besten Tafeln und Pralinen des Landes produziert. Wer Lust hat, kann hier in der Pijalnia Czekolady (Mo–Sa 9–19, So 11–18 Uhr) von der Schokovielfalt probieren. Nach der Fabrik beim Teatr Powszechny schräg rechts in die ulica Targowa einbiegen und die Eisenbahnbrücke unterqueren.

Nach 500 m stößt man auf den neuen Sitz für das → **Museum von Praga** (Muzeum Warszawskiej Pragi). Direkt daneben sieht, hört und riecht man auf der rechten Seite den → **Różycki-Basar** (Bazar Różyckiego), auf dem v. a. Kleidung und Lebensmittel verkauft werden. Wir überqueren anschließend die ulica Targowa an der Ampel und gehen

geradeaus in die ulica Kępna, die wir bei der ersten Möglichkeit nach rechts in die ulica Jagiellońska verlassen, um sofort links in die ulica Okrzei abzubiegen. Nach 300 m sieht man schon die ersten Gebäude des Stadtentwicklungsprojekts → **Port Praski**, das sich, wenn auch in kleinerem Rahmen, an der Hamburger HafenCity orientiert. Anschließend wenden wir uns rechts in die ulica Sierakowskiego mit ihren schönen, teils mitgenommenen Altbauten, darunter eines der ältesten Häuser von Praga, die *Kamienica Mintera*, das frühere Wohnhaus des Industriellen Karol Juliusz Minter (Nr. 4).

Am Ende der Straße ragen die beiden schlanken, hohen Türme der → **St.-Florian-Kathedrale** (Bazylika katedralna św. Floriana) empor, einer der schönsten Sakralbauten des späten 19. und frühen 20. Jh. Nach der Besichtigung überqueren wir die aleja Solidarności und gelangen zum *Bärengehege* (→ Kasten, S. 163). Durch den an dieser Stelle beginnenden Park Praski geht es schräg links direkt zum 400 m entfernten → **Zoologischen Garten** (Miejski

Ogród Zoologiczny); die hohe, metallene Giraffe am Weg durch den Park Praski ist ein beliebtes Fotomotiv.

Nachdem wir den Tieren einen Besuch abgestattet haben, geht es, vom Zoo aus gesehen, links weiter auf der ulica Ratuszowa bis zur 300 m entfernten Kirche der Muttergottes von Lourdes, dann rechts über die ulica Jagiellońska und nach 500 m zum wichtigsten russisch-orthodoxen Gotteshaus Polens, der leider nur selten geöffneten → **Maria-Magdalena-Kirche** (Cerkiew św. Marii Magdaleny). Anschließend auf dem Zebrastreifen über die aleja Solidarności zurück in die ulica Jagiellońska, wobei wir zur Linken ein schönes Liceum (Gymnasium) mit Jugendstilelementen passieren.

Das → **Theater Baj** (Teatr Baj), auf das wir nach 200 m auf der linken Seite der ulica Jagiellońska stoßen, ist v. a. wegen seiner jüdischen Geschichte erwähnenswert. Ein paar Schritte weiter steht rechts das 2006 errichtete, gewöhnungsbedürftige *Denkmal der Hinterhofkapelle von Praga* (Pomnik Praskiej Kapeli Podwórzowej). Wer eine SMS mit dem Text „kapela" und die Nummer eines Liedes an die polnische Nummer 7141 schickt, bekommt für 35 Cent Geiger, Akkordeonspieler, Gitarristen, Banjospieler und Trommler zu hören.

Die Nummern der hundert (lokal-)patriotischen oder romantischen Lieder sind auf dem Schild verzeichnet.

Gegenüber dem Denkmal, im kleinen Park mit Spielplatz neben dem Theater Baj, stand jahrhundertelang die Synagoge von Praga, das in diesem Viertel sehr jüdisch geprägt war. Nach der

Praga → Karte S. 160/161

Warschau im Kasten
„Mama, lass uns die Bären trösten gehen!"

Alleingelassen, Verkehrslärm und Abgasen ausgesetzt, auf beengtem Raum umhertapsend, gefüttert mit Süßigkeiten und von den anderen Tieren getrennt, so fristen die Braunbären des Warschauer Zoos ihr Dasein. Um die Wiedereröffnung des Tierparks zu promoten, wurde das Bärengehege 1952 ausgelagert, direkt an die Hauptverkehrstrasse W-Z. Dagegen wehren sich die Tierschützer seit Jahren und fordern eine artgerechte Unterbringung auf dem eigentlichen Gelände des Zoologischen Gartens. Immerhin ist der Warschauer Zoo Mitglied der EAZA (European Association of Zoos and Aquaria), deren Satzung große und der Würde der Tiere angemessene Gehege fordert. Die Anwohner von Praga haben sich jedoch an den traurigen Zustand gewöhnt. Man verabredet sich bei den Bären, Restaurants beschreiben ihre Lage als „gegenüber den Teddys", und Kinder fragen die Mamas nicht, ob sie die Bären Tatra, Mała und Sabina sehen, sondern ob sie sie trösten dürfen.

Zerstörung durch die Nazis wurden die verbliebenen Reste 1961 leider abgerissen. Ein Fehler, der rückgängig gemacht werden soll – eine Rekonstruktion der Synagoge ist seit Jahren in Planung.

Ein paar Schritte weiter in der ulica Kłopotowskiego befand sich in Vorkriegszeiten im Haus Nr. 31 die Mykwe, das rituelle Badehaus der Juden. Bis 2011 gründlich restauriert, ist hier nun das „Liceum vieler Kulturen" und der Sitz einer polnischen Organisation junger Juden zu Hause. Durch eine Unterführung (Achtung: Kopf einziehen!) geht es nun auf die andere Seite der ulica Targowa, auf der wir bereits zu Beginn der Tour waren.

Dort angekommen, biegen wir in die *ulica Ząbkowska* ein, auf der das Flair des Stadtteils am ehesten zu spüren ist – hier haben sich viele Kneipen, Cafés und Galerien niedergelassen.

Die alte → **Wodkafabrik Koneser** (Fabryka Wódek Koneser, nach 500 m zur Linken) war für ein paar Jahre das neue kulturelle Zentrum Pragas, bis aktuelle Investitionen eine rein kommerzielle Nutzung des alten Industriegeländes anstießen. Hier besuchen wir auch das → **Museum des Polnischen Wodkas** (Muzeum Polskiej Wódki). 600 m weiter geradeaus ändert die ulica Ząbkowska ihren Namen und wird zur ulica Kawęczyńska, auf der wir weitergehen. Die von hier etwa 800 m entfernte → **Herz-Jesu-Basilika** (Bazylika Najświętszego Serca Jezusowego) an der Ecke zur ulica Otwocka, eine Mischung aus frühchristlicher und modernistischer Architektur, war für Papst Paul VI. die schönste Kirche Polens. Von der Tramhaltestelle aus gelangt man zurück.

Sehenswertes

Stadion Narodowy

Nationalstadion

Einst der Stolz Nachkriegspolens, verfiel das 1955 eröffnete, auf den Trümmern des Zweiten Weltkriegs gebaute Stadion Dziesięciolecia („Stadion des Zehnjährigen Jubiläums") seit den 80er-Jahren immer mehr: Wo früher 100.000 Zuschauer Sportveranstaltungen und Paraden beklatscht hatten, entstand nach der Wende der „Jarmark Europa", ein Markt mit polnischen, russischen und asiatischen Händlern. Zu seinen besten Zeiten Europas größter Basar, hat sich der Markt inzwischen in Richtung Busbahnhof verlagert. Bis vor nicht allzu langer Zeit wurde hier alles feilgeboten, von Raubkopien über Markenfälschungen bis zu schweren Waffen, angeblich sogar angereichertes Uran! Gerüchten zufolge wurden besonders die russischen Matrjoschka-

Schachtelpuppen als Versteck für allerhand Verbotenes benutzt. Der zusehends gefährliche und illegale Markt mit jährlichen Milliardenumsätzen (!) beflügelte nicht nur die Fantasie der Warschauer; zahllose Reportagen, Filme, sogar ein Agententhriller entstanden hier.

Doch das alles scheint Geschichte zu sein. Der 2008 begonnene Abriss des alten Stadions und der rund 300 Millionen Euro teure Neubau brachten neue Nüchternheit in die Umgebung, wenngleich die in den Nationalfarben gehaltene Arena mit 55.000 Sitzplätzen zu den architektonisch schönsten Stadien Europas zählt. Ein halbes Jahr nach der Einweihung wurden hier u. a. das Auftaktspiel sowie ein Viertel- und Halbfinale der EM 2012 ausgetragen. In den nächsten Jahren sollen in unmittelbarer Nähe weitere Prestige-Projekte folgen, was für die rechte Weichselseite große Veränderungen mit sich bringen dürfte.

Das Nationalstadion kann man an manchen spielfreien Tagen besichtigen

Besichtigen kann man das Nationalstadion auf sechs geführten Touren, von denen *Poczuj się jak VIP* (VIP-Tour) und *Piłkarskie Emocje* (Fußballemotionen) auch auf Deutsch oder Englisch angeboten wird. Außerdem kommt man mit dem Audioguide auf den Aussichtspunkt.

Tägl. 9–22 Uhr (außer vor Veranstaltungen). Aktuelle Infos zum häufig wechselnden Tourenplan auf der Webseite. Eintritt 6–7 €, erm. 4 €, Aussichtspunkt 4 €, erm. 3 €. Voranmeldung: ✆ 22-2959595, www.pgenarodowy.pl oder www.tourleaders.pl.

Kreuzung al. Poniatowskiego/ul. Wybrzeże Szczecińskie. Tram 7, 9, 24, 25. Bus 102, 111, 117, 158. S1, S2. Haltestelle Rondo Waszyngtona bzw. Warszawa Stadion. Ⓜ Stadion Narodowy.

Warschaus Diplomatenviertel
Saska Kępa

Die Siedlung ist der geometrische Mittelpunkt Warschaus. Ihr Name stammt je nach Überlieferung von der sächsischen Königsgarde, die hier stationiert war, oder vom aus Sachsen stammenden König August III., der die Gegend als Naherholungsgebiet genutzt haben soll. Charakteristisch sind heute die vielen im Zweiten Weltkrieg nur teilweise zerstörten Villen der Goldenen Zwanziger und Dreißiger mit ihren grünen Gärten. Kein Wunder also, dass sich in dem ruhigen Viertel einige Botschaften und Konsulate befinden. Auch viele Maler, Schriftsteller und Poeten haben sich hier niedergelassen. Am besten erkunden lässt sich Saska Kępa entlang der zentralen ul. Francuska, in der auch viele Restaurants und Cafés auf Gäste warten.

Bus 117, 138, 146, Haltestelle Francuska. Ⓜ Stadion Narodowy.

Park Skaryszewski
Skaryszewski-Park

Als zweitgrößter Park und einer der schönsten in Warschau ist er bei den Einheimischen sehr beliebt. 2009 wurde er bei einem europaweiten Wettbewerb gar zum schönsten Park Polens und drittschönsten Park des Kontinents gewählt. Seine diversen Bereiche stellen die unterschiedlichen Landschaften Polens dar, man findet Bäche, einen See, Kaskaden, Hügel, fast waldähnliche

Praga → Karte S. 160/161

Baumreihen und blumengeschmückte Promenaden. Besonders schön sind die vielen Skulpturen in dem 1906 bis 1922 vom Warschauer Gartenbaumeister Franciszek Szanior gestalteten Park. Vor allem die Skulpturen *Rytm* (Rhythmus – Henryk Kuna, 1929; Standort am See), *Kąpiąca się* (Die Badende – Olga Niewska, 1929; beim Teich) und *Tancerka* (Die Tänzerin – Stanisław Jackowski, 1927; im Rosengarten) haben es uns angetan. Sollten Sie dabei den Geruch von Schokolade in der Nase haben, handelt es sich nicht um ein Café – es ist die Schokoladenfabrik Wedel, die man bei entsprechender Windrichtung schon von Weitem riechen kann.

Tram 7, 9, 24, 25. Bus 102, 111, 117, 158. S1, S2. Haltestelle Rondo Waszyngtona bzw. Warszawa Stadion. Ⓜ Stadion Narodowy.

Muzeum Neonu

Neon-Museum

Kaum bekannt ist, dass während des Kalten Kriegs auch im grau-sozialistischen Polen Neonreklamen für ein bisschen Buntheit sorgten. Einige der Röhren hängen noch, besonders im MDM-Viertel (→ Tour 8), viele der abgehängten hat sich das 2012 eröffnete Museum gesichert. In einem der aufregendsten Orte des jungen Warschau, in der ehemaligen Fabryka Soho, sind seitdem die leuchtenden Schriftzüge zu sehen, die einst auf Bahnhöfen, Kino-, Theater- und Hotelfassaden, aber auch an Apotheken, Restaurants und Supermärkten die Blicke auf sich zogen. Der Abstecher lohnt sich! Fotos sind leider nur mit Handys erlaubt, für Kameras braucht man eine Genehmigung.

Mo–Fr 12–17, Sa 12–18, So 11–17 Uhr, im Winter Mi geschl. Eintritt 3 €, erm. 2,50 €, englischsprachige Führung 37,50 €. ☎ 665-711635 (mobil), www.neonmuzeum.org. Ul. Mińska 25 (Halle 55).

Tram 3, 6, 22, 26, Haltestelle Bliska, Bus 123, 173, Haltestelle Żupnicza. Ⓜ Dworzec Wschodni (ab 2026).

Fabryka Soho

Soho-Fabrik

In der ehemaligen Fabrik für Metall- und Elektroprodukte geschieht zurzeit das, was vorher schon in der Fabryka

Geheimtipp Neon-Museum

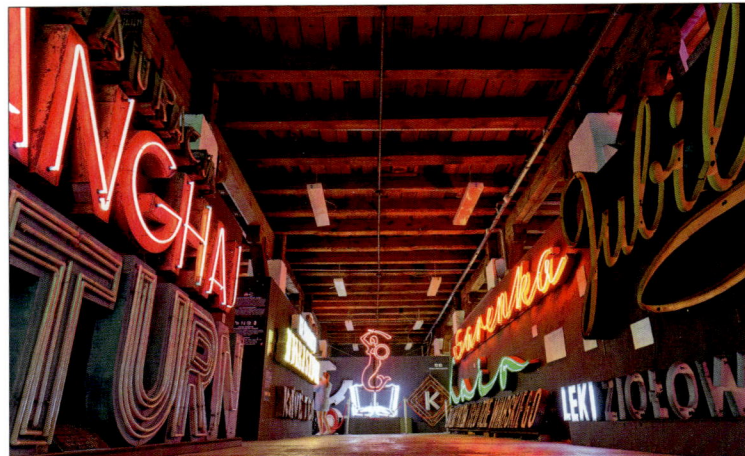

Konesera und der Fabryka Trzciny geschehen ist: Künstler, Designer, Filmproduktionen, Start-ups und Nachtschwärmer revitalisieren eine lange Zeit verlassene Industrieanlage. Dann wird gentrifiziert und rundherum entstehen teure Appartementblocks.

Ul. Mińska 25. Tram 3, 6, 22, 26, Haltestelle Bliska, Bus 123, 173, Haltestelle Żupnicza. Ⓜ Dworzec Wschodni (ab 2026).

Muzeum Warszawskiej Pragi

Museum von Praga

Das Museum zur Geschichte des Stadtteils ist ein weiterer Versuch, Praga den Schrecken zu nehmen und die Bewohner stolz auf ihre Umgebung zu machen. Seit 2014 sind im neuen Museumssitz, einem restaurierten Altbaukomplex, typische Ausstellungsstücke zur lokalen und zur jüdischen Vergangenheit zu sehen. Spannend und ganz nah an den Menschen von Praga ist auch das Archiv der „Oral History" mit vielen akustischen Aufnahmen von Anwohnern, die die Ereignisse der letzten Jahrzehnte dokumentieren. Gut gefallen haben uns auch die Kontrastfotos im Keller, auf denen die krassen Unterschiede zwischen Luxus und Armut in Praga zu sehen sind, sowie der Raum, in dem Anwohner des Stadtteils ihre Wohnung präsentieren. Verpassen Sie es nicht, auf der Aussichtsterrasse des Museums einen Blick über den Basar und auf die Altbauten zu werfen.

Di–So 10–18, Do bis 20 Uhr. Eintritt 2,50 €, erm. 2 €, Do frei. ✆ 22-5183430, www.muzeum pragi.pl. Ul. Targowa 50/52.

Tram 3, 4, 6, 13, 20, 23, 25, 28. Bus 120, 135, 162. Haltestelle Dw. Wileński. Ⓜ Dw. Wileński.

Bazar Różyckiego

Różycki-Basar

Der Markt gilt als Überbleibsel des alten Warschaus, gehandelt wird hier wie vor 100 Jahren, und einige Marktfrauen

St.-Florian-Kathedrale

scheinen auch so gekleidet zu sein. Geradezu folkloristisch muten die Stände an, an denen v. a. Kleidung und Dinge des täglichen Bedarfs feilgeboten werden. Zur Enttäuschung von Nostalgikern wurden hier in jüngster Zeit jedoch Modernisierungsarbeiten durchgeführt. Und leider wird es immer leerer, aus vielen Buden heraus wird schon nichts mehr verkauft.

Unbedingt probieren sollten Sie die *Pierogi ruskie* (Teigtaschen mit Kartoffel-Quark-Füllung) oder die *flaki* (Kutteln), sofern Sie diese mögen.

Mo–Fr 7–18, Sa 7–15 Uhr. www.bazarrozyckiego.pl. Ul. Targowa 54. Tram 3, 4, 6, 13, 20, 23, 25, 28. Bus 120, 135, 162. Haltestelle Dw. Wileński. Ⓜ Dw. Wileński.

4 von 4000 Tieren im Zoo

Hafen von Praga

Optimisten nennen es Revitalisierung und Stadtteilentwicklung, Kritiker bemängeln eine Gentrifizierung. Rund um den früheren Hafen von Praga entstehen luxuriöse Wohnungen, Lofts und Büros. Aus dem alternativen Stadtteil für Trinker, Studis und Künstler wird also ein Edelviertel. Auch wenn das Gelände dreimal kleiner ist als das der Hamburger Hafencity, beziehen sich die Planer ausdrücklich auf das Projekt in der Hansestadt.

www.portpraski.pl. Ul. Zamoyskiego. Bus 162, Haltestelle Sierakowskiego, Bus 115, 173, Haltestelle Jagiellońska. Ⓜ Dw. Wileński.

Bazylika katedralna św. Floriana

St.-Florian-Kathedrale

Die 1887–1904 nach Plänen von Józef Pius Dziekoński gebaute Kathedrale zählt zu den sehenswertesten der Stadt. In Form und Stil interpretiert sie die masowische Gotik, die sich in der Verwendung von Backstein und in den hohen Spitztürmen zeigt. Vor der Kirche stehen die Statuen des Heiligen Florian von Lorch und des Erzengels Michael. Im Zweiten Weltkrieg wurden beide Türme zerstört, danach aber wieder aufgebaut, sodass sie wie einst die Ansicht von Praga bestimmen, die man vom linken Weichselufer aus hat. 1997 erhielt das Gotteshaus den päpstlichen Ehrentitel „Kleinere Basilika".

Tägl. 8–18 Uhr. Messe Mo–Sa 6.30, 7, 8, 18, So 7.30, 9.30, 11, 12.30, 18, 20 Uhr. www.katedrafloriana.waw.pl. Ul. Floriańska 3.

Tram 4, 13, 20, 23, 26. Bus 160, 190. Haltestelle Park Praski. Ⓜ Dw. Wileński.

Miejski Ogród Zoologiczny

Zoologischer Garten

Obwohl 1928 eröffnet, gab es in Warschau schon seit dem 17. Jh. private

Menagerien, die der Öffentlichkeit zugänglich waren. Bis zum Weltkrieg wurde der Zoo ständig erweitert. Doch schon nach den ersten Bombenangriffen waren viele Gehege und Gebäude zerstört, Soldaten und SS-Truppen schlachteten Tiere zum Spaß ab, die seltenen und wertvollen Arten wurden nach Berlin und in andere deutsche Zoos verschleppt.

Zoodirektor Jan Żabiński gelang es allerdings, auf dem Gelände Hunderte von Juden vor den Nazis zu verstecken. Nachdem er anfangs noch auf sich allein gestellt war und Essen, Medizin und Kleidung aus eigener Tasche bezahlte, half ihm später die Żegota (→ Geschichte der Stadt). Israel ehrte ihn nach dem Krieg als „Gerechter unter den Völkern".

Den Niedergang des Zoos konnte Żabiński allerdings nicht verhindern. So aß die hungernde Bevölkerung in ihrer Not die verbliebenen Tiere auf.

Nach 1948 wuchs die Anlage wieder auf ihre heutige Größe an, und schon zur Wendezeit gehörte der Tierpark erneut zu den großen Zoologischen Gärten Europas. Ca. 4000 Tiere sowie 553 heimische und exotische Gattungen lebten 2016 im Warschauer Zoo.

Tägl. ab 9 Uhr, Dez./Jan. bis 15.30, Sa/So bis 16 Uhr, Febr. und Nov. bis 16 Uhr, März und Okt. bis 17 Uhr, April bis Sept. bis 18, Sa/So bis 19 Uhr. Eintritt April bis Sept. 7,50 €, erm. 5 €, Familien 17,50–22,50 €, Okt. bis März 5 €, erm. 4 €, Familien 12,50–16 €, für Kinder bis 3 J. und Senioren über 70 J. immer frei. Kostenloser englischsprachiger Audioguide zum Download. ✆ 22-6194041, www.zoo.waw.pl. Ul. Ratuszowa 1.

Tram 4, 13, 20, 23, 26. Bus 160, 190. Haltestelle Park Praski. Ⓜ Dw. Wileński.

Cerkiew św. Marii Magdaleny
Maria-Magdalena-Kirche

Nachdem die russisch-orthodoxe Kirche auf dem heutigen plac Piłsudskiego

Orthodoxe Maria-Magdalena-Kirche

(→ Tour 5) nach dem Ende der russischen Besatzung Mitte der 1920er-Jahre zerstört worden war, war die 1867–1869 gebaute Maria-Magdalena-Kirche das wichtigste russisch-orthodoxe Gotteshaus in Warschau und ganz Polen. Heute sind die Warschauer froh, dass sich nach der Befreiung die Wut gegen die Russifizierung nicht auch gegen diese Kirche richtete. Der gedrungene Bau mit den charakteristischen Zwiebeltürmen zeigt sehenswerte Wandmalereien und eine kostbare, reich verzierte Ikonostase.

Mo–Fr 11–15 Uhr nach Voranmeldung unter ✆ 22-6198467. Gottesdienste Mo–Fr 9, Mo–Sa 17, So 7.30, 8.30, 10, 17 Uhr. www.katedra.org.pl. Al. Solidarności 52.

Tram 3, 4, 6, 13, 20, 23, 25, 28. Bus 120, 135, 162. Haltestelle Dw. Wileński. Ⓜ Dw. Wileński.

Teatr Baj
Theater Baj

Polens ältestes Puppentheater begeistert nicht nur Kinder. Seit 1928 beflügeln Marionetten, Masken, Schattenspiele und natürlich Puppen die Fantasie von Jung und Alt. In der Vorkriegszeit wurde das Gebäude auch als Synagoge genutzt, zwischenzeitlich traten hier jüdische Theatergruppen auf. Bis Ende 2019 gab es eine aufwendige Renovierung.

Kasse Di–Fr 9–17, Sa/So 9–13 Uhr. Eintritt 7,50 €, erm. 6 €. ☎ 22-8180821 (Kasse), www.teatrbaj.waw.pl. Ul. Jagiellońska 28.

Tram 3, 4, 6, 13, 20, 23, 25, 28. Bus 120, 135, 162. Haltestelle Dw. Wileński. Ⓜ Dw. Wileński.

Das Wodka-Museum ist ein neues Highlight in Warschau

Fabryka Wódek Koneser
Wodkafabrik Koneser

Früher liefen hier alljährlich rund eine Million Flaschen der besten polnischen Wodkasorten vom Band, darunter Wyborowa, Luksusowa und Żubrówka. Über Jahre hinweg hatten sich dann in den Fabrikanlagen Galerien, ein Theater und ein Restaurant angesiedelt, weshalb das Industriemonument lange Zeit als das kulturelle Herz von Praga galt. Nicht zuletzt deshalb waren die Anwohner und Stammgäste von den von der Stadtverwaltung genehmigten Plänen enttäuscht: Auf dem Gelände sind luxuriöse Lofts, Geschäfte und ein kommerzieller Musikclub entstanden, für das alternative Kulturzentrum und die Galerien war kein Platz mehr. Lange Zeit hatte das Luxusprojekt übrigens Probleme mit dem Verkauf – für ein Loft wurden nämlich Manhattan-Preise in einer Bronx-Umgebung fällig.

www.koneser.eu. Ul. Ząbkowska 27/31. Bus 138, 170, Haltestelle Markowska. Ⓜ Dw. Wileński.

Muzeum Polskiej Wódki
Museum des Polnischen Wodkas

Ein wirklich mehr als gelungenes Museum zum polnischen Wässerchen. Humorvoll, kurzweilig und lehrreich erfährt man alles, was man über Wodka wissen muss: von der Herstellungstechnik bis zur geschichtlichen Entwicklung und Bedeutung, dies alles ergänzt durch lustige Anekdoten von einem der Museumsführer. Die multimediale Ausstellung stammt übrigens von Mirosław Nizio, also dem Designer, der in Warschau auch für das Museum des Warschauer Aufstands und das Museum der Polnischen Juden verantwortlich ist. Wir empfehlen zusätzlich die Degustation am Ende der Führung, um den Besuch abzurunden und noch die Geschmacksnerven zu wodkaisieren.

So–Do 11–20:30, Fr/Sa 11–21.30 Uhr. Eintritt 10 €, erm. 7 €, Gruppen 9 €, Degustation 4 €. Deutschsprachige Führung spätestens drei Tage früher buchen, auf Englisch und Polnisch gibt es jeden Tag Führungen. ☎ 22-4193150, www.muzeumpolskiejwodki.pl.   Pl. Konesera 1. Bus 138, 170, Haltestelle Markowska. Ⓜ Dw. Wileński.

Bazylika Najświętszego Serca Jezusowego

Herz-Jesu-Basilika

Die von Herzogin Maria Radziwiłłowa in Auftrag gegebene Basilika wurde 1907–23 gebaut. Architekt Łukasz Wolski ließ sich dabei von frühen christlichen Kirchen inspirieren und verwendete dabei auch modernistische und klassizistische Stilemente. Die 24 aus einem Block gehauenen korinthischen Granitpfeiler waren eigentlich für die Basilica di San Paolo in Rom gedacht, der die Herz-Jesu-Basilika sehr ähnelt. Da sie für das römische Gotteshaus aber zu kurz geraten waren, wurden sie auf Bitten der Herzogin im Ersten Weltkrieg auf einer Odyssee quer durch das kriegserschütterte Europa transportiert. Der spätere Papst Paul VI., der 1923 bei der Weihe der Kirche zugegen war, bezeichnete sie später als Polens schönste Kirche. Im Zweiten Weltkrieg blieb die Basilika zum Glück unbeschädigt; der schöne Innenraum bietet eine hervorragende Akustik, weshalb hier oft Konzerte stattfinden.

Mo–Sa 8–18 Uhr. Messe Mo–Sa 7, 8, 12, 18, So 7, 8.30, 10, 11.30, 13, 18, 19.30 Uhr. www.bazylika.salezjanie.pl. Ul. Kawęczyńska 53. Tram 7, 13, Haltestelle Kawęczyńska-Bazylika. Bus 138, 170, Haltestelle Wołomińska.

Praktische Infos

→ Karte S. 160/161

Restaurants

Karczma u Dedka 🔟 Sowohl im urigen Restaurant wie im verträumten Innenhof fühlt man sich wie auf dem Land. Und tatsächlich: Das Fleisch kommt von polnischen Bauern. Hauptgericht 5–13 €. Tägl. 12–23 Uhr. Al. Zieleniecka 6/8, ☎ 22-6194752.

Warszawa Wschodnia 1️⃣7️⃣ Aus einer offenen, nie geschlossenen Küche kredenzen die Köche polnische und französische Klassiker wie mit Armagnac flambierte Hirschmedaillons für 17 €. Hier treffen Startup-Unternehmer auf die Warschauer *śmietanka*, die „Sahne" mit dickem Portemonnaie. Rund um die Uhr geöffnet. Ul. Mińska 25,   ☎ 22-8702918,   www.mateuszgessler.com.pl.

Mein Tipp Le Cedre 9️⃣ Bietet seit über 20 Jahren libanesische Küche mit orientalischer Gemütlichkeit samt Wasserpfeife. Inmitten von Kissen, Sofas und dicken Teppichen kann man sich's gut gehen lassen und libanesisches Tatar (6 €) oder eines der vegetarischen Gerichte (9 €) genießen. Tägl. 11–23 Uhr. Al. Solidarności 61, ☎ 22-6701166, www.lecedre.pl.

Przystań 1️⃣9️⃣ Für Grillfans wird direkt am See des Parks Skaryszewski gesorgt. Schweinekamm 5 €, Forelle 7,50 €. Wir sollen die Deutschen zum gemeinsamen Biertrinken vorbeischicken, wurde uns aufgetragen. Das machen wir gern! Österreicher und Schweizer sind sicher genauso willkommen. April bis Sept. Mo–Do 12–22, Fr/Sa 11–23.30, So 11–22 Uhr. Al. Zieleniecka 2, ☎ 881-925740 (mobil), www.przystanparkskaryszewski.pl.

Mein Tipp Skamiejka 5️⃣ Künstlerische und wunderschön gestaltete Retro-Milchbar, in der die russische Seele der Besitzerin spürbar wird. So gastfreundlich und herzlich wird man selten begrüßt und umsorgt. Tägl. 12–22 Uhr. Ul. Ząbkowska 37 (Eingang über ul. Nieporęcka), ☎ 512-123967 (mobil).

Retro Praga 1️⃣5️⃣ Das Retro im Namen bezieht sich nicht nur auf die Einrichtung, sondern auch auf die Karte: hausgemachte *flaki* (Kutteln), *nóżki* (Keulen in Aspik), *śledzik* (Hering) und natürlich *pierogi*. So–Do 12–24, Fr/Sa 12–3 Uhr. Ul. Ząbkowska 2, ☎ 22-1194055.

Bar Ząbkowski 1️⃣5️⃣ Eine Kult-Milchbar mit mehr als 50-jähriger Geschichte. Mo–Fr 8–19, Sa 8–18, So 9–17 Uhr. Ul. Ząbkowska 2, ☎ 22-6191388, www.barzabkowski.waw.pl.

Pyzy Flaki Gorące 1️⃣1️⃣ Übersetzt lautet der Name schlicht „Klöße, Kutteln, heiß". Für Praga typisches Streetfood in dieser Kultbar direkt am

Praga → Karte S. 160/161

Basar. Ein bekannter polnischer Gastrokritiker bezeichnete das Lokal gar als „Nationalschatz". Serviert werden die Gerichte für je 3 € in einem Einmachglas. Tägl. 11–22 Uhr. Ul. Brzeska 29/31.

Cafés

Misianka  **20** Residierend in einem ehemaligen Toilettenhäuschen, das früher als geheimer Schwulentreff bekannt war, hat dieses Café inzwischen Kultstatus. Am Wochenende heißt dies: anstehen und warten. Das dürfte u. a. an den leckeren, hausgemachten Kuchen und Torten liegen. Im Sommer entspannte Stimmung und viele junge Familien auf der zum Park gelegenen Terrasse. Tägl. 10–19 Uhr, im Winter bis 16 Uhr, Frühling/Herbst bis 17 oder 18 Uhr. Im Park Skaryszewski, an der al. Waszyngtona, ☎ 668-110043 (mobil), www.misianka.pl.

cafe.melon 2 Wenig Auswahl, dafür Toasts für nur 2 €, Kaffee nur 1–2 €. Alternative Ak-

zente setzen die Ausstellungen mit Fotos von Praga. Mo–Fr 10–19, Sa/So 11–19 Uhr. Ul. Inżynierska 3/7, ☎ 22-8187998.

St. Praga 7 Keine Kunstgalerie, sondern ein sympathisches Café mit schönen Holzdielen. Bistrogerichte und Frühstück. Mo–Do 9–23, Fr 9–24, Sa 10–24, So 10–22 Uhr. Ul. Ząbkowska 13, ☎ 22-6198109, www.caffee.stanowski.pl.

Mucha nie siada 6 Café und Bistro mit regionalen und lokalen Spezialitäten. So–Do 11–22, Fr/Sa 11–24 Uhr. Ul. Ząbkowska 38, ☎ 501-620 669 (mobil).

Stara Praga 15 In diesem Café wird die Atmosphäre des Vorkriegs-Praga spürbar: Musik der typischen Hinterhofkapellen, *flaki* (Kutteln) und ähnliche lokale Gerichte, alte Fotos und Antiquitäten. Mo–Fr 12–22, Sa/So 10–22 Uhr. Ul. Ząbkowska 4.

Lokale für Tag und Nacht

meinTipp Łysy Pingwin 8 Die Kneipe, die Pragas Ruf als Zentrum des außergewöhnlichen Nachtlebens begründet hat. Hier gibt es viele Ausstellungen, Konzerte und Künstlertreffen. So–Do 15–24, Fr/Sa 15–3 Uhr. Ul. Ząbkowska 11, ☎ 22-6180256.

meinTipp W Oparach Absurdu 13 Auf Kinostühlen oder Sofas sitzend, kann man alte Radios und Fotos betrachten, Freejazz hören und sich an den „Schwaden des Absurden" (so die Übersetzung) erfreuen. Alternatives Nachtleben in Reinkultur, Konzerte, Ausstellungen, 60er-Jahre-Kino. Tägl. 12–2 Uhr. Ul. Ząbkowska 6.

Bazar 16 Inmitten von industriellem Schick werden hier Tage und Nächte durchgefeiert. Das beliebteste Gericht zur Stärkung zwischendurch ist die „Leber mit Birne, frischem Thymian und in Honig karamellisierter Schalotte" für 4,50 €. Durchgehend geöffnet. Ul. Jagiellońska 13, www.bazarklub.pl.

Centrum Zarządzania Światem 16 „Humor, Musik, Geschmack" lautet das Motto, die Übersetzung des Namens der Kulturkneipe „Zentrum zur Beherrschung der Welt". Beherrscht wird hier auch die Kunst, leckere Flammkuchen zu zaubern. So–Do 12–24, Fr/Sa 12–3.12 (!) Uhr. Ul. Okrzei 26, www.centrumswiata.com.

Skład Butelek 1 Kein Club, keine Kneipe, sondern ein Ort der Begegnung lautet das Motto. Hier trifft sich Pragas künstlerische Elite und feiert sich und die Künstler auf der Bühne. Eintritt meist 2–5 €. Mi 18–24, Do–Sa 18–3 Uhr. Ul. 11 Listopada 22, www.skladbutelek.pl.

W Oparach Absurdu

Hydrozagadka 🚹 Alternativer Club mit großem Konzertsaal im roten Ziegelgemäuer. Überall wird es im Winter sehr kalt, was der Stimmung trotzdem nicht zu schaden scheint. Eintritt meist 3 €, mitunter weniger oder frei. Fr/Sa ab 21 Uhr, manchmal auch an anderen Tagen. Ul. 11 Listopada 22, www.hydrozagadka. waw.pl.

Offside 🔟 Kneipe mit Graffiti, Punk und Dubstep. Tägl. 17–1 Uhr. Ul. Brzeska 16/2.

temat:rzeka 🟦21 Konzerte, Kultur, Sport, Abhängen und ein unendliches Sommergefühl an Warschaus beliebtestem Weichselstrand. Am „Supertoaleta" getauften Gebäude kann man nicht nur aufs Klo gehen, sondern auch Snacks und Getränke erwerben. Wybrzeże Szczecińskie (bei der Poniatowski-Brücke), www.tematrzeka.pl.

La Playa 🟦3 Ein Strand mit Beachvolleyball-Netzen, Strandkörben, Grill, Cocktailbar, einer wundervollen Sicht auf die wilde Weichsel und die gegenüberliegende Alt- und Neustadt, auf Kulturpalast und Wolkenkratzer. Abends steigt dann die Strandparty, So ab 17 Uhr die berühmte Salsa-Fiesta. Eintritt bei DJ-Sets ca. 5 €, sonst frei, Getränke und Essen müssen allerdings vor Ort gekauft werden. Mai bis Aug. So–Do 10–24, Fr/Sa 10–5 Uhr. Ul. Wybrzeże Helskie 1/5, ☎ 883-868118 (mobil), www.laplaya.pl.

Einkaufen

mein.Tipp **Galeria Klitka** 🟦12 Ein Fotostudio, in dem man sich in Klamotten aus der Zeit um 1850 fotografieren lassen kann. 2012 gab es eine Fotoserie mit Einwohnern aus Praga, die sich mit der Aufschrift „Jestem z Pragi" (Ich bin aus Praga) zu ihrem Stadtteil bekannten. Zudem kleine Schmuckboutique, Galerie und ein winziges, aber heimeliges Café. Mo–Fr 11–19, Sa 11–15 Uhr. Ul. Ząbkowska 12, ☎ 22-6188 343, www.klitka.com.

ZOO Market 🟦14 An Wochenenden geöffneter Flohmarkt, Vintagebasar und Designfundgrube. Sa 10–23, So 10–21 Uhr. Al. Solidarności 55 (gegenüber dem Bärengehege).

Szuflada 🟦4 Ein Geschäft, eine Galerie oder ein Kramladen mit allem, was man nicht braucht, aber in der Wohnung süß, schön oder interessant aussieht. Auch einfallsreiche Kleidungsstücke und Hüte sowie Keramik aus eigener Herstellung. Mo–Fr 10–18, Sa 10–14 Uhr. Ul. Kawęczyńska 4, ☎ 22-6195217, www.szuflada-galeria.blog.onet.pl.

Typische Hinterhofkapelle von Praga

Galerien

Nizio Gallery 🟦2 Der Architekt und Museumsdesigner Mirosław Nizio hat im künstlerisch „unverdorbenen Praga" sein Studio. Nach zehn erfolgreichen Jahren in New York kehrte er in die Heimat zurück und brütet hier über seinen Projekten, u. a. war er für die eindrückliche Gestaltung des Museums des Warschauer Aufstands und des Historischen Museums der polnischen Juden verantwortlich! In seiner Galerie protegiert er junge, noch unbekannte Warschauer Künstler, die hier, fernab vom Kommerz der linken Weichselseite, ihre Werke ausstellen. Seit 2012 zeigt er auch Designstücke wie Möbel und Leuchten. Mo–Fr 10–18 Uhr. Ul. Inżynierska 3/4, ☎ 22-6187202, www.nizio.com.pl.

Sonstiges

Bootsverleih 🟦19 Im Skaryszewski-Park. Kajak/Tretboot 7,50 €/Std., großes Boot 10 €/Std.

Im modernistischen Warschau
Tour 11

Ruhig geht es zu in dem nördlich an die Neustadt angrenzenden Stadtteil. Als im 18. Jh. Mönche das Land erschlossen, erhielt eine Parzelle den französischen Namen „Jolie Bord" (dt. Schöner Damm), das später polonisierte Żoliborz.

Warschauer Zitadelle, die frühere Kaserne wird zum Museumsviertel, S. 178–181

Olympiazentrum, ovale, an ein Stadion erinnernde Architektur, S. 181

Wilson-Platz, Warschaus schönste Metro-Station unter einem Platz mit modernistischer Architektur, S. 182

Stadtteil Żoliborz
Żoliborz

Die Anfangsjahre des noch ländlichen Stadtteils in der Nähe des Mönchsklosters verliefen friedlich, doch das sollte sich mit dem Widerstand gegen die Besatzer des zaristischen Russlands ändern. Als Reaktion auf den Kadettenaufstand von 1830 (→ Geschichte der Stadt) folgten russische Vergeltungsaktionen gegen die Bevölkerung: Der damalige Wohnbezirk wurde zerstört, die Anwohner vertrieben. Für die danach von den Russen gebaute Zitadelle, die der Stationierung der russischen Truppen diente, mussten die Warschauer auch noch Steuern entrichten. Schlimmer waren allerdings die berüchtigten Gefängnisse; hier und außerhalb der Zitadelle wurden viele Widerständler gefoltert und hingerichtet. Auch in den beiden Weltkriegen diente die Zitadelle militärischen Zwecken und war erneut Ort von Folter und Hinrichtungen. Heute wird sie immer mehr zu einem Museumszentrum.

Nach dem Krieg wurde im Stadtteil zunächst nur spärlich restauriert. In den letzten Jahren entwickelte sich Żoliborz allerdings zu einem der beliebtesten und teils exklusivsten Wohnviertel in Warschau; die Mieten stiegen drastisch, Kaufpreise von 6000 €/m² sind keine Seltenheit. Neue Großprojekte wurden realisiert, darunter die Metrostation und das Olympiazentrum. Insgesamt präsentiert sich der Stadtteil als eine ruhige und schöne Ecke Warschaus, in die sich nur selten ausländische Touristen verirren.

Städtebaulich und architektonisch interessant sind die modernistischen Wohnblöcke und Einfamilienhäuser aus den 20er-Jahren, die mitunter den Berliner Siedlungen von Walter Gropius, Hans Scharoun oder Bruno Taut ähneln. Diese in Deutschland unter den

Begriffen „Neue Sach-
lichkeit" oder „Bau-
haus" bekannte funk-
tionelle Bauweise ist
am besten an den Vil-
len der so genannten
Offiziers-Siedlung
rund um den plac
Słoneczny und an
den Wohnblöcken
rund um den plac
Wilsona zu sehen.

Tour-Info Ausgangs-
punkt ist das Fort der Legionen (Fort Legionów). Wie alle
Rundgänge können Sie auch
diese Tour abkürzen oder
später beginnen.

Anfahrt mit Tram 1, 6, 18, 28,
Haltestelle Park Traugutta.
Ⓜ Dworzec Gdański.

Ende: Plac Wilsona, Rückfahrt ins Zentrum Ⓜ Plac Wilsona.

Dauer: reine Gehzeit 1¾ bis 2½ Std. Anfahrt vom
Zentrum mit der Metro 9 Min., mit Tram 15 Min.

Spaziergang

Vom → Fort der Legionen (Fort Legionów) gehen wir zur Zakrzoczymska-
Straße, dann rechts und überqueren den
Zebrastreifen (dabei auf Formel 1 spie-
lende Raser achten). Zur Linken ist nach
200 m der sog. *Königsbrunnen* zu sehen.

Unsere Tour führt aber durch den Tunnel und auf der ulica Jezierańskiego geradeaus bis zum Tor der → Warschauer
Zitadelle (Cytadela Warszawska), die
nicht mehr als Kaserne dient, sondern
schon jetzt dem → Katyń-Museum (Muzeum Katyńskie) zur Verfügung steht.
Anschließend geht es ein paar Schritte
zurück und über den parallel zur ulica
Krajewskiego verlaufenden Trampel-
pfad am Tümpel vorbei bis zur breiten
und lauten ulica Wybrzeże Gdyńskie,
in die wir links einbiegen. Man kann
hier den Weg auf dem Gehsteig oder
durch den 1950 angelegten Park ent-

lang der Zitadellenmauer wählen, wobei wir jeweils rechts die Weichsel sehen. Nach 500 m führen Treppenstufen
und eine Straße hoch zum → Hinrichtungstor (Brama Straceń) und zum
→ X-Pavillon-Museum (Muzeum X Pawilonu), die beide an die kriegerische
Vergangenheit des Ortes erinnern. Ab
2021 wird die Zitadelle auch vom
→ Museum der Geschichte Polens (Muzeum Historii Polski) und vom → Polnischen Militärmuseum (Muzeum Wojska Polskiego) genutzt.

Nach der Besichtigung gehen wir nicht
zurück, sondern in derselben Richtung,
in der wir zu den Museen gekommen
sind, weiter und gelangen über eine
Treppe in einem Tunnelgang zu einem
Tor, durch das es wieder zurück zur
Hauptstraße geht. An der Zitadellenmauer entlang gehen wir nach 200 m
an einem Teich vorbei, dann nochmals
200 m weiter und bei der Haltestelle
unter der T-förmigen Brücke hindurch

in Richtung Weichsel. Auf der anderen Straßenseite folgen wir dem Schild, das zum → **Olympiazentrum** (Centrum Olimpijskie) und → **Sport- und Touris-mus-Museum** (Muzeum Sportu i Turystyki) weist.

Nach der Begutachtung des Olympia-zentrums geht es wieder zurück Richtung Unterführung, diesmal nehmen wir aber vom Museum aus gesehen die erste Möglichkeit, um wieder auf die andere Straßenseite zu kommen. Rechts führt ein Weg in den → **Kępa-Po-tocka-Park** (Park Kępa Potocka), den wir an dem länglichen See entlang bis zur 400 m entfernten Brücke durchqueren (dabei auf die schnellen Radler achten, die sich hier oft mächtig in die Pedale legen). Über die Brücke gelangen wir ans andere Ufer, an dem wir zurückgehen. Bei der Fußgängerampel überqueren wir die ulica Gwiaździsta, dann geht es nach links. Nach einem Viertelkreis in der Kurve, in der zur Rechten Wohnblocks stehen, steigen wir die Treppen hinunter und überqueren die ulica Zygmunta Krasińskiego auf dem Zebrastreifen.

Hier beginnt das noble Offiziersviertel mit seinen architektonisch bemerkens-werten Villen. Die Richtung Süden füh-rende ulica Kaniowska gehen wir 300 m bis zum Ende, biegen dann nach rechts und bei Haus-Nr. 84 die erste Möglichkeit erneut nach rechts in die ulica Forteczna. Nach 200 m ist der *Sonnenplatz* (plac Słoneczny → Kasten, s. u.) erreicht, das Herz der Siedlung. Auf der ulica Śmiała passieren wir wei-tere modernistische Villen, überqueren die ul. Hauke-Bosaka und biegen nach insgesamt 400 m rechts in die ulica Mierosławskiego ein.

Wer mit Kindern unterwegs ist, kann auf dem gepflegten Kinderspielplatz im Park zur Rechten eine Pause einlegen. Die Hauptstraße (ulica Adama Mickie-wicza) ein paar Schritte weiter gerade-aus überqueren wir auf dem Zebrastrei-fen, gehen auf der anderen Straßensei-te auf der ulica Mierosławskiego weiter, bis rechts an der ulica Felińskiego die → **St.-Stanislaus-Kostka-Kirche** (Parafia św. Stanisława Kostki) auftaucht, in der der 1984 ermordete oppositionelle Priester Jerzy Popiełuszko predigte.

Warschau im Kasten

Wie eine große Idee an einem kleinen Baum scheiterte

Sonnenuhren sind bei Jung und Alt beliebt, haben aber den Nachteil, bei schlech-tem Wetter die Zeit nicht anzeigen zu können. In Żoliborz gibt es eine Sonnenuhr, die dies sogar bei strahlendem Sonnenschein nicht schafft.

Gebaut wurde sie in der wohl schönsten Ecke des Stadtteils auf dem runden plac Słoneczny, dem Sonnenplatz. Dabei sollte eine hoch wachsende Pappel den Schat-tenwerfer bilden, die zwölf niedrigen, in einem Halbkreis drumherum angeordne-ten Häuser die Stunden des „Zifferblatts". Doch nicht jeder Baum wächst in den Himmel. Statt einer Pappel wurde nämlich ein niedrigwüchsiger Silberahorn ge-pflanzt, was die schöne Idee der Uhrmacher zunichte machte. Wegen seiner bu-schigen Verästelungen und der gedrungenen Form warf und wirft der Stamm par-tout keinen Schatten, der bis zu den Häusern reichen würde.

Trotz dieses Malheurs ist das Zentrum des früheren Offiziersviertels einen Ab-stecher wert. Die Gestaltung des Sonnenplatzes durch die Architekten Antoni Aleksander Jawornicki und Kazimierz Tołłoczko ist mehr als achtzig Jahre nach seiner Entstehung noch immer so faszinierend wie es die zwölf Häuser von Ro-muald Gutt und Adolf Świerczyński sind.

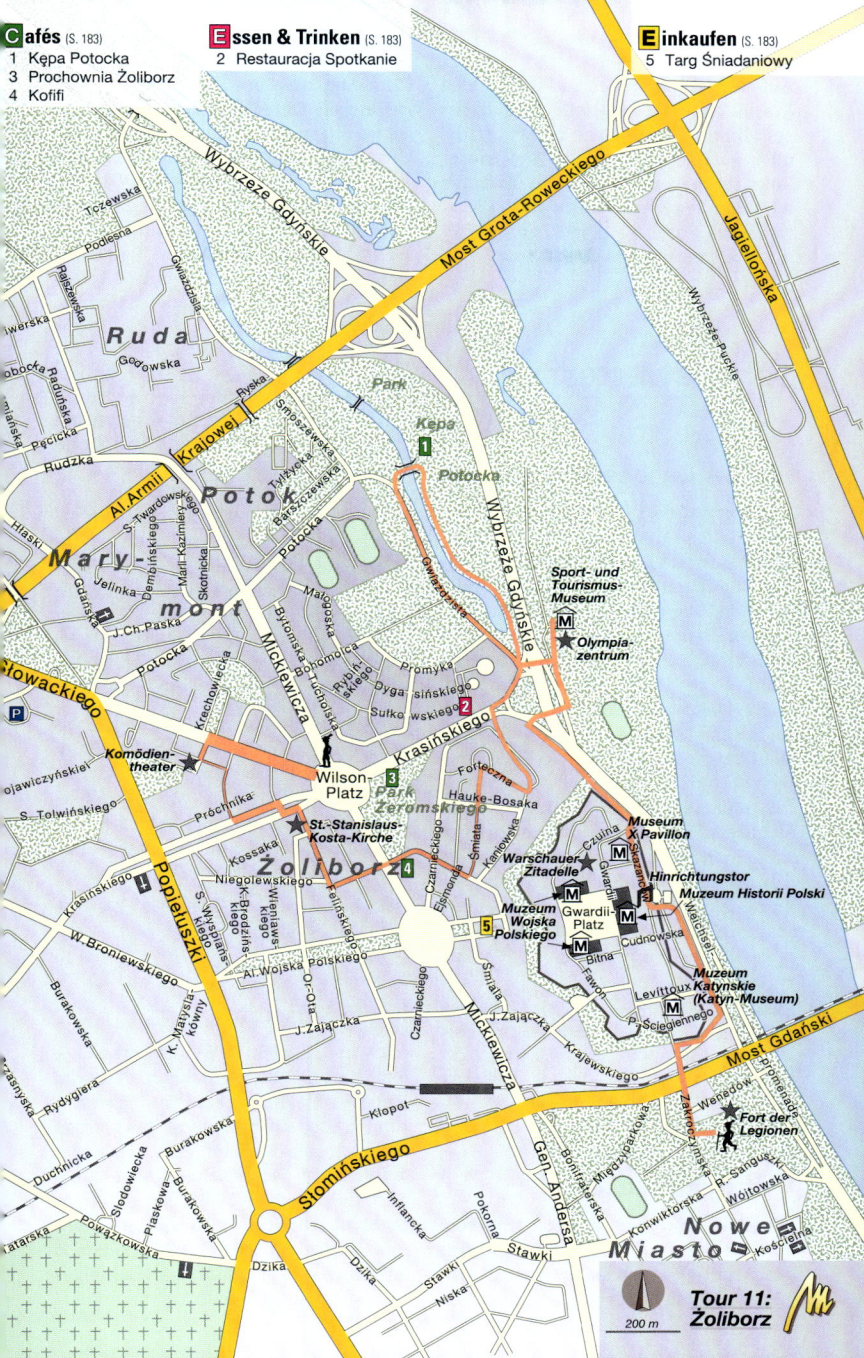

Cafés (S. 183)
1 Kępa Potocka
3 Prochownia Żoliborz
4 Kofifi

Essen & Trinken (S. 183)
2 Restauracja Spotkanie

Einkaufen (S. 183)
5 Targ Śniadaniowy

Tour 11:
Żoliborz

200 m

Auf dem Zebrastreifen die breite ulica Krasińskiego überqueren. Auf dieser erst links, nach 150 m rechts in die ulica Suzina und anschließend wieder links in die ulica Sierpecka kommen wir zum →Komödientheater (Teatr Komedia), das in einem architektonisch eigenartigen Bau residiert.

Zum Abschluss der Tour gehen wir auf der ulica Sarmatów bis zur breiten ulica Słowackiego, auf der wir nach rechts 400 m bis zur Metrostation am →Wilson-Platz (plac Wilsona) zurücklegen, aber nicht nur, um einfach ins Zentrum zurückzufahren: Der U-Bahnhof selbst ist die schönste Station in Warschau, den Platz darüber prägt eine interessante Bebauung aus den 20er-Jahren.

Sehenswertes

Fort Legionów
Fort der Legionen

Das Fort wurde 1851–53 von der russischen Armee als Teil eines weitläufigen Befestigungsrings um Warschau gebaut, um nach dem Novemberaufstand 1830 die Stadt besser kontrollieren zu können. Seinen ursprünglichen Namen Fort Włodzimierz verlor das Fort mit dem Abzug der zaristischen Truppen, doch spielte es während der Aufstände und Kämpfe im Ersten und Zweiten Weltkrieg eine wichtige Rolle. Neben dem Restaurant wird die Anlage gern für Filmaufnahmen, Bankette und Hochzeitsfeiern genutzt. Besichtigen kann man an einigen Tagen im Jahr die Tunnels und Kelleranlagen nach Voranmeldung (s. u.). Mitbringen sollte man auch im Hochsommer einen Pullover, da die Temperaturen 10 °C nicht überschreiten!

Unregelmäßig Führungen (60 Min.) nach Vorankündigung auf www.facebook.com/fort. legionow. Ul. Zakroczymska 12 (Eingang an der Weichselseite). Tram 1, 6, 18, 28, Haltestelle Park Traugutta. Ⓜ Dworzec Gdański.

Cytadela Warszawska
Warschauer Zitadelle

Die Zitadelle wurde 1832–34 auf Befehl von Zar Nikolaus I. als Antwort auf den gescheiterten Novemberaufstand von 1830 errichtet, bei dem v. a. junge War-

schauer Kadetten gegen die russischen Besatzer gekämpft hatten. Zur Strafe wurden in Żoliborz ganze Straßenzüge zerstört und 15.000 Bewohner wurden vertrieben. Der für die Zitadelle verantwortliche Generalmajor Iwan Dehn orientierte sich bei dem Bau an der Festung von Antwerpen und schuf ein pentagonförmiges Bollwerk. In dem über 36 Hektar großen Innenbereich waren bis zu 17.000 Soldaten und einige berüchtigte Gefängnisse untergebracht.

Hinrichtungen von Aufständischen waren unter der russischen Besatzung ebenso üblich wie unter der deutschen während des Ersten und Zweiten Weltkriegs. Wegen ihrer Lage hatte die Zitadelle eine wichtige strategische Funktion und diente bis 2015 als Festung.

Tram 1, 6, 18, 28, Haltestelle Park Traugutta. Ⓜ Dworzec Gdański.

Muzeum Katyńskie
Katyń-Museum

Im Museum geht es um das Massaker von Katyń und ähnliche sowjetische Kriegsverbrechen, bei dem insgesamt rund 25.000 Offiziere und Angehörige der polnischen Intelligenz ermordet wurden. In Kriegszeiten, aber auch nach dem Zweiten Weltkrieg galten im Ostblock offiziell die Nazis als Täter. Erst nach dem Ende des Sozialismus bekannte sich Russland als Nachfolgestaat der UdSSR zu den Taten und ent-

Das Hinrichtungstor ist heute ein Gedenkort

schuldigte sich dafür; 2010 gedachten Tusk und Putin gemeinsam der Opfer. Für Geschichtsinteressierte ist das Museum einen Abstecher wert. Wer aber auf eine multimediale Präsentation oder Übersetzungen von Schlüsseldokumenten hofft, wird enttäuscht werden. Beeindruckend und fotogen ist der Ausgang mit der zum Gedenkkreuz führenden Treppe.

Mi 10–17, Do–So 10–16 Uhr. Eintritt frei. www. muzeumkatynskie.pl. Ul. Dymińska 13. Tram 1, 6, 18, 28, Haltestelle Park Traugutta. Ⓜ Dworzec Gdański.

Brama Straceń, Muzeum X Pawilonu

Hinrichtungstor, X-Pavillon-Museum

Die Warschauer Zitadelle diente nicht nur der Stationierung russischer Truppen, sie war auch Gefängnis und Tatort zahlloser Hinrichtungen. An die Opfer erinnern 137 Steinkreuze und einige jüdische Grabsteine an der Böschung auf dem Weg zum eigentlichen Hinrich-

tungstor. Der General und Anführer des Januaraufstands von 1863, Romuald Traugutt, und andere Widerstandskämpfer des Aufstands gegen die zaristischen Besatzer wurden hier 1864 hingerichtet. Die Liste der in den Gefängniszellen Inhaftierten nennt viele bekannte Namen des polnischen und europäischen Widerstands, darunter auch der spätere Präsident Polens Gabriel Narutowicz, der erwähnte Traugutt, der Vater des Schriftstellers Joseph Conrad, Marschall Józef Piłsudski sowie auch Rosa Luxemburg.

Den für die politischen Häftlinge gebauten Hochsicherheitstrakt, den sog. X-Pavillon, durchliefen insgesamt allein mehr als 40.000 Polen, die Mitglied in patriotischen Organisationen, der Arbeiterbewegung oder Teilnehmer an Aufständen waren. Folter, Hinrichtung und Transport nach Sibirien waren an der Tagesordnung. Während des Ersten und Zweiten Weltkriegs setzten die deutschen Besatzer die schreckliche Nutzung der Räume fort, auch sie

Żoliborz → Karte S. 177

setzten Folter als Verhörmethode ein. Heute erinnert in den Räumen des X-Pavillons ein Museum an die Opfer; eine Ausstellung widmet sich den Inhaftierten, eine weitere Józef Piłsudski und eine dritte den Polen, die von 1940 bis 1956 nach Sibirien verschleppt worden waren.

Museum: Mi–Sa 9–17, So 9–16 Uhr, im Winter Mi–So 9.16 Uhr. Bereich innerhalb der Mauern tägl. 6–19 Uhr. Eintritt 2,50 €, erm. 1 €, Do frei. Ul. Skazańców 25.

Führung: 12,50 €. ☎ 22-8391268, www.muzeum-niepodleglosci.pl.

Bus 118, 185, Haltestelle Cytadela. Tram 1, 6, 18, 28, Haltestelle Park Traugutta. Ⓜ Dworzec Gdański.

Muzeum Historii Polski

Museum der Geschichte Polens

Sowohl architektonisch als auch museumsdidaktisch kündigt sich ein weiteres Warschauer Highlight an. Die veröffentlichten Pläne lassen jedenfalls darauf hoffen, dass man inmitten modernster Architektur und mittels modernster Techniken Einblicke in die wahrlich nicht leichte und leicht zu verstehende Geschichte des Landes erhält. Bleibt zu hoffen, dass gerade die in den letzten Jahren in Polen heiß umstrittenen historischen Themen des 20. Jh. zwischen Wiedererlangung der Unabhängigkeit nach dem Ersten Weltkrieg und den Verdiensten der Gewerkschaft Solidarność mit ihrem Helden Lech Wałęsa angemessen präsentiert werden, d. h. mit genügend wissenschaftlicher Distanz statt geschichtspolitischem Eifer.

Geplante Eröffnung 2021. Öffnungszeiten und Eintrittspreise standen bei Redaktionsschluss noch nicht fest. ☎ 22-2119002, www.muzhp.pl. Pl. Gwardii.

Bus 118, 185, Haltestelle Cytadela. Tram 1, 6, 18, 28, Haltestelle Park Traugutta. Ⓜ Dworzec Gdański.

Muzeum Wojska Polskiego

Polnisches Militärmuseum

2021 soll das Museum vom Flügel im Nationalmuseum in die Zitadelle umziehen, und zwar in zwei Gebäude, die

Das an ein Stadion-Oval erinnernde Olympiazentrum

beim ehemaligen Gardeplatz der Kaserne rechts und links vom Museum der Polnischen Geschichte stehen. Hier wird es dann mehr Platz für die insgesamt 250.000 Ausstellungsstücke geben (mehr dazu → Tour 4). Geplant ist logischerweise auch eine Modernisierung der Museumsdidaktik.

Geplante Eröffnung 2021. Öffnungszeiten und Eintrittspreise standen bei Redaktionsschluss noch nicht fest. ☏ 22-6295271, www.muzeum wp.pl. Pl. Gwardii.

Bus 118, 185, Haltestelle Cytadela. Tram 1, 6, 18, 28, Haltestelle Park Traugutta. Ⓜ Dworzec Gdański.

Centrum Olimpijskie, Muzeum Sportu i Turystyki

Olympiazentrum, Sport-/Tourismus-Museum

Das 2004 eröffnete Gebäude ist besonders wegen seiner an ein Stadion-Oval erinnernden Form einen Abstecher wert. Einen Preis haben die Architekten Bogdan Kulczyński und Paweł Pyłka für ihre Arbeit zwar nicht bekommen, wohl aber viel Lob von Experten, Anwohnern und Touristen. Den Garten des auch nach Johannes Paul II. benannten Zentrums schmücken Skulpturen von Sportlern, herausragend aber ist der „Ikaro Alato" (Geflügelter Ikarus) des polnischen Bildhauers Igor Mitoraj (→ Foto S. 174), der in seinen Werken Antike und Renaissance mit postmodernen Stilelementen verband.

Für Sportfans gibt es in den Fluren des Zentrums regelmäßig Ausstellungen sowie ein festes Museum im Keller. Zu sehen sind Fotos, Ausrüstung und private Erinnerungsstücke polnischer Olympioniken und anderer Sportstars sowie einige Kunstwerke, v. a. Skulpturen zum Thema Sport.

Olympiazentrum: Di–Sa 10–17, So 13–17 Uhr. ☏ 22-5603700, www.pkol.pl.
Museum: Di–Fr 9–17, Sa/So 10–17 Uhr. Eintritt 3,50 €, erm. 2,50 €, Sa frei, englischsprachiger Audioguide gratis. ☏ 22-5603780, www.muzeumsportu.waw.pl. Ul. Wybrzeże Gdyńskie 4.
Bus 118, 185, Haltestelle Centrum Olimpijskie. Ⓜ Plac Wilsona.

Park Kępa Potocka

Kępa-Potocka-Park

Anders als die herrschaftlich-repräsentativen Parks im Zentrum ist dieser eine frei zugängliche Grünanlage für Anwohner, ein Ort eher entspannter Atmosphäre. Im Zentrum des länglichen Parks breitet sich ein aus einem alten Seitenarm der Weichsel entstandener See aus, der wegen seiner Form oft Kanal genannt wird. Auf dem Areal verteilen sich Cafés, Ausflugsrestaurants, Spielplätze und ein Bootsverleih. Entenfutter kann man aus einem Automaten an der Brücke für 1 PLN erwerben.

Ul. Wybrzeże Gdyńskie. Bus 118, 185, Haltestelle Centrum Olimpijskie. Ⓜ Plac Wilsona.

Parafia św. Stanisława Kostki

St.-Stanislaus-Kostka-Kirche

Der in der Zwischenkriegszeit begonnene Kirchenbau zeigt deutlich den Einfluss der in Żoliborz vorherrschenden sog. modernistischen Architektur. Das 1930 begonnene Projekt von Łukasz Wolski wurde vor Kriegsbeginn nicht mehr fertiggestellt, im Zweiten Weltkrieg diente das halbfertige Gotteshaus als Spital. Von innen eher schlicht, ist es von außen durchaus sehenswert.

Bedeutsamer noch für seine Geschichte ist die Tatsache, dass hier der Priester Jerzy Popiełuszko wirkte; zu Zeiten des Kriegsrechts in den 1980er-Jahren nahm der Seelsorger der Warschauer Stahlarbeiter offen Partei für die Gewerkschaft Solidarność, 1983 wurde er deshalb verhaftet. Ein Jahr nach seiner Freilassung, am 19. Oktober 1984, entführten ihn drei Offiziere der polnischen Staatssicherheit. Popiełuszko wurde schwer misshandelt, nach Mafia-Art mit Steinen an den Füßen gefesselt

Żoliborz → Karte S. 177

und in einem 140 km entfernten Stausee ertränkt. Während die Täter gefasst und verurteilt wurden, ist der Auftraggeber der Mörder bis heute unbekannt. Der damals regierende General Jaruzelski verdächtigte seinen Innenminister Mirosław Milewski, andere Indizien deuten auf den KGB hin. Popiełuszkos Geschichte wurde mehrfach verfilmt, u. a. von Agnieszka Holland (Der Priestermord, 1988), zuletzt von Rafał Wieczyński (Popiełuszko, 2009).

Vor der Kirche befindet sich das Grab des Priesters, das viele Gläubige anlockt; ein aus Steinen gebildeter Rosenkranz ziert seine letzte Ruhestätte. In den Kellerräumen erinnert ein Museum an den mutigen Geistlichen; zu sehen sind Erinnerungsstücke von Jerzy Popiełuszko sowie Andenken an andere Opfer des sozialistischen Polens. Fotografieren ist hier nicht erlaubt!

Kirche: Mo–Sa 10–15 Uhr. Messe Mo–Sa 6.30, 8, 9, 15, 18, So 7, 8.30, 10, 11.30, 13, 18, 21 Uhr. www.popieluszko.net.pl, Ul. Hozjusza 2.

Museum: Mo–Fr 10–16, Sa/So 10–17 Uhr. ☏ 22-5610056, www.muzeumkspopieluszki.pl.

Bus 114, 122, Tram 17, 27, Haltestelle Ks. Popiełuszki. Ⓜ Plac Wilsona.

Prochownia Żoliborz im Park Żeromskiego

Teatr Komedia
Komödientheater

Das Theatergebäude präsentiert sich in einem eigentümlichen Stilmix aus Neorenaissance, Neobarock und Elementen des Styl Stanisławowski (→ Architektur). Vor dem Zweiten Weltkrieg noch als Musterbeispiel des Modernismus geplant, wurde das Theater in den 50er-Jahren nach den Standards des Sozialistischen Realismus fertiggestellt. Warschauer Kunsthistoriker bezeichnen den Rundbau mit dem sechseckigen Fundament als „sozialistischen Pseudorokoko-Kitsch", der unserer Meinung nach aber durchaus seinen Reiz hat. Auf die Bühne kommen, wie der Name des Hauses verrät, Komödien und leichte Kost, gelegentlich aber auch Stücke mit Tiefe.

Kasse: Mo–Sa 10–14.30 und 15–18, So 15–18 Uhr. ☏ 22-8339610, www.teatrkomedia.pl. Ul. Słowackiego 19a.

Tram 6, 36, Bus 116, Haltestelle Teatr Komedia. Ⓜ Plac Wilsona.

Plac Wilsona
Wilson-Platz

Der einst nach der Pariser Kommune benannte Platz war schon in den 1920er-Jahren das Zentrum des Stadtteils. Neben der modernistischen Bebauung ist v. a. die Metrostation sehenswert. Sicherlich ist sie die interessanteste in ganz Warschau, was auch international gewürdigt wurde: 2008 wurde sie auf der Metrorail-Konferenz in Kopenhagen zum weltweit schönsten U-Bahnhof der letzten Jahre gekürt. Besonders begeistert die elipsenförmige Deckenbeleuchtung, die eine fröhliche Atmosphäre schafft – je nach Tageszeit wechselt sie die Farben in Rot, Violett, Blau und Grün.

Bus 114, 116, 185, Haltestelle Plac Wilsona. Ⓜ Plac Wilsona.

Metrostation am Plac Wilsona

Praktische Infos   → Karte S. 177

Restaurants

Restauracja Spotkanie 2 Seit mehr als 50 Jahren lebt das kleine Restaurant von den vielen Stammgästen aus der Nachbarschaft. Auch bei Journalisten beliebt, die auf die Desserts schwören. Hauptgericht um die 10 €. Mo–Sa 12–23, So 12–22 Uhr. Ul. Krasińskiego 2, ✆ 22-8393069, www.spotkanie.com.pl.

Cafés, Pubs und Strand

Kofifi 4 Ein Café für junge Eltern, in dem man auch das wunderschöne Spielzeug der Designerin Natka Luniak kaufen kann – eine Ode an die kindliche Fantasie und mittlerweile auch in Berliner Kinderläden der Renner. Elternsein kann so schön sein ... Mo–So 10–18:30 Uhr. Ul. Mierosławskiego 19, ✆ 22-8397560, www.kofifi.waw.pl, www.kalimba.pl.

Prochownia Żoliborz 3 Beliebtes Café im ehemaligen Munitionslager eines Forts, schön gelegen im Park am plac Wilsona. Tägl. 10–24, Fr/Sa bis 1 Uhr. Ul. Czarneckiego 51 (im Park Żeromskiego), www.prochowniazoliborz.com.

Kępa Potocka 1 Entspannt im Park bei einem Bier Sportübertragungen schauen, was will man mehr? Dazu etwas vom Grill wie Schaschlik (5,50 €) oder Forelle (7,50 €). Tägl. 12–23 Uhr, im Winter bis 22 Uhr. Ul. Gwiaździsta 1.

Einkaufen

Targ Śniadaniowy 5 Frühstücksmarkt mit vielen Ständen und Biolebensmitteln, bekannte Warschauer Restaurants veranstalten Freiluftkochen, Gelegenheit für Picknick und Kinderspiele, gemeinsames Frühstück in entspannter Atmosphäre ... Sa 9–16, So 10–17 Uhr. Al. Wojska Polskiego, www.targsniadaniowy.pl.

In barock-klassizistischer Pracht
Tour 12

Das „polnische Versailles" zählt bei Einheimischen wie Touristen zu den beliebtesten Ausflugszielen der Stadt. Rund um das barocke Schloss breitet sich eine barocke Parkanlage aus, das Plakatmuseum nebenan ist das bedeutendste seiner Art weltweit.

● **Plakatmuseum,** beeindruckende Kunstplakate, S. 186

● **Wilanów-Palais,** barocke und klassizistische Ästhetik außen wie innen, S. 188

● **Wilanów-Park,** schöner Spaziergang in herrschaftlichen Gärten, S. 189

Stadtteil Wilanów
Wilanów

Das Schloss und die Parkanlage, im Prinzip der Abschluss des *Königstrakts* (Trakt Królewski), gehören zu dem Teil des touristisch geprägten Warschaus, der eine Harmonie ausstrahlt, wie sie sonst in der Stadt kaum zu finden ist.

1676 kaufte König Jan III. Sobieski das Dorf Milanów, das seinen Namen bald in das polonisierte Villa Nova änderte, eine Anspielung auf die entstehende königliche Residenz. Nach dem Tod des Königs ging der Palast in den Besitz diverser Adelsfamilien über, die es jeweils erweiterten. Nicht zuletzt durch diese Um- und Ausbauten hatte die Residenz schon damals den Ruf, eine der schönsten in Europa zu sein. Im Zweiten Weltkrieg wurde die Schlossanlage von den deutschen Truppen verwüstet, zum Glück verhinderte das schnelle Vorrücken der Roten Armee die völlige Zerstörung. Am aufwendigsten bei der Restaurierung war die Wiederherstellung des Parks, fast so aufwendig war die Wiederbeschaffung eines Teils der geplünderten Kunstschätze.

Neben Touristen zieht Wilanów heute wieder die Eliten an; zwar sind es keine Adligen, wohl aber die neue, wohlbetuchte Mittelschicht, die sich in der Neubausiedlung Miasteczko (Städtchen) Wilanów westlich der Schlossanlage niederlässt; trotzdem ist Wilanów bis heute der am dünnsten besiedelte Bezirk der polnischen Hauptstadt. Einige architektonisch interessante Gebäude sind in Planung, aus denen der „Tempel der göttlichen Vorsehung" (→ Kasten, S. 186) herausragt.

Tour-Info Ausgangspunkt und Ende: Stary Cmentarz Wilanowski, ul. Przyczółkowa.

Anfahrt zu allen Sehenswürdigkeiten mit Bus 116, 180, 519 bis Endhaltestelle Wilanów. Von dort in Fahrtrichtung nach links über die Straße. Fahrzeit ab Zentrum 30 Min.

Dauer: reine Gehzeit 45 Min. bis 1:15 Std. inklusive Park, aber ohne Besuch von Museum und Schloss.

Spaziergang

Die Endhaltestelle der Buslinien befindet sich beim Friedhof. Wir gehen jedoch in Fahrtrichtung nach links über die breite Przyczółkowa-Straße, bei der es endlich eine Ampel gibt. Früher war es sehr gefährlich ... Wohlbehalten auf der anderen Seite angekommen, gehen wir einige Schritte nach rechts und dann die beginnende Straße auf die schöne → **St.-Anna-Kirche** (Kościół św. Anny) zu. Danach folgt auf dem Weg zum Schloss das → **Potocki-Mausoleum** (Mauzoleum Potockich). Vor oder nach dem Schlossbesuch sollte man keinesfalls das → **Plakatmuseum** (Muzeum Plakatu) mit der weltweit größten Kunstplakatsammlung verpassen; es residiert, rechts vom Eingangstor der Schlossanlage, in der ehemaligen Reitschule. Doch zuvor empfiehlt es sich, die Karten für das → **Wilanów-Palais** (Pałac Wilanowski) zu kaufen (Kasse **6** ca. 100 m vor dem Eingangstor im ehemaligen Zeugwarthaus). Der eigentliche Eingang zum Schloss befindet sich im rechten Flügel. Nach dem Schlossbesuch geht es in Richtung des gegenüberliegenden Seitenflügels zum → **Wilanów-Park** (Park Wilanowski), Kasse **5** und Eingang direkt unter dem linken Flügel. Die Gartenanlagen sind weitläufig, deshalb genügend Zeit einplanen (detaillierte Beschreibung für den Park-Spaziergang → Sehenswertes).

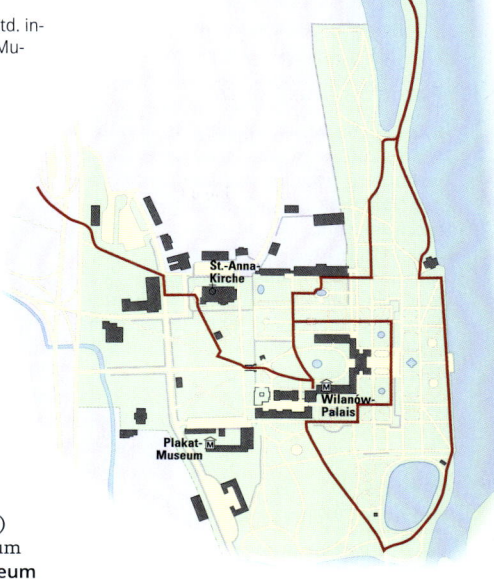

Sehenswertes

Kościół św. Anny
St.-Anna-Kirche

Die heutige Kirche ist bereits das dritte Gotteshaus an dieser Stelle. Ihr Aussehen im Stil der Neorenaissance verdankt sie dem Umbau von 1857 bis 1870 unter Henryk Marconi, dem Architekten. Auftraggeber waren Aleksandra Potocka und August Potocki, die damaligen Eigentümer von Wilanów. Im Inneren beeindrucken prachtvolle Marmorarbeiten und schön gearbeitete Wandgemälde. Rund um die Kirche führt ein Kreuzgang, dahinter steht eine Replik der Glocke „Stimme der Freiheit", deren Original im „Tempel der göttlichen Vorsehung" (→ Kasten, S. 186) schlägt.

Tägl. 8–18 Uhr. Messe Mo–Sa 7, 17, 18, Fr/Sa auch 12 Uhr. So 7, 8.30, 10, 11.30, 13, 18, 20 Uhr. www.parafiawilanow.pl. Ul. Kolegiacka 1.

Mauzoleum Potockich

Potocki-Mausoleum

Das neugotische Grabmal über der Po-
tocki-Gruft wird von vier Löwen be-
wacht, ein beliebtes Fotomotiv, das in
der Dämmerung einen morbiden Charme ausstrahlt. Das Mausoleum (Bauzeit 1799–1892, Grabmal 1832–36)
diente als symbolisches Grab für den
adeligen Politiker und Freigeist Stanisław Kostka Potocki und seine Frau
Aleksandra. Architekt war ebenfalls
Henryk Marconi.

Ul. Potockiego 10/16.

Muzeum Plakatu

Plakatmuseum

Dass das weltweit erste Plakatmuseum
1968 ausgerechnet in Warschau eröffnete, zeigt, wie bedeutend dieser
Kunstzweig in Polen ist. Polnische Plakatkünstler sind international gefragt,
ihre Werke können sich mit Gemälden
großer Meister durchaus messen. Die
wechselnden und ständigen Ausstellungen in dieser Filiale des Nationalmuseums präsentieren deshalb v. a. die
hohe Kunst der polnischen Plakatge-
stalter, aber auch internationale Größen wie Andy Warhol, Holger Matthies

Warschau im Kasten

Ein neues Wahrzeichen für Warschau

Wer in Warschau nur das Zentrum besucht, kann den Eindruck bekommen, die
zeitgenössische Architektur beschränke sich auf Konsumtempel und Wolkenkratzer. Doch v. a. im Stadtsüden gibt es Beispiele eindrucksvoller moderner Kirchen-
baukunst. Der „Tempel der göttlichen Vorsehung" (Świątynia Opatrzności Bożej)
der Architekten Wojciech und Lech Szymborski gilt als das seit drei Jahrhunderten
bedeutendste sakrale Bauwerk in Polen. Dabei beeindrucken allein die Zahlen: Die
Grundfläche des Gotteshauses beträgt 84 x 84 m, die Höhe 75 m, der Durchmesser
des Schiffs 68 m, die Baukosten 40 Millionen Euro. Die Form des Bauwerks ist einem schlichten griechischen Kreuz mit vier gleich langen Armen nachempfunden.
26 kreisförmig um die Kirche angeordnete Säulen markieren den Mantel in Form
eines Engels. In der Krypta befindet sich übrigens eine exakte Kopie der Grabstätte
von Johannes Paul II. im Petersdom, der 1999 den Grundstein für den Tempel legte; in der Krypta haben weitere verdiente polnische Katholiken ihre letzte Ruhe ge-

funden (Krypta Mo–Sa 10–17, So 13.30–
18 Uhr, Eintritt 1,50 €, erm. 1 €). Im
Jahr 2016 wurde die Kirche feierlich eröffnet, in Planung ist ferner ein Museum
(www.muzeumjp2.pl). Schon jetzt steht
fest, dass der eindrucksvolle Bau zu
den neuen Wahrzeichen der Stadt zählt.
Und einen Spitznamen hat er auch
schon: „Warschaus größte Zitruspresse".

Wer vorbeischauen möchte, kann dies unter
www.centrumopatrznosci.pl tun – und natürlich vor Ort: Ul. Księdza Prymasa Augusta Hlon-
da 1, gelegen zwischen Wilanów und Natolin in
einem Neubauviertel mit weiteren interessanten Bauprojekten. Bus 217, 522, Haltestelle
Świątynia Opatrzności Bożej.

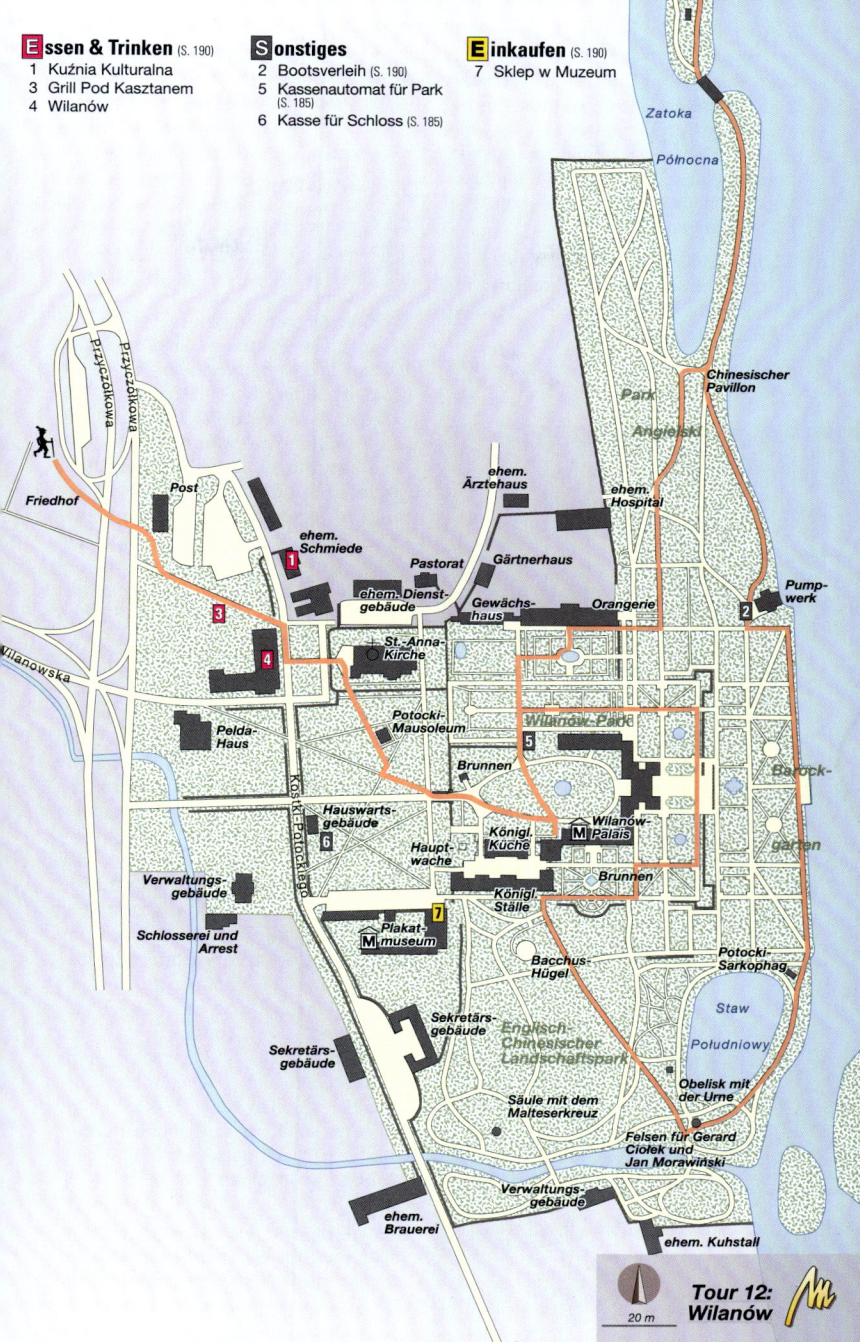

Essen & Trinken (S. 190)
1 Kuźnia Kulturalna
3 Grill Pod Kasztanem
4 Wilanów

Sonstiges
2 Bootsverleih (S. 190)
5 Kassenautomat für Park (S. 185)
6 Kasse für Schloss (S. 185)

Einkaufen (S. 190)
7 Sklep w Muzeum

Zatoka
Północna

Park
Angielski

Chinesischer
Pavillon

Friedhof

Przyczółkowa

Post

ehem.
Schmiede

ehem.
Ärztehaus

ehem.
Hospital

Pumpwerk

1

Pastorat

Gärtnerhaus

ehem. Dienstgebäude

Gewächshaus

Orangerie

2

Wilanowska

3

4

St.-Anna-Kirche

Potocki-Mausoleum

Wilanów-Park

Barockgarten

Pelda-Haus

Brunnen

5

Koszykowa/Potockiego

Hauswartsgebäude

6

Hauptwache

Königl. Küche

Wilanów-Palais M

Brunnen

Verwaltungsgebäude

Königl. Ställe

Schlosserei und Arrest

Plakatmuseum M

7

Bacchus-Hügel

Potocki-Sarkophag

Staw
Południowy

Sekretärsgebäude

Englisch-Chinesischer Landschaftspark

Sekretärsgebäude

Säule mit dem Malteserkreuz

Obelisk mit der Urne

Felsen für Gerard Ciołek und Jan Morawiński

Verwaltungsgebäude

ehem.
Brauerei

ehem. Kuhstall

Tour 12: Wilanów

20 m

oder Rosemarie Tissi sind vertreten. Zudem widmet sich das Museum der Forschung und veranstaltet in den Räumlichkeiten seit 1966 die internationale Plakat-Biennale, die nächsten Male 2020 und 2022, jeweils von Juni bis September.

Im Museumsshop gibt es Poster, Postkarten und Ausstellungskataloge mit historischen und aktuellen Motiven (→ Einkaufen).

Mo 12–16, Di/Do/Fr 10/16, Mi/Sa/So 10–18 Uhr. Eintritt 3 €, erm. 2 €, Mo frei. ✆ 22-

8424848, www.postermuseum.pl. In der früheren Reitschule, Ul. Kostki-Potockiego 10/16.

Pałac Wilanowski

Wilanów-Palais

Die vielleicht prächtigste barocke Schlossanlage in Polen wurde von König Jan III. Sobieski in Auftrag gegeben. Baumeister Augustyn Wincenty Locci schuf von 1677 bis 1696 in drei Etappen den Frontseite, den zentralen Bau sowie die angrenzenden Flügel. Die beiden Seitenflügel ließ später die adelige Sieniawski-Familie errichten, die Familien Potocki und Branicki ließen den Flügel gegenüber der Orangerie im Stil der Neorenaissance bauen. Die farbenfrohe Fassade mit verspielten Stuckarbeiten und Skulpturen zeigt sich heute v. a. im Stil des Barock und Klassizismus. Sehenswert ist das Schloss auch innen. Schon 1805 öffnete General Stanisław Kostka Potocki, der damalige Besitzer, das Schloss für die Öffentlichkeit und schuf hier eines der ersten Museen in Polen. Die ebenfalls barock und klassizistisch gestalteten Räume strahlen heute wieder im Prunk der Anfangszeit. Zu sehen sind Grabporträts, Marmorkunst, herrschaftliches Mobiliar, Wandmalereien und Gemälde, darunter das wohl bekannteste, das König Jan Sobieski als berittenen Türkenbezwinger bei der Schlacht vor Wien zeigt. Freskengeschmückte Säle, die Kapelle, die Königsbibliothek, die Schlafgemächer und das „Große karmesinrote Zimmer" mit eindrucksvoller Gemäldegalerie gehören zu den Höhepunkten des Rundgangs. Bei der Trasse 2 sind weitere Gemächer im Palais zu sehen, u. a. Prinzessinnengemächer sowie China- und Jägersäle.

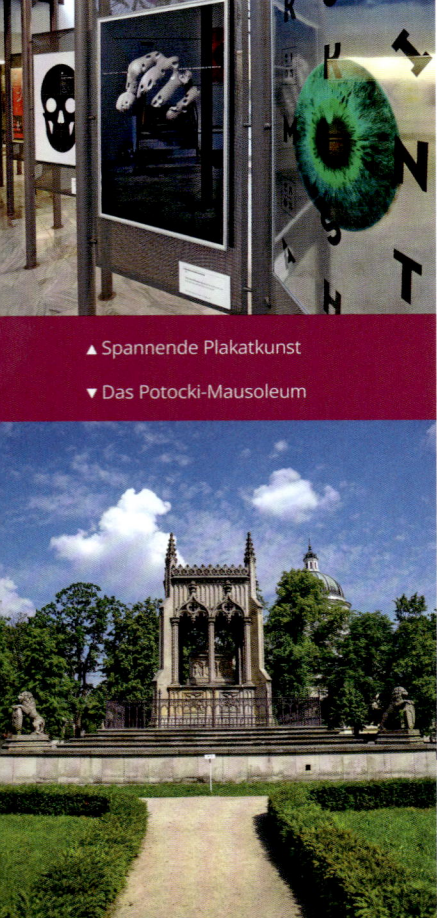

▲ Spannende Plakatkunst

▼ Das Potocki-Mausoleum

Schloss: Mo/Mi/Sa/So 9.30–18, Di und Do/Fr 9.30–16 Uhr, Okt. bis März Mi–Mo 9.30–16 Uhr (Di geschlossen); Ende Dez. bis Mitte Jan. geschlossen. Kasse ab 9 Uhr geöffnet. Eintritt

Schloss von Wilanów – der würdige Abschluss des Königstrakts

Trasse 2: geöffnet wie oben. Eintritt 4 €, erm. 2,50 €.

☏ 22-5442700, (Mo–Fr 9–15.30 Uhr), www.wilanow-palac.pl Ul. Kostki-Potockiego 10/16.

> **Tipp:** Die Tickets für das Wilanów-Palais gleich nach der Ankunft in Wilanów kaufen; die Karten für jeden Tag sind limitiert und haben vorgeschriebene Eintrittszeiten, auch am eintrittsfreien Sonntag. In der Hauptsaison möglichst schon vor 9 Uhr an der Kasse sein. Wer zwischen Kartenkauf und Schlossbesuch länger warten muss, kann in der Zwischenzeit das Plakatmuseum, den Park oder die Kirche besichtigen. Mittlerweile kann man Karten auch über ☏ 22-5442850, per Mail an bilety@muzeum-wilanow.pl oder online unter www.wilanow-palac.pl vorbestellen, was bei größeren Gruppen sogar obligatorisch ist (1 Woche im Voraus).

Park Wilanowski

Wilanów-Park

Die seit 1677 bis auf etwa 43 Hektar gewachsene Parkanlage zeigt in ihrer heutigen Form die wechselnden Moden herrschaftlicher Gartengestaltung bis ins 19. Jh. sowie einige sehenswerte Häuschen und Skulpturen, die sich im Park verstecken.

Die hier vorgeschlagene Route ist die wohl einfachste, um alles zu sehen.

Zunächst betreten wir den ersten Garten bei der **Orangerie** und dann das Gebäude selbst, in dem gelegentlich Ausstellungen stattfinden. Gepflegte Hecken, antikisierende Statuen, die Orangerie und die benachbarte *Figarnia*, das Feigengewächshaus, prägen das Bild. Danach geht es zur *Adlersäule*, dabei passieren wir zur Linken die Gewächshäuser, in die man häufig einen Blick werfen kann.

In Richtung Norden erstreckt sich der **Englische Landschaftspark**, der, wie bei solchen Anlagen üblich, keine strenge Anordnung zu haben scheint und dennoch nach festen Regeln gestaltet ist. Über den schräg abbiegenden Weg gelangen wir zum *Chinesischen Pavillon*, ein schöner Ruhepunkt. An der Landzunge zwischen der Bucht zur Linken und dem See entlang zur Rechten kommen wir zur Brücke, die zur Insel führt. Links sind die Villen und Bootsstege der Anwohner zu sehen. Hier bietet sich eine kurze Umrundung der Insel an, bei der wir ein Denkmal passieren, das an die Schlacht von Raszyn (1809) zwischen den Truppen Warschaus und Österreichs erinnert.

Zurück auf der Landzunge, bleiben wir am Ufer und kommen so zum Pumpwerk *(Pompownia)*, das im Übergang zum barocken Prachtgarten steht, im Sommer ein beliebtes Motiv für Hochzeitsfotos. Wer mag, kann sich hier ein Boot leihen und über den See paddeln.

Über die barocke Uferpromenade mit den für Masowien typischen Trauerweiden erreichen wir den **südlichen Teich**, den wir halb umrunden. Ein Stück weiter südlich stoßen wir auf eine kleine Kaskade und die *Holendernia*, den früheren königlichen Stall. An einem *Obelisken mit Urne* vorbei gehen wir schräg auf die Schlossfassade zu und kommen dabei zur *Góra Bachusowa* (Bacchus-Hügel), wo wir bereits den Rosengarten sehen (s. u.). Auch dieser Teil des Gartens, der **Englisch-Chinesische Landschaftspark**, wirkt mehr oder weniger sich selbst überlassen und setzt einen interessanten Kontrast zum folgenden, im Stil der Neorenaissance gestalteten **Rosengarten**, der mit Brunnen, Skulpturen und Beeten

ein harmonisches Bild mit der Schlossfassade abgibt.

An der zum See gerichteten Fassade des östlichen Schlossflügels folgt der Höhepunkt des Rundgangs: der älteste Teil des Parks, bei dessen Restaurierung in den letzten Jahren viele archäologische Grabungen stattfanden.

Die nach italienischem Vorbild gestaltete **barocke Gartenanlage** erstreckt sich prachtvoll über zwei Ebenen. Die strenge Anordnung bezaubert mit Skulpturen, Brunnen und der geometrischen Ausrichtung der Bäume und Pflanzen. Viel Arbeit für den Gärtner – und viel Genuss fürs Auge des Betrachters.

Am nördlichen Seitenflügel vorbei geht es zurück zum Eingangsbereich, der zugleich der Ausgang ist.

Tägl. 9 Uhr bis Dämmerung. Eintritt 1 €, Kinder bis 16 J. 0,25 €, Do frei; deutschsprachige Führung 35 €. www.wilanow-palac.pl. Ul. Kostki-Potockiego 10/16.

coleurop.be.

Praktische Infos → Karte S. 187

Restaurants

Kuźnia Kulturalna **1** Seit 2014 mit neuem Namen, modernisierter Inneneinrichtung und v. a. besserer Küche mit oft verfeinerten Rezepten aus altpolnischen Kochbüchern. Hauptgericht 11–22 €. Regelmäßig Konzerte und Kabarettveranstaltungen mit polnischen Stars. Tägl. 11–22 Uhr. Ul. Kostki-Potockiego 24, ✆ 500-200200 (mobil), www.kuzniakulturalna.pl .

Wilanów **4** Keine Touri-Absteige, sondern eines der bekanntesten und beliebtesten Warschauer Restaurants. Einzig der Service lässt teilweise zu wünschen übrig. Viele Wildgerichte, z. B. Wildschweinbraten in Rotwein mit Pfifferlingen und Klößen (12 €). Tägl. 12–22 Uhr. Ul. Kostki-Potockiego 27, ✆ 22-8421852, www.restauracjawilanow.com.

Grill Pod Kasztanem **3** Unter Kastanien sitzend, kann man hier von Frühjahr bis Herbst

billiger als im zugehörigen Restauracja Wilanów Gerichte vom Grill genießen. Schweinenackensteak 5 € oder gegrillte Aubergine 6 €. Sa/So 12–23 Uhr. Ul. Kostki-Potockiego 27, ✆ 22-8421 852, www.restauracjawilanow.com.

Einkaufen

*mein*Tipp Sklep w Muzeum **7** Wem nach dem Besuch des Plakatmuseums der Sinn nach Verschönerung der eigenen vier Wände steht, darf hier hemmungslos zuschlagen. Plakate 4–20 €, Postkarten 1 €, Kataloge ab 5 €. Di–Sa 10–16, Mo 12–16 Uhr (Juni bis Sept. Mi und Sa/So bis 18 Uhr). Ul. Kostki-Potockiego 10/16, ✆ 22-8424848, www.postermuseum.pl.

Sonstiges

Bootsverleih **2** Paddeln wie ein König? Die Fahrt in der Gondel, im Paddelboot oder Kanu kostet 5 €/30 Min., 7 €/Std. oder 12 €/2 Std.

Ziele in der Umgebung
Ausflüge

Chopins Geburtsort Żelazowa Wola, der Kampinos-Nationalpark (Puszcza Kampinoska) und das Vernichtungslager Treblinka – von den Ausflugszielen in der Umgebung von Warschau sind dies die meistbesuchten.

Żelazowa Wola, Museum im Geburtshaus von Frédéric Chopin, S. 192

Puszcza Kampinoska, ein National-park mit Dünen, Sumpfgebieten und Radwegen, S. 193

Gedenkstätte Treblinka, Erinnerung an den Nazi-Terror, S. 195

Frédéric Chopins Geburtsort
Żelazowa Wola

Das kleine Dorf in der Gemeinde Sochaczew etwa 50 km westlich von Warschau wäre nicht weiter erwähnenswert, hätte hier nicht am 1. März 1810 einer der berühmtesten Polen das Licht der Welt erblickt: Frédéric Chopin.

Der Komponist und Pianist mit dem Geburtsnamen Fryderyk Franciszek Szopen ist bis heute einer der Protagonisten der Romantik. Nachdem die Familie nach Warschau umgezogen war, komponierte das Wunderkind bereits im Alter von sieben Jahren und zeigte schon damals eine erstaunliche Fähigkeit zur Improvisation. Sein Lehrer Józef Elsner bescheinigte ihm am Ende des Studiums sein musikalisches Genie. Auch als Pianist machte Chopin bald von sich reden. Für die Polen hat der Musiker aber auch einen patriotischen Nimbus. Wegen der Repressionen infolge der Teilungen Polens floh Chopin ins Exil nach Paris. Obwohl er sich dort sehr wohl fühlte, viele Freunde gewann und großen Erfolg hatte, vermisste er doch seine Heimat. Kritiker entdeckten in seinen Werken eine slawische Melancholie, sein früher Tod im Jahr 1849 förderte eine romantische Verklärung seines Lebens. Chopin wurde auf dem Pariser Friedhof Père Lachaise bestattet, sein Herz aber setzte man, wie er es gewünscht hatte, in Warschau in der Heiligkreuzkirche bei (→ Tour 3).

Sein pünktlich zum 200. Geburtstag 2010 renoviertes Geburtshaus in Żelazowa Wola ist seit 1931 ein Museum; es zeigt Erinnerungsstücke, Porträts, Möbel und natürlich die Musikinstrumente der Familie. In der Sommersaison gibt es an jedem Wochenende Konzerte mit bekannten Interpreten seiner Werke, aber auch mit hoffnungsvollen Nachwuchstalenten. Im Jahr 2015 gab es eine erneute Renovierung und Änderung der Museumskonzeption.

Wer nach dem Besuch des Museums oder nach einem Konzert noch Zeit hat, sollte sich einen Spaziergang durch den Park rund um das

Anwesen gönnen; dort erinnern drei Denkmäler an den großen polnischen Komponisten.

Information

Chopin-Institut in Warschau: Ul. Tamka 43, ☎ 22-4416100, www.nifc.pl.

Informationen über Chopins Leben und Werk: www.chopin.pl.

Anreise

Bus: bequem, aber teuer mit den Minibussen zahlloser privater Anbieter (aktuelle Flyer in den Tourist-Informationen) oder kombinierter Transfer und Eintritt über www.chopinpass.pl.

Bahn: ab Warszawa Śródmieście oder Centralna bis Sochaczew; von dort mit Buslinie 1, 6 oder einem der zahlreichen Minibusse weiter nach Żelazowa Wola.

Auto: über die Landstraße A 2 in Richtung Sochaczew; von dort über Landstraße 580 nach Żelazowa Wola. Oder direkt von Warschau auf der 580 über Leszno und Kampinos.

Sehenswertes

Geburtshaus von Frédéric Chopin (Dom Urodzenia Fryderyka Chopina): Di–So 9–17 Uhr, Mo geschlossen, April bis Sept. bis 19 Uhr. Eintritt 6 €, erm. 3,50 €, Mi frei, deutschsprachige Audioguides und Apps. ☎ 46-8633300, www.chopin.museum, www.chopin.nifc.pl. Żelazowa Wola 15 in Sochaczew.

Park: Mo 9–17.30, Di–So 9–20 Uhr, Sept./Okt. und März/April tägl. 9–17.30 Uhr, Mitte Okt. bis Febr. 9–16 Uhr. Eintritt 2 €, erm. 1 € oder Museumsticket, Mi frei.

Konzerte

Mai bis Sept. an allen Wochenenden; in den letzten Jahren Sa/So 12 und 15 Uhr sowie April bis Okt. oft zusätzlich Do/Fr. Die Konzerte finden im Haus statt, wegen des beschränkten Platzes werden im Garten Bänke aufgestellt, die Fenster zum Garten bleiben geöffnet. Rechtzeitiges Erscheinen etwa eine Stunde vor Konzertbeginn empfohlen.

Essen und Trinken

Przepis na Kompot, besser als das Vorgängerrestaurant, auf den Teller kommen saisonale Klassiker der polnischen Küche. Tägl. 12–21 Uhr. Żelazowa Wola 14, ☎ 46-8632168, www.przepisnakompot.pl.

Kampinos-Nationalpark

Puszcza Kampinoska

Direkt an Warschaus nordwestlichem Rand beginnt der Kampinos-Nationalpark mit den für die Gegend so typischen Dünen- und Sumpfgebieten. Hier erstreckte sich inmitten eines großen Waldes einst das Ursprungstal der Weichsel.

Natur pur, traumhafte Radwege, interessante Städtchen und Museen an den Rändern des Parks sowie einige historische Mahnmäler ziehen Touristen, aber auch viele Warschauer an. Was die Unesco nüchtern als „Biosphären-Reservat" bezeichnet, nennen die Warschauer ihre Lunge. In der Tat verdankt die Metropole ihre recht gute Luftqualität neben den vielen Parks im Zentrum auch dem nahen Nationalpark. Am besten lässt sich das fast 400 km² große Naturschutzgebiet auf Schusters Rappen

Ausflüge

oder einem (geliehenen) Fahrrad erkunden: Nicht weniger als 360 km
Wander- und 200 km Radwege er-
schließen die Puszcza Kampinoska mit
ihrer einzigartigen Fauna (Biber, Luch-
se, Wisente) und Flora (Sanddünen,
Moore, Kiefernwälder). Den Elch, das
Wappentier des Parks, zieht es übrigens
oft ins Stadtgebiet, wie spektakuläre
Fotos und witzige Zeitungsmeldungen
gelegentlich dokumentieren.

In *Sochaczew* wartet zudem eines der
größten Schmalspureisenbahn-Museen
Polens auf Fans historischer Lokomoti-
ven und Schienenfahrzeuge. Als Aus-
gangspunkte eignen sich aber auch einige Städtchen oder Dörfer am Rand
des Nationalparks, wie *Izabelin*, *Kampinos* und *Leszno* sowie Warschaus
nordwestliche Vororte *Bemowo* oder
Żoliborz. Neben den Naturschönheiten
sind im Park einige sehenswerte Klöster und Kirchen zu entdecken, aber
auch Denkmäler und der *Friedhof von
Palmiry*, wo zwischen 1939 und 1941
mehr als 2000 Warschauer von NS-
Truppen ermordet wurden.

Karten mit eingezeichneten Routen erhält man, falls vorrätig, kostenlos in
den Touristbüros oder preiswert in
Buchhandlungen.

Erreichbar ist das Warschauer Naherholungsgebiet auch mit einigen Aus-
flugseisenbahnen, ein Vergnügen für
Jung und Alt.

Information

Bei den Warschauer Touristbüros oder über den
Kampinoski Park Narodowy, ul. Tetmajera 38 in
Izabelin,   ✆ 22-7226001,   www.kampinoski-
pn.gov.pl, www.puszczakampinoska.pl.

Anreise

Nützlich ist eine Karte des Parks, auf der Wan-
der- und Radwege sowie Anfahrtsstraßen ein-
gezeichnet sind; erhältlich in Buchhandlungen
und Touristbüros.

Bus: Stadtbus 110 ab der Haltestelle Metro
Marymont (Nr. 17 am Busbahnhof und Markt)
bis Haltestelle Akcent; oder ab der Haltestelle
Plac Wilsona mit Linie 181 bis Haltestelle
Wólczyńska oder im Sommer mit Linie 800 bis
Haltestelle Palmiry; Fahrzeit jeweils etwa 30 Min.

Bahn: Ab Dworzec Zachodni nach Sochaczew.

In der Puszcza Kampinoska dürfen Bäume noch wachsen, wie sie wollen

Auto: Über die al. Solidarności auf die ul. Leszno und immer geradeaus auf die südlich des Parks verlaufende Landstraße 580 von Babice über Zaborów, Leszno und Kampinos bis nach Sochaczew. Nach Palmiry bei Stare Babice nach rechts Richtung Izabelin, weiter geradeaus über Truskaw bis zum Parkplatz Palmiry.

Fahrrad: Auf Radwegen von Warschaus nordwestlichen Vororten Bemowo, Bielany oder Żoliborz. Karte bei den Touristbüros.

Fahrradverleih → Unterwegs mit dem Rad.

Eisenbahn-Museum und Ausflugsfahrt

Schmalspur-Eisenbahn-Museum (Muzeum Kolei Wąskotorowej): Di–So 9–17 Uhr. Eintritt 3 €, erm. 1,50 €, Mi frei. Ul. Towarowa 7 in Sochaczew, ✆ 46-8625975, www.mkw.e-sochaczew.pl.

Ausflugsfahrten „Retro" in den Park von Mai bis Okt. an ausgewählten Tagen. Programmstart 9.50 Uhr, Abfahrt 10.30 Uhr, Rückkehr 15.20 Uhr. Gebühr 7 €, erm. 6 €.

Sehenswertes

Museum – Gedenkstätte Palmiry (Muzeum – Miejsce Pamięci Palmiry): April bis Okt. Di–So 10–18 Uhr, Nov. bis März Di–So 10–16 Uhr, Mo geschlossen. Eintritt frei, englischsprachige Führung 25 €. Beim Friedhof in Palmiry (Ausgangspunkt Truskaw, Stadtbus 800, Haltestelle Palmiry-Muzeum), ✆ 22-7208114, www.muzeum warszawy.pl.

Erinnerung an den Nazi-Terror
Gedenkstätte Treblinka

Unter dem Tarnnamen Aktion Reinhardt betreiben die Nationalsozialisten die systematische Ausrottung der Juden, Sinti und Roma im deutsch besetzten Polen. Zu diesem Zweck wurde Treblinka als drittes Vernichtungslager gebaut.

Zwischen Juli 1942 und Oktober 1943 wurden je nach Historiker 700.000 bis 1,2 Millionen Menschen umgebracht, die aus Warschau und ganz Europa hierher verschleppt worden waren. Eng

Gut gekennzeichnete Wege

verbunden mit dem Namen Treblinka ist aber die polnische Hauptstadt, denn die meisten Juden aus dem Warschauer Ghetto wurden hier ermordet, darunter auch Janusz Korczak (→ Tour 7), zudem viele Sinti, Roma sowie katholische Polen. Zur Tarnung und Vorbereitung wurde in Treblinka 1941 zunächst ein Arbeitslager errichtet, auch Treblinka I. genannt. 1942 gab Heinrich Himmler dann den Befehl zum Bau des Vernichtungslagers Treblinka II, in dem die Überlebenden des Ghettos vergast oder erschossen wurden. Am 2. August 1943 kam es erstmals zu einem Aufstand in einem NS-Vernichtungslager, bei dem rund 200 Inhaftierten (vorübergehend) die Flucht gelang.

Die heutige Gedenkstätte in Treblinka ist nicht zu vergleichen mit denen in Auschwitz, Dachau oder Majdanek; Grund dafür ist die traurige Tatsache, dass es nahezu keine Überlebenden gab und dass es den Nationalsozialisten, anders als in anderen Vernichtungslagern,

Ausflüge

gelang, fast alle Spuren zu beseitigen. So steht das seit 1964 an die Verbrechen erinnernde Mahnmal von Wäldern und Feldern umgeben einsam und verloren in der Landschaft. An der Stelle der Gaskammern befindet sich heute ein großer Turm aus Quadern, um den ca. 17.000 Granitgrabsteine verteilt sind, deren Inschriften an die Städte und Länder erinnern, aus denen Juden nach Treblinka verschleppt worden waren. Der Weg zum früheren Arbeitslager ist durch Steinblöcke kenntlich gemacht. In einem kleinen Museumsgebäude informiert eine Ausstellung über die Geschichte des Lagers. Berühmt wurde in diesem Zusammenhang übrigens auch die Mahnung des Warschauer Literaturnobelpreisträgers und passionierten Vegetariers Isaac B. Singer: „Für die Tiere gibt es ein unendliches Treblinka."

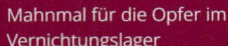

Mahnmal für die Opfer im Vernichtungslager

Information

Bei den Warschauer Touristbüros oder im Museum (s. u.).

Anreise

Die Anfahrt zu dem Dorf 75 km nordöstlich von Warschau ist kompliziert, weshalb es sinnvoll ist, auf Angebote von Reiseagenturen (→ Unterwegs) oder Taxiunternehmen (z. B. www.warsawtaxi.pl) zurückzugreifen.

Bahn: Ab Bahnhof Warszawa Wileńska in Praga (→ Karte Tour 10) nach Małkinia (Endstation), Fahrtzeit rund 85 Min., aktueller Fahrplan unter www.mazowieckie.com.pl. Von dort aus mit Minibussen, Taxi oder zu Fuß (fast 10 km!) bis zur Gedenkstätte, dem Fahrer „Obóz Treblinka" als Ziel sagen (ausgesprochen etwa „obbus").

Auto: Von der rechten Weichselseite über die Schnellstraße E 67 in Richtung Białystok, nach 53 km nach rechts auf der Landstraße 694 14 km nach Brok. Dort rechts auf Landstraße 50 in Richtung Sadowne, nach 2,3 km links auf die nicht nummerierte Straße Richtung Morzyczyn und Kiełczew. Nach Kiełczew nach rechts und dem Straßenverlauf folgend links über die Bahngleise Richtung Prostyń und weiter nach Treblinka. Von dort nach rechts in Richtung und vorbei an Poniatowo, von wo die Gedenkstätte ausgeschildert ist.

Sehenswertes

Museum des Kampfes und Märtyrertums/Treblinka (Muzeum Walki i Męczeństwa/Treblinka): April bis Okt. tägl. 9–18.30 Uhr, Nov. bis März tägl. 9–16 Uhr. Besichtigung des Geländes ab 14 J. Eintritt 2 €. Kosów Lacki, ✆ 25-7811658, www.treblinka-muzeum.eu.

Audioguide: nur auf Englisch und Polnisch, aber sehr gut gemacht. Für Android oder iOS kostenlos verfügbar. Mehr unter: www.audiotrip.org.

Fotosession vor dem Kulturpalast

Nachlesen & Nachschlagen

Stadtgeschichte ▪ S. 200

Architektur ▪ S. 213

Polnische Küche ▪ S. 219

Kulturleben ▪ S. 221

Veranstaltungen ▪ S. 224

Literaturtipps, CDs, Filme ... ▪ S. 228

Warschau mit Kindern ▪ S. 231

Anreise ▪ S. 232

Unterwegs in Warschau ▪ S. 236

Übernachten ▪ S. 244

Wissenswertes von A bis Z ▪ S. 251

Kompakt — Alle Museen ▪ S. 258

Kompakt — Alle Restaurants ▪ S. 262

Kompakt — Nachtleben ▪ S. 266

Kompakt — Alle Shopping-Adressen ▪ S. 268

Etwas Polnisch ▪ S. 270

Impressum & Verzeichnisse ▪ S. 274

Register ▪ S. 278

Am Denkmal des Warschauer Aufstands

Stadtgeschichte

Laut Legende stammt der Name der Stadt vom Fischer Wars und seiner Frau Sawa, denen eine Nixe ans Herz gelegt hatte, an der Weichsel eine Stadt zu errichten, die unzerstörbar sein werde. Nach einer anderen Legende durchschwammen einst zwei Sirenen die Tiefen der Ostsee. Die eine der Sirenen, ein Mischwesen aus Mensch und Fisch, ließ sich am Kopenhagener Hafen nieder, wo sie bis heute zu sehen ist. Die andere hingegen setzte ihren Weg bis Danzig fort und schwamm flussaufwärts bis zu einer schönen Sandbank im Urstromtal der Weichsel.

Dort, wo sich das heutige Warschau befindet, wurde sie von Fischern gefangen, da sie deren Fang aus den Netzen befreite. Ihr Gesang entzückte die Fischer jedoch so sehr, dass sie die Sirene freiließen und sich fortan ihrer Lieder erfreuten. Bald aber wurde sie von einem reichen Kaufmann gefangen, der sie auf Jahrmärkten als Sen-

sation anpreisen wollte und sie bis zu ihrem ersten Auftritt einsperrte – bis ein Fischerjunge ihr Wehklagen hörte und sie befreite. Dankbar versprach sie, die Stadt fortan zu verteidigen.

Aus diesem Grund ist die Sirene heute als Skulptur, an Hauseingängen und als Maskottchen in Warschau allgegenwärtig – stets mit Schwert und Schild bewaffnet. Und sie sollte viel Arbeit haben, denn die Geschichte Warschaus ist eine Geschichte von Krieg, Fremdherrschaft, Unterdrückung, Zerstörung und Aufständen. Ein Grund, weshalb viele berühmte Söhne und Töchter ihre Heimatstadt verlassen mussten. Fryderyk Szopen beispielsweise wurde als Frédéric Chopin in Paris bekannt, Maria Skłodowska erhielt als Marie Curie ihre Nobelpreise ebenfalls in der Seine-Metropole, und Isaac B. Singer bekam den Literaturnobelpreis für seine in New York verfassten Werke – die aber fast ausschließlich von seiner Warschauer Heimat handeln. Sie alle waren Warschauer zu Zeiten, als es hart war, hier zu leben. Dies hat sich mit dem Ende des Sozialismus grundlegend verändert: Die aktuelle Situation ist seit Jahrhunderten die freieste und wirtschaftlich stabilste: Warschau schickt sich an, seine traumatischen Erfahrungen endgültig als Vergangenheit abzustreifen.

Piasten-Dynastie und Stadtgründung

Im 6. Jh. ließen sich die slawischen Stämme der Wislanen und Polanen im Land nieder. Die Wislanen gründeten den so genannten Weichselstaat mit Krakau als Hauptstadt. Die Polanen, die den heutigen Landesnamen prägten, siedelten um Posen und Gnesen. Am Ende des ersten nachchristlichen Jahrtausends trat die Dynastie der Piasten auf den Plan, ein Königsgeschlecht der Polanen. Die Piasten kontrollierten das erstmals Polen genannte Herrschaftsgebiet, in dem Warschau zunächst keine Rolle spielte.

Die erste bescheidene Siedlung auf dem heutigen Stadtgebiet war das im 9. Jh. errichtete Bródno, heute ein Stadtteil auf der rechten Weichselseite nördlich von Praga (→ Tour 10). Ende des 10. Jh. eroberten die Piasten die um Warschau liegende Region Masowien. Jazdów, damals an einem bedeutenden Handelsweg zwischen dem Schwarzen Meer und der Ostsee gelegen, war eine weitere Ansiedlung im 12. Jh. an der Stelle, an der heute das Warschauer Ujazdowski-Schloss (→ Tour 9) steht. Hier zeigte sich zum ersten Mal, wie wichtig die Gegend des heutigen Warschaus für die zur Dynastie der Piasten zählenden masowischen Herzöge war: In Jazdów bauten sie eine ihrer Burgen. Die um die Burg siedelnden Bewohner mussten sich immer wieder gegen Angriffe zur Wehr setzen – und sich schließlich ergeben: Jazdów wurde 1262 von den Litauern erobert und mitsamt der Burg zerstört. Die vertriebenen Bewohner gründeten daraufhin die heutige Altstadt (→ Tour 1) rund um die Stelle, an der der masowische Herzog Bolesław II.

später den Grundstein für das Königsschloss legte. Dieser Schritt war gleichbedeutend mit der Gründung Warschaus. Der genaue Zeitpunkt der Stadtgründung ist nicht historisch gesichert, auch wenn Warschau 1965 sein 700-jähriges Jubiläum feierte – erstmals urkundlich erwähnt wird Warschau aber erst im späten 13. Jh.

In den folgenden Jahren ging es mit der Siedlung schnell bergauf: Bereits 1334 erhielt Warschau unter dem damaligen Namen Warszowa das Stadtrecht. Viele Neuankömmlinge siedelten sich in dem neuen Städtchen an, und auch die Juden wussten nach den Pestpogromen in Westeuropa das „Land der goldenen Freiheit" zu schätzen – Warschau entwickelte sich schnell zu einem der wichtigsten Zentren des jüdischen Lebens in Mitteleuropa. Schon um 1350 war Warschau eine Stadt mit einigen Tausend Einwohnern, die meisten Gebäude der heutigen Altstadt entstanden in dieser Zeit.

Polens goldene Zeit – das Ende der Warschauer Provinzialität

Der Auftakt von Polens goldenem Zeitalter war gar nicht glänzend, König Kazimierz Wielki (der Große) blieb die Geburt eines Thronfolgers verwehrt. Deshalb wurde Jadwiga, seine erst zwölfjährige Großnichte, aus machtpolitischem Kalkül dem litauischen Herrscher Jagiełło versprochen – die vereinigten Königreiche wurden damit zu Europas mächtigstem Reich: Polen erstreckte sich nun zwischen Ostsee und Schwarzem Meer, und es entwickelte sich zu Europas fortschrittlichstem und liberalstem Land. Auch Warschau profitierte von dieser Stärke – es lag zentral an der wichtigen Handelsstraße zwischen Krakau und dem litauischen Wilna. In dieser Zeit festigte die Stadt ihre Position im Herrschaftsgebiet der masowischen Herzöge, Warschau wurde zur Hauptstadt des Herzogtums. Die

Regierungszeit von Herzog Janusz I. (1374–1429) gilt als die erste Blütezeit der jungen Stadt. Janusz' Nachfolger Bolesław IV. garantierte der jüdischen Gemeinde weit reichende Privilegien und förderte so die weitere Entwicklung der Stadt.

Unter König Zygmunt I. Stary erreichte das Königreich Polen seine größte Machtfülle, Wissenschaft und Kultur blühten auf. Die aus Mailand stammende Königsgattin Bona Sforza brachte die Renaissance und einige ihrer wichtigsten Künstler an den Königshof nach Krakau. Aber auch machtpolitischen Intrigen war sie nicht abgeneigt – die Vergiftung der beiden letzten masowischen Herzöge Stanisław I. und Janusz III. soll auf ihr Konto gehen. Mit deren Tod endete die bisherige herzögliche Provinzialität Warschaus, das von nun an zu einer bedeutenden Stadt unter der polnischen Krone wurde. Bona Sforza, inzwischen Königswitwe, verlegte 1548 ihren Hof schließlich vom Krakauer Wawel zum Warschauer Ujazdowski-Schloss. Damit bahnte sie eine entscheidende Veränderung an, die ein halbes Jahrhundert später Wirklichkeit werden sollte, als Warschau zur Hauptstadt des Königreichs wurde.

Zygmunt II. August gelang es, die Errungenschaften seines Vaters, mit dem er zeitweise zusammen regierte, weiterzuführen. Erst mit dem Tod von Zygmunt II. im Jahr 1572 endete Polens goldenes Zeitalter, von dem Krakau weitaus mehr profitierte als die kommende Hauptstadt Warschau.

Warschau wird Polens neue Hauptstadt

Auch König Zygmunt II. August war kein Sohn vergönnt, die Thronfolge wurde deshalb ab 1573 durch Wahlen bestimmt. Diese Abhängigkeit des Königs vom Adel führte immer wieder zu Machtkämpfen innerhalb der Aristokratie – es kam zu Wahlen, die für das Land nicht immer vorteilhaft waren. So stammten viele polnische Könige aus europäischen Adelshäusern, wovon sich der polnische Adel größeren Einfluss auf den König, aber auch einen Machtgewinn in Europa versprach. Von diesen höfischen Querelen war in Warschau nicht viel zu spüren – die Stadt hatte Anfang des 17. Jh. mit einer zweijährigen Pestepidemie und 1607 mit einem verheerenden Großbrand in der Altstadt zu kämpfen.

In dieser Zeit zog König Zygmunt III. Waza mit seinem Hof nach Warschau um, das ab 1609 endgültig zur neuen Hauptstadt Polens wurde. Mit diesem Umzug begann eine zweite Blütezeit der Stadt: Unzählige Prachtbauten und Kirchen im frühbarocken Stil wurden gebaut. Warschau boomte, und bald zählte die Stadt mehr als 50.000 Einwohner, darunter viele Geistliche, Magnaten und vermögende Vertreter des Landadels, die in den neu erschlossenen Stadtvierteln an den beiden Ufern der Weichsel wohnten. Die damals längste Brücke Europas wurde gebaut, um das ebenfalls aufblühende Praga (→ Tour 10) mit den linksseitigen Gebieten zu verbinden.

Die chronische politische Schwäche Polens im Machtkonzert der europäischen Staaten war jedoch ein gefundenes Fressen für seine Nachbarn. Mitte des 17. Jh. richteten Kosaken und Schweden mit Raubzügen im ganzen Land wie auch in Warschau schwere Schäden an. Während der Regierungszeit der drei polnischen Waza-Könige blutete das Land aus und verlor etwa ein Drittel seiner Bevölkerung! Gleichzeitig musste sich das damals an das Osmanische Reich grenzende Polen auch noch gegen die Türken wehren. Erst nach der Entscheidungsschlacht 1675 vor Wien unter dem Oberbefehl des polnischen Königs Jan III. Sobieski

gelang es den europäischen Herrscher-
häusern in einer konzertierten Aktion,
das Osmanische Reich wieder zurück-
zudrängen.

So ging es um 1680 mit Polen noch einmal aufwärts, erneut setzte ein Auf-
schwung ein, der v. a. in Warschau zu
spüren war: König Sobieski III. holte
zahlreiche deutsche, niederländische
und italienische Künstler und Baumeister in die Stadt, die mit ihren polnischen Kollegen Meisterwerke wie das
Schloss in Wilanów (→ Tour 12) schufen. Die Regierungszeit von König August II. Mocny (der Starke) von 1697
bis 1733 war dann erneut von den
Machtkämpfen des Adels bestimmt,
der fließend Polnisch sprechende König
aus Sachsen wurde in Thronfolgekrie-
gen politisch aufgerieben. Umso erstaunlicher war es, dass er trotz alledem in Warschau weitere barocke
Prachtbauten hinterließ, darunter die
sog. Sächsische Achse (→ Tour 5) mit
ihren Anleihen an das französische
Versailles. Nicht weniger bedeutend
war die Regierungszeit von König Stanisław August Poniatowski (1764–
1795). Ganz im Sinne der Aufklärung
förderte die freie Kunst, gründete 1773
das erste Bildungsministerium der Welt
und veranlasste Europas erste moderne
demokratische Verfassung, die 1791
verabschiedet, aber schon zwei Jahre
später von Preußen und Russland außer Kraft gesetzt wurde. Ganze Straßenzüge wurden in diesen Jahren im
Stil des Klassizismus umgestaltet, der
Königstrakt (→ Tour 3) auf seine heutige Länge erweitert und der Park
Łazienki Królewskie (→ Tour 9) erweitert. Warschaus Bevölkerung stieg in
diesen Jahrzehnten auf 150.000 Einwohner – Ende des 18. Jh. zählte die
Stadt zu den größten Städten Europas.
Des Königs politisches Schicksal stand
allerdings unter einem schlechten
Stern: Stanisław August Poniatowski
sollte der letzte Polenkönig sein.

Die Teilungen Polens – Zeit der Fremdherrschaft

Im Gegensatz zu seiner Hauptstadt war
Polen als Nation Ende des 18. Jh. durch
Konflikte und Kriege geschwächt. Die
expansiven Nachbarstaaten Russland,
Preußen und Österreich-Ungarn nutzten diese Schwäche aus und teilten den
„polnischen Kuchen" nach und nach
unter sich auf – Russland biss von Osten zu, Preußen von Westen, das Habs-
burger Reich von Süden. Der erste „Bis-
sen", historisch korrekt als „Erste Teilung Polens" bezeichnet, fand 1772
statt, die nächsten beiden 1793 und
1795. Sah es nach der Ersten Teilung
1772 noch so aus, als ob sich Polen erholen könnte, beendete die Zweite Teilung 1793 alle Hoffnungen. Der 1794 in
Warschau vom Schustermeister Jan
Kiliński geführte Aufstand gegen die
russischen Besatzer scheiterte ebenso

Die Sigismundsäule (Schlossplatz)

wie das gesamtpolnische Befreiungs-
streben unter der Führung von General
Tadeusz Kościuszko, einem späteren
amerikanischen Freiheitskämpfer und
Vertrauten von George Washington. Im
Warschauer Stadtteil Praga folgte der
Niederlage ein Massaker an der Zivil-
bevölkerung durch die russischen
Truppen.

Schlimmer noch: Bald sollte Polen für
mehr als ein Jahrhundert ganz von der
Landkarte verschwinden. Nach der
Dritten Teilung Polens 1795 wurde
Warschau zunächst von Preußen besetzt. Verheerende wirtschaftliche Probleme waren die Folge, nicht zuletzt,
weil ein Drittel der Bevölkerung vor
den Besatzern aus der Hauptstadt ge-
flohen war. Gänzlich verworren gestaltete sich die Lage von 1807 bis 1815, als
das Herzogtum Warschau zu einem
Satellitenstaat auf preußischem Boden
von Napoleons Gnaden wurde. Nach
dem Wiener Kongress (1815) wurde
Warschau zunächst zur Hauptstadt des
auch als „Kongresspolen" bezeichneten
Königreichs Polen unter dem russischen Zaren. Die anfängliche weitge-
hende Souveränität unter dem Statthalter des Zaren erlaubte ein kurzes
Aufblühen der Stadt in den Jahren bis
1830: Das Große Theater (→ Tour 5)
wurde gebaut, die Zeit der Industrialisierung setzte ein.

Ein von jugendlichen Verschwörern ini-
tiierter Aufstand gegen das immer här-
tere russische Regime, der sog. Novemberaufstand von 1830, auch als Kadettenaufstand bekannt, scheiterte, die
Besatzer zogen die Daumenschrauben
weiter an. Für Warschau bedeutete dies
eine Zeit der „Russifizierung": Die polnische Sprache wurde unterdrückt, die
Kultur gemaßregelt, willkürliche Fest-
nahmen und Folterungen in der Stadt
waren an der Tagesordnung (→ Tour 11).
Viele Intellektuelle, Künstler und Politiker flohen nach Paris, das sich zur
Hochburg der polnischen Exilanten

entwickelte, unter ihnen Frédéric Chopin oder Polens Nationaldichter Adam
Mickiewicz. Im Ausland führten diese
Ereignisse zu einer Romantisierung der
polnischen Tragödie. So feierten die
liberalen Kräfte in Deutschland auf
dem Hambacher Fest 1832 geradezu
begeistert die polnischen Freiheitsbe-
strebungen. Und auch die katholische
Kirche war ein Hort der Freiheitskämpfer, einer der Gründe, der ihren bis
heute andauernden Einfluss auf die
polnische Gesellschaft erklärt.

Aber auch der Januaraufstand von 1863
gegen die russischen Besatzer führte
nicht zur ersehnten Freiheit, im Gegenteil: Das Königreich Polen wurde aufge-
löst, Polen wurde nun endgültig ein
Teil des russischen Reichs. Für Warschau hatte dies aber auch wirtschaftliche Vorteile: Die Stadt stieg nach Moskau und St. Petersburg zur wichtigsten
Metropole des Zarenreichs auf; v. a. der
industrielle Fortschritt und ein vorsich-
tiger Optimismus prägten die letzten
Jahrzehnte des 19. Jh.

Die endgültige Befreiung Polens von
russischer, deutscher und österreichi-
scher Fremdherrschaft gelang den
Truppen unter Marschall Józef Piłsudski
am Ende des Ersten Weltkriegs von
Krakau aus, der den politischen und militärischen Zusammenbruch Russlands
und Deutschlands als Chance für Polen
nutzte. Am 11. November 1918 traf
Piłsudski im bis dahin von deutschen
Truppen besetzten Warschau ein – ein
Tag der Befreiung, der seitdem als polnischer Unabhängigkeitstag gefeiert wird.

Zwischen den Kriegen:
Die 20er- und 30er-Jahre

Der Versailler Vertrag von 1919 sah vor,
dass Warschau und die umliegenden Ge-
biete unter bisher russischer Herrschaft
dem seit 1918 wieder auf der Landkarte
verzeichneten Polen eingegliedert werden sollten – die den Teilungen Polens

folgende politische Nichtexistenz des Landes war damit Geschichte.

Doch schon bald musste sich der junge Staat gegen einen neuen Angriff wehren. Das nach der Oktoberrevolution 1917 im Bürgerkrieg befindliche Sowjetrussland versuchte, die Revolution gen Westen über Polen nach Deutschland auszubreiten. Doch unter dem Oberbefehl von General Piłsudski gelang es der polnischen Armee 1920, die Schlacht gegen eine überlegene Rote Armee für sich zu entscheiden: Das „Wunder an der Weichsel" sicherte den Fortbestand Polens. In den 30er-Jahren wird General Piłsudski zur zentralen politischen Identifikationsfigur: Polen sollte zur „Heimat vieler Nationen und Gemeinschaft vieler Kulturen" werden, in der auch die Menschen jüdischer Herkunft ihren Platz haben sollten.

Die kurze Zeit zwischen den beiden Weltkriegen, besonders die „Goldenen Zwanziger" waren von schneller Veränderung geprägt, Warschau erlebte einen regelrechten Bauboom, die Warschauer Bohème feierte, wie in Berlin, ihre neuen Freiheiten – die Stadt entwickelte sich zu einem blühenden kulturellen Zentrum, dessen Vielfalt nicht zuletzt die jüdischen Neuankömmlinge bereicherten – die jüdische Bevölkerung machte bald ein Drittel der Gesamtbevölkerung aus. Doch ähnlich wie in Deutschland war dieser Neuanfang angesichts von Inflation und Arbeitslosigkeit auf Sand gebaut. So wurde 1922 der erste Präsident der Zweiten Republik, Gabriel Narutowicz, von einem nationalistischen Fanatiker ermordet; die Wut über bittere Armut und soziale Ungerechtigkeit entluden sich 1923 in einem Aufstand der Arbeiter. 1929 folgte schließlich der Schock der Weltwirtschaftskrise, von dem sich das Land nur langsam erholte. In Warschau gelang es dem seit 1934 amtierenden Stadtpräsidenten Stefan Starzyński, die Arbeitslosigkeit allmählich wieder zu senken und Infrastrukturprojekte in Gang zu setzen. Warschau begann sich wieder zu erholen. Mitte der 30er-Jahre zählte die Stadt 1,3 Millionen Einwohner, und für die 40er-Jahre zeichnete sich eine Fortsetzung des Aufschwungs ab – eine Entwicklung, die durch den Kriegsbeginn und die deutsche Besetzung beendet wurde.

Zweiter Weltkrieg und deutsche Besetzung

Der Überfall Deutschlands auf Polen im September 1939 bedeutete den Beginn des Zweiten Weltkriegs, wenige Wochen später war auch Warschau von den deutschen Truppen besetzt. Die Besatzer zerstörten oder raubten viele Kunstschätze der Warschauer Museen und Kirchen und begegneten der Bevölkerung arrogant und voller Hass – ein Ergebnis der antipolnischen Vorkriegspropaganda in Deutschland. Weit schlimmer aber war, als der rassistischen Ideologie Taten folgten. Die jüdische Bevölkerung wurde fast ausnahmslos in einem in den Stadtvierteln Wola und Nördliche Innenstadt neu errichteten Ghetto interniert oder in Konzentrationslager wie Treblinka und Auschwitz deportiert. Von den fast 500.000 Warschauer Juden der Vorkriegszeit überlebten am Ende nur etwa 20.000, denen mit Hilfe andersgläubiger Polen und einiger weniger frei gebliebener Juden die Flucht gelungen war – das Schicksal eines dieser Überlebenden hat Roman Polański in seinem Film „Der Pianist" verewigt. Doch nicht nur die jüdische Bevölkerung musste Qualen erleiden, einem großen Teil der katholischen Polen und auch der Elite des Landes erging es nicht besser. Insgesamt starb in den Kriegsjahren fast die Hälfte der Warschauer (polenweit waren es mindestens 5,5 Millionen), die Stadt war 1945 zu 80 % zerstört, die Viertel am linken Weichselufer sogar noch mehr.

Zwei Warschauer Aufstände gegen den Naziterror waren und sind für das polnische Selbstverständnis von zentraler Bedeutung, weshalb wir sie hier genauer schildern. Bemerkenswert in diesem Zusammenhang ist, dass sich der frühere Bundespräsident Roman Herzog einen peinlichen Schnitzer erlaubte, als er anlässlich des 50. Jahrestags des Warschauer Aufstands (1944) diesen mit dem Aufstand im Warschauer Ghetto (1943) verwechselte …

Warschauer Ghetto und Ghettoaufstand 1943

Das von den deutschen Besatzern verharmlosend als „Jüdischer Wohnbezirk in Warschau" bezeichnete Ghetto war das größte seiner Art in den vom Dritten Reich kontrollierten Gebieten. Mitte

Reste der Ghettomauer

1940 trieben die Nazis zwischen den Bahnhöfen im Süden und dem Jüdischen Friedhof im Norden fast alle der rund 500.000 Juden der Hauptstadt zusammen. Doch nicht nur die Warschauer jüdischer Herkunft, auch Juden aus ganz Europa wurden deportiert und ins Warschauer Ghetto gepfercht. Trotz der relativ großen Fläche von 400 ha war der Platz für die Internierten extrem eingeschränkt, auf 2,4 % der Fläche Warschaus musste nun mehr als ein Drittel seiner Einwohner leben. Und die Lebensbedingungen hinter den Ghettomauern waren katastrophal: Die Lebensmittelrationen waren auf 180 Kalorien täglich beschränkt (das ist etwa ein Butterbrot), zudem fehlten Medikamente, Seife und Ähnliches. Obwohl die jüdische Selbsthilfe ŻSS, amerikanische Hilfsorganisationen und Warschauer Bürger unter Einsatz ihres Lebens zu helfen versuchten, waren bereits Mitte 1942 fast 100.000 Bewohner des Ghettos an Mangelerscheinungen gestorben.

Nachdem das Ghetto in einen nördlichen und südlichen Teil getrennt worden war, verbunden durch einen hölzernen Übergang, begannen die Nazis mit der „Auflösung" des Lagers: Über den Umschlagplatz (→ Tour 7) wurden ab Juli 1942 in nur zwei Monaten mehr als 250.000 Juden mit Viehwaggons in das Vernichtungslager Treblinka (→ Ausflug Gedenkstätte Treblinka) transportiert und dort ermordet. Diese Schrecken dokumentierte der Historiker Emanuel Ringelblum in seinem bekannten Archiv mit der Tarnbezeichnung Oneg Schabbat. In zehn wasserdichte Metallkisten verstaut, wurden seine Dokumente im Keller einer ehemaligen Schule eingemauert, heute sind sie im Jüdischen Historischen Institut (→ Tour 5) zu finden. Prominente Persönlichkeiten im Ghetto waren neben Ringelblum der Pädagoge Janusz Korczak (→ Tour 8 und Ausflug nach Treblinka) und der Kommandant der

Jüdischen Kampforganisation ŻOB, Mordechaj Anielewicz, die wie Ringelblum später ermordet wurden. Von den wenigen Überlebenden wurde der Pianist Władysław Szpilman durch Roman Polańskis Verfilmung seiner Biografie bekannt, sowie in Deutschland der Literaturkritiker Marcel Reich-Ranicki. Insgesamt 20.000 Juden, darunter viele Kinder, konnten von Privatleuten und Organisationen wie der Żegota (→ Kasten, S. 116) gerettet werden; sobald sie befreit waren, wurden sie mit gefälschten Pässen in Waisenhäusern und bei Gastfamilien versteckt.

Den Tod vor Augen, fand von Mitte April bis Mitte Mai im Ghetto die größte jüdische Widerstandsaktion gegen die Shoah statt, die als Aufstand im Warschauer Ghetto in die Geschichte einging: Heinrich Himmler, Reichsführer der SS, hatte für den 19. April 1943 ein grausiges Geburtstagsgeschenk für Hitler geplant: Er wollte bis zu diesem Tag die rund 56.000 noch lebenden Ghettobewohner auslöschen. In dieser verzweifelten Lage begann der Aufstand, die Jüdische Kampforganisation ŻOB (Żydowska Organizacja Bojowa) schlug mit Hilfe von Waffen der polnischen Armee zurück. Fast einen Monat dauerten die Kämpfe, bevor es den deutschen Truppen gelang, den Aufstand blutig niederzuschlagen. SS-Brigadeführer Jürgen Stroop sprach anschließend von einer „unvergesslichen Allegorie des Triumphes über das Judentum", nachdem mit der Sprengung der Großen Synagoge am 16. Mai die Kämpfe beendet waren und alles in Trümmern lag. Den Sieg seiner Truppen rapportierte er mit folgendem Telegramm: „Gesamtzahl der erfassten und nachweislich vernichteten Juden beträgt insgesamt 56.065." Und lobend berichtete er: „Meine Leute haben ihre Pflicht einwandfrei erfüllt. Ihr Kameradschaftsgeist war beispiellos." Bei den Kämpfen wurden etwa 7000 Juden und rund 300 SS-Soldaten getötet, die noch lebenden Juden wurden in Massenerschießungen hingerichtet oder nach Treblinka deportiert. Vergeblich war der Aufstand dennoch nicht, so die Historikerin Leni Yahil, denn „die Botschaft ging weit über die Mauern des in Ruinen gelegten Ghettos hinaus".

Warschauer Aufstand 1944 und Ende des Weltkriegs

Der Warschauer Aufstand hingegen war die weltweit größte Widerstandsaktion gegen die Nazis. Für Polen war er einer der blutigsten und am Ende aussichtslosesten Kämpfe, mit denen das Land je konfrontiert war. Schon vor dem Ghetto-Aufstand 1943 leisteten die Warschauer aus dem Untergrund Widerstand, es gab Zeitungen und geheim organisierte Hochschulen. Das Erkennungszeichen war das bis heute überall in der Stadt zu sehende Kürzel PW (Polska Walcząca – „Kämpfendes Polen"), wegen seiner Form auch *Kotwica* (Anker) genannt. Anfang 1942 formierten sich mit Hilfe der polnischen Exilregierung in Großbritannien Widerstandsgruppen zur sog. Heimatarmee (Armia Krajowa – AK). Ihr unterstellt war der ebenfalls in die Partisanenaktionen eingebundene Pfadfinderverband Szare Szeregi (Graue Reihen). Die deutschen Besatzer reagierten auf die Kämpfer – diese konzentrierten sich bei ihren Attentaten auf ranghohe und besonders grausame Nazis – sowie die ständige Nicht-Kooperation der Warschauer mit drakonischen Strafen gegen die Zivilbevölkerung: Hinrichtungen und Deportationen in die Konzentrationslager waren an der Tagesordnung.

Nach immer heftigeren Kämpfen an der Ostfront erreichte die Rote Armee Anfang Juli 1944 Polen und stieß in wenigen Tagen bis an das rechte Weichselufer vor. Der Zeitpunkt für einen Aufstand schien günstig, und der Oberbefehlshaber der Heimatarmee, General

Noch heute überall sichtbares Kürzel der Warschauer Widerstandsbewegung

Tadeusz Bor-Komorowski, gab am 1. August 1944 den Befehl zum Losschlagen, zur sog. godzina W. (Stunde der Befreiung).

Trotz schlechter Ausrüstung gelang es den Aufständischen unter hohen Verlusten, die Stadtteile am linken Weichselufer zu befreien. Als Reaktion ließ Heinrich Himmler am 3. und 4. August mehrere Tausend SS-Leute aufmarschieren und gab den Befehl, Warschau vollkommen zu vernichten und jeden Einwohner, ohne Rücksicht auf Alter und Geschlecht, zu töten. Es folgten Massenerschießungen, Brandschatzungen und die Sprengung von Wohnhäusern. Daraufhin schlossen sich weitere Untergrundorganisationen dem Aufstand an, unter ihnen notgedrungen auch viele Kinder.

Während die britische Royal Air Force die Aufständischen mit Versorgungs- und Waffenflügen unterstützte, ließ Stalin die Rote Armee tatenlos abwarten. In der Nacht vom 4. auf den 5. August musste die Royal Air Force schwere Verluste hinnehmen; den USA, die mit Bombern zu Hilfe kommen wollte, wurde die Zwischenlandung auf sowjetischen und von der Roten Armee kontrollierten Flughäfen untersagt. Die deutsche Armee nutzte die Situation und verstärkte ihre Truppen mit schwerer Artillerie, Panzern und Bombern. Erst als die Niederlage der Warschauer Aufständischen feststand, begann die Rote Armee mit ersten Vorstößen und erlaubte den US-Flugzeugen die Zwischenlandung. Doch die Hilfe kam zu spät – so wie es Stalin beabsichtigt hatte.

Den Warschauer Aufständischen blieb nur die Flucht in das Kanalisationssystem, das sie zur Kommunikation und Fortbewegung nutzten. Als die polnische Armee am 2. Oktober nach 63 Tagen kapitulierte, waren fast 200.000 zivile Opfer zu beklagen, hinzu kamen 20.000 tote Soldaten der Heimatarmee. 300.000 Warschauer wurden vertrieben oder in die Konzentrationslager verschleppt. Danach begann die systematische Zerstörung der Stadt, d. h. die Zerstörung all dessen, was den Krieg noch halbwegs unbeschadet überstanden hatte. Fast 90 % der Gebäude westlich der Weichsel waren vernichtet, als die Rote Armee Mitte Januar 1945 endlich in Warschau einmarschierte.

Das ersehnte Ende des Zweiten Weltkriegs bedeutete für Polen nicht nur Befreiung: Die für ein unabhängiges und demokratisches Polen kämpfenden Aufständischen wurden von den stalinistischen Befehlshabern kriminalisiert, viele von ihnen, v. a. die Offiziere, wurden in sibirische Arbeitslager verschleppt. Auch in den Nachkriegsjahren zählte Polen nicht wirklich zu den Siegermächten: Es verlor einmal mehr seine Souveränität, ein fast vollkommen verwüstetes und zerstörtes Land musste wiederaufgebaut werden; zudem verhinderten der Staatssozialismus und die allgegenwärtige Mangelwirtschaft eine Entwicklung wie in Westeuropa. Insofern ist das im Jahr 2004 zum 60. Jahrestag eröffnete Museum des Warschauer Aufstands (→ Tour 7) auch ein Versuch, die damaligen Kämpfe aufzuarbeiten und ihnen einen gebührenden Platz in der Geschichte Polens zu geben.

Der ganz reale Sozialismus: Warschau 1945 bis 1989

Noch in letzten Kriegsmonaten 1945 wurde Polen von der Sowjetunion besetzt und die polnischen Grenzen im selben Jahr nach Westen hin verschoben. Warschau wurde zwar erneut zur Hauptstadt, doch musste sie erst einmal von Trümmerbergen befreit und Stein für Stein wieder aufgebaut werden. Aufgrund der gewaltigen Zerstörungen, der immensen Kosten und der bitteren Wohnungsnot konnten viele Gebäude nicht wieder rekonstruiert werden, ganze Straßenzüge wurden neu geplant. Davon waren besonders die als bürgerlich verschrienen Häuser und Paläste im Jugendstil betroffen – das Architektur-Dogma des „Sozialistischen Realismus" gab in diesen Jahren auch in Warschau den Ton an. Die Spuren dieser Zeit lassen sich heute in der ulica Marszałkowska (→ Tour 8) und besonders bei Stalins ungeliebtem Geschenk, dem Kulturpalast (→ Tour 6), begutachten.

Trotz alledem dominierte im ersten Nachkriegsjahrzehnt zuversichtliche Aufbruchstimmung – auch wenn der sowjetische Diktator Stalin an der Bereitschaft des jungen Polens, sich auf den Sozialismus einzulassen, zweifelte – zu Recht, wie sich bald zeigte. Vielleicht wurde eben deshalb, gleichsam zur Untermauerung des sowjetischen Herrschaftsanspruchs, 1955 der Vertrag in der polnischen Hauptstadt unterzeichnet, der als der Warschauer Pakt in die Geschichte einging.

Überall im Land gab es in den Nachkriegsjahren immer wieder Aufstände und Protestaktionen für mehr Demokratie und gegen das stalinistische Regime, die von staatlicher Seite gewaltsam und blutig unterdrückt wurden. Ironischerweise waren es v. a. die von der Polnischen Arbeiterpartei umworbenen Proletarier, die sich für die Kirche einsetzten und gegen die sozialistische Bürokratie rebellierten. Nach den landesweiten Aufständen von 1956 gegen das stalinistische Regime von Ministerpräsident Bolesław Bierut gelang es der Elite des Landes, sich Freiheiten zu erkämpfen, die im Vergleich zu den benachbarten „sozialistischen Bruderstaaten" geradezu großzügig waren, allerdings besonders Künstlern und Intellektuellen zugute kamen – die Arbeiter hingegen mussten noch lange warten.

Die Beziehungen zur BRD als westlichem Staat des damals noch geteilten Deutschlands verbesserten sich Schritt für Schritt. 1970 tat der damalige Bundeskanzler Willy Brandt in Warschau seinen legendären Kniefall, mit dem er symbolisch um Vergebung bat für all das Leid, das Nazideutschland seinem Nachbarn zugefügt hatte (→ Tour 7). Anlass für Brandts historischen Kniefall war die Unterzeichnung der sog. „Ostverträge", in denen Deutschland (West) die Oder-Neiße-Grenze als Ostgrenze Deutschlands endgültig anerkannte.

Am Kulturpalast

Schon in den späten, von Massendemonstrationen und Widerstand geprägten 60er-Jahren war es der Kirche gelungen, zur bedeutenden Gegenmacht im Staat zu werden. Eine zentrale Rolle spielte dabei der Warschauer Geistliche Stefan Wyszyński, der wegen seiner Verdienste später als polnischer „Primas des Jahrtausends" gefeiert wurde. Der Verlust an Ansehen und Einfluss der sozialistisch-atheistischen Machthaber verstärkte sich 1978 mit dem Pontifikat von Johannes Paul II., der bereits kurz nach seiner Wahl sein Heimatland als „polnischer Papst" besuchte.

Von diesem Zeitpunkt an kämpfte die Opposition immer offener und selbstbewusster gegen das System, so auch der der Gewerkschaft Solidarność nahestehende Priester Jerzy Popiełuszko, der 1984 vom polnischen Staatssicherheitsdienst entführt und ermordet wurde, was den Widerstand aber nur verstärkte.

In den von Mangelwirtschaft und Armut geprägten 80er-Jahren versuchte die Staatsspitze unter General Jaruzelski verzweifelt, die Lage durch die Verhängung des Kriegszustands unter Kontrolle zu bekommen, doch der Freiheitswille war inzwischen stärker als

---

Warschau im Kasten

Bunte Träume von Warschau

Westeuropäer stellen sich den sozialistischen Alltag meist als eine einzige graue Langeweile vor. Wenig bekannt ist, dass es auch im real existierenden Sozialismus eine Studentenbewegung gab. Die polnischen Blumenkinder schneiderten sich ihre bunten Klamotten selbst, es gab Demos, haschgeschwängerte Träume und Rockstars. Der Star dieser Zeit in den Grenzen des Warschauer Pakts war Czesław Niemen (1939–2004), der sich von einigen seiner westlichen Rock-Kollegen allerdings klar unterschied. Statt hemmungslosem Drogenkonsum zu frönen, blieb er abstinent, statt zerstörte Hotelzimmer zu hinterlassen, blieb er bescheiden und höflich – Niemen war tief verwurzelt im katholischen Glauben. Zur Hymne seiner Generation wurde 1967 „Dziwny jest ten świat" (Seltsam ist diese Welt), eine gefühlvolle Anklage gegen Hass, Gewalt und die Schlechtigkeit des Menschen. Von Danzig bis nach Skopje, von Prag bis Wladiwostok sang die Jugend seine Zeilen. Musikalisch startete der Multiinstrumentalist und Sänger mit beatle-inspirierten Balladen und Schlagern, bevor er seinen eigenen Stil fand, irgendwo zwischen avantgardistischem Rock, Jazz, Kirchenmusik und ostpolnischer Folklore mit Texten voller Poesie. Beeindrucken konnte er auch Marlene Dietrich bei einem gemeinsamen Konzert im Warschauer Kulturpalast 1964, woraufhin sie sein „Czy mnie jeszcze pamiętasz" (Erinnerst du dich noch an mich) unter dem deutschen Titel „Mutter, kannst du mir vergeben" neu vertonte. Bis auf kurze Aufenthalte in Italien und den USA, einige Touren und Aufnahme-Marathons blieb Niemen seiner Heimatstadt Warschau treu, der er im Lied „Sen o Warszawie" (Traum von Warschau) diese Zeilen widmete:

Ich habe, wie du / Meine Stadt und darin / Meine schönste Welt / Meine schönsten Tage / Dort ließ ich bunte Träume / Irgendwann werde ich die Zeit anhalten / Und mit den Flügeln wie ein Vogel / Werde ich fliegen mit aller Kraft / Dorthin wo meine Träume sind / Und die bunten Warschauer Tage.

Seit Jahren will eine Bürgerbewegung diese inoffizielle Hymne der polnischen Hauptstadt zur offiziellen adeln lassen – bei den Fußballspielen des Hauptstadtclubs Legia Warszawa erklingen ihre Zeilen aus Tausenden von Kehlen schon jetzt.

Die vielen Baustellen zeugen vom Boom Warschaus

die staatlichen Repressalien. Die Frage, ob Jaruzelski wegen des drohenden Einmarsches der russischen Armee zu diesem Schritt gezwungen war, wird wohl unbeantwortet bleiben. Fakt aber ist: Der europäische Sozialismus endete 1989 in Polen, das mit Tadeusz Mazowiecki den ersten nichtkommunistischen Ministerpräsidenten im damals noch existierenden Ostblock wählte.

Wendezeit, EU und 21. Jahrhundert

Nach der Wende 1989 herrschte in Warschau wie überall im Land Aufbruchstimmung. In das Gebäude der Polnischen Arbeiterpartei zog die Wertpapierbörse, ein Vorgang mit geradezu symbolischem Charakter. Auch die frühen 90er-Jahre haben die Warschauer als aufregend in Erinnerung. Endlich konnte die Metro ihren Betrieb aufnehmen, dringende Renovierungsarbeiten wurden angepackt, zahlreiche Wolken-

kratzer gebaut, als wollten sie den Anspruch Warschaus als neues Finanzzentrum in Mitteleuropa unterstreichen. Die Stimmung in der Stadt war ähnlich anarchisch wie im Berlin der Nachwendezeit, mit dem Warschau um den Titel als größte Baustelle Europas zu konkurrieren schien. Allerdings brachte die Zeit des Umbruchs besonders in der zweiten Hälfte der 90er-Jahre auch gravierende Probleme. Die Arbeitslosenzahlen stiegen rasant, die wirtschaftliche und soziale Situation veränderte sich so schnell, dass viele Polen den Anschluss verloren. Doch mit dem Erreichen der „kapitalistischen Volljährigkeit" präsentiert sich Warschau so schön und stolz wie lange nicht mehr. Etwa seit 2005 herrscht in Warschau Vollbeschäftigung, das Durchschnittseinkommen in Warschau ist entschieden höher als in anderen Teilen Polens. Die städtische Infrastruktur verbessert sich Schritt für Schritt, lange aufgeschobene Restaurierungsarbeiten werden vollendet, die Bauwirtschaft boomt ... das polnische „Wirtschaftswunder" – ein Meilenstein im Vergleich zu 1989 – wurde Wirklichkeit.

Nicht zuletzt der Beitritt Polens zur EU im Mai 2004 brachte Warschau wieder zurück ins Blickfeld des Kontinents. So steht die Warschauer Stadtpräsidentin heute in engem Kontakt zu Berlins Regierendem Bürgermeister; der wirtschaftliche und künstlerische Austausch zwischen den beiden Nachbarhauptstädten ist intensiv wie nie zuvor, und auch touristisch erfreut sich die Weichselmetropole großer Beliebtheit.

So blickt Warschau voller Optimismus in die Zukunft; kein Wunder, berichten die Zeitungen doch ständig von neuen, spektakulären Bauvorhaben. Als 2012 zur Fußball-EM die Massen in die Metropole strömten, gab es sogar bei Polen-

kennern staunende Augen – und das nicht nur im neuen Nationalstadion.

In Warschau ist sie zwar durchgehend an der Macht, polenweit straften die Wähler aber 2015 die radikal neoliberale Politik der Platforma Obywatelska (PO) ab. Leider beschränkte sich die bis 2019 regierende Prawo i Sprawiedliwość (PiS) nicht allein auf die Umsetzung der wahlentscheidenden sozialen Versprechen wie Kindergeld und Wohnungsbau, sondern zerschlug innen- wie außenpolitisches Porzellan. Ganz anders der junge Warschauer Stadtpräsident Rafał Trzaskowski: Seit seiner Wahl 2018 erreicht der beliebte Politiker sehr hohe Zustimmungswerte, was nicht zuletzt an seiner liberalen und weltoffenen, aber auch progressiven und ökologisch orientierten Politik liegt.

Warschau im Kasten

Das multikulturelle Warschau

Über Jahrhunderte hinweg war die polnische Hauptstadt sehr bunt: multiethnisch, multikulturell und multireligiös. Diese Tradition zerstörten SS und Wehrmacht durch die Morde im Ghetto und in den Vernichtungslagern. Nach dem Zweiten Weltkrieg verließen Vertreter der anderen Minderheiten das Land, oder sie mussten fliehen. Den Rest erledigten die stalinistischen und sozialistischen Machthaber in der Nachkriegszeit. So bürgerten sie etwa 1968 im Zuge ihrer antisemitischen Kampagne rund 20.000 Juden aus. Das Ergebnis: Zur Wendezeit war Polen eins der ethnisch homogensten Länder Europas. Einzig die Vietnamesen aus dem sozialistischen Bruderstaat waren in größeren Zahlen vertreten, noch heute prägt die vietnamesische Gemeinschaft das Stadtbild. Doch hat sich gerade in den vergangenen Jahren einiges verändert. Im Gegensatz zu den anderen EU-Ländern verzeichnet die jüdische Gemeinde in Polen stetige Zuwächse. Die Perspektivlosigkeit und Armut in Südeuropa ließ auch viele junge Spanier und Italiener nach Polen kommen, zudem wandern viele Georgier und Weißrussen ein. Die mit Abstand größte Gruppe sind Migranten aus der Ukraine: Waren es vor dem Krieg in der Ukraine noch 50.000, so sind polenweit inzwischen zwischen 1,5 und 2 Millionen Ukrainer zugezogen. Die meisten von ihnen zieht es nach Warschau. Obwohl die Integration der Ukrainer eine Erfolgsgeschichte zu sein scheint, gibt es auch Misstöne. So klagen gerade die ukrainischen Migranten über geringere Löhne im Vergleich zu ihren polnischen Kollegen. Und wie in ganz Europa gewinnen leider auch in Polen ausländerfeindliche und nationalistische Strömungen Zulauf und Zustimmung. Bleibt zu hoffen, dass dieses Problem schneller verschwindet, als es aufgekommen ist. Damit Warschau irgendwann wieder so bunt ist, wie es einst war.

Warschaus Architekturcocktail bietet spannende
Kontraste und ungewöhnliche Perspektiven

Architektur

Harte Worte zur Architektur der polnischen Hauptstadt fand der Korrespondent der FAZ und Warschau-Kenner Gerhard Gnauck: „Irgendwie erinnert diese Metropole an eine lebenshungrige, einstmals schöne Frau, der ein Säureanschlag einen Teil ihres Gesichts entstellt hat." Doch seit Jahren schon machen sich Stadtplaner, Architekten und Restaurateure als „plastische Chirurgen" verdient, um den weniger schönen Teilen Warschaus ein neues Antlitz zu geben.

Während sich das touristische Warschau von der Neustadt und Altstadt einem Rückgrat gleich über den Königstrakt bis zur Parkanlage der Łazienki Królewskie, den „Königlichen Bädern", zieht, sieht es außerhalb dieser harmonischen Achse tatsächlich chaotischer aus. Die meisten der touristisch interessanten Teile der Stadt mit ihren Kirchen, Häusern und Palästen wurden übrigens erst nach dem Zweiten Weltkrieg wieder aufgebaut: gotische, barocke und klassizistische Bauten – sie alle sind meist kaum älter als ein halbes Jahrhundert. Aus diesem Grund gilt der Stadtteil Praga auf der rechten Weichselseite bei vielen Warschauern als die eigentliche Altstadt – hier stehen die meisten der Häuser, die den Krieg ohne Zerstörung überlebt haben.

Vor dem Zweiten Weltkrieg zählte Warschau zu den schönsten Städten Europas. Und die nächsten Jahre werden zeigen, dass sich die immer wieder neu erfindende Stadt mit ihrem architektonischen Cocktail aus neuen Wolkenkratzern und modernen Glaspalästen kaum mehr vor den anderen Metropolen des Kontinents verstecken muss.

Barock und Styl Stanisławowski

Im Gegensatz zu Gotik und Renaissance ist der **Barock** einer der beiden dominierenden klassischen Architekturstile in Warschau, so prägend und eigenständig, dass auch vom Warschauer Barock gesprochen wird. In der ersten

Hälfte des 17. Jh. waren v. a. die Bauwerke von *Giovanni Lorenzo Bernini* (1598–1680), *Matteo Castelli* (1560–1632), *Augustyn Locci* (1601–1660) und *Józef Szymon Bellotti* (gest. 1708) bedeutend; die Werke dieser italienischen Einwanderer beeinflussten viele polnische Architekten. Trotzdem war auch im 17. Jh. ein Ausländer als Vertreter der klassizistischen Strömung im Barock der gefragteste und einflussreichste Architekt: der Niederländer *Tylman van Gameren* (1632–1706).

Ein namhafter Architekt des **Rokoko** war der in Sachsen geborene *Jan Zygmunt Deybel von Hammerau* (Johann Sigmund Deybel, 1685–1752). Beeinflusst von der französischen Architektur seiner Zeit, plante er u. a. den **Pałac Saski** (Sächsisches Palais, 1713–1749), dessen geplante Rekonstruierung auf unbestimmte Zeit verschoben wurde, sowie weitere Paläste auf der sog. **Sächsischen Achse** (Tour 5), die von der ulica Krakowskie Przedmieście bis zu den Koszary Mirowskie (Mirów-Kasernen) verlief.

Unter König Stanisław August Poniatowski (1764–1795) war Warschau eines der Zentren des Klassizismus. Der Einfluss des Königs auf seine Hofarchitekten und sein Mäzenatentum waren so bedeutend, dass auch vom **Styl Stanisławowski** (Stanisław-Stil) gesprochen wird. Obwohl er von italienischen und französischen Bauten inspiriert ist, handelt es sich hier um einen eigenständigen Stil; seine Formgebung war eher klassizistisch, doch sein prunkvoller Detailreichtum, die Verzierungen, der Stuck und der Einsatz intensiver Farben erinnert an den Barock. Nicht nur in der Gebäudearchitektur war der Styl Stanisławowski präsent, auch in der Gestaltung des Interieurs, in Malerei und Bildhauerei hinterließ er Spuren, bestens zu sehen im **Zamek Królewski** (Königsschloss, Tour 1) und im **Pałac Wilanowski** (Wilanów-Palais,

Tour 12). Die Säle im Schloss gestaltete *Jakub Fontana* (1710–1773), den Umbau setzte nach dessen Tod der ebenso kunstfertige *Domenico Merlini* (1730–1797) fort; bedeutende Skulpturen und Büsten im Schloss hinterließ der Bildhauer *Andrzej Le Brun* (1737–1811). Auch in den **Łazienki Królewskie**, den „Königlichen Bädern" (Tour 9), dominiert der vom König protegierte Stil die Gebäude und Inneneinrichtung, z. B. im von Merlini gestalteten **Pałac na Wyspie** (Palast auf der Insel, Umbau 1788–1793). In seiner Nähe hat mit dem **Teatr na Wyspie** (Theater auf der Insel, 1790) der aus Dresden stammende *Jan Chrystian Kamsetzer* (1753–1795), einer der wichtigsten Vertreter des Klassizismus in Warschau, seine Spuren hinterlassen. Erwähnenswert auch der einflussreiche Merseburger Baumeister *Szymon Bogumił Zug* (1733–1807), der u. a. den *Pałac Potockich* (Potocki-Palais, 1780–1782) in Natolin (Abstecher unter Tour 12) baute, sowie *Efraim Szreger* (1727–1783) und *Chrystian Piotr Aigner* (1756–1841).

Neoklassizismus und Historismus

Charakteristisch für den Historismus sind die Neuinterpretationen älterer Baustile. In der polnischen Hauptstadt spielte v. a. der Neoklassizismus eine wichtige Rolle, der sich vom Styl Stanisławowski durch einen politischen Schnitt unterscheidet. Nach den Teilungen Polens war Warschau von 1796 bis 1807 preußisch besetzt, von 1807 bis 1815 wurde es zum bedingt selbstständigen Herzogtum Warschau. Die Zeiten imposanter Architektur waren also erst einmal vorbei. Erst seit dem auf dem Wiener Kongress (1815) beschlossenen Ende des von Napoleon Bonaparte abhängigen Satellitenstaats ging es mit „Kongresspolen" architektonisch wieder bergauf. In der Folgezeit entstanden viele Paläste, Wohnhäuser und Gebäude des politischen, öffentlichen und kulturellen Lebens: u. a. die **Giełda Papierów Wartościowych** (Wertpapierbörse, 1817), die **Bank Polski** (1828) und die **Uniwersytet Warszawski** (Warschauer Universität, 1816). Das Zentrum des neuen Baubooms befand sich nun zwischen der Altstadt und dem Plac Teatralny (Tour 5). Wichtigster Vertreter der neoklassizistischen Schule war *Antonio Corazzi* (1792–1877), der mit etwa 50 Bauten einen großen Teil des heutigen Warschaus rund um den Theaterplatz prägt. Die sehenswertesten Bauten aus dieser Zeit sind das **Teatr Wielki** mit der **Opera Narodowa** (Großes Theater und Nationaloper, 1825–1833) sowie die Gebäude auf dem von Corazzi gestalteten **Plac Bankowy** mit dem Rathaus (1825–1829). Zu nennen ist auch das **Zespół pałacowo-parkowy** (Palast-Park-Komplex, Umbau 1834–1838) in Natolin (Abstecher unter Tour 12) von *Henryk Marconi* (1792–1863). Auch viele der Warschauer Festungen wie die **Cytadela** (Zitadelle, 1832–1824, Tour 11) zeigen neoklassizistische Merkmale.

Darüber hinaus knüpfte der Warschauer Historismus Ende des 19./Anfang des 20. Jh. v. a. an die masowische Gotik und an die barocke Tradition an. Einer der beiden größten Architekten dieser Zeit ist *Stefan Szyller* (1857–1933); die **Politechnika** (1915, Tour 8) mit ihrer wunderschönen Aula zählt zu seinen bedeutendsten Werken. Der zweite, *Józef Dziekoński* (1844–1927), hinterließ Warschau zwei der schönsten Kirchen: die mit Anleihen an Renaissance und Barock gestaltete **Kościół Najświętszego Zbawiciela** (Erlöserkirche, 1901–1927, Tour 8) am gleichnamigen Platz sowie die **Bazylika katedralna św. Floriana** (St.-Florian-Basilika, 1887–1904, Tour 10) in Praga. Letztere galt als schönste polnische Kirche ihrer Zeit und wurde im ganzen Land von vielen Architekten kopiert.

Das Palais auf der Insel – Paradebeispiel für den Warschauer Klassizismus

Jugendstil und Modernismus

Die polnische Variante des Jugendstils heißt **Młoda Polska** (1895–1914). Wie damals üblich, bediente sich die Architektur spielerischer und romantischer Elemente, die heute allerdings nur noch an wenigen Warschauer Häusern zu bewundern sind. Im Gegensatz zum übrigen Europa verwendete der polnische Jugendstil auch historistische Elemente und folkloristische Motive. Vielleicht wurde der auch als Frühmodernismus oder Secession (Secesja) bezeichnete Stil deshalb schneller akzeptiert als in anderen Ländern. Einst war die *ulica Marszałkowska* (Touren 6 und 8) und die Umgebung rund um den heutigen Kulturpalast von wunderschönen Bauten im polnischen Jugendstil gesäumt – Warschau wurde in einem Atemzug mit Barcelona, Wien, Krakau, Lemberg oder St. Petersburg genannt. Den Zweiten Weltkrieg überlebte jedoch fast keines dieser Häuser, eine Rekonstruktion lehnten die sozialistischen Machthaber in den meisten Fällen ab – sie kritisierten den Jugendstil als bürgerlich-elitär. Warschaus heute wohl berühmtestes Jugendstil-

Werk ist das *Pomnik Fryderyka Chopina* (Frédéric-Chopin-Denkmal, 1904, Tour 9) im Łazienki-Park. Erhaltene oder in den letzten Jahren rekonstruierte Secessions-Gebäude finden sich verstreut in mehreren Straßen, darunter in den aleje Jerozolimskie (Touren 3, 4, 6 und 8), in der ul. Senatorska (Tour 4), ul. Hoża, ul. Wilcza und ul. Lwowska (alle Tour 8). *Artur Gurneys* erhaltenes **Stadtschloss** aus dem Jahr 1910 (al. Jerozolimskie 93–99, Tour 6) zeigt, wie reizvoll und harmonisch es hier früher aussah. Die meisten erhaltenen Jugendstil-Gebäude finden sich im Stadtteil **Praga** (Tour 10).

In der Zwischenkriegszeit (1919–1939) entstanden u. a. in Ochota, Mokotów, Saska Kępa und Żoliborz viele neue Wohnsiedlungen. In Żoliborz, dem von *Tony Garnier* (1869–1948) geplanten neuen Stadtteil, entstanden reizvolle **modernistische Wohnblocks und Villen**, für die *Romuald Gutt* (1888–1974), *Aleksander Bojemski* (1885–1944), *Tadeusz Tołwiński* (1887–1951) und *Rudolf Świerczyński* (1883–1943) verantwortlich zeichneten.

Sozialistischer Realismus

Noch bevor Polen 1955 Teil des Warschauer Pakts geworden war, war man bestrebt, die Gemeinsamkeiten der sozialistischen Bruderstaaten auch in der Architektur sichtbar zu machen; in dieser Zeit wurden in Warschau die wichtigsten Bauprojekte Polens verwirklicht. Ironischerweise setzte der Sozialistische Realismus hier die Tradition der Monumentalbauten fort, die es schon vor dem Krieg gegeben hatte; dabei wurde auch an bereits 1934 entstandene Pläne angeknüpft. Als Erstes zu nennen ist der berühmt-berüchtigte **Pałac Kultury i Nauki** (Kulturpalast, 1952–1956, Tour 6), Warschaus 231 Meter hohes Wahrzeichen. Der monströse Wolkenkratzer im Stil des sozialistischen Klassizismus stieß auf breite Ablehnung, obwohl sein russischer Architekt *Lew Rudnew* (1885–1956) eigens für diesen Bau durch ganz Polen reiste, um die traditionellen Stile des Landes zu studieren. Eine ganze Siedlung in diesem Stil ist die von *Józef Sigalin* (1909–1983) geplante **Marszałkowska Dzielnica Mieszkaniowa MDM** (1950–1952, Tour 8) entlang der ulica Marszałkowska mit beeindruckenden Wohnblocks auf dem **Plac Konstytucji** mit seinen hohen Straßenlaternen sowie kreisförmig angelegten Wohnhäusern am **Plac Zbawiciela**. Eine weitere sehenswerte Siedlung ist die **Osiedle Muranów** (1948–1956, Tour 7) von *Bohdan Lachert* (1900–1987) auf dem Areal des ehemaligen Ghettos.

Der Architekturstil des Sozialistischen Realismus, der mit der Person Josef

Stalins verknüpft ist, wurde nach dem Tod des Diktators (1954) bald aufgegeben. In den Jahren danach gab es keinen nennenswerten eigenen Stil in Warschau, stattdessen schoss am Stadtrand und in den Vororten ein Plattenbau nach dem anderen aus dem Boden. Geldmangel, fehlende Freiheiten und die Strukturprobleme des real existierenden Sozialismus sorgten in den 60er- und 70er-Jahren für zahlreiche Bausünden. Dennoch gab es auch in dieser Zeit einige bemerkenswerte Bauprojekte. Die von *Zbigniew Karpiński* (1906–1983) geplante **Ściana Wschodnia** (Ostwand, 1962–1969, Tour 6) mit Ladengalerien und das **Hotel Forum** (1972–1974, Tour 8) waren Versuche, ein Gegengewicht zur Dominanz des Kulturpalastes zu schaffen. In diesem Sinne wurden auch das **Hotel Marriott** (1980–1989, Tour 8) errichtet. Mit dem Bau des **Błękitny Wieżowiec** (Himmelblaues Hochhaus, Tour 5) am Plac Bankowy wurde bereits Ende der 80er-Jahre begonnen, fertiggestellt wurde er jedoch erst 1991 – ein durchaus gelungenes Beispiel dafür, dass im Sozialismus nicht nur hässliche Plattenbauten entstanden.

Zeitgenössische Architektur

Die Wende von 1989 war für das polnische Bauwesen gleichbedeutend mit einem Quantensprung, und die Hauptstadt spielte dabei naturgemäß eine für das Land wegweisende Rolle. Doch erinnert der heutige städtebauliche Zustand immer noch an eine wild-chaotische Photoshop-Collage, auch wenn Architekten von Weltrang schon jetzt ihre Spuren in Warschau hinterlassen haben. *Sir Norman Foster* (geb. 1935) schuf mit dem Bürogebäude **Metropolitan** (2003, Tour 5) ein Meisterwerk moderner Baukunst. *Marek Budziński* (geb. 1950) und *Zbigniew Badowski* (geb. 1932), eines der stilprägendsten Warschauer Architektenteams, planten unter anderem den symbolträchtigen **Gmach Sądu Najwyższego** (Oberster

Gerichtshof, 1996, Tour 2) und die beeindruckende **Biblioteka Uniwersytecka BUW** (Universitätsbibliothek, 1999, Tour 4) mit ihrem begrünten Dachgarten. In den letzten Jahren wurden auch viele kommerzielle Bauprojekte realisiert, darunter herausragend die **Złote Tarasy** (Goldene Terrassen, 2002–2007, Tour 6) mit ihrem blasenförmig geschwungenen Glasdach; das Team um *Jon Jerde* (geb. 1940) schuf mit dem vielfach ausgezeichneten Bau eine der weltweit eindrucksvollsten Shopping-Malls, die schon in der ersten Woche nach der Eröffnung mehr als eine halbe Million Besucher auch von innen sehen wollten. Zu den neuen architektonischen Highlights zählt auch das **Centrum Olimpijskie** (Olympiazentrum, 2004, Tour 11) von *Bogdan Kulczyński* (geb. 1953) und *Paweł Pyłka* (geb. 1969), die sich auch um die Rekonstruktion der **Fabryka Trzciny** (2003, Tour 10) in Praga verdient machten. Das **Muzeum Powstania Warszawskiego** (Museum des Warschauer Aufstands, 2003–2004, Tour 7), das in einem von 1904 bis 1908 errichteten früheren Straßenbahndepot untergebracht ist, wurde vom Krakauer Architekten *Wojciech Obtułowicz* (geb. 1934) restauriert und sehenswert umgebaut.

Die Eröffnung des auch architektonisch interessanten **Muzeum Historii Żydów Polskich** (Museum der Geschichte der Polnischen Juden, Tour 7) nach Plänen der finnischen Architekten *Ilmari Lahdelma* (geb. 1959) und *Rainer Mahlamäki* (geb. 1956) war eines der Warschauer Ereignisse 2014. Das **Centrum Nauki Kopernik** (Wissenschaftszentrum Kopernikus, Tour 4) wurde bereits 2010 fertiggestellt. Das faszinierend verschachtelte und begrünte Gebäude ist wie die benachbarte neue Universitätsbibliothek von einem Dachgarten gekrönt – ein weiteres Beispiel für das neue ökologische Bauen in der polnischen Metropole. Auf der rechten Weichselseite wurde pünktlich zur

EM 2012 das neue **Stadion Narodowy** (Nationalstadion, Tour 10) eröffnet und zieht seither Fußball- und Architekturfans gleichermaßen an; das Konsortium aus verschiedenen Architekturbüros hat eine geschwungene Schüssel konzipiert und damit eines der schönsten Stadien Europas geschaffen.

Während die Warschauer Bahnhöfe nach und nach renoviert werden und der Flughafen architektonisch eher schlicht ausfällt, zählen die Schrägseilbrücke **Most Świętokrzyski** (1998–2000) und die Metrostation **Plac Wilsona** (2005, Tour 11), beide von *Andrzej M. Chołdzyński* (geb. 1960), zu den neuen Schmuckstücken der Verkehrsarchitektur.

Im Blickpunkt stehen höhenbedingt natürlich die vielen Wolkenkratzer, von denen das **Rondo ONZ** (2003–2006, Tour 6) des Architekturbüros *Skidmore, Owings and Merrill*, der **Warsaw Trade Tower** (1997–1999, Tour 7) von *Majewski, Wyszyński, Hermanowicz* und der **Cosmopolitan** (2010–2013, Tour 7) von *Helmut Jahn* die gelungensten

Złote Tarasy und Złota 44

sind. 2012 neu hinzugekommen ist der Wolkenkratzer-Turm **Złota 44** (Tour 6) (*Daniel Libeskind*; geb. 1946). Der auch für das Berliner Jüdische Museum und den Freedom Tower in New York verantwortliche Stararchitekt bezeichnete Warschau immer wieder als architektonisch interessanteste Metropole Europas, wozu er nun seinen Beitrag geleistet hat. Im Jahr 2016 sind die schon jetzt preisgekrönten Wolkenkratzer **Warsaw Spire** (Tour 7) und **Q22** (Tour 7) hinzugekommen. Die Kirche **Świątynia Opatrzności Bożej** („Tempel der göttlichen Vorsehung", Tour 12), für die die Architekten *Wojciech* und *Lech Szymborski* (geb. 1951 bzw. 1956) verantwortlich sind, ist das seit drei Jahrhunderten bedeutendste sakrale Bauwerk in Polen.

Zukünftige Projekte

Wohl noch spannender sind die zurzeit in Bau oder Planung befindlichen Projekte; in den Stadtrundgängen finden Sie Informationen zu den Baustellen oder Orten, an denen die neuen Gebäude entstehen oder entstehen werden. Eine willkommene Ergänzung der Warschauer Skyline wird der **Varso Tower** (Tour 6) sein, ab dem Bauende 2021 das höchste Gebäude in der EU. Weitere Wolkenkratzer im Bau (alle Tour 7) sind der **Skyliner** (Fertigstellung: 2020), **Generation Park**, **Spinnaker Office Tower** (beide 2021) und **Skysawa** (2022). Ab 2021 wird das **Muzeum Historii Polski** (Museum der Geschichte Polens, Tour 11) in der Zitadelle einen modernen Kontrast setzen. Weitere Großprojekte, darunter v. a. Infrastruktur- und Verkehrsprojekte, die die Lebensqualität verbessern sollen, stehen bis 2020 auf der ehrgeizigen Agenda. Dazu zählen besonders die Erneuerung des **Dworzec Centralny** (Hauptbahnhof, Tour 6) bis 2022 sowie die bis 2023 geplante Fertigstellung der **III Linia Metra** (dritte Metrolinie).

Die polnische Küche

Zum Start *żurek*, *barszcz* oder *zupa grzybowa*, als Beilage *surówka* oder *mizeria*, als Hauptgericht *pierogi z mięsem*, *gołąbki* oder *bigos* und zum krönenden Abschluss *szarlotka*, *makowiec* oder *naleśniki*. Sie verstehen nur Bahnhof? Der folgende Abschnitt wird Ihnen helfen, die polnischen Spezialitäten besser kennenzulernen.

Das Auge isst mit ...

Kleine Speise- und Getränkekarte

Die Küche Zentralpolens ist geprägt von russischen und ungarischen Einflüssen, im Falle Warschaus auch von französischen. So ist eine der typischen Nachspeisen auf den hauptstädtischen Speisekarten *Crème brûlée*, die auch in Paris nicht besser schmeckt. Während im Sozialismus das charakteristische Gericht ein Teller voller Fleisch, Kartoffeln und Salat war, überwiegen mittlerweile wieder leichtere und raffiniertere Kreationen. Inzwischen wird auch bewusst an die Gourmet-Traditionen des 19. Jh. angeknüpft. Seit der Wende gibt es hervorragende Restaurants mit internationaler Küche, von denen v. a. die asiatischen, mittel- und osteuropäischen zu empfehlen sind. Im Folgenden wollen wir v. a. die traditionellen Gerichte der polnischen Küche vorstellen, für die einfachere Restaurants keine Übersetzung bereithalten. In eleganten Restaurants kommen oft verfeinerte Variationen auf den Tisch und die Karte beschreibt die Gerichte auf Englisch, mitunter auch auf Deutsch.

Eine typische **Suppe** ist der *żurek*, gekocht aus säuerlichem, fermentiertem Mehl. Ebenso verbreitet ist der *barszcz*, den man hierzulande v. a. als russische Rote-Bete-Suppe kennt. *Chłodniki* sind Kaltschalen aus Früchten oder Gemüse, die im Sommer als Erfrischung gelöffelt werden. Die *zupa pomidorowa* ist eine Tomatensuppe, meist mit Reiseinlage, die *zupa ogórkowa* eine saure Gurkensuppe und die *zupa grzybowa* eine Pilzsuppe, die meist mit Nudeleinlage serviert wird. Eine Spezialität v. a. im Herbst sind die *grzyby* – Pilze, die in den Wäldern in und um Warschau gesammelt werden. Sie werden für **Hauptgerichte** oft auch zu einer Soße verarbeitet oder als Füllung benutzt, etwa in den *pierogi z kapustą i grzybami*, den mit Kraut und Pilzen gefüllten Teigtaschen. Es gibt aber auch andere Versionen der *pierogi*: Besonders beliebt sind sie *z mięsem* (mit Fleisch) oder als *ruskie* (mit Kartoffelteig und Frischkäse). Typische Fleischgerichte sind *gołąbki* (Kohlrouladen mit Fleisch), *bigos* (Eintopf aus Sauerkraut, Pilzen, Weißwein und verschiedenen Fleisch- und Wurstsorten) sowie *gulasz* (Gulasch). Wildgerichte gibt es häufig und in vielen Variationen, herausragend ist die *kaczka po polsku*, eine meist mit Obst gefüllte Ente.

Als **Beilage** werden wahlweise oft *kasza gryczana* (Buchweizen), *ziemniaki* (Kartoffeln), *frytki* (Pommes frites) oder *ryż* (Reis) gereicht. Zum Hauptgericht isst man außerdem noch *mizeria* (Gurkensalat), *surówka* (Rohkostsalat) oder *buraki* (Rote Bete). Die **Desserts** sind von den Kuchenspezialitäten dominiert. Besonders beliebt sind *szarlotka* (Apfelkuchen), *sernik* (Käsekuchen) und *makowiec* (Mohnkuchen). Eine besondere Warschauer Spezialität ist die *WZ* oder *wuzetka* (Sahneschnitte mit Marmelade und Schokoladenbiskuit), benannt nach den Verkehrsmagistrale. Wer nach den ersten beiden Gängen noch Appetit hat, kann auch mit *oscypek z grilla z żurawiną* (gegrillter Schafskäse mit Moosbeeren) das Mahl abschließen. Kinder werden die *pierogi z truskawkami* (süße Teigtaschen mit Erdbeeren) genauso lieben wie die *galaretka* (Götterspeise).

Bei den **Getränken** steht an erste Stelle das *woda* (Wasser), das öfter als *gazowana* (mit Kohlensäure) bestellt wird als als *niegazowana* (still). Abgesehen von den auch in Polen beliebten internationalen Softdrinks gibt es auch ungewöhnlichere Möglichkeiten, seinen Durst zu stillen. *Kompot* ist eine trinkbare Mischung aus in Wasser gekochten Früchten, meist aus Pflaumen, gelegentlich auch aus Äpfeln, Birnen oder Kirschen. Erfrischend ist der *koktajl owocowy* aus Buttermilch oder Joghurt mit Früchten. Bei Kindern beliebt sind die v. a. in Geschäften erhältlichen Frucht- und Gemüsesäfte der Marke *Kubuś*. Unter den **alkoholischen Getränken** wird *wino* (Wein) immer beliebter. Außer den edlen Tropfen der Welt bekommt man auch Sorten aus unbekannteren ungarischen oder tschechischen Anbaugebieten. An Met erinnert der warm getrunkene *miód pitny*. Seit einigen Jahren gibt es immer mehr Biersorten *(piwo)*, darunter die besten aus kleineren Brauereien. Eine besondere Spezialität ist der warme *grzaniec*, entweder Glühwein oder ähnlich gewürztes, warmes Bier. Er wird v. a. im Winter getrunken und hilft ausgezeichnet gegen Husten.

Warschau im Kasten
Zwischen Kreativkitsch und Küchenkunst

Magda Gessler bezeichnet sich selbst als erste Luxusdame Polens, zur Zarin der hauptstädtischen Gastronomie krönte sie die Zeitschrift Polityka. Und beides ist nicht übertrieben. In ihren vielen Warschauer Restaurants hat Gessler eine in sich stimmige und harmonische Gegenwelt geschaffen, in der von Warschaus schnelllebigem Chaos nichts zu spüren ist. Ob ihre Gourmettempel einfach nur kitschig sind oder doch irgendwie stilvoll, ist nicht leicht zu beantworten. So stellt die studierte Malerin weiße Holzgänse vor rote Erdbeerlandschaften, kombiniert Dorfmöbel mit barocken Teppichen und setzt einen Hirsch in einen verspiegelten Kamin. Auf klangvolle Namen wie „Was für ein Gloria" hören ihre Restaurants. Und wenn auch über die Einrichtung gestritten wird, so sind sich Gesslers Gäste – darunter polnische und internationale Promis ebenso wie Michelin-Gourmets – über die Qualität der Küche meist einig. Viel an Kredit verloren hat Gessler aber durch ihre Fernsehauftritte als Restaurantkritikerin, in der polnischen Version des Programms „Rach, der Restauranttester". Im Gegensatz zu ihrem deutschen Pendant bevorzugt sie bei ihren Kritiken die „Nudelholz-Methode".

Nicht zu verwechseln ist Magda Gessler übrigens mit Marta Gessler, deren Restaurant *qchnia artystyczna* in Sachen Küche und Einrichtung das genaue Gegenteil ist – Understatement und elegante Schlichtheit. Gemeinsam war den beiden Damen allerdings derselbe Ehemann namens Piotr Gessler, dessen Frauengeschmack so vielfältig war wie die Warschauer Gastronomie …

Kunstvolle Theaterplakate

Kulturleben

Die Theater der Stadt kann man kaum zählen, kaum weniger groß ist das Angebot an klassischen Bühnen. Doch auch Jazzfans, Rocker und Festivalgänger kommen mit Sicherheit auf ihre Kosten.

Theater

Warschau hat viele Dutzend Bühnen, die unten angeführten sind nur eine kleine Auswahl. Das Theaterpublikum in Warschau ist jünger und studentischer, als man es in Deutschland gewohnt ist. Zwei Theater sind für nicht Polnisch sprechende Touristen von Bedeutung: das Jüdische Theater, dessen Aufführungen oft in Englisch oder im dem Deutschen ähnelnden Jiddisch gespielt werden, und das Montownia, das wortlose oder ebenfalls englischsprachige Aufführungen im Programm hat.

Teatr Narodowy: Das *Nationaltheater* zählt zu den wichtigsten Bühnen des Landes, und das seit drei Jahrhunderten. Meist werden internationale und polnische Klassiker gespielt, gelegentlich auch zeitgenössische Stücke. Pl. Teatralny 3, ✆ 22-6920604, www.narodowy.pl.

Teatr Żydowski: Das *Jüdische Theater* bietet ein breit gefächertes Programm von Märchenvorstellungen bis zu Klezmer-Konzerten. Am bekanntesten ist es jedoch für Musicals, die teils auf Polnisch, auf Englisch oder auf Jiddisch inszeniert sind – ein wenig versteht man eigentlich immer. Ul. Senatorska 35 , ✆ 22-6206 281, www.teatr-zydowski.art.pl.

Teatr Dramatyczny: Das *städtische Dramentheater* ist bekannt für anspruchsvolle Inszenierungen nationaler und internationaler Stücke, selten nicht-polnischsprachige Aufführungen. Pl. Defilad 1 (Pałac Kultury i Nauki), ✆ 22-6566844, www.teatrdramatyczny.pl.

Teatr Studio: Das zusätzlich nach der polnischen Avantgarde-Legende Witkacy benannte Studiotheater bietet ein zeitgenössisches Programm, manchmal auch wortlos. Pl. Defilad 1, Pałac Kultury i Nauki, ✆ 22-6566941, www.teatr studio.pl.

Teatr Montownia: Für den selten Polnisch sprechenden Touristen ist das Independent-Theater aus zwei Gründen interessant. Zum einen gibt es Aufführungen mit Pantomime, Mimik und Stimme, zum anderen englischsprachige Aufführungen von polnischen Stücken. Kein fester Aufführungsort, www.teatr montownia.pl.

Kabarett, Revue, Kleinkunst, Kindertheater

Ebenso bedeutend wie die Bühnen der Theater sind die der Kabarette, die sich meist in kleinen Kellern und Hinterzimmern eingerichtet haben. Wie in allen totalitären Systemen gab es auch in Polen das dringende Bedürfnis, Kritik an den Machthabern auszusprechen. Das Teatr Sabat bietet hingegen eine an das Moulin Rouge erinnernde Revue, die aufgeführten Puppentheater ein hervorragendes Kinderprogramm.

Teatr Sabat: Polens einziges Revue-Theater um die Tänzerin und Künstlerin Małgorzata Potocka bringt den Zwischenkriegscharme des Moulin Rouge in die polnische Hauptstadt. Neben CanCan und Latin-Shows gibt es ein Restaurant und eine Cocktailbar für den verrucht-romantischen Abend. Ul. Foksal 16, ☎ 22-8262355, www.teatr-sabat.pl.

Teatr Baj: Ein klassisches Puppentheater, aber auch Papier- und Marionettentheater. Ein Spektakel für die ganze Familie, bei vielen Vorstellungen muss man nicht unbedingt Polnisch verstehen. Ul. Jagiellońska 28, ☎ 22-8180821, www.teatrbaj.waw.pl.

Teatr Guliwer: Ein weiteres sehr beliebtes Kindertheater mit abwechslungsreichem Programm. Ul. Różana 16, ☎ 22-8451676, www.teatrguliwer.waw.pl.

Teatr Lalka: Auf die Kleinen wird sicher auch der Kulturpalast Eindruck machen, in dem das traditionsreiche Puppentheater aufspielt. Pl. Defilad 1, Pałac Kultury i Nauki, ☎ 22-6566957, www.teatrlalka.waw.pl.

Oper, klassische Musik, Musical

Sowohl Nationaloper als auch die Philharmonie genießen einen ausgezeichneten Ruf. Fast schon Pflichtprogramm eines Warschau-Besuchs sind die sonntäglichen Chopin-Konzerte im Łazienki-Park.

Opera Narodowa: In der *Nationaloper* sorgen mehr als 1000 Schauspieler und Mitarbeiter für ein anspruchsvolles und abwechslungsreiches Programm. Aufgeführt werden die großen Opern der Vergangenheit und Gegenwart, darunter natürlich auch die polnischer Komponisten. Der Moniuszko-Saal fasst beinahe 2000 Zuschauer. Pl. Teatralny 1, ☎ 22-6920200, www.teatrwielki.pl.

Filharmonia Narodowa: Die *Nationalphilharmonie* unter der künstlerischen Leitung von Andrzej Boreyko zählt zu den angesehensten Häusern Europas. Ul. Jasna 5, ☎ 22-5517127, www.filharmonia.pl.

Opera Kameralna: Auf dem Programm der *Kammeroper* stehen zwar auch Verdi, Rossini und andere italienische Komponisten, der Schwerpunkt liegt jedoch auf barocken Werken, mittelalterlichen Singspielen sowie fast vergessenen und zeitgenössischen polnischen Opern. Und nicht zuletzt Mozart, dessen gesamtes Opern-Œuvre Teil des Repertoires ist. Al. Solidarności 76b, ☎ 22-8312240, www.opera kameralna.pl.

Teatr Roma: Musicaltheater mit Produktionen wie Cats, Phantom der Oper oder Tanz der Vampire, dazu ein wechselndes Programm. Ul. Nowogrodzka 49, ☎ 22-6288998, www.teatrroma.pl.

Chopin-Konzerte: Kostenlose Konzerte jeden Sonntag von Mai bis September um 12 Uhr und 16 Uhr im Łazienki-Park beim berühmten Denkmal für den Komponisten (www.koncerty-chopinowskie.pl). Zudem Gratiskonzerte der Chopin-Gesellschaft an verschiedenen Orten in der Stadt (www.tifc.chopin.pl) sowie der Chopin Salon (www.bbwarsaw.com/chopin-salon).

Barock-Konzerte: Regelmäßige Konzerte in Kirchen und Palästen; aktuelles Programm in den Touristinformationen.

Jazz

Die Jazzkonzerte und Sessions in Warschau sind auf durchweg hohem Niveau und kosten meist zwischen 7,50 und 25 €. Allerdings gibt es in der früheren europäischen Jazzhochburg nur noch sehr wenige Clubs und Jazzkeller, das *Tygmont* hat sich leider aus der Riege der ernst zu nehmenden Clubs verabschiedet, 2014 musste das *Barometr* schließen. Umso willkommener war die Neueröffnung des *12on14* und die Wiedereröffnung des *Akwarium*.

Eine Art Ersatz fürs Clubsterben sind die stimmungsvollen und erstklassig besetzten Festivals der Sommersaison und die häufigen Konzerte von Jazzstars.

12on14: Warschaus bester Jazzclub. Auftritte internationaler und polnischer Stars sowie vielversprechender Newcomer. Konzerte meist Di-Sa ab 20.30 Uhr. Ul. Noakowskiego 16, ☏ 22-6354949, www.12on14club.com.

Akwarium: meist Di, Mi Jazzkonzerte, Mo Jam Session und Do ab 20 Uhr Swingtanzen zur Liveband im und um den Pavillon am kleinen Platz. Krakowskie Przedmieście 60a, www.skwerhoovera.pl.

Rock, Pop & Folk

Einige aktuell gefragte Adressen sind unten erwähnt, weitere Infos in den Stadttouren.

Teatr Żydowski: Das *Jüdische Theater* hat ein breit gefächertes Programm von Märchenvorstellungen bis zu Klezmer-Konzerten. Am bekanntesten ist es jedoch für die Musicals, die teils Polnisch, Englisch oder Jiddisch interpretiert werden. Ul. Senatorska 35, ☏ 22-6206281, www.teatr-zydowski.art.pl.

Hard Rock Cafe: International bekannte und polnische Rockbands. Ul. Złota 59 (Złote Tarasy), ☏ 22-2220700, www.hardrock.com.

Rock- und Popkonzerte: Internationale Stars treten oft im Stadion Gwardii (ul. Racławicka 132), im Nationalstadion oder in der Sala Kongresowa im Kulturpalast (derzeit in Renovierung) auf.

Kino

Ausländische Filme sind im Gegensatz zu Deutschland fast nie synchronisiert, sondern in der Regel mit Untertiteln versehen. Vor allem bei Kinderfilmen gibt es aber polnische Versionen, und in wenigen Filmen sowie generell im Fernsehen werden die Originaldialoge polnisch übersprochen – der Sprecher übernimmt dabei mit teilnahmsloser, gleich bleibender Stimme sämtliche Rollen. Am besten vor dem Kinobesuch

nachfragen, womit zu rechnen ist. Die Eintrittspreise sind ungefähr halb so hoch wie in Deutschland. Warschau verfügt neben den obligatorischen Hollywood-Filmpalästen über viele ambitionierte Programmkinos.

Muranów: Das Warschauer Kultkino konnte auch nach der Renovierung im Jahr 2000 seine Einzigartigkeit bewahren. 2003 erhielt es den Europa Cinemas Award für das beste Programm auf dem Kontinent. Eintritt 3–6 €. Ul. Gen. Andersa 5, ☏ 22-6353078, www.kino muranow.pl.

Iluzjon: Als 1996 und erneut 2008 die Schließung im Gespräch war, gingen die Warschauer auf die Barrikaden. Bleibt zu hoffen, dass dieses Lieblingskino voller alternativer europäischer Filmstars erhalten bleibt. 2009 umfangreiche Renovierung. Eintritt 3,50–5 €. Ul. Narbutta 50a, ☏ 22-8483333, www.fn.org.pl.

Luna: Nach eigener Aussage Warschaus positivstes Kino. Ambitioniert ist es sowieso. Eintritt 2,50–7 €. Ul. Marszałkowska 28, ☏ 22-6217828, www.kinoluna.pl.

Kino.Lab: Kunstkino, Kurzfilme und Independent-Produktionen. Eintritt 3,50–4 €. Ul. Jazdów 2, im Centrum Sztuki Współczesnej, ☏ 22-6281271, www.kinolab.art.pl.

Kino Praha: An der Stelle eines Lichtspieltheaters mit langer Geschichte entstand Polens erstes digitales Kino. Eintritt 4–6,50 €. Ul. Jagiellońska 26, ☏ 22-3430310, www.kinopraha.pl.

Kinoteka: Ein Multiplex im Kulturpalast. Eintritt 4–6,50 €. Pl. Defilad 1, Pałac Kultury i Nauki, ☏ 22-5517070, www.kinoteka.pl.

Multikino: Großes Kinozentrum mit vielen Sälen und seltsam futuristischem Eingangsbereich. Für das MultiBabyKino wird jeden Mi um 12 Uhr einer der Säle auf säuglingsfreundliche Temperaturen hochgeheizt, das Licht gedimmt und der Ton leiser gestellt. Eintritt 4–10 €. Ul. Złota 59, in den Złote Tarasy, ☏ 22-2011610, www.multikino.pl.

Freilichtkinos

Filmowa Stolica: Beliebtes, abwechslungsreiches und kostenloses Open-Air-Kino in vielen Parks mit Vorführungen von Juli bis Anfang Sept. Veranstalter: Fundacja Rozwoju Sztuki Filmowej. Ul. Grzybowska 80/82, ☏ 22-8268311, filmowastolica.pl.

Veranstaltungen

Warschaus Festivalkalender kann sich sehen lassen, v. a. in den Sommermonaten jagt eine Veranstaltung die nächste. Zu den Höhepunkten zählen der nur alle fünf Jahre stattfindende Chopin-Wettbewerb, das Chopin-Festival im August, das Beethoven-Festival über Ostern und das Jazz Jamboree im Dezember. In der folgenden Liste finden Sie aber auch weniger bekannte Veranstaltungen. Der Eintritt ist meist frei, bei manchen Konzerten wird der übliche Eintrittspreis fällig – von 2 bis 25 €. Aktuelle Infos auf Deutsch und Englisch gibt es unter www. warsaw tour.pl.

Januar

Wielka Orkiestra Świątecznej Pomocy: Benefizkonzert der größten polnischen Wohlfahrtsorganisation vor dem Kulturpalast – als Dank für alle Spender. Veranstalter: Fundacja Wielka Orkiestra Świątecznej Pomocy, ul. Dominikańska 19c, ☏ 22-8523214, www.wosp.org.pl.

Februar

Tłusty Czwartek: Am letzten, dem „fetten Donnerstag" vor Fastnacht. Verspeist werden *pączki* (Berliner) als Grundlage für die diversen abendlichen Feste, die in der gesamten Stadt stattfinden.

April

Święto Niemego Kina: Das Stummfilmfestival im Kino Iluzjon ist eines der schönsten seiner Art in Europa, was v. a. an der Musikbegleitung liegt, die jazzige, elektronische und alternative Musiker zuständig sind. Veranstalter: Filmoteka Narodowa, ul. Wałbrzyska 3/5, ☏ 22-3804900 , www.fn.org.pl.

Jahrestag des Ghettoaufstands: Jedes Jahr am 19. April wird den Aufständischen und Opfern des Aufstands von 1943 am Denkmal der Ghettohelden feierlich gedacht. www.polin.pl.

Wielkanocny Festiwal Ludwiga van Beethovena: An Ostern wird auf allen wichtigen Konzertbühnen der Stadt Beethovens Musik von klassischen Interpreten, aber auch von Jazzmusikern gespielt. Verantwortlich für die Programmgestaltung ist Elżbieta Penderecka, die Frau des berühmten Komponisten Krzysztof Penderecki. Veranstalter: Stowarzyszenie im. Ludwiga van Beethovena, ul. Chmielna 15/10, ☏ 22-3317018, www.beethoven.org.pl.

Mai

Noc Muzeów: In der langen Nacht der Museen gibt es freien Eintritt zu Galerien und Museen, kostenfreie Busse und Trams sowie viele ebenfalls kostenlose Konzerte und Happenings. Veranstalter: Miasto Stołeczne Warszawa, www.kulturalna.warszawa.pl.

Parada Schumana: Die Parade der Europa-Enthusiasten über den Königstrakt mit Debatten und Informationsveranstaltungen findet am ersten Sa nach dem Europatag am 9. Mai statt. Veranstalter: Polska Fundacja im. Roberta Schumana, al. Ujazdowskie 37/5, ☏ 22-6212 161, www.schuman.org.pl.

Juwenalia: Die Studenten übernehmen die Stadt – eine Woche lang zwar keine anarchischen Zustände, aber gut organisierte Feste, sympathische Kundgebungen und bunte Spektakel. www.juwenalia.waw.pl.

Festiwal Komiksowa: Ein Muss für jeden Comic-Fan ist dieses viertägige Festival Mitte Mai (manchmal auch im März oder April) im Nationalstadion – Treffen mit Künstlern und Autoren, Präsentationen neuer Comics und eine Messe mit Sammlerstücken. Veranstalter: Centrum Komiksu, al. Niepodległości 148, ☏ 22-8488961, www.komiksowawarszawa.pl.

Nowa Tradycja: Das Folklorefestival der polnischen Radioanstalt beschwört weniger die Tradition, v. a. werden zeitgemäße Gruppen vorgestellt, die auch an einem Wettbewerb teilnehmen. Besucher können sich also auf ein Crossover mit Jazz, Rock oder elektronischer Musik freuen. Manchmal findet das Festival auch im April statt. Veranstalter: Polskie Radio, al. Niepodległości 77/85, www.polskieradio.pl.

Planete Doc Review: Zehn Tage lang sind abendfüllende Dokumentarfilme aus aller Welt in der Kinoteka im Kulturpalast und im Kino Iluzjon zu sehen, es gibt auch einen Wettbewerb um die beste Doku. Veranstalter: Against Gravity, ul. Żurawia 22/212, www.docreview.pl.

Międzynarodowe Targi Książki: Die größte Buchmesse Mitteleuropas, an vier Tagen in der zweiten Maihälfte. Ins Nationalstadion strömen Leseratten, nicht zuletzt, um international und national bekannte Autoren kennenzulernen. Veranstalter: murator EXPO, ul. Dęblińska 6, ☎ 22-8296680, www.targi-ksiazki.waw.pl.

Juni

Parada Równości: Am Christopher Street Day gehen auch in Warschau die Homosexuellen auf die Straße, um mit einer bunten und ausgelassenen Parade für ihre Rechte und Freiheiten zu einzutreten. www.paradarownosci.eu.

Wianki nad Wisłą: Am Weichselufer bei der ul. Sanguszki Picknick, heidnische Traditionen, regionale Spezialitäten und abendliche Konzerte rund um die Mittsommernacht, www.estrada.com.pl, www.wawawianki.pl.

Sztuka Ulicy: Internationales Straßentheater-Festival, das in der letzten Juniwoche oder Anfang Juli die wichtigsten Plätze und Parks der Stadt zur Bühne für Gaukler, Tänzer und Mimen macht. Veranstalter: Stowarzyszenie Scena 96, ul. Raszyńska 32/44-140, www.sztukaulicy.pl.

Orange Warsaw Festival: Internationale Popstars bespielen drei Tage lang die Pferderennbahn, manchmal schon Ende Mai. Karten ab 65 €. www.orangewarsawfestival.pl.

Festiwal Mozartowski: Das Festival bietet die einzigartige Möglichkeit, von Mitte Juni bis Ende Juli Mozarts gesamtes Opernwerk von nur einem Ensemble zu hören. Al. Solidarności 76b, ☎ 22-6257510, www.operakameralna.pl.

Turniej Rycerski o Szablę Króla Zygmunta III Wazy: Das internationale Ritterturnier um den Säbel des Königs Zygmunt III Waza hat viele Freunde. Veranstalter: Dom Kultury Świt und Liga Baronów, ul. Wysockiego 11, ☎ 22-8110105, www.dkswit.com.pl.

Kwartesencja: Um die vier Saiten der Streichinstrumente dreht sich dieses interessante Festival an verschiedenen Veranstaltungsorten. Das international bekannte Royal String Quartet musiziert dabei zusammen mit Jazz-, Rock- und Folkmusikern. Veranstalter: Royal String Quartet, www.kwartesencja.com.

Juli

Festiwal Mozartowski → Juni

Jazz na Starówce: Eines der ältesten Jazzfestivals Europas; jeden Samstag im Juli und Au-

gust kostenlose Konzerte in der Altstadt von Stars aus Polen und der ganzen Welt. Veranstalter: Fundacja Jazz Art, www.jazznastarowce.pl.

Warsaw Summer Jazz Days: Die größten Jazzstars treten meist Anfang Juli, manchmal an den letzten Junitagen an verschiedenen Orten der Stadt auf. Agencja Akwarium, pl. Defilad 1, www.adamiakjazz.pl.

Ogrody Muzyczne: Vor allem klassische Opern und Ballett in neuem Gewand gibt es den ganzen Monat über in einem Zelt im Hof des Warschauer Schlosses zu hören. Veranstalter: Fundacja Ogrody Muzyczne, pl. Wilsona 4/77, www.ogrodymuzyczne.pl.

Festiwal Lampionów Chińskich: Festival der bunten chinesischen Laternen, die den Łazienki-Park erleuchten. Dazu gibt es Tänze, Musik und Kunst aus dem Reich der Mitte. www.lazienki-krolewskie.pl.

Otwarta Ząbkowska: Ausgelassenes Straßenfest an Wochenenden im Juli und August, mit Konzerten, Flohmarkt und Spektakeln in der ul. Ząbkowska. www.otwartazabkowska.pl.

Międzynarodowy Festiwal Muzyki Sakralnej: Internationales Festival für Sakralmusik in den Kirchen in oder um die Altstadt, bis September. Veranstalter: Fundacja Festiwal Muzyki Sakralnej, ul. Esperanto 14/6, www.kapitula.org.

Wielokulturowe Warszawskie Street Party: Multikulti-Straßenfestival auf den Krakowskie Przedmieście und den umliegenden Straßen. www.streetparty.pl.

August

godzina „W": Alljährlich wird am 1. August dem Beginn des Aufstands gegen die deutschen Besatzer während des Zweiten Weltkriegs gedacht. Dabei tönt um 17 Uhr eine Sirene, woraufhin die ganze Stadt still verharrt.

Międzynarodowy Festiwal Muzyczny Chopin i jego Europa: Das Festival vom 15. bis 31. August dreht sich um Chopins Bedeutung für die europäische Musik: An verschiedensten Orten in der Stadt werden Werke von Komponisten gespielt, die Chopin beeinflusst haben oder von ihm beeinflusst wurden. Veranstalter: Narodowy Instytut Fryderyka Chopina, ul. Tamka 43, ☎ 22-4416100 , www.festiwal.nifc.pl.

Warszawa Singera: Das Festival rund um die ulica Próżna lässt das jüdische Warschau aus den Erinnerungen des Warschauer Literatur-Nobelpreisträgers Isaac B. Singer wieder aufleben. An neun Tagen Ende des Monats (manchmal bis Anfang September) gibt es zahllose Klezmerkonzerte, koscheres Essen, Tanzkurse und Infoveranstaltungen. Veranstalter: Fundacja Shalom, ul. Senatorska 35, www.shalom.org.pl.

Warsaw Challenge: Breakdance-Meisterschaften im Fort Bema. www.warsawchallenge.com.

Jazz na Starówce, **Otwarta Ząbkowska** und **Międzynarodowy Festiwal Muzyki Sakralnej** → Juli

September

Międzynarodowy Festiwal Muzyki Sakralnej und **Festiwal Lampionów Chińskich** → Juli

Warszawska Jesień: In der zweiten oder dritten Septemberhälfte präsentiert der „Warschauer Herbst" zeitgenössische ernste Musik in Parks, Kirchen, Kulturzentren, Galerien, Sporthallen, Fabriken, in der Oper und der Philharmonie. Veranstalter: Związek Kompozytorów Polskich, Rynek Starego Miasta 27, ☏ 22-8310607, www.warszawska-jesien.art.pl.

Maraton Warszawski: Der traditionelle Warschau-Marathon, den Ende September bis zu 10.000 Läufer absolvieren, kann auf der ganzen oder der halben Strecke gelaufen werden. Anmeldung: Fundacja Maraton Warszawski, ul. Grochowska 8c, www.maratonwarszawski.com.

Skrzyżowanie Kultur: Neuntägiges internationales Festival, angelehnt an das Werk des bedeutenden polnischen Autoren und Afrikakenners Ryszard Kapuściński steht, nach dem „andere Welten und Kulturen Spiegel" sind, „in denen wir und unsere Kultur uns wiederfinden". Zu hören und zu sehen sind Weltmusik-Konzerte und Filme, Theaterstücke und Kunst aus aller Welt. Veranstalter: Stołeczna Estrada, ul. Marszałkowska 77/79, www.festival.warszawa.pl.

Oktober

Warsaw Film Festival: Internationales Filmfestival mit mehr als 100 Vorführungen in der Kinoteka und im Multikino. Außerdem gibt es

einen Wettbewerb, bei der eine Jury die Beitragsfilme beurteilt. Veranstalter: Fundacja Filmowa, www.wff.pl.

Międzynarodowy Konkurs Pianistyczny im. Fryderyka Chopina: Der internationale Chopin-Wettbewerb – einer der wichtigsten Preise für klassische Musik – findet alle fünf Jahre drei Wochen lang statt. Ein Muss für Chopin-Fans. Nächster Termin ist 2020. Veranstalter: Narodowy Instytut Fryderyka Chopina, ul. Tamka 43, ☏ 22-4416100, www.chopin2020.pl.

Jazz Jamboree: Seit 1958 veranstaltetes Jazzfestival von internationalem Renommee; Jazzbands aus aller Welt improvisieren an mehreren über den Monat verteilten Tagen auf verschiedenen Bühnen der Stadt. Veranstalter: Adamiakjazz, www.adamiakjazz.pl.

Wielka Warszawska: Der Große Preis von Warschau ist Polens bedeutendstes Pferderennen mit mehr als hundertjähriger Tradition. Veranstalter: Tor wyścigów konnych Służewiec, ul. Puławska 266, www.torsluzewiec.pl.

Królewski Ogród Światła: Der Königliche Lichtgarten lässt den Park in Wilanów mit seiner Beleuchtung von Mitte Oktober bis Anfang März tägl. von 16 bzw. 17 bis 21 Uhr erstrahlen, oft gibt es auch Mappings am Schloss. www.wilanow-palac.pl.

November

Wszystkich Świętych: Allerheiligen ist einer der wichtigsten Feiertage in Polen, an dem man sich an den Gräbern der verstorbenen Verwandten trifft und ihrer gedenkt. Die Friedhöfe sind dann mit Hunderttausenden von Kerzen illuminiert; eine besinnliche Atmosphäre, die v. a. einen Abstecher auf den Powązki-Friedhof (→ Tour 7) lohnenswert macht.

Dezember

Targi Bożonarodzeniowe: Weihnachtsschmuck und -markt auf dem Rynek der Altstadt und dem Königstrakt: Wer friert, kann sich mit *Grzaniec* (Glühwein) aufwärmen.

Noc Sylwestrowa: Am Silvesterabend Konzerte und Spaß mit Hunderttausenden auf dem Schlossplatz und rund um den Kulturpalast.

Ob sie auf Leseratten wartet?

Literaturtipps, CDs, Filme …

Hier eine bunte Liste von Literatur über Sachbücher bis zu CDs von Warschauer Musikern – zum Einstimmen auf Ihre Reise oder zum nostalgischen Aufwärmen der Erinnerungen an den letzten Warschautrip …

Belletristik

King, Jack: *The Fifth Internationale*. Leisure Books, 2004 (nur auf Englisch). In dem Thriller über einen Agenten, der eine weltweite Verschwörung aufdeckt, spielen die Warschauer Skyline und der Jarmark Europa im verfallenden alten Stadion eine Hauptrolle.

Konatkowski, Tomasz: *So sollt ihr sterben. Ein Warschau-Krimi*. List, 2008. Klassische Kriminalgeschichte um einen an Haltestellen und in Straßenbahnen mordenden Serienkiller und einen interessant gezeichneten Kommissar. Nicht zuletzt aufgrund der hervorragenden Übersetzung ein spannender Weg, um Warschau besser kennenzulernen.

Nahacz, Mirosław: *Bombel*. Weissbooks, 2008. Die Warschauer Stimme einer ganzen Generation (der Autor nahm sich im Alter von 23 Jahren das Leben) hinterließ mit diesem Monolog ein Meisterwerk. Bombel erzählt an einer Bushaltestelle von seinem tragischen und komischen Leben und seiner melancholischen Sicht auf die Welt. Der Leser erfährt zwischen den Zeilen auch viel über das heutige Polen.

Masłowska, Dorota: *Die Reiherkönigin. Ein Rap*. Kiepenheuer & Witsch, 2007. Der zweite Roman der Nike-Preis-gekrönten Skandalautorin beweist wie ihr erstes Werk Mut zur Hässlichkeit und zeigt Warschau von einer pessimistisch-dekadenten Seite. Nichts für zarte Gemüter und Freunde ästhetischer Literatur.

Pilch, Jerzy: *Die Talente und Obsessionen des Patryk W.* dtv, 2008. Bitterböse und komische Großstadtgeschichte über den talentierten Jurastudenten Patryk Wojewoda, der am Geldautomaten eingetippte Geheimzahlen heraushören kann.

Singer, Isaac B.: *Eine Kindheit in Warschau*. dtv, 2000; Ravensburger Buchverlag, 1983. In den ersten 13 von insgesamt 16 Kurzgeschichten lässt der beliebte jüdische Erzähler und Literaturnobelpreisträger seine Kindheit in der ulica Krochmalna aufleben.

Sachbücher, Stadtführer, Bildbände

Bartoszewski, Władysław: *Und reiß uns den Hass aus der Seele*. Deutsch-Polnischer Verlag, 2004. Die mit Anekdoten und Weisheiten gespickten Erinnerungen des großen Judenretters, Diplomaten und Aussöhners gewähren eine faszinierende Sicht auf die polnisch-deutschen Beziehungen.

Davies, Norman: *Aufstand der Verlorenen. Der Kampf um Warschau 1944.* Droemer/Knaur, 2004. Das monumentale und wegweisende Werk des britischen Historikers über den Warschauer Aufstand ist wissenschaftlich gründlich und trotzdem spannend zu lesen.

Gnauck, Gerhard: *Syrena auf dem Königsweg – Warschauer Wandlungen.* Picus Verlag, 2004. Der FAZ-Korrespondent erzählt interessante Anekdoten und beschreibt die Menschen seiner Heimatstadt, die er selbst für schwer zugänglich hält – ein Buch, das den Zugang zur faszinierenden Metropole erleichtert.

Huber, Werner: *Warschau – Phoenix aus der Asche. Ein architektonischer Stadtführer.* Böhlau, 2005. Nicht nur für Architekten und Architekturinteressierte ein beeindruckendes Reisebuch.

Korczak, Janusz: *Das Recht des Kindes auf Achtung/Fröhliche Pädagogik.* Gütersloher Verlagshaus, 2002. Zwei Hauptwerke des einflussreichen Pädagogen und Erinnerungen an die Zeit im Warschauer Ghetto, bevor Korczak mit seinen Waisenkindern von den Nationalsozialisten ermordet wurde.

Kowalska, Agnieszka & Kamiński, Łukasz: *Zrób to w Warszawie! Do it in Warsaw!* Biblioteka Gazety Wyborczej, Verlag Agora, 3. Auflage 2014. Außer- und ungewöhnlicher Warschau-Führer für Teens, Twens und jung gebliebene Entdecker; zweisprachig in Polnisch und Englisch.

Mieszkowska, Anna: *Die Mutter der Holocaust-Kinder: Irena Sendler und die geretteten Kinder aus dem Warschauer Ghetto.* DVA, 2007. In Deutschland kaum bekannte Geschichte der Frau, die ihr Leben riskierte, um 2500 jüdische Kinder zu retten.

Moczarski, Kazimierz: *Gespräche mit dem Henker. Das Leben des SS-Gruppenführers und Generalleutnants der Polizei Jürgen Stroop. Aufgezeichnet im Mokotow-Gefängnis zu Warschau.* Fischer, 1982. Der Autor saß als Antikommunist zusammen mit dem SS-Brigadeführer Stroop in einer Zelle eines stalinistischen Gefängnisses. Die Dokumentationen ihrer Gespräche zeigen die unglaubliche Schlichtheit und die erschütternden Standpunkte eines typischen Befehlshabers des NS-Reichs.

Patte, Jean-Yves: *Auf den Spuren von Frédéric Chopin.* Gerstenberg, 2000. Eine Mischung aus Biografie, Anekdotensammlung und verträumtem Fotoband – und sogar einem Reiseführer am Ende des Buchs. Für Chopinbegeisterte ein Muss!

Pilich, Michał: *Warsaw Praga – Guidebook.* Fundacja Centrum Europy, 2007. Am rechten Weichselufer gibt es viel zu entdecken – und wem die Tour 10 in diesem Buch nicht ausreicht, kann auf weiteren fünf Spaziergängen in die Geschichte und Geschichten von Praga eintauchen. Empfehlenswert für alle, die Englisch können und länger in Warschau sind.

Rizzi, Alberto: *Bernardo Bellotto – Warschauer Veduten.* Hirmer, 1991. Der Kunstband zeigt die besten der Stadtbilder von Canaletto, mit deren Hilfe Warschau nach dem Zweiten Weltkrieg wieder aufgebaut wurde. Nur noch antiquarisch erhältlich.

Sznajderman, M., Raabe, K. (Hrsg.): *Last & Lost. Ein Atlas des verschwindenden Europas.* Suhrkamp, 2006. Zwar nur ein kleiner Teil über den Warschauer Stadtteil Praga, doch allein deswegen lohnt dieses einzigartige Buch vergessener Orte. „Melancholisch, absurd, verlockend. Weckt Sehnsucht nach der unbegradigten Welt", meinte die ZEIT.

Szpilman, Władysław: *Der Pianist: Mein wunderbares Überleben.* Ullstein Tb, 2002; Econ Tb, 2002. Die Buchvorlage für Roman Polańskis Verfilmung ist ein eindrucksvolles Dokument des Pianisten, der wie durch ein Wunder im Ghetto und auf der Flucht überlebt.

Musik

Blechacz, Rafał: *Fryderyk Chopin – Preludes Nr. 1–26.* DGG, 2006. Das Jahrhundert-Talent gewann mit 20 Jahren den angesehenen Warschau Chopin-Wettbewerb. Warum, demonstriert dieses Debüt auf lyrische und zugleich kraftvolle Weise.

Cukunft: *Lider fun Mordechaj Gebirtig.* Eigenproduktion, 2005. Beeindruckendes und ungewöhnliches Klezmer-Debüt des Warschauer E-Gitarristen und Musikethnologen Raphael Rogiński.

Demarczyk, Ewa: *Śpiewa piosenki Zygmunta Koniecznego.* Muza/Polskie Nagrania, 1999. Die größten Erfolge der schwarzen Dame des polnischen Chansons, alte Aufnahmen aus den 60er-Jahren in einer neuen Zusammenstellung, u. a. mit Vertonungen der romantischen Gedichte des im Warschauer Aufstand gestorbenen Poeten Krzysztof Kamil Baczyński.

Kleszcz, Maja & incarNations: *Radio Retro.* Kayax, 2010. Ganz große weibliche Gesangskunst zwischen Folk, Blues und Soul, auf einer Stufe mit den besten Sängerinnen aller Zeiten!

Kortez: *Bumerang.* Jazzboy, 2015. Der Sänger pendelt wie so viele junge Warschauer zwischen Metropole und Land. Über seiner spärlich instrumentierten Musik schwebt seine verletzliche Stimme, die poetische Texte singt.

Niemen, Czesław: *Złota Kolekcja – The Best of Czesław Niemen.* Pomaton, 2005. Eine goldene Kollektion mit den größten Hits eines der größten Rocksänger aller Zeiten, darunter u. a. „Sen o Warszawie" und „Dziwny jest ten świat".

Schönberg, Arnold: *Ein Überlebender in Warschau.* DGG, 1993. Die Komposition lässt noch heute die Zuhörer verstört zurück. Sicherlich eine der Intentionen von Schönberg, die auch auf der Einspielung der Wiener Philharmoniker unter Claudio Abbado spürbar wird.

Stańko, Tomasz: *Wolność w Sierpniu (Freedom in August).* FiRe, 2005. Die Kompositionen wurden 2004 anlässlich der Eröffnung des Museums des Warschauer Aufstands uraufgeführt. Der bekannte polnische Jazztrompeter zeigt auch hier seine Fähigkeit, alle Nuancen zwischen dunkler und hoffnungsvoller Stimmung auszuloten.

Warsaw Village Band: *People's Spring.* Jaro, 2003. Traditionelle Tänze, Hochzeitslieder und alte Folksongs aus Masowien verbinden sich zu einer zeitgemäßen und äußerst tanzbaren Folklore, die die Musiker selbst als Biotechno bezeichnen. Eine der interessantesten Folkbands Europas kommt – aus der Metropole Warschau.

Zimerman, Krystian: *Polish Festival Orchestra – Chopin: Piano Concertos Nos. 1 & 2.* DGG, 1999. Aufnahme des Chopin-Wettbewerbsgewinners von 1975. Zum 150. Todestag Chopins widmete ihm der Pianist und Dirigent wohl eine der größten Interpretationen, die je von seiner Musik gemacht wurden. Einfach wunderschön!

Verschiedene Interpreten: *Warszawo, piękna Warszawo; Warszawa w piosence; Wszystkie serca Warszawie.* Polskie Radio, 1994, 2000, 2003. Drei Sampler, auf denen bekannte Chanson-, Rock- und Schlagersänger Liebeserklärungen an ihr Warschau singen.

Cuske, Maciej et al.: *Stacja Warszawa,* 2013. Episodenfilm mit sechs verwobenen Geschichten von einsamen, traurigen, entfremdeten und gebrochenen Großstädtern vor der eindrucksvollen Kulisse der Warschauer Skyline.

Holland, Agnieszka: *Der Priestermord,* 1988. Basierend auf der Lebensgeschichte des Priesters Jerzy Popiełuszko, der wegen seiner Rolle als eine der zentralen Figuren im katholischen Widerstand gegen die sozialistische Machthaber ermordet wurde.

Kieślowski, Krzysztof: *Dekalog,* 1988. Die auf den zehn Geboten basierenden Kurzfilme spielen in einer Warschauer Plattenbausiedlung. Anders als von vielen Kritikern und Zuschauern verstanden, ging es dem Regisseur nicht um die Darstellung der polnischen Realität, sondern um eine grundlegende Auseinandersetzung mit moralischen und ethischen Fragen der menschlichen Existenz.

Krauze, Krzysztof: *Plac Zbawiciela* (Erlöserplatz), 2006. Das düstere Drama spielt auf dem gleichnamigen Warschauer Platz und schildert die Folgen einer Familientragödie in einer kleinen, beengten Wohnung. In Deutschland nur schwer aufzutreiben und wenn, dann nur als Original mit englischen Untertiteln.

Lankosz, Borys: *Rewers,* 2009. Das große polnische Thema Freiheit in einer Mischung aus Drama, Film noir und schwarzer Komödie über die Zeit des Stalinismus in Polen. Spielt im Warschau der Jahre 1952 und 2008.

Polański, Roman: *Der Pianist,* 2001. In der verfilmten Biografie von Władysław Szpilman verarbeitet der Regisseur von „Rosemary's Baby" Kindheitserfahrungen aus dem Krakauer Ghetto, in dem er selbst aufwuchs. Die Hauptperson hingegen, ein Musiker und Komponist, überlebte die Zeit im Warschauer Ghetto.

Wajda, Andrzej: *Korczak,* 1990. In bewegenden Schwarz-Weiß-Aufnahmen wird beinahe biografisch das Schicksal des Märtyrers Janusz Korczak gezeigt, der „seinen" Waisenkindern auch in höchster Not echte Menschlichkeit vorlebte.

Filme ...

Buczkowski, Leonard: *Abenteuer in Marienstadt,* 1954. Die Komödie mit vielen Liedern ist trotz teils propagandistischer Intentionen ein interessantes Stück Zeitgeschichte, das die Aufbruchsstimmung nach dem Krieg zeigt. In Deutschland ist dieser erste polnische Farbfilm leider nur schwer aufzutreiben.

... und ein Computerspiel

This War of Mine: Ein Antikriegsspiel, in das Erfahrungen aus dem Warschauer Aufstand und der Belagerung von Sarajevo eingeflossen sind. Die Warschauer Spieleentwickler von 11 Bit Studios lassen den Krieg nicht aus der Sicht eines Soldaten, sondern aus der Sicht verzweifelter Zivilisten erleiden. Ein Meisterwerk!

Warschau mit Kindern

Obwohl die wenigsten Kinder begeistert Städte bereisen, bietet Warschau viele Möglichkeiten, damit es nicht öde wird. Am kinderfreundlichsten dürften unsere Touren 1, 2, 4, 9 und 10 sein.

Müde Kinderbeine bis sieben Jahre haben im öffentlichen Nahverkehr freie Fahrt und Museumsbesucher bis 16 Jahre zahlen in den Museen meist ermäßigten Eintritt.

Sehenswertes

Auf dem Marktplatz in der **Altstadt** (→ Tour 1, S. 37) leiert wie anno dazumal die Drehorgel und überhaupt können hier viele Warschauer Legenden aufgespürt werden. Eine der bekanntesten ist sicherlich die der gefangenen Sirene (→ Stadtgeschichte, S. 200) – zahlreiche Skulpturen und Malereien erinnern an diese Sage. Einen aufregenden Tag können kleine Forscher in den interaktiven Ausstellungen des **Wissenschaftszentrums Kopernikus** (→ Tour 4, S. 75) verbringen. Für kleine Fußballfans bietet sich ein Abstecher zum **Nationalstadion** (→ Tour 10, S. 164) an, für Dinofans ins **Evolutionsmuseum PAN** (→ Tour 6, S. 100) und für Puppenfans ins **Puppenhausmuseum** (→ Tour 6, S. 104). Das **Warschauer Stereoskop** (→ Tour 8, S. 137), eine Mischung aus Diaprojektor und Kino der Pionierzeit, begeistert Kinder – nicht zuletzt deshalb, weil es aus einer Zeit stammt, in der Oma und Opa noch nicht einmal geboren waren. Und dann wären da noch zwei Klassiker: ein Besuch im wirklich schönen **Zoo** (→ Tour 10, S. 168) und im Park **Łazienki Królewskie** (→ Tour 9, S. 144), in dem zahme Eichhörnchen aus Kinderhänden naschen.

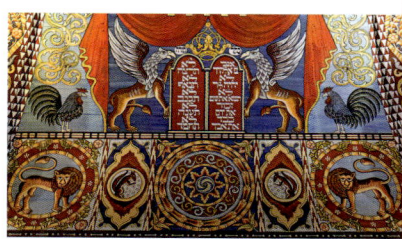

Gaukler, Puppen und eine Lichtershow

Im Sommer gibt es regelmäßig kinderfreundliche Veranstaltungen und Feste an der Ostflanke des Kulturpalasts (→ Tour 6, S. 109), im Juni begeistern in der Mittsommernacht das Festival **Wianki nad Wisłą** mit heidnischen Traditionen und das Straßentheater-Festival **Sztuka Ulicy** voller Gaukler, Tänzer und Mimen (→ Veranstaltungskalender, S. 225). Abends bietet der **Multimedia-Brunnen** in der **Neustadt** (→ Tour 2, S. 51) eine Show, die Computerspiele und Apps geradezu langweilig erscheinen lässt. Jahreszeitenunabhängig warten phantasievolle **Kinder- und Puppentheater** (→ Kulturleben, S. 222) auf kleine Zuschauer; die meisten Aufführungen begeistern auch ohne Polnischkenntnisse.

Spielerei und Schleckerei

Spielzeug, Teddys und mehr findet der Anhang im Kinderkaufhaus **Smyk** (→ Tour 6, S. 108), kleiner und feiner im Café **Kofifi** (→ Tour 11, S. 183). Neben letzterem Lokal befindet sich auch ein toller Spielplatz. Weitere schöne Spielplätze gibt es an der Weichselpromenade (→ Tour 4). Ideal für Familien ist auch das weiter südlich gelegene **Kolonia** mit einem guten Angebot an selbst gemachten Kuchen (→ Tour 8, S. 142). Und die heiße Schokolade im Kaffeehaus **Wedel** (→ Tour 6, S. 107) sorgt seit mehr als 150 Jahren für schokoladenverschmierte, zufriedene Gesichter.

Trotz des neuen Terminals auf dem Chopin-Flughafen ist die nächste Erweiterung schon geplant

Anreise

Wegen seiner zentralen Lage wurde Warschau einst zur Hauptstadt Polens. Ein Blick auf die Europakarte zeigt, dass Polen in Mittel- und nicht in Osteuropa liegt und die polnische Metropole damit in der Mitte unseres Kontinents.

Mit dem Flugzeug

Direktflüge nach Warschau bieten diverse Airlines an, darunter *Lufthansa* (ab Frankfurt/M., München), *Austrian Airlines* (ab Wien), *Swiss International* (ab Zürich) und die polnische *LOT* (ab Frankfurt/M., Hamburg, Düsseldorf, München, Berlin Tegel, Hannover, Nürnberg, Stuttgart, Wien, Genf und Zürich) sowie *Wizz Air* (ab Dortmund, Wien, Genf, Basel) und *easyJet* (Berlin Tegel, Basel, Genf). Landen wird man auf dem *Frédéric-Chopin-Flughafen*, dem mit Abstand wichtigsten Flughafen des Landes. Rund ein Drittel aller Flüge nach Polen wird über ihn abgewickelt, inzwischen sind das um die 18 Millionen Passagiere. Da mit steigenden Passagierzahlen gerechnet wird, baute man den zuvor nur militärisch genutzten Flughafen in Modlin bis 2012 um, wobei es in der Folge immer wieder Probleme mit Baumängeln und der Zulassung gab. Dort landet inzwischen nur noch Ryanair, aus den deutschsprachigen Ländern gibt es derzeit bis auf Köln-Bonn keine Verbindungen. Bis 2027 soll zwischen der Hauptstadt und Łódź der Zentralflughafen Warschau entstehen, ein Drehkreuz mit einer geplant höheren Kapazität als Frankfurt (!). Schauen wir mal, ob es schneller als in Berlin geht …

Chopin-Flughafen Warszawa Okęcie

Information Ca. 10 km südwestlich vom Zentrum, IATA-Kürzel: WAW, ul. Żwirki i Wigury 1, ☎ 22-6504220, www.lotnisko-chopina.pl.

Verbindung **S-Bahn**: Mit der S-Bahn S2, S3 in etwas mehr als 20 Minuten für 4,40 PLN zu den Bahnhöfen ins Zentrum, ein normales ÖPNV-Ticket ist zu entwerten. Die als **RL** gekennzeichnete Verbindung der Koleje Mazowieckie (KM) erfordert eine eigene am Automaten erhältliche Fahrkarte für 6,80 PLN.

Bus: Mit Bus 175 zum Hauptbahnhof; mit Bus 188 zum Polytechnikum; mit dem Nachtbus N 32 ins Zentrum (alles städtische Linien, Ticket 4,40 PLN). Fahrtzeit jeweils 25 Min.

Taxi: Für den Transport per Taxi werden ausschließlich die drei Gesellschaften ELE Taxi (www.eletaxi.pl), iTaxi (www.itaxi.pl) und MPT Taxi (www.taximpt.com.pl) empfohlen – nur diese drei haben eine Lizenz für die Strecke Airport–City. Für die je nach Verkehrslage 15–30 Min. dauernde Strecke sollten Sie nicht mehr als die derzeit üblichen 10 € bezahlen.

Flughafen Warszawa-Modlin

Information Ca. 50 km nordwestlich von Warschau, IATA-Kürzel: WMI, ul. Gen. Thommee 1a in Nowy Dwór Mazowiecki, ✆ 22-3151880, www.modlinairport.pl.

Verbindung Bahn: für 5 € alle 20–30 Min. Shuttlebus vom Airport zur Bahnstation Stacja PKP Modlin. Von da aus mit der als **RL** gekennzeichneten Bahnlinie KM (Koleje Mazowieckie) in 45 Min. ins Zentrum Warschaus oder zum Chopin-Airport. Für den Rückflug von einem der Warschauer Bahnhöfe aus ebenfalls mit der KM in Richtung Modlin.

Bus: in 40–50 Min. für 9 € mit dem Modlin-Bus nach Warschau. Für die Rückfahrt zum Parkplatz vorm Kulturpalast an der ul. Marszałkowska. www.modlinbus.pl.

Taxi: 25 € mit Glob cab (✆ 19668, globcab taxi.pl), teurer (40–50 €) wird es mit Sawa oder Modlin Taxi.

Mit eigenem Fahrzeug

Eins vorweg: Autodiebstähle sind in Polen trotz hartnäckiger Vorurteile weit seltener als behauptet. Wollen Sie dennoch auf Nummer sicher gehen, können Sie den Wagen auf überall vorhandenen bewachten Parkplätzen abstellen. Allerdings ist die Parkplatzsuche in Warschau zeitaufwendig und das Parken oft kostenintensiv. Hinzu kommen die üblichen Staus im Zentrum, das Auto kann also schnell zur Last werden. Wer nur die Stadt besichtigen möchte, nicht aber das Umland oder andere Regionen, sollte überlegen, ob

die Bahn oder der Flieger nicht die bessere Wahl ist.

Aus Norddeutschland: Der schnellste Weg nach Warschau führt über Berlin, Posen und Lodz. Die A 2 von Frankfurt/Oder nach Warschau wurde ein paar Minuten vor der EM 2012 doch noch durchgehend fertig. Fünf Teilstrecken sind mit derzeit ca. 22 €/2 Pers. gebührenpflichtig.

Aus Süddeutschland und den Alpenländern: Der kürzeste Weg führt über Tschechien an Breslau oder über die Slowakei an Krakau vorbei. Bis auch auf der A 1 die vielen fehlenden Kilometer ergänzt sind (voraussichtlich 2022), nimmt man ab Breslau aus am besten die E 67 über Lodz, von Krakau aus die E 77 über Kielce und Radom.

Anfahrt, Maut, Verkehrsregeln

Anfahrt und Grenzübergänge: Warschau (Warszawa) ist weiträumig ausgeschildert.

Von Nord- und Ostdeutschland über die E 30 Berlin–Warschau und ab Frankfurt/Oder-Świecko: E 30/A 2 über Poznań und Łódź nach Warszawa.

Von Süddeutschland, Österreich und der Schweiz ab Jakuszyce (nach Transit durch Tschechien): über die E 65 Richtung Wrocław, dann auf die E 67 über Łódź nach Warszawa oder ab Chyżne (nach Transit durch die Slowakei) über die E 75 auf die E 77 über Kraków, Kielce und Radom bis nach Warszawa.

Autobahnmaut: 2019 wurden insgesamt rund 22 €/2 Pers. an Mautgebühren fällig, zahlbar an fünf Mautstationen. Man sollte polnisches Kleingeld bereithalten, Euro und Dollar werden akzeptiert, man kann aber auch per Karte bezahlen. In unbestimmter Zukunft sollen die Mautstellen durch Vignetten und/oder ein elektronisches Lesesystem ersetzt werden. Aktuelle Infos über www.autostrada-a2.pl.

Höchstgeschwindigkeit: Innerorts 50 km/h, außerhalb von Ortschaften 90 km/h, auf Schnellstraßen 100 km/h. Auf 4-spurigen Schnellstraßen darf man seit 2011 bis zu 120 km/h fahren, auf Autobahnen beträgt das Tempolimit seitdem 140 km/h. Achtung: Kontrollen mit hohen Strafen häufen sich in den letzten Jahren!

Besondere Verkehrsregeln: Die Alkoholgrenze beträgt magere 0,2 Promille, die man schon nach einem Glas Bier oder Wein hinter sich lassen kann. Das Überschreiten dieses Werts wie auch der Tempolimits kann zu empfindlichen Strafen führen – Kontrollen sind häufig. Weitere Bestimmungen, die von deutschen Vorschriften abweichen oder besonders streng kontrolliert werden: Seit 2007 muss das ganze Jahr über **tagsüber immer mit Abblendlicht** gefahren werden. In Kreuzungsbereichen sowie 100 m vor und hinter Bahnübergängen gilt Überholverbot. Achtung: Bei einem geliehenen Wagen benötigt man unbedingt eine Vollmacht des Fahrzeuginhabers!

Mitfahrzentrale: Die Form des organisierten Mitfahrens ist in Polen sehr beliebt. Für Fahrer und Mitfahrer ergibt sich neben geringeren Kosten natürlich auch die Möglichkeit, nette Menschen kennenzulernen. In Polen ist BlaBla Car am beliebtesten: www.blablacar.pl.

Diesel wird mit ON bezeichnet. Für **Autogas** gibt es ein ausreichendes Netz an Tankstellen.
Bewachte Parkplätze erkennt man am Zeichen „strzeżony".

Warschaus Partnerstädte

Entfernungen

Entfernungen/Fahrzeiten: Frankfurt/M.–Warschau 1070 km, 12 Std. Hamburg–Warschau 865 km, 10 Std. Wien–Warschau 725 km, 9 Std. Zürich–Warschau 1320 km, 15 Std.

Mit der Bahn

Deutschland: Direkt, schnell und günstig erreicht man Polens Hauptstadt mit dem Berlin-Warschau-Express (BWE). Täglich gibt es vier Verbindungen, Fahrzeit ca. 5:30 Std. Sparangebote für den BWE bekommt man ab 39,90 €, allerdings sind die Plätze kontingentiert und nicht leicht zu bekommen, Reservierungen sind ab 60 Tagen vor Fahrantritt möglich.

Österreich: Drei Direktverbindungen täglich (eine davon über Nacht) mit rund 7 Std. Fahrzeit bietet die ÖBB von Wien aus an. Wie bei der DB gibt es auch hier einen Superspartarif (ÖBB-SparSchiene), der Reisende um 39 € nach Warschau bringt – etwas Glück bei der Buchung vorausgesetzt.

7.3.24 EN406, 23¹⁰–8⁴⁸

Achtung: Zwischen 2020 und 2024 sollen die wichtigsten innerstädtischen Gleise renoviert und teils neu verlegt werden. In diesem Zeitraum werden die 3 wichtigsten Bahnhöfe (s. u.) gesperrt sein, der Dworzec Warszawa Gdańska im Norden Warschaus wird als „Ersatz-Hauptbahnhof" fungieren.

10.3.24 EC109, 14⁴²–21⁴⁹

Schweiz: Schweizer kommen leider nicht mehr in den Genuss einer Direktverbindung in die polnische Hauptstadt. Mit einmaligem Umstieg ist man rund 14 Stunden unterwegs.

Bahnhöfe: Warschau hat drei internationale Bahnhöfe, von denen der *Zentralbahnhof* mit zwei unterirdischen Etagen der größte und wichtigste ist – mit seinen labyrinthartigen Gängen und Tunnels geradezu ein Monstrum. Unzählige Geschäfte, Cafés und Fast-Food-Schalter buhlen um die Gunst der Passanten und Fahrgäste, dazwischen tummeln sich zuweilen – zum Glück immer seltener – Taschendiebe. Selbst Warschauer verlieren hier die Orientierung, eine beliebte Freizeitbeschäftigung der hauptstädtischen Jugend sind Schnitzeljagden durch den Bahnhof! Für die EM 2012 wurde der Zentralbahnhof provisorisch ein wenig verschönt, die geplante Mischung aus Totalsanierung und Neubau wurde schon mehrmals verschoben. Sowohl der *Westbahnhof* als auch der *Ostbahnhof* wurden bis zur EM renoviert bzw. durch zeitgemäße Gebäude ersetzt. Der Ausstieg ist hier allerdings nur in speziellen Fällen sinnvoll (s. u.).

Blick auf Mariensztat und die Weichsel

Bahnhöfe

Zentralbahnhof *(Dworzec Warszawa Centralna)*: Verkehrsknotenpunkt mit zentraler Lage, allerdings sehr unübersichtlich. Die Kassen befinden sich in der ebenerdigen Schalterhalle, die Geschäfte und Lokale im ersten Untergeschoss, die Gleise im zweiten Untergeschoss. Gepäckaufbewahrung (2,50 €/Gepäckstück und Tag). Al. Jerozolimskie 54, ℡ 22-5116003 oder ℡ 9436, www.pkp.pl.

Westbahnhof *(Dworzec Warszawa Zachodnia)*: in unmittelbarer Nähe des wichtigsten Busbahnhofs, der Ausstieg hier ist nur bei Weiterfahrt mit dem Bus oder zu Ausflügen in die Umgebung westlich von Warschau zu empfehlen. Ul. Tunelowa 2.

Ostbahnhof *(Dworzec Warszawa Wschodnia)*: zum Umsteigen bei Weiterfahrten oder falls man eine Unterkunft auf der rechten Weichselseite gebucht hat. Früher einer der gefährlichsten Orte Warschaus, nach der Renovierung viel sicherer geworden. Ul. Kijowska 16.

Fahrzeiten

Fahrzeiten: Frankfurt–Warschau 10–12:30 Std. Berlin–Warschau 5:30 Std. Wien–Warschau 8–9 Std. Basel–Warschau 13 Std.

Mit dem Bus

Lange Zeit war die Reise mit dem Bus die preiswerteste Möglichkeit, nach Warschau zu gelangen. Die Fahrt aus dem Westen Deutschlands kann aber bis zu 22 Stunden dauern und ist entsprechend beschwerlich. Empfehlenswert ist die Fahrt v. a. für Reisende mit schwerem Gepäck (mit Zuzahlung bis zu zwei Gepäckstücke und 35 kg Gewicht). Trotz der in letzter Zeit gestiegenen Preise und der langen Reisezeit sind die Busse gut besetzt, eine frühzeitige Reservierung ist ratsam. Buchen können Sie im Reisebüro oder über das Internet. Bei den unten aufgeführten Buslinien werden die gesetzlich vorgeschriebenen Ruhezeiten für den Fahrer Ihrer Sicherheit zuliebe eingehalten und i. d. R. mit einem Kaffee oder Tee versüßt. Der wichtigste Busbahnhof liegt im Westen der Stadt, viele internationale Busse fahren jedoch auch an verschiedene Stellen ins Zentrum.

Busbahnhöfe

Busbahnhof West *(Dworzec Zachodni PKS)*: Der wichtigste Busbahnhof liegt direkt beim Westbahnhof. Al. Jerozolimskie 144.

Busbahnhof Ost *(Dworzec Wschodni PKS)*: v. a. für Weiterfahrten in Richtung Baltikum und Osteuropa. Ul. Lubelska.

Anbieter, Kosten

Touring fährt aus allen größeren deutschen Städten. Ab Frankfurt/M. 16 Std., hin/zurück 106-117 €. www.touring.de.

Eurolines: aus Europa, u. a. auch aus der Schweiz und Österreich. Ab Innsbruck 19 Std., hin/zurück 101-112 €. www.eurolines.at. Ab der Schweiz aktuell keine Direktverbindung mehr, www.eurolines.ch.

Weichselbrücke Most Gdański

Unterwegs in Warschau

Nicht zuletzt wegen des Wiederaufbaus nach dem Zweiten Weltkrieg wurde Warschau als autofreundliche Stadt konzipiert. Trotzdem sorgen die ständig steigenden Verkehrszahlen für latente Staugefahr. Man sollte sein Auto also am besten stehen lassen und lieber Metro, Straßenbahn oder Busse nutzen.

Öffentlicher Nahverkehr

Die für den öffentlichen Personennahverkehr zuständige Gesellschaft ist die *ZTM*. Ihr unterstellt sind die **Busse**, **Straßenbahnen** und **Metro**, die die gesamte Stadtfläche abdecken und das Zentrum mit den Vororten verbinden. Hinzu kommt die innerstädtische **S-Bahn** der *SKM*. Es gibt zwei Zonen, wobei Touristen i. d. R. nur innerhalb der ersten fahren. Eine grünfarbige Einzelfahrkarte kostet etwa 1,10 €

(Kinder von 7 bis 16 J. die Hälfte) und ist für eine Fahrt mit Umstieg bis zu 75 Min. gültig. Wer nur kurz unterwegs ist, sollte die rotfarbige 20-Min.-Fahrkarte für 0,85 € wählen. Bei häufigen Fahrten empfehlenswert sind Tages-, Wochenend-, Dreitages- oder gar Monatskarten. Tickets sind an Kiosken sowie Automaten und Schaltern der Verkehrsbetriebe erhältlich, das Billett muss in der Straßenbahn und im Bus vor der ersten Fahrt entwertet werden, in der Metro an den Drehkreuzen. Monatskarten hingegen sind personenbezogen und erfordern einen Ausweis und ein Foto. Vor der ersten Fahrt muss man sie entwerten, indem man sie an der Lesefläche der Fahrkartenautomaten oder der Drehkreuze vorbeizieht, wobei ein Signal zu hören ist. Das Ticket gilt ab dem Zeitpunkt der Entwertung, die Geltungsdauer ist am Entwerter abzulesen.

Immer verbreiteter sind behindertenfreundliche Niederflurbusse und -trams.

Die Fahrpläne an den Haltestellen zeigen neben der Fahrtrichtung auch die nächsten Haltestellen in nummerierter Reihenfolge an, der Ausstieg kann so von Ortsunkundigen einfach abgezählt werden. Allerdings sind die Pläne etwas unübersichtlich. Auf der linken Seite stehen die Straßen, durch die gefahren wird, auf der rechten die Haltestellen, die meist nach Nebenstraßen benannt sind.

Fahrpläne/Fahrzeiten: bei den Touristinformationen und über ✆ 19115 (auch auf Englisch), www.wtp.waw.pl (auch auf Englisch), www.metro.waw.pl.

Tarife im Zentrum: grünfarbige Einzelfahrkarte mit Umsteigen bis zu 75 Min. (bilet jednorazowy przesiadkowy) 4,40 PLN, rotfarbiges 20-Min.-Ticket mit unbegrenztem Umstieg in beiden Zonen 3,40 PLN, blaufarbige Tageskarte (bilet dobowy) 15 PLN, magentafarbene Wochenendkarte (bilet weekendowy) 24 PLN, lilafarbene Dreitageskarte (bilet 3-dniowy) 36 PLN, Monatskarte (bilet 30-dniowy) mit Ausweis 110 PLN. Alle Fahrkarten müssen entwertet werden, Zeitkarten gelten ab dem Moment ihrer Entwertung – die Bußgelder fürs Schwarzfahren sind ärgerlich hoch!

Kinder bis 7 Jahre haben freie Fahrt.

Rentner: Wer 70 Jahre oder älter ist, fährt gratis. Zum Nachweis ist der Personalausweis oder Führerschein ausreichend. Für die Nutzung der Metro kann man bei den Verkaufsstellen eine kostenlose Karte erhalten, um durch die Drehkreuze zu kommen. **Zonen 1 & 2**: Die Zone 1 entspricht dem Stadtverkehr, die Zone 2 dem Vorortverkehr, auf jedoch die wenigsten Touristen angewiesen sind. Wer aus der Zone 1 in die Zone 2 fährt, muss spätestens am Übergang zusätzlich zum Zone-1-Ticket ein Zone-2-Ticket entwerten, besser aber gleich bei Fahrtbeginn ein 2-Zonen-Ticket. Die Zeit- und Minutenkarten gelten für beide Zonen.

Wichtige Fahrkartenschalter, Infostellen: Metrostation Centrum (Pavillon 2010 B) Mo–Sa 7–20 Uhr; Metrostation Ratusz Arsenał (Pavillon 09) Mo–Fr 7–20, Sa 9–16 Uhr; ansonsten in allen Postfilialen, vielen Kiosken oder an Automaten.

Metro

Gegenwärtig verkehren zwei Linien, und zwar die blaue Linie in Nord-Süd-Richtung von Młociny nach Kabaty sowie die rote Linie in West-Ost-Richtung vom Rondo Daszyńskiego (ab 2020: Księcia Janusza) bis Trocka: Sonntag bis Donnerstag von 5 bis 24 Uhr, Freitag und Samstag 5 bis 2.30 Uhr. Die Metro ist für die Sehenswürdigkeiten in der Nähe der Stationen

---

Warschau im Kasten

Von Bauarbeiten, neuer Linienführung, geschlossenen Haltestellen …

Unter den FAQs auf der Homepage der Verkehrsbetriebe findet man sogar auf Deutsch folgende Frage: „Die Verkehrsstrecken werden von Ihnen ständig geändert. Praktisch treten die Änderungen jeden Monat auf, und noch schlimmer: eine einmal geänderte Linie kann schon nach einigen Monaten ihren Verlauf ändern." Unsere Antwort lautet: Warschau ist ständig im Umbau, fast täglich sind neue Baustellen zu sehen. Bei allen Sehenswürdigkeiten und Rundgängen in diesem Buch sind die nächsten Haltestellen und die entsprechenden Linien angegeben. Diese Angaben stimmen eventuell nicht immer, da die Bauarbeiten alle öffentlichen Verkehrsmittel mit Ausnahme der Metro betreffen. Dies bedeutet, dass Haltestellen vorübergehend geschlossen sein können, mitunter wird mehrmals wöchentlich auch die Linienführung geändert! Wir empfehlen, nach der Ankunft bei den Touristinformationen oder den Infostellen des ÖPNV (s. o.) die aktuelle Linienführung der wichtigsten Bus- und Straßenbahnenlinien zu überprüfen. Oder Sie checken auf der Webseite www.wtp.waw.pl die aktuelle Situation. Zum Glück gibt es inzwischen eine Übersetzung ins Englische, die eine Suche nach Linien oder Haltestellen erleichtert.

Was lange währt, fährt endlich gut

Die Geschichte der Warschauer Metro ist eine Geschichte des Wartens und der Geduld. Warum es mit der Fertigstellung so lange dauerte, erklärt sich durch die jeweilige politische und wirtschaftliche Lage. Während um 1900 in vielen europäischen und amerikanischen Metropolen mit dem Bau einer U-Bahn begonnen wurde, stand Warschau unter russischer Besatzung. Erst nach dem Ersten Weltkrieg begannen dann die Planungen, die ersten Arbeiten im Jahr 1925. Doch die Weltwirtschaftskrise verhinderte einen umfassenden Baubeginn. Recht weit fortgeschritten waren dann die vom Stadtpräsidenten Stefan Starzyński forcierten Planungen für die Zeit ab 1939, als Polen von Hitlerdeutschland besetzt wurde, was den sofortigen Baustopp bedeutete.

Trotz Aufbruchstimmung nach Kriegsende und beginnender Tunnelarbeiten erhielt Warschau anders als andere Hauptstädte des Ostblocks auch in den 50er-Jahren keine Metro. Zum einen wurde ein Großteil der Arbeitskräfte und Geldmittel für den Wiederaufbau eingesetzt, zum anderen wurde von der Sowjetunion in überzogenen und deshalb nicht verwirklichten Dimensionen geplant. So wurde nicht nur eine ähnlich luxuriöse U-Bahn wie in Moskau angestrebt, als Imagemaßnahme gegen antikommunistische Tendenzen in Polen, sondern auch ein militärisch nutzbarer Bau: Die Untertunnelung Warschaus in einer Tiefe von 46 m sollte gleichzeitig dem unbemerkten Truppentransport der Roten Armee unter der

Weichsel hindurch dienen! Wie weit die riesigen Röhren in Richtung des kapitalistischen Westens führen sollten, ist unter Historikern umstritten. Einige behaupten, dass Warschau und Berlin durch einen Tunnel verbunden werden sollten. Unvorstellbar bei den heutigen Kosten für den Tunnelbau, die in den 80er-Jahren einen Bau verhinderten und auch aktuell das städtische Budget belasten. 1995 wurde dann endlich die erste Linie, die blaue Linie 1, in Betrieb genommen und sukzessive verlängert. Die rote Linie von Karolin im Westen bis Bródno auf der rechten Weichselseite soll in Etappen bis 2022 und 2025 fertiggestellt sein, das zweite Teilstück wurde bereits Ende 2019 freigegeben. Die grüne Linie 3 zwischen Nationalstadion und Gocław soll ab 2023 fahren. Einen Erfolg konnten die Architekten und Ingenieure vor ein paar Jahren verbuchen: Auf der Metrorail 2008 wurde der U-Bahnhof Plac Wilsona als schönste Station der Welt ausgezeichnet.

die sinnvollste und schnellste Alternative. Mit dem Ausbau der zweiten Linie wurde 2016 begonnen, mit dem Bau der dritten Linie 2020.

Takt: tagsüber alle 3–4 Min., morgens, abends und Sa/So alle 7–10 Min.

S-Bahn

Ergänzend zur Metro gibt es die überirdische innerstädtische S-Bahn der *SKM*. Für Otto-Normal-Touristen sind eigentlich nur die vom Chopin Airport ins Zentrum fahrenden Linien S2 und S3 von Interesse.

Linien: S1, S2, S3, S9. www.skm.warszawa.pl.

Straßenbahn

Die Trams der Stadt haben den gleichen Vorteil wie die Metro: Sie haben ständig Vorfahrt. Die Linien führen dabei entweder in Nord-Süd-Richtung oder in Ost-West-Richtung durch Warschau. Sofern der gewünschte Zielpunkt bedient wird, sollte man sie den Bussen vorziehen, da sie schneller sind. Einzig der Ein- und Ausstieg kann an manchen Haltestellen etwas schwierig sein, da man gelegentlich die Fahrspuren des Autoverkehrs überqueren muss. Die Straßenbahn ist v. a. zu Hauptverkehrszeiten mehr als ausgelastet, ein Sitzplatz nicht immer frei. Die höfliche Jugend steht aber gern zugunsten eines älteren Fahrgastes auf. Erfreulich sind die Investitionen der letzten Jahre, die sich u. a. in den modernen Niederflur-Trams der Modellreihe PESA 120Na zeigen. Die erste Straßenbahn fährt morgens ab ca. 4.30 Uhr, die letzte gegen 24 Uhr.

Tram-Nummern: Straßenbahnen haben ein- und zweistellige Nummern. Hauptlinien: 1–39; Linien zur Entlastung des Hauptverkehrs: 40–49; Sonderlinien: 50–79.

Touristentram Linia T: Rundfahrt in Form einer Acht:die al. Jerozolimskie entlang, durch den Park Skaryszewski und durch Praga, Bärengehege, Schloss, pl. Bankowy, am Park Saski vorbei bis zum Kulturpalast, dann zum MDM-Viertel, Polytechnikum und am Ende Filtry. Man fährt in einer Oldtimer-Straßenbahn, benötigt aber ein normales Ticket. Von Mitte Juni bis Anfang Sept. Sa/So ca. 11, 13, 14.30, 16, 17.30 Uhr ab pl. Narutowicza. www.wtp.waw.pl.

Busse & Nachtbusse

Es gibt fast 2000 Busse, die sich auf ca. 220 Linien verteilen und von etwa 4.30 bis 24 Uhr verkehren. Auf den Fahrplänen sind sie von Trams dadurch zu unterscheiden, dass sie dreistellige Nummern tragen. Zu Stoßzeiten muss man mitunter lange Wartezeiten hinnehmen, da es nur an einigen wenigen Stellen eigene Busspuren gibt.

Die *Nachtbusse* verkehren täglich im 30-Min.-Takt zu Zeiten, wenn die normalen Busse und Straßenbahnen schon im Depot stehen, und zwar ab ca. 23 bis 4.30 Uhr. Sie sind mit einem N und einer zweistelligen Nummer gekennzeichnet. Aufpassen sollte man bei Bussen mit 700er- und 800er-Nummern; das sind Schnellbusse, bei denen man im Gegensatz zu den anderen öffentlichen Verkehrsmitteln dem Fahrer den Ausstieg kundtun muss. Ergänzt wird das Angebot von privaten Minibussen, die v. a. weiter entfernte Vororte und angrenzende Ortschaften anfahren. An Sommerwochenenden ist der Königstrakt für den Busverkehr gesperrt, die entsprechenden Linien umfahren dann die Alleen!

Bus-Nummern: Busse im Zentrum: 100–199; Busse in den Außenbezirken: 201–299; Busse mit nicht durchgehendem Fahrplan: 300–399; Schnellbusse (halten nicht an jeder Haltestelle): 401–599; 2-Zonen-Busse (2-Zonen-Ticket 7 PLN): 700–899; Expressbusse (halten nicht an jeder Haltestelle, nur werktags): E-2 bis E-9, Nachtbusse: N01 bis N09 (im Ringverkehr) und N10 bis N95 (jeweils 23–4 Uhr).

Sightseeing-Buslinien

City Tour: Zu fast allen wichtigen Sehenswürdigkeiten fährt der gelbe Doppeldeckerbus. 1:30-Std.-Fahrt von den Sights unserer Tour 5 zur Altstadt (Tour 1), durchs ehemalige Ghetto (Tour 7) bis zum Zentrum (Tour 6), anschließend zum Park Łazienki Królewskie (Tour 9) und über das MDM-Viertel zurück. Deutsch-sprachige Audioguides, genauer Fahrplan auf der Homepage oder bei den Touristinfos, Tagesticket mit beliebigem Zustieg 17,50 €, Zwei-Tages-Ticket 22,50 €. www.city-tour.com.pl.

CitySightseeing: die kürzere Tour: Der rote und der blaue Doppeldecker fahren jeweils zwei verschiedene Routen, um schließlich zum Zentrum um den Kulturpalast zurückzukehren. Tägl. 10–17 Uhr zur vollen Stunde ab Dworzec Centralny, genaue Daten auf der Homepage und auf Flyern. Fahrzeit 1 Std., deutschsprachige Audioguides; der Spaß kostet allerdings stolze 17,50 € für einen oder 22,50 € für zwei Tage. www.city-sightseeing.pl.

Linie 180: ein normaler Linienbus, fährt regelmäßig und auch unter der Woche und eignet sich deswegen hervorragend, um mehrmals ein- und auszusteigen. Verschiedene Nummern und Haltestellen muss man sich dabei also nicht merken. Die Endhaltestellen der 180er-Linie sind im Süden das Schloss in Wilanów und im Norden der Powązki-Friedhof. Dazwischen werden die Altstadt, der Königstrakt, Park Łazienki Królewskie und ein großer Teil des ehemaligen Ghettos bedient.

Taxi

Taxistände befinden sich an allen Verkehrsknotenpunkten wie dem Zentralbahnhof und bei der Altstadt. Vor der Fahrt sollte man den Preis abklären, da von Touristen, aber auch Einheimischen oft zu viel verlangt wird. Einen einheitlichen Taxipreis gibt es nämlich nicht, stattdessen aber Höchstpreise, die nicht überschritten werden dürfen (s. u.). Auf der sicheren Seite ist, wer die Telefonnummer eines der unten aufgeführten Funktaxis wählt – selbst wenn es kein Problem wäre, ein anderes zu finden. Die Tarife zu den Nachtzeiten sowie an Sonn- und Feiertagen sind höher, auf jeden Fall sollten sie am Taxameter abzulesen sein. Auf beiden Vordertüren muss die Sirene zu sehen sein, außerdem gelb-rote Streifen direkt unter den Seitenfenstern.

Taxigesellschaften: Halo Taxi ☎ 22-19623, www.halotaxi.pl; MPT (auch Behinderten-Transport) ☎ 22-19191, www.taximpt.pl; Super Taxi

☎ 22-19622, www.supertaxi.pl; Merc Taxi ☎ 22-6777777, www.merctaxi.pl.

Gesetzliche Höchstpreise: Grundpreis 8 PLN; Zentrum am Tag 3 PLN/km, Zentrum an Feiertagen und nachts 4,50 PLN/km; Randgebiete am Tag 6 PLN/km, Randgebiete an Feiertagen und in der Nacht 9 PLN/km; 1 Std. Wartezeit 40 PLN.

🍃 **Öko-Taxis**: Taxiflotte mit Elektroantrieb und höchstem Komfort, u. a. Monitore und Internetzugang – Teil des Angebots einer z. T. auch profitorientierten Organisation, die in Warschau Recycling, nachhaltiges Wirtschaften und umweltverträglichen Verkehr fördern will. EcoCar, ☎ 12-3456789, www.ecocar.pl.

Auto und Mietwagen

Ein Zufall ist es wohl nicht, dass die größte Warschauer Fahrschule „Imola" heißt. Und die Geschwindigkeiten auf der norditalienischen Formel-1-Rennstrecke versuchen anscheinend viele Alltagspiloten zu erreichen. Des Fahrers Nerven werden also immer wieder auf die Probe gestellt – nicht nur von rasanten Autos vor, hinter und neben sich, sondern auch in den Staus der Hauptverkehrszeit oder bei der Parkplatzsuche. Keine Frage, die Straßen sind überlastet, doch eine Besserung ist trotz stetiger Infrastrukturinvestitionen nicht in Sicht. Etwas angenehmer ist es im Hochsommer, wenn viele Warschauer im Urlaub sind, Schüler und Studenten Ferien haben und auch das Berufsleben einen Gang herunterschaltet.

Die auf den Stadtplänen verzeichneten bewachten Parkplätze kosten ab 1 €/Std., im Zentrum oft sehr viel mehr. Parken gegen Gebühr am Automaten können Sie auch an allen Straßen, soweit es kein anders lautendes Verbot gibt. Strafzettel bei Verstößen sind hingegen ziemlich sicher, mitunter werden auch Krallen benutzt. Die Altstadt und Teile der Neustadt sind verkehrsfrei, ebenso die ulica Nowy Świat. Wenn Sie mit dem Auto angereist sind, lassen Sie es am besten auf dem Parkplatz oder in der Hotelgarage

stehen und nutzen Sie es nur außerhalb des Zentrums.

Wenn Sie für diese Ausflüge gern motorisiert wären, aber das eigene Auto nicht mitgenommen haben, bleiben die Autovermietungen.

Mietwagen

Budget: Kleinwagen, Mittelklasse, Kombis und Vans. An beiden Flughäfen oder beim Hotel Marriott, al. Jerozolimskie 65/79, ☎ 22-6307 316, www.budget.pl.

Joka: vor allem Mittelklassewagen und Limousinen. Ul. Okopowa 47, ☎ 609-181020 (mobil), www.joka.com.pl.

Local: von Kleinwagen bis Mittelklasse, auch City-Touren und Transport. Ul. Marszałkowska 140, ☎ 22-8267100, www.lrc.com.pl.

Limousineservice: Luxuslimos wie Rolls Royce oder S-Klasse, auf Wunsch mit Chauffeur. Biały Kamień 2/U6, ☎ 22-6353000, www.limousineservice.pl.

Parken

Gebühren: Parkplätze in den markierten Zonen der Innenstadt (auf dem Gebiet unserer Touren 1-10) kosten Mo–Fr 8–18 Uhr 0,75 €/ Std., die zweite Stunde kostet 0,90 €, die dritte Stunde 1,05 €. Parkscheine an den Automaten. Weiter außerhalb ist das Parken kostenlos.

Bewachte Parkplätze: An vielen Orten im Zentrum und auch außerhalb, man erkennt sie am blauen Parkplatz-Zeichen und dem Zusatz „strzeżony", ab 1 €/Std. bzw. 8–10 €/Tag. Sehr groß ist die Tiefgarage des Einkaufszentrums Złote Tarasy beim Kulturpalast für 1,50 € plus 1 € für jede angefangene Stunde.

Fahrrad

Das Radeln ist in Warschau nicht zuletzt wegen der teils großen Entfernungen eine sinnvolle Alternative zum Gehen, auf dem recht flachen Gelände kommt man mit dem Drahtesel meist auch gut voran. Es gibt inzwischen sehr viele Fahrradwege, Warschau wird geradezu zu einer Radlerstadt. Auch für Ausflüge in die nähere Umgebung eignen sich Fahrräder besonders. Entlang des linken Weichselufers gibt es eine schöne Strecke, von der aus viele Sehenswürdigkeiten zu erreichen sind, an der rechten Flussseite entsteht eine weitere Fahrradtrasse. Attraktiv ist auch die Fahrt durch Mariensztat und Powiśle. Wem die Anreise mit dem eigenen Rad zu mühsam ist, kann einen der Fahrradverleihe nutzen. Eine Karte der Fahrradwege in und um Warschau sollte bei den Touristinformationen erhältlich sein, manche Verleiher verlangen dafür 5 €.

Fahrradverleih

Wygodny Rower: Citybikes für Ausflüge in der Stadt. Zusätzlich zum Preis sind 50 € Kaution sowie der Personalausweis zu hinterlegen. 10 €/Tag, 12,50 € für 24 Std. Auch Kinderräder und -helme. Mo–Fr 13–19, Sa 11–14 Uhr. Ul. Smolna 10, ☎ 787-386386 (mobil), www.wygodnyrower.pl, www.warsawbybike.pl.

Veturilo: der Fahrradverleih der städtischen Verkehrsbetriebe. Nach Online-Registrierung für 2,50 € (als Startguthaben verfügbar) erhält man eine PIN, mit der man Räder an unzähligen Stationen im Stadtgebiet ausleihen und nach der Fahrt an einer beliebigen Station zurückstellen kann. Die ersten 20 Min. sind kostenlos, der Rest der ersten Stunde kostet 0,25 €, die zweite und dritte Stunde 1 €. Info-Hotline ☎ 22-2441313, www.veturilo.waw.pl.

Sonstiges

Stadtführung per Rad: dreistündige Touren auf einer Wow!-Route, bei Nacht, auf jüdischen Spuren oder zu den Überbleibseln des Sozialismus. Alle Touren kosten je nach Teilnehmerzahl 21–127 € (inkl. Fahrrad) und starten zu verschiedenen Uhrzeiten. Treffpunkt in der ul. Koźla 16/18. ☎ 661-368758 (mobil), www.stationwarsaw.com.

Masa Krytyczna: Am letzten Fr im Monat um 18 Uhr treffen sich auf dem Schlossplatz Radler, Inlineskater, aber auch Fußgänger, um als „kritische Masse" die Stadt von den Autos zurückzuerobern. Ist neben dem politischen Ziel immer mit viel Spaß verbunden. Infos unter www.masa.waw.pl.

Zu Fuß

Warschau ist eine Stadt der langen Wege, deshalb sollte man bequeme und festes Schuhwerk anziehen. Die meisten unserer Tourenvorschläge sind zu Fuß durchführbar, bei manchen ist es sinnvoll, sich ein Rad zu leihen oder

zwischen zwei Sehenswürdigkeiten öffentliche Verkehrsmittel zu benutzen; dazu eignet sich u. a. der **Touristenbus Nr. 180** (→ Sightseeing-Buslinie, S. 240). Die Altstadt, Teile der Neustadt, die Nowy Świat und natürlich die Parks sind für den Autoverkehr gesperrt. An Zebrastreifen und Ampeln ist besondere Aufmerksamkeit angeraten. Viele Warschauer Autofahrer scheinen unter Zeitdruck zu stehen, vielleicht sind sie wegen der vielen Staus aber einfach nur gereizt.

Stadtführungen

Gabriele Lesser: Die Korrespondentin von taz und Standard lädt unter dem Titel „Mit einer Journalistin unterwegs" zu politisch-zeitgeschichtlichen Stadterkundungen ein. Spezialisiert hat sie sich auf die jüdische Geschichte Warschaus, sie bietet aber auch Radtouren und Spaziergänge zu Themen an wie „Das politische Warschau", „Auf den Spuren Chopins", „Ein Tag im Warschauer Aufstand 1944" oder „Wiederaufbau der Stadt Warschau". Vierstündige Tour 250 €. Kontakt: glesser@gmx.net.

Polin Tours (Marzena Świrska-Molenda): Die lizenzierte Reiseleiterin und Stadtführerin zeigt ihre Heimatstadt in allen Facetten. Dabei arbeitet sie auch mit Tablet, iPods und, bei genügend Zeit, sogar mit Filmen, Reportagen und Interviews. 2:30-Stunden-Tour ca. 100 €, 5- bis 6-Stunden-Tour ca. 180 €. ☎ 607-677785, www.polintours.com.

Antoni Władyka: In Oberschlesien geboren, in Deutschland aufgewachsen und nach Warschau gezogen, wo er auch einen tollen Blog über die Stadt schreibt. Natürlich hat er als Stadtführer das Basisprogramm wie „Altstadt" oder „Jüdisches Erbe" drauf, kennt sich aber auch bestens mit den neuen Wolkenkratzern aus. Zwei Stunden 75 €, drei Stunden 90 €. ☎ 797-9636713 (mobil), www.stadtfuehrerwarschau.com.

Jan Szurmant: Seit Mitte 2014 bietet Jan Szurmant, einer der beiden Autoren dieses Reisehandbuchs, auch Führungen durch Warschau zum Preis von 300 €/5–6 Std. an. Sonderwünsche werden so weit wie möglich berücksichtigt, Kurzführungen lohnen sich allerdings wegen der Anfahrt aus Krakau nicht, Anfragen möglichst frühzeitig. ☎ 790-619330, www.meinkrakau.de.

Sonstige Verkehrsmittel

Die stilechte Art der Fortbewegung in der Altstadt und auf dem Königstrakt ist die **Droschke**. Die Kutschen warten auf dem Schlossplatz und bieten von dort aus verschiedene Routen an. Wer es lieber motorisiert mag, kann in die **Altstadtbahn** steigen, von den offenen Waggons sind die Attraktionen gut zu sehen.

Kolejka Staromiejska (Altstadtbahn): Die Bahn fährt 30 Min. durch die Alt- und Neustadt. Ticket 6 €, erm. 5,50 €. Tägl. 11–17 Uhr, ℰ 501-131245 (mobil).

E-Roller: überall in der Stadt von diversen Anbietern zu leihen. 2019 gab es noch keine Regelung und keine Tempodrosselung.

Droschken: ca. 100 €/Std. (verhandeln!). Haltestellen am plac Zamkowy und am Rynek Starego Miasta.

Pferdestraßenbahn: fährt im Juli und Aug. entlang der Altstadt und durch die Neustadt. 3,50 €, erm. 2 €. Mo–Fr 12–18 Uhr zur vollen Stunde ab plac Zamkowy, Sa/So 11–18 Uhr zur vollen Stunde. www.wtp.waw.pl.

Gondeln: beliebt bei Liebespaaren und Kindern sind die Gondelfahrten im Łazienki-Park. Mai bis Sept. 10–18 Uhr. 10 Min. 2,50 €/Pers, erm. 1,50 €. **Tramwaj wodny**: 50-minütige Rundfahrten auf der Weichsel (fällt bei langer Trockenheit aus) mit der Wars oder der Wasserstraßenbahn. Ticket 4,50 €, erm. 2 €. Mai/Juni Sa/So 4 Fahrten, Juli/Aug. Fr drei, Sa/So vier Fahrten. Zustieg: beim Most Poniatowskiego; am Cypel Czerniakowski zwischen Most Poniatowskiego und Most Łazienkowski. www.wtp.waw.pl.

Fähren: kostenlose Fahrten zwischen Cypel Czerniakowski und Saska Kępa, Most Poniatowskiego und Stadion Narodowy, Multimedia-Brunnen und Zoo sowie Łomianki und Nowodwory. Mai/Juni/Sept. nur Sa/So, Juli/Aug. tägl.

Warschau im Kasten
Von Italien nach Prag in 30 Minuten

Die Warschauer Stadtbezirke tragen oft ungewöhnliche Namen. Włochy im Südwesten ist zugleich der polnische Name für Italien. Das eine halbe Tramstunde entfernte Praga auf der rechten Weichselseite heißt genauso wie die tschechische Hauptstadt. In Warschaus Zentrum wimmelt es auch von Straßen, die zur Erinnerung an Aufstände und Generäle, an Armeen oder Freiheitsdaten benannt wurden. Der plac Piłsudskiego z. B. verdankt seine Bezeichnung dem Marschall und Politiker Józef Piłsudski, der im Polen der Zwischenkriegszeit eine wichtige Rolle spielte. Kaum seltener stößt man auf Straßen, die einen edlen oder imposanten Namen tragen. Neue Welt heißt die ulica Nowy Świat, Erlöserplatz der plac Zbawiciela und Königstraße die ulica Królewska. Umso erstaunlicher, dass für eine parallel zur Nowy Świat verlaufende Gasse der Name ulica Kubusia Puchatka gefunden wurde.

Übersetzen müssen dies die Reiseführer ihren ausländischen Gästen mit Pu-der-Bär-Straße, Winnie-the-Pooh-Street oder Rue de Winnie l'ourson. Am Anfang und Ende der kurzen Straße ist ein Schild mit dem Namen zu finden, auf dem auch besagter Bär und sein treues Ferkel abgebildet sind. Der Bär aus den Geschichten von Alan Alexander Milne ist für seine Tapsigkeit und Naivität bekannt. Und traurige Verlierer mag man traditionell in Polen …

Luxus im Stil der Jahrhundertwende – das legendäre Hotel Bristol

→ Karte S. 246/247

Übernachten

Auch in Warschaus Hotellandschaft zeigt sich die Vielfalt und Gegensätzlichkeit der Stadt. So kann man in traditionsreichen Häusern, ultramodernen Wolkenkratzern, Designerhostels, in sozialistischen Zweck- oder Prachtbauten nächtigen.

Man sollte auf jeden Fall frühzeitig reservieren. Die hier angegebenen Preisspannen beziehen sich auf die günstigsten Preise in der Neben- und die teuersten in der Hauptsaison für ein Zimmer mit eigenem Bad und Frühstück. Die günstigeren Preise gibt es bei längeren Aufenthalten, in der Nebensaison, die in der Business-City Warschau oft von Samstag bis Sonntag dauert, und in der messefreien Zeit.

Hotels und Pensionen

Unsere Auswahlkriterien für Hotels waren i. d. R. ein reelles Preis-Leistungs-Verhältnis und eine größtmögliche Nähe zum Zentrum. Darüber hinaus haben wir einige schwarze Schafe unter den Unterkünften angegeben, bei denen Sie nicht das erwartet, was im Internet versprochen wird. Die Reihenfolge der Hotels orientiert sich an ihrer Lage, beginnend mit Tour 1.

Luxusklasse (über 200 €)

Mein Tipp ***** **Le Régina** **2** Eines der exklusivsten Warschauer Hotels in der Neustadt. Von außen begeistert die längliche Fassade mit Arkadengängen, im Innern das edle Design. Luxus und Professionalität des Personals gehen hier nicht auf Kosten der Gemütlichkeit – eines der besten Hotels in dieser Preisklasse. EZ/DZ 115–375 €, Suite 730–1550 €. Ul. Kościelna 12, ☎ 22-5316000, www.leregina.com.

***** **Le Meridien Bristol** **11** Alles vom Feinsten: die zentrale Lage am Königstrakt neben dem Präsidentenpalast, ein im Michelin gelistetes Hotelrestaurant, die weiße Art-Nouveau-Fassade am Palast, der selbst zu den Sehenswürdigkeiten Warschaus zählt … Nicht umsonst wurde das Haus mehrfach zu Polens luxuriösestem Hotel gewählt, in dem sich bei der EM 2012 das russische Fußballteam wohlfühlte. Classic 156–380 €, Executive 192–348 €, Suite 277–1603 €. Ul. Krakowskie Przedmieście 42/44, ✆ 22-5511000, www.hotelbristolwarsaw.pl.

mein Tipp ***** **Warszawa** **19** Die Neueröffnung der letzten Jahre: Warschaus erstem Hochhaus, dem Prudential, wurde bis 2019 sein ursprünglicher Art-Déco-Stil zurückgegeben. Im Inneren geschmackvoller Luxus mit Marmor und Holzböden, wie man es von der Krakauer Likusgruppe gewohnt ist. EZ/DZ 134–247 €, Suite 181–497 €, Penthouse 2247–2497 €. Pl. Powstańców Warszawy 9, ✆ 22-4700300, www.warszawa.hotel.com.pl.

***** **Marriott** **30** Im unverwechselbaren Wolkenkratzer im Zentrum. Es gäbe hier einige Highlights aufzuzählen, doch die vielleicht beste Sicht auf Warschaus Skyline ist das erwähnenswerteste. Das kostet entsprechend: EZ/DZ 128–459 €, Präsidentensuite 1485 €. Al. Jerozolimskie 65/79, ✆ 22-6306306, www.marriott.com/wawpl.

****** **Polonia Palace Hotel** **28** Eines dieser Hotels, in denen man einen Salon mieten kann, die Harfe für die Hintergrundmusik steht bereit. 2005 wurde die Wiedereröffnung in dem edlen Palast an den Jerozolimskie-Alleen gebührend gefeiert und seitdem wieder an die große Tradition des 1913 eröffneten Hauses angeknüpft: ein Frühstücksbuffet für Könige. EZ/DZ 110–265 €. Al. Jerozolimskie 45, ✆ 22-3182800, www.poloniapalace.com.

Obere Preisklasse (120–200 €)

mein Tipp ***** **InterContinental Warszawa** **24** Erstklassige Lage und schon von Weitem durch das charakteristische „Loch" an der Seite erkennbar, das Licht auf die weniger hohen Wohnblöcke der Nachbarschaft durchlassen soll. Spektakulär ist der Spa- und Pool-Bereich im 43. und 44. Stock, von dem man eine unvergleichliche Sicht auf den Kulturpalast und die Stadt hat. Geräumige Residenzen für längere Aufenthalte, auch behindertengerechte Zimmer. EZ/DZ 127–283 €, Suite 172–365 €, Präsidentensuite 689–1459 €. Ul. Emilii Plater 49, ✆ 22-3288888, www.warsaw.intercontinental.com.

**** **Mercure Warszawa Centrum** **26** In der Umgebung erstreckt sich mit Wolkenkratzern und den Goldenen Terrassen das neue, imposante Warschau. Und zum Zentralbahnhof kommt man sehr schnell, weswegen wir häufiger bei Geschäftsaufenthalten hier übernachten. EZ/DZ 66–196 €, Suite 113–326 €. Ul. Złota 48/54, ✆ 22-6973999, www.mercure.com.

***** **Westin** **18** Architektonisch beeindruckender Wolkenkratzer mit spektakulärem Panorama-Aufzug und deshalb von innen wie außen ein beliebtes Fotomotiv. 2005 wurde das Westin zum weltweit besten Hotel dieser Kette gewählt. Keine festen Preise. EZ/DZ 80–240 €. Präsidentensuite 450–1750 €. Al. Jana Pawła II 21, ✆ 22-4508000, www.westin.pl.

***** **Hotel Rialto** **32** Nicht nur die Gastronomie ist auf erstklassigem Niveau, was der Designpreis für die Art-Déco-Einrichtung unterstreicht. Ab 2020 Wiedereröffnung mit neuem und architektonisch interessantem Flügel mit dem Namen Nobu, ein Hotelkonzept von Robert De Niro. Wir erwarten ab dann auch eine kräftige Preiserhöhung. EZ 70–220 €, DZ 80–240 €. Ul. Wilcza 73, ✆ 22-5848700, www.hotelrialto.com.pl.

**** **Grand** **29** Oftmals schmückt sich das beste Hotel einer Stadt mit diesem Namen; das Warschauer Exemplar schließt seit der Renovierung 2011 zu den luxuriösesten Häusern der Stadt auf. EZ/DZ 69–195 €, Superior 86–209 €. Ul. Krucza 28, ✆ 22-5832100, www.orbis.com.

Mittelklasse (70–120 €)

mein Tipp **Castle Inn** **8** Jedes der Zimmer wurde in einem anderen Stil von Warschauer Künstlern eingerichtet. Ob Popart in Schwarz-Weiß oder romantisch-plüschiges Orient-Express-Flair, die Idee von neuem Design in alten Gemäuern geht auf. Vom Zimmer Nr. 11 hat man zudem einen schönen Ausblick auf den Schlossplatz. EZ 59–83 €, DZ 69–148 €, Frühstück separat 9 €/Pers. Ul. Świętojańska 2, ✆ 22-8879530 , www.castleinn.pl.

mein Tipp **Dom Literatury** **9** Berühmt wegen der wohl besten Sicht auf Schlossplatz und Altstadt. Von den Zimmern 23 und 27 scheint die Sigismundsäule in Greifnähe, ein deutsches Fernsehteam filmte mal einen Papstbesuch von hier aus. Herrlich altmodisch, Kreditkarten werden von den netten Damen nicht akzeptiert, aber es gibt einen Aufzug. Damit ist der Weg zu den schönen Zimmern (teils mit Balkon und Holzdecke) im dritten Stock nicht mehr so beschwerlich. Frühstück sollte man sich schenken. EZ 61–66 €, DZ 82–107 €, 3-Bett-App. 116–130 €. Krakowskie Przedmieście 87/89, ✆ 22-6350404, www.fundacjadl.com.

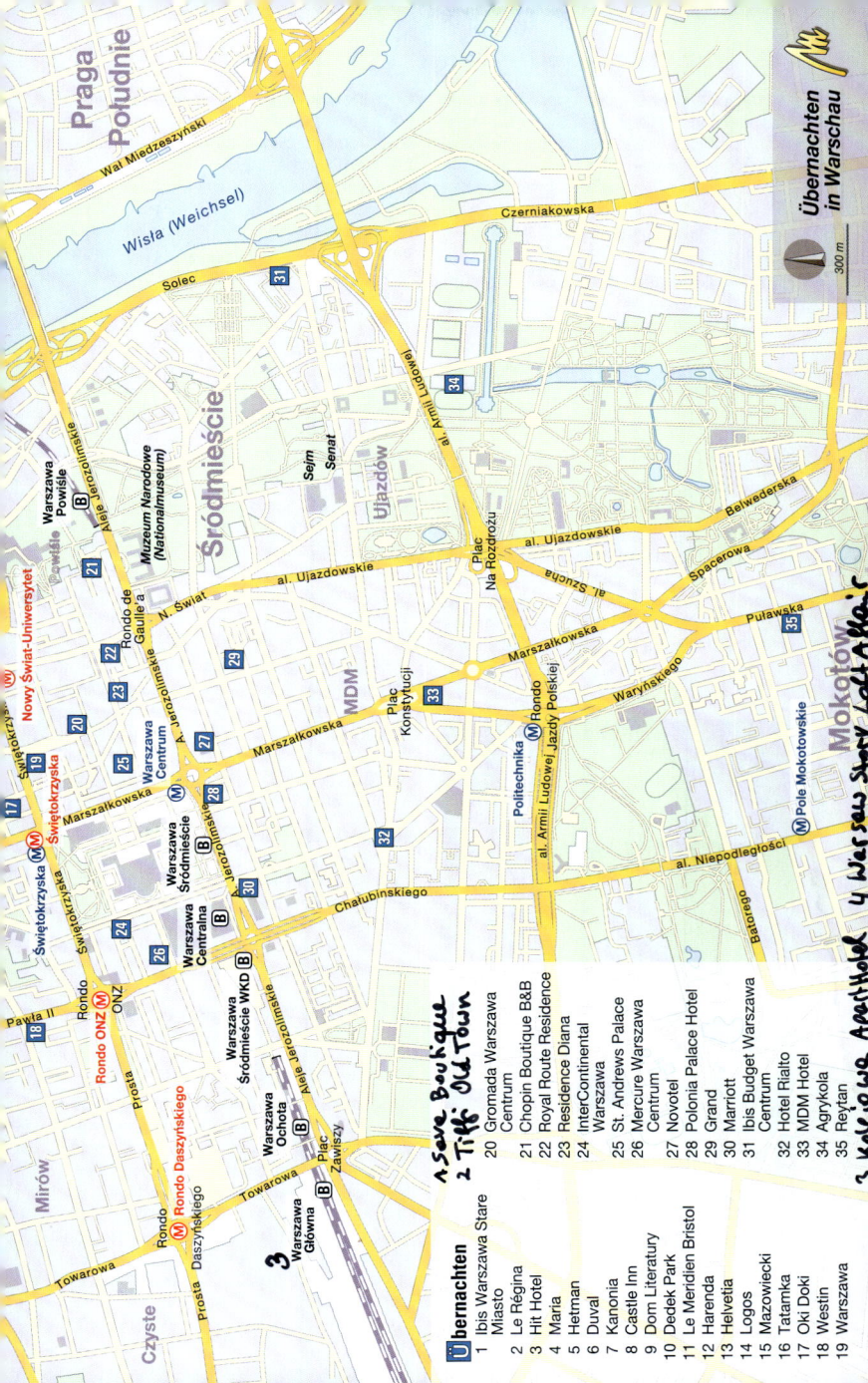

Übernachten in Warschau

Übernachten

1 Ibis Warszawa Stare Miasto
2 Le Régina
3 Hit Hotel
4 Maria
5 Hetman
6 Duval
7 Kanonia
8 Castle Inn
9 Dom Literatury
10 Dedek Park
11 Le Meridien Bristol
12 Harenda
13 Helvetia
14 Logos
15 Mazowiecki
16 Tatamka
17 Oki Doki
18 Westin
19 Warszawa
20 Gromada Warszawa Centrum
21 Chopin Boutique B&B
22 Royal Route Residence
23 Residence Diana
24 InterContinental Warszawa
25 St. Andrews Palace
26 Mercure Warszawa Centrum
27 Novotel
28 Polonia Palace Hotel
29 Grand
30 Marriott
31 Ibis Budget Warszawa Centrum
32 Hotel Rialto
33 MDM Hotel
34 Agrykola
35 Reytan

1 Sove Boutique
2 TiPIC Old Town

3 Koleiowa Apenthotel   4 Warsaw Story Loft Affair

** Harenda 12 Nur unweit der Altstadt und direkt am Königstrakt gelegen. Sicher kein Nonplusultra, v. a. die Matratzen könnten mal wieder gewechselt werden und der nahe gelegene Club dreht die Lautsprecher oft auf. EZ 68–86 €, DZ 75–103 €. Krakowskie Przedmieście 4/6, ☎ 601-264510 (mobil), www.hotelharenda.com.pl.

/* Gromada Warszawa Centrum 20 Mitten im Zentrum gelegen, und so überrascht der relativ günstige Preis. Gespart wird aber anscheinend am Personal, die Rezeption ist oft nur einfach besetzt und heillos überfordert. Die Zimmer sind außerdem recht hellhörig und im Winter überheizt. EZ 52–121 €, DZ 64–121 €. Pl. Powstańców Warszawy 2, ☎ 22-5829900, www.gromada.pl.

mein Tipp **** Maria 4** Kleines und angenehmes Hotel in der Nähe des Powązki-Friedhofs, als freundlicher Familienbetrieb eine Seltenheit im von Hotelketten dominierten Warschau. Allerdings könnte mal wieder renoviert werden. Kostenlose Gäste-Parkplätze. EZ 57–70 €, DZ 82 €, bis zu 10 € günstigere Preise am Wochenende. Al. Jana Pawła II 71, ☎ 22-8384062, www.hotelmaria.pl.

Blick auf den Schlossplatz von einem Zimmer im Dom Literatury

**** Novotel 27 Der Hochhaus-Block wurde 2007 für angeblich nicht weniger als 50 Mio. Euro renoviert. Auf jeden Fall ist es eine städtebauliche Bereicherung, das Hotel selbst bietet eine zentrale Lage und einen tollen Blick auf die Skyline von manchen Zimmern und vom Fitnessraum. EZ/DZ 55–207 € (je nach Ausstattung, Buchungszeit und zeitgleichen Veranstaltungen), DZ mit Panoramafenstern auf die Skyline 115–219 €. Ul. Marszałkowska 94/98, ☎ 22-5960000, www.orbis.pl.

*** Reytan 35 Ein ganzes Stück südwestlich vom Łazienki-Park und damit nicht gerade zentral. Mit dem Frühstück und den Parkmöglichkeiten wird das aber wettgemacht. EZ 55–100 €, DZ 55–120 €, Studio 75–125 €, erheblicher Preisnachlass am Wochenende. Ul. Rejtana 6, ☎ 22-2016400, www.reytan.pl.

Agrykola 34 Sporthotel in traumhafter Lage im Łazienki-Park. Einfache und recht günstige Zimmer, für müde Touristenfüße empfehlen sich die Sauna und das „biologische Erneuerungskabinett". EZ 45 €, DZ 55 €, Platz im Schlafsaal 11–15 €/Pers. Ul. Myśliwiecka 9, ☎ 22-6229110, www.agrykola-noclegi.pl.

*** Hetman 5 Das Hotel in Praga ist nicht nur wegen des Internetzugangs und der Klimaanlage in jedem Zimmer bei Businessreisenden beliebt. Ein paar DZ mit Balkon! Ins Zentrum kommt man schnell per Tram oder Metro. EZ 40–78 €, DZ 43–95 €. Ul. Kłopotowskiego 36, ☎ 22-5119800, www.hotelhetman.pl.

mein Tipp **Dedek Park 10** Ein uriges Landhaus inmitten der Metropole – perfekt geeignet, um nach einem langen Sightseeing-Tag zwischen Wolkenkratzern und Altstadtgassen zu entspannen. Der Park, der verträumte Innenhof und das Restaurant gegenüber sind weitere Vorteile des Hauses, in dem der Holzboden noch gemütlich quietschen darf. EZ 47–65 €, DZ 65–85 €. Al. Zielieniecka 6/8 (im Park Skaryszewski), ☎ 22-6197781, www.dedek.pl.

Untere Preisklasse (25–70 €)

** Ibis Warszawa Stare Miasto 1 Bis zur Altstadt ist es schon ein Stück, doch von den Warschauer Ibishäusern ist es trotzdem das zentralste. Ansonsten bietet das Hotel weder Tradition noch Luxus, dafür günstige Preise und Anonymität. Minus beim letzten Check: nicht so sauber! EZ/DZ 38–102 €, am Wochenende etwas billiger, während wichtiger Messen teurer. Ul. Muranowska 2, ☎ 22-3101000, www.orbis.pl.

Ibis Budget Warszawa Centrum 31 Keine schöne Umgebung und das Flair von Geschäftsreisenden, die aufs Geld achten müssen. Das nimmt man für den Preis aber gern in Kauf, zumal die Zimmer sauber sind und der Weg in den Łazienki-Park und ins noble Regierungsviertel nicht weit ist. EZ/DZ ab 25 €, meistens aber 29–45 €. Ul. Zagórna 1, ☎ 22-7453660, www.orbis.pl.

* Logos 14 Das Hotel in der Nähe der Weichsel hat generalüberholte Zimmer mit eigenem Bad oder billigere nur mit Waschbecken. Nach der Restaurierung trotz der Nähe zu zwei viel befahrenen Autobrücken und einer Eisenbahnbrücke verblüffend ruhig, zumindest in den Zimmern zum Hof. Sozialistischer Charme. EZ 33–55 €, DZ 57–72 €, EZ bzw. DZ ohne eigenes Bad 37 € bzw. 42 €. Frühstück 6 €/Pers. Ul. Wybrzeże Kościuszkowskie 31/33, ☎ 22-6225 562, www.hotellogos.pl.

* Mazowiecki 15 Wer auf Luxus Wert legt, ist hier falsch, doch der Preis in dieser zentralen Lage ist in Warschau einzigartig. EZ 34–60 €, DZ 42–70 €, die billigeren ohne eigenes Bad. Ul. Mazowiecka 10, ☎ 22-8272365, www.hotelewam.pl.

*** MDM Hotel 33 Am Plac Konstytucji und damit im Herzen des im Stil des Sozialistischen Realismus erbauten MDM-Viertels, leider aber auch an einer zentralen Verkehrsachse, ruhig und leise wird es hier also selten. EZ/DZ 45–80 €. Pl. Konstytucji 1, ☎ 22-3391600, www.hotelmdm.com.pl.

** Hit Hotel 3 In Praga gelegen. Angemessenes Preis-Leistungs-Verhältnis für einfachere Ansprüche. Fast direkt gegenüber der Altstadt, die Trams überqueren den Fluss schnell. EZ 25–46 €, DZ 27–82 €, 3-Bett-Zimmer 50–58 €. Ul. Kłopotowskiego 33, ☎ 22-6189470, www.hithotel.pl.

Appartements

Appartements sind in Warschau nicht nur eine Alternative, falls die Hotels ausgebucht sein sollten. Oft sind sie für weit weniger Geld zu haben, bei mindestens gleichem Komfort. Und Frühstücksmöglichkeiten gibt es in der Stadt zuhauf oder das Frühstück kann dazu gebucht werden.

Duval 6 Die vier in verschiedenen Stilen eingerichteten Appartements befinden sich in einem Altstadthaus beim Barbakan, das wie ein Wunder die Zerstörungen des Zweiten Weltkriegs fast unbeschadet überstand. Laut Legende wurde hier ein junges Mädchen namens Henrietta von Casanova höchstpersönlich verführt. Bei der Geburt ihres unehelichen Kindes starb sie und soll bis heute in den Gemäuern spuken. In die Appartements gelangt man durch das Café Same Fusy und eine (für beleibte Personen zu enge) Treppe. App. 60–100 €, ab 450 €/Woche, mind. zwei Nächte, längere Aufenthalte verhandelbar. Ul. Nowomiejska 10, ☎ 22-8497024, www.duval.net.pl.

Royal Route Residence 22 In einem weißen Palast direkt am Königstrakt. Die Appartements sind eher häuslich-familiär als königlich eingerichtet, zum Wohlfühlen aber bestens geeignet. Waschmaschine, Internetzugang, Telefon und gut ausgestatte Küche vorhanden. App. für bis zu 8 Pers. 37–205 €. Auch Vermietung von Zimmern in der Altstadt. Ul. Nowy Świat 29/3 (Eingang zur Rezeption im Innenhof), ☎ 22-3512260, www.royalrouteresidence.com.

mein Tipp Chopin Boutique B & B 21 Liebevoll eingerichtetes Appartementhaus mit Parkett und alten Lampen, nur ein paar Schritte vom Nationalmuseum entfernt. Nicht umsonst mehrmals zu Polens bester Pension gewählt. Dafür sorgt auch Gastgeber Jarek mit seiner Liebe zum Detail: Honig von den eigenen Bienenstöcken auf dem Dach und selbst gerösteter Kaffee, Leihfahrräder für Gäste und alte Radios mit Plattenspieler im Chopin-Salon, in dem täglich Klavierkonzerte wie in guten alten Zeiten erklingen. EZ/DZ 75–140 €, App. 135–200 €. Ul. Smolna 14/7, ☎ 22-8294800, www.bbwarsaw.com.

mein Tipp St. Andrews Palace 25 Sehr schöner weißer Palast, der Luxus verspricht und auch bietet. Das Frühstück und die Lage zwischen Kulturpalast und Königstrakt sind weitere Vorteile. DZ/App. 55–192 €. Ul. Chmielna 30, ☎ 22-8264640, www.residencestandrews.pl.

Residence Diana 23 45–102 m² große und luxuriös eingerichtete Appartements in perfekter Lage um einen schönen Innenhof. App. 75–230 € ohne Frühstück, Zimmer auch für mehr Personen. Ul. Chmielna 13a, ☎ 22-5059100, www.residencediana.com.

Weitere Appartements über die gesamte Stadt verteilt unter www.warsaw4you.com, www.apartments.warszawa.pl.

Budget

Zwar gibt es in Polen auch Jugendherbergen, diese praktizieren jedoch meist strenge Regeln: Tagsüber muss man zu bestimmten Zeiten aus dem Haus sein, abends rechtzeitig wieder eintreffen. Eine Alternative in dieser Preisklasse sind die Hostels amerikanischer Prägung, die nicht selten auch Einzel- oder Doppelzimmer anbieten. .

Kanonia 7 Der größte Vorteil des romantischen Häuschens ist die Lage in der Altstadt. Nachteile sind die durch die Fenster hereinlugenden Touristen, der oft große Lärm und der leider nicht immer freundliche Service. 10–19 €/Pers., DZ 40–95 €. Ul. Jezuicka 2, ☎ 22-6350676, www.kanonia.pl.

Helvetia 13 Die herrlich kitschigen Zimmer befinden sich in der Nähe der Universität. Statt des hosteltypischen, sterilen Ikea-Stils eher häuslich-familiär eingerichtet. Daneben gibt es auch etwas teurere Zimmer. 10–17 €/Pers., Frauenzimmer 14–19 €/Pers., DZ 40–96 €, billiger ohne eigenes Bad und im Winter. Ul. Sewerynow 7, ☎ 22-8267108, www.hostel helvetia.pl.

Tatamka 16 Die zentrale Lage beim Königstrakt, die Gruppenpreise, der Grillplatz, die angenehm gestrichenen Zimmer und das TV/DVD-Zimmer machen das Tatamka zu einer idealen Unterkunft für Reisegruppen. 7–18 €/Pers., EZ 40–55 €, DZ 40–70 €, auch billigere Zimmer ohne eigenes Bad. Ul. Tamka 30, ☎ 22-8263095, www.tatamkahostel.pl.

meinTipp **Oki Doki 17** Hat bei den von den Betreibern der Hostelworld.com-Seite veranstalteten Hoscars 2006 den weltweit zehnten Platz belegt, seit 2013 im Qualitätsverbund Europe's Famous Hostels. Ohne Frage wird das Oki Doki diesen Vorschusslorbeeren gerecht: von einem Warschauer Künstler individuell gestaltete Zimmer, Karten und Reiseführer zum Schmökern, freies Internet und WiFi, Sicherheitsschlösser für die Schränke, Kaffee und Tee gratis ... 9–19 €/Pers., DZ inkl. Bad/WC 42–65 €, ohne eigenes Bad und Frühstück deutlich billiger. Pl. Dąbrowskiego 3 (seit 2017 auch ein zweites Haus in ul. Długa in der Neustadt), ☎ 22-8280122, www.okidoki.pl.

Camping

Eine weitere preiswerte Übernachtungsmöglichkeit.

**** Wok, kleiner, aber feiner Platz in der Nähe des rechten Weichselufers, wurde vom britischen „Independent" unter die 50 besten Campingplätze Europas gewählt. Die Entfernung zum Zentrum ist recht groß, dafür ist der Platz grüner als der unten aufgeführte. Erw. 7,50–8,50 €, Kind bis 10 J. 4–5 €, Pkw mit Wohnwagen und Strom 21–24 €, Zelt 5–12 €, DZ mit Bad 45–60 €. Ganzjährig geöffnet. Ul. Odrębna 16, ☎ 22-6127951, www.campingwok. warszawa.pl.

* Camping Majawa, 4 km südwestlich des Zentrums, schräg gegenüber vom Westbahnhof (Warszawa Zachodnia). Außer einem Schwimmbad und Tennisplätzen stehen vier Bungalows sowie Zimmer im Hotel zur Verfügung, WiFi vorhanden. Ganzjährig geöffnet. 2 Pers., Pkw mit Wohnwagen und Strom 37 €, Bungalow für 3 Pers. 45 €. Ul. Bitwy Warszawskiej 1920 r. 15/17, ☎ 22-8237244, www.majawa.pl.

Im Designerhostel Oki Doki

Warschau von A bis Z

Ärztliche Versorgung, Apotheken

Der Auslandskrankenschein bzw. die EHIC-Karte erleichtern gesetzlich Versicherten aus Deutschland, Österreich und der Schweiz die Übernahme der Kosten für unmittelbar erforderliche medizinische Versorgung. Wer zusätzlich die Kosten eines nötigen Rücktransports abdecken möchte, schließt eine Urlaubskrankenversicherung ab. Erste Hilfe ist in Polen grundsätzlich kostenlos, für die weitergehende Behandlung muss bezahlt werden.

Bei leichteren Erkrankungen beraten einen auch die gut ausgebildeten Apotheker. Die Öffnungszeiten der Apotheken decken sich mehr oder weniger mit denen zu Hause.

Notarzt: ☎ 999 landesweit oder vom Handy aus die ☎ 112.

Information im med. Notfall: ☎ 800-777 770 (englisch-, teils deutschsprachig).

Rettungsdienst: ul. Poznańska 20/22/ul. Hoża 56.

24-Std.-Apotheken: *Im Zentrum:* Apteka „Dbam o Zdrowie" im Zentralbahnhof, ☎ 800-110110 ; Apteka „Przy placu Zbawiciela", ul. Mokotowska 12, ☎ 504-166699 (mobil), www.apteka24h.com.pl.

In Praga: Apteka Namex, al. Waszyngtona 12/14, ☎ 22-6175410.

Behinderte

Die enormen Fortschritte bei der Barrierefreiheit wurden von der Europäischen Kommission mit dem Preis Access City 2020 honoriert. sIm öffentlichen Nahverkehr gibt es immer mehr Niederflurbusse und -trams, während die Metro dank Aufzügen und leichtem Einstieg behindertengerecht ist. Seit 2007 wird die in Berlin etablierte Da-

Apotheke auf dem Königstrakt

tenbank „Mobidat" auch für Warschau gepflegt. Rollstuhlgerechte Toiletten finden Sie in modernen Einkaufszentren, Metrostationen, Museen und in vielen Restaurants. Ein Warschauführer für Behinderte wartet leider noch auf eine Übersetzung ins Englische und/oder Deutsche, es gibt aber bereits die in den Touristinformationen erhältliche englischsprachige Broschüre „Warsaw without barriers". Vorbildlich ist das Königsschloss, in dem es spezielle Angebote für Blinde und Gehbehinderte gibt.

Infos & Datenbank: ☎ 118888, www.niepelnosprawni.pl, www.niepelnosprawnik.eu.

Behindertengerechte Orte: www.accessibletour.pl.

Behindertenverband: Informationen auch auf Englisch oder mit Glück auf Deutsch; Vermittlung zu Blinden-, Tauben- oder ähnlichen Verbänden. Centrum Integracja: Ul. Andersa 13, ☎ 22-5306570, www.integracja.org.

Behindertengerechte Taxis, Mikrobusse: Demi Trans: Vorbestellung und Kontakt auf Engl. unter ✆ 501-939767 (mobil), www.demi-trans.pl.

Diplomatisches, Dokumente

Seit dem EU-Beitritt Polens benötigt man für die Einreise nur noch den Personalausweis. Kinder unter 16 Jahren benötigen seit 2012 entweder einen Kinderausweis (mit Foto empfohlen) oder einen eigenen Kinder-Reisepass, Einträge im Reisepass der Eltern sind nicht mehr gültig!

Deutsche Botschaft: Ul. Jazdów 12, ✆ 22-5841700, www.warschau.diplo.de.

Österreichische Botschaft: Ul. Gagarina 34, ✆ 22-8410081, www.ambasadaaustrii.pl.

Schweizer Botschaft: Al. Ujazdowskie 27, ✆ 22-6280481, www.eda.admin.ch/warsaw.

Feiertage

Polen ist ein katholisches Land mit zahlreichen kirchlichen Feiertagen. Dennoch wird an vielen dieser Tage gearbeitet und viele Geschäfte sind – wie oft auch an Sonntagen – geöffnet. Seit 2007 dürfen an den folgenden Tagen allerdings nur noch kleine Geschäfte in Familienbetrieb geöffnet sein. Seit 2017 gibt es eine weitere Einschränkung der Öffnungszeiten am Sonntag.

Gesetzliche Feiertage: Neujahr (1.1.), Dreikönigstag (6.1.), Ostersonntag/-montag, Tag der Arbeit (1.5.), Jahrestag der Verfassung (3.5.), Pfingstsonntag, Fronleichnam, Mariä Himmelfahrt (15.8.), Allerheiligen (1.11.), Nationalfeiertag (11.11.), Weihnachten (25./26.12.).

Fundbüro

Biuro rzeczy znalezionych Urzędu m.st. Warszawy (Fundbüro der Stadt): Ul. Dzielna 15, ✆ 22-4432962.

Fundbüro der Verkehrsbetriebe: Ul. Włościańska 52, ✆ 22-5687805.

Fundbüro der Metro: Ul. Wilczy Dół 5, ✆ 22-6554242.

Fundbüro im Zentralbahnhof: ✆ 22-6997195.

Geld, Geldwechsel

Zwar bekommt man inzwischen auch bei Banken in Deutschland, Österreich und der Schweiz polnische Złoty, der Wechselkurs ist aber oft schlechter als in Polen. Bis auch an der Weichsel der Euro zur offiziellen Währung wird, kann man zum einen mit Bankkarte Geld an den zahlreichen Automaten ziehen. Bei Zahlungen und beim Abheben per (Kredit-)Karte sollte auf keinen Fall die „Euro-Option" in Anspruch genommen werden. Bestehen Sie, ohne eine Widerrede zu akzeptieren, auf einer Zahlung in PLN/zł oder wählen Sie bei Automaten die entsprechende Tasten (oft mehrmalige Bestätigung/Wahl vonnöten)!

Die andere Möglichkeit, an Złoty zu kommen, ist der Bargeldtausch in einer Wechselstube *(kantor)*. Aber Vorsicht: Die Wechselkurse sind auch dort oft schlechter, als sie sein müssten. Hinzu kommen Zahlendreher bei den Kursangaben, die einen günstigen Kurs vortäuschen, bei genauem Hinsehen aber viel schlechtere Konditionen bieten. Am besten, Sie informieren sich vor der Anreise über den ungefähren Kurs, der in den letzten Jahren häufigen Schwankungen unterworfen war. Bei den Wechselstuben sollten außerdem beide Umtauschkurse, für Ankauf und Verkauf, gut sichtbar ausgehängt sein!

Umrechnungskurs: Alle Preisangaben in diesem Reiseführer wurden in Euro umgerechnet (außer für öffentliche Verkehrsmittel und fürs Porto) – zu einem mittelfristig wahrscheinlichen Wechselkurs von 4 Złoty für 1 €. Verlässliche Prognosen sind natürlich nicht möglich, eventuell können Sie sich über niedrigere Preise freuen.

Gottesdienst

Warschau hat zahllose römisch-katholische Kirchen, in denen an Wochenenden und Feiertagen, aber auch unter der Woche mehrmals täglich die Messe gefeiert wird. Trotzdem sind sie oft mehr als gut besucht. Daneben gibt es mehrere orthodoxe und protestantische Kirchen, sechs Synagogen und zwei (offizielle) Moscheen, von denen viele auch kunsthistorisch interessant sind. Angemessene Kleidung sollte beim Besuch eines Gotteshauses selbstverständlich sein, d. h. Verzicht auf bauchfreie und ärmellose Oberteile und kurze Hosen; in den Synagogen tragen Männer zudem bekanntlich eine Kopfbedeckung.

Uczennica Boskiego Mistrza: Deutschsprachige katholische Messen an jedem So um 10.30 Uhr. Gemeindereferentin Ulla Anton. Ul. Żytnia 11, im Stadtteil Wola, ☎ 22-8322544, www.kath-emmaus.pl.

Kościół Ewangelicko-Augsburski: Deutschsprachiger evangelischer Gottesdienst an zwei bis vier Sonntagen im Monat um 9.30 Uhr. Ul. Miodowa 21b (2. Stock), www.warschauevangelisch.de.

Homosexualität

„Jest nas wielu" (Von uns gibt es viele) verkündet ein auf viele Warschauer Häuserwände gesprühtes Schablonen-Graffiti, geschrieben über zwei Tele-

tubbies, die noch 2007 von einer Politikerin als schwul eingestuft wurden. Tatsächlich ist Warschau auch die Hauptstadt der polnischen Homosexuellen.

Obwohl ihre Freiheiten (noch) nicht mit denen in Berlin oder Köln zu vergleichen sind, sind in der Öffentlichkeit händchenhaltende und sich küssende gleichgeschlechtliche Paare durchaus keine Seltenheit. Die Gleichheitsparade im Juni empört dennoch alljährlich homophobe Gruppen. Auch hysterische Politiker im Wahlkampf oder die katholische Kirche äußern sich häufiger homophob, was in den letzten Jahren ein verstärktes Selbstbewusstsein der schwulen und lesbischen Gemeinde zur Folge hatte und eine Solidarisierung vieler Heteros. 2010 wurde das europaweite Homofestival Europride in Warschau veranstaltet.

Information: www.queerintheworld.com (auf Englisch), www.queer.pl (nur auf Polnisch).

Information

Schon von zu Hause aus können Sie Informationen über das polnische

„Von uns gibt es viele", verkünden die Warschauer Homosexuellen auf diesem Graffiti

Fremdenverkehrsamt in Berlin anfordern, ebenso über die unten aufgeführten Internetseiten. In den Warschauer Touristinfos wird auf jeden Fall Englisch gesprochen, oft auch Deutsch.

Touristinfo Altstadt 1: Infos zu Warschau und Masowien, Stadtführervermittlung. Mo–Fr 9–18, Sa/So 10–18 Uhr. Pl. Zamkowy 1/13, ☎ 22-8317853, www.wcit.waw.pl.

Touristinfo Altstadt 2: Mai–Sept. tägl. 9–20 Uhr, Okt.–April bis 18 Uhr, Rynek Starego Miasta 19 und 21/21a.

Touristinfo Kulturpalast: Infos zu Warschau und Masowien, 30-minütige kostenlose Internet-Nutzung. Mai–Sept. tägl. 8–19 Uhr, Okt.–April bis 18 Uhr. Pl. Defilad 1, ☎ 22-19431.

Centrum Praskie Koneser: Infos in Praga. Tägl. 10–18 Uhr. Pl. Konesera 2.

Info der Erzdiözese: Der Schwerpunkt liegt natürlich auf Pilgerreisen und Besichtigungstouren zu Warschaus Kirchen. Mo–Fr 9–18, Sa 9–15 Uhr. Ul. Miodowa 17/19, ☎ 22-5317247, www.informacja-warszawa.pl.

Polnisches Fremdenverkehrsamt: Mo–Do 9–16 Uhr, Fr bis 15 Uhr. Hohenzollerndamm

Touri-Info im Kulturpalast

151, 14199 Berlin, ☎ 0049/30-2100920, www.polen.travel.

Zrób to w Warszawie! Do it in Warsaw! Außer- und ungewöhnlicher Reiseführer über Warschau für Teens, Twens und jung gebliebene Entdecker, zweisprachig in Polnisch und Englisch, Autoren: Agnieszka Kowalska & Łukasz Kamiński, Biblioteka Gazety Wyborczej, Verlag Agora, 3. Auflage 2014. Für umgerechnet 8 € erhältlich in vielen Buchhandlungen und Empik-Filialen.

Internetadressen: www.warsawtour.pl (deutsch); www.warsaw-life.com (englisch), www.meinwarschau.com (deutscher Blog).

Hilfreiche Apps: www.warsawtour.pl/de/apps/

Internet

Überall im Zentrum gibt es Orte, an denen man kostenlos ins Internet kommt, darunter viele Hotels, Restaurants, Cafés, Shopping-Malls und Geschäfte sowie bei Sehenswürdigkeiten und in Bussen oder der Metro. Außerdem können Sie den Computer in der Tourist-Info im Kulturpalast eine halbe Stunde gratis nutzen.

Internetcafé: c@feNET, Metrostation CENTRUM, lok. 2001D (tägl. 7-23 Uhr, 2,50 €/Std.).

Klima und Reisezeit

Die wahrscheinlich besten Reisemonate sind Mai und September; die Temperaturen sind dann schon bzw. noch recht hoch, und es regnet seltener als im Sommer. Der Warschauer Winter kann eiskalt werden, dafür haben die Schneedecke und die oft zugefrorene Seen ihren eigenen Reiz. Die Jahresniederschlagsmenge ist verhältnismäßig gering und verteilt sich v. a. auf die Winter- und Sommermonate. Im Sommer locken Festivals, Straßencafés und nicht zuletzt der wilde Strand am Weichselufer Einheimische wie Touristen ins Freie. Für Wetterfühlige kann es übrigens nur im Hochsommer etwas beschwerlich werden, denn dann herrscht häufig drückende Schwüle. Trotz der Parks und nahen Naturschutzgebiete gibt es manchmal Smog.

Kriminalität & Sicherheit

Taschendieben sollte man es wie überall auf der Welt nicht zu leicht machen und die Geldbörse lieber in der vorderen Hosentasche oder speziellen Taschen verwahren. Unbedingt in Acht nehmen muss man sich vor den europaweit berüchtigten Fußball-Hooligans an Spieltagen von Legia oder Polonia Warszawa, obwohl sich die Lage etwas zu entspannen scheint.

Notruf

Notruf: landesweit ☎ 997 oder vom Handy aus ☎ 112.

Metro-Polizei: Haltestelle Metro Centrum, ☎ 8010 (von den gelben Notfalltelefonen), ☎ 22-6558010 (vom Handy aus).

Bahn-Polizei: al. Jerozolimskie 54 (im Zentralbahnhof), ☎ 22-6036802.

Polizeistationen: ul. Wilcza 21, ☎ 22-6218909 (24 Std.); ul. Opaczewska 8, ☎ 22-6037355; ul. Grenadierów 73/75, ☎ 22-6037655.

Feuerwehr: landesweit ☎ 998.

Touristen-Notruf: tägl. 8–18 Uhr, Juni–Sept. tägl. 8–22 Uhr deutsch- und englischsprachige Hilfe unter ☎ 800-2787777 (kostenfrei aus dem Festnetz) oder ☎ 0048-608-599999 (vom Handy aus).

Öffnungszeiten

Die Kernöffnungszeiten der kleinen Geschäfte sind ähnlich wie zu Hause. Viele größere Geschäfte, Filialen und Einkaufszentren sowie Supermärkte haben auch am Abend, am frühen Morgen, kleinere Lebensmittelläden auch sonn- und feiertags geöffnet. Einige Kirchen sind nur während der Messen zugänglich. Die Ruhetage von Museen variieren. Und nur sehr wenige Restaurants leisten sich den Luxus eines freien Tages.

2018 wurde von der PiS-Regierung ein an Deutschland orientiertes **Ladenschlussgesetz** umgesetzt. Ab 2020 gibt es somit auch in Polen keinen verkaufsoffenen Sonntag mehr. Es gibt allerdings viele Ausnahmeregelungen und kreative Interpretationen des Gesetzes. Sollten also einige unserer Angaben zur Sonntagsöffnung nicht stimmen, drücken Sie bitte ein Auge zu.

Post

Zwei der unten angegebenen Postämter haben rund um die Uhr geöffnet. Das Porto für einen Brief oder eine Postkarte beträgt inzwischen stolze 5 Złoty, Briefmarken gibt es auch an manchen Kiosken.

Postämter: Poczta Główna (Hauptpost), ul. Świętokrzyska 31/33 (24 Std.); Koszykowa 54; ul. Targowa 73 (24 Std.); Poczta ul. Wiejska 2/4; ul. Senatorska 40; www.poczta-polska.pl.

Elektronische Postkarte nach Hause schicken – oder eine echte?

Rauchen

Seit 2010 gelten in Polen ebenso strenge Gesetze wie in den meisten anderen europäischen Ländern. Cafés, Restaurants, Kneipen und auch Clubs bleiben fortan rauchfrei, es sei denn, es gibt Raucherbereiche in abgetrennten Räumen. Streng verboten ist das Rauchen auch auf Bahnhöfen, an Haltestellen sowie in öffentlichen Verkehrsmitteln, darunter auch Taxis. Verstöße werden mit Strafen ab 125 € geahndet.

Telefonieren

Die öffentlichen Fernsprecher sind ohne Ausnahme Kartentelefone. Die hierfür nötige *karta telefoniczna* gibt es in Kiosken und Postämtern. Telefonieren in Hotels ist naturgemäß wesentlich teurer.

> Achtung: Auch innerhalb Warschaus muss man die **Vorwahl 22** wählen. Dabei wird – wie überall in Polen – die Null der Ortsvorwahl weggelassen (auch wenn sie in Broschüren, Flyern und Webseiten oft noch nicht gestrichen wurde).

Internationale Vorwahlen: Polen ✆ 0048, Deutschland ✆ 0049, Österreich ✆ 0043, Schweiz ✆ 0041.

Ortsvorwahl Warschau: innerhalb Polens und Warschaus ✆ 22, aus dem Ausland ✆ 0048-22.

Telefonauskunft: Ortsauskunft Warschau ✆ 913, national ✆ 912, international ✆ 900.

Spartipp: Bis zu 85 % billiger telefoniert man mit der an Kiosken erhältlichen Vorwahlnummernkarte von Telegrosik; www.telegrosik.pl.

Toiletten

Die Nutzung öffentlicher Toiletten kostet i. d. R. 1 €. Einzigartig in der Welt ist die Kennzeichnung für die Geschlechter. Ein Kreis auf der Tür bezeichnet das Örtchen für Damen, ein Dreieck das für die Herren; mitunter gibt es aber auch international gängige Beschriftungen oder Piktogramme. Zu finden sind öffentliche Toiletten in den Bahnhöfen, an jeder Metrostation und in den Einkaufszentren, am Weichselufer und auf vielen Plätzen im Zentrum.

Zeitungen, Zeitschriften

Die internationale Presse ist in Warschau überall erhältlich, z. B. in Bahnhofskiosken und den vielen Filialen der Buchhandelskette Empik. Aktuelle Veranstaltungshinweise finden Sie v. a. im studentisch geprägten Stadtmagazin „Aktivist" und in den englischsprachigen Blättern „Warsaw Insider" oder „The Visitor". Monatliche englischsprachige Nachrichten bietet die „Warsaw Voice".

Warschau im Kasten

Graues Warschau? Grünes Warschau!

Noch immer eilt Warschau der Ruf voraus, die graue Maus unter den europäischen Metropolen zu sein – ein Vorurteil von Leuten, die die Stadt nicht besonders gut kennen. Fakt ist, dass man Warschau von einem Park in den anderen umrunden oder durchqueren kann, ohne jemals die Grünflächen zu verlassen. Nach Berlin ist Warschau sogar die grünste der europäischen Hauptstädte. Zu dem begrünten Viertel der Stadtfläche kommen seit einigen Jahren die modernen Gebäude mit Dachgärten hinzu, darunter das Oberste Gericht, die Neue Universitätsbibliothek oder das Kopernikuszentrum. Und um die Weichsel wird Warschau von mancher Metropole beneidet. Vor allem am rechten Ufer fließt sie wild und unbegradigt durch die Stadt. Ohne die Skyline im Hintergrund würde man sich hier im Hinterland vermuten, außerhalb eines Dorfs vielleicht, nicht jedoch in einer Millionenstadt. Kleine Inseln, Seitenarme und Naturschutzgebiete mit Sandbänken bieten anderswo ausgestorbenen oder vom Aussterben bedrohten Vogelarten eine Heimat. In welchem Stadtzentrum bekommt man außer den ungeliebten Tauben auch weiße Seeadler und Störche zu sehen? Wo kann man bei einem Spaziergang am Fluss eine Biberkolonie bei der nagenden Arbeit beobachten oder Otter auf der Jagd nach dem nächsten Fisch? Wie es scheint, kann das wilde Weichselufer in Zukunft vor den Begehrlichkeiten der Investoren geschützt werden. Lokale Umweltschutzorganisationen und EU-Institutionen haben hierfür weitreichende Naturschutzbestimmungen erstritten.

Fassadendetail in der Altstadt

Alle Museen

Fast alle Museen öffnen an einem Tag der Woche gratis die Türen. Da der **Tag des freien Eintritts** gerne mal geändert wird, sollten Pfennigfuchser den im Reiseteil bei den Sehenswürdigkeiten genannten Tag über die Webseiten überprüfen.

Um in den Genuss eines ermäßigten Eintritts zu kommen, sollten **junge Erwachsene bis 26 Jahre** einen gültigen ISIC-Ausweis dabei haben.

Kinder bis 16 Jahre zahlen meist nur einen geringen Obolus. Hinweise hierzu finden Sie bei den Museen im Reiseteil.

Literatur und Musik

Adam-Mickiewicz-Literaturmuseum: Außer polnischer Literatur eine Dauerausstellung über den polnischen „Dichterfürsten" Adam Mickiewicz. ■ S. 39

Frédéric-Chopin-Museum: Die multimediale und interaktive Ausstellung lässt einen tief ins Leben des Romantikers eintauchen. ■ S. 76

Geburtshaus von Frédéric Chopin: Pilgerstätte für chinesische und japanische Touristen außerhalb von Warschau. Wer an einem Sommerwochenende da ist, sollte den Besuch mit dem Konzerttermin abstimmen. ■ S. 139

Naturwissenschaft und Technik

Pharmaziemuseum: Seit 2018 gibt es wieder altes Apothekergerät zu sehen. ■ S. 41

Marie-Curie-Museum: Der großen Chemikerin und Physikerin gewidmet, wobei man einen tiefen Einblick in ihr Leben bekommt. ■ S. 49

Wissenschaftszentrum Kopernikus: Faszinierende wissenschaftliche Phänomene zum Entdecken, Erleben und Erfahren – für Kinder ein Muss. ■ S. 75

Geologisches und Paläontologisches Museum PAN: Absolutes Highlight ist die Bernsteinsammlung, hier vor allem Bernsteine mit vielen Einschlüssen. ■ S. 79

Staatliches Archäologisches Museum: Schwerpunkt ist natürlich Polen, von der Altsteinzeit übers Mittelalter bis zur Neuzeit. Bis auf Weiteres geschlossen. ■ S. 86

Ethnografisches Museum: Nach der Renovierung präsentieren sich die Ausstellungen zur Völkerkunde wieder sehenswert. ■ S. 93

Geldzentrum der Nationalbank: Alles, wirklich alles zum Thema Geld in einer fantastischen Ausstellung. ■ S. 98

Blick auf Königsgärten und -schloss

Pavillon des Museums der Modernen Kunst

Evolutionsmuseum PAN: Museum zur Evolutionsgeschichte mit Dinos und Menschenahnen. Das Ausstellungsdesign ist ungefähr so modern wie die präsentierten Skelette, bei Kindern trotzdem ein Hit. ■ S. 100

Technikmuseum: Interessantes Museum rund um die Technik von Alltag bis Weltall. Bis auf Weiteres geschlossen. ■ S. 103

Lindley-Filteranlagen: Leider nur sehr begrenzte Öffnungszeiten, falls ein Termin ergattert werden kann: Hingehen und vom faszinierenden Industriedenkmal verzaubern lassen! ■ S. 134

Museum des Polnischen Wodkas: Nicht nur technisch, sondern auch historisch wird die Kunst der Wodkaherstellung nähergebracht. ■ S. 170

Schmalspur-Eisenbahn-Museum: Außerhalb von Warschau, nur für Liebhaber einen Abstecher wert. ■ S. 195

Polnische und Warschauer Geschichte

Historisches Museum der Hauptstadt Warschau: 2017 wiedereröffnetes Museum zur wechselhaften und spannenden Stadtgeschichte. ■ S. 39

Interpretationszentrum für das Kulturerbe: Museum zu Zerstörung und Wiederaufbau der Altstadt. ■ S. 36

Masowischer Miniaturenpark: Detailgetreue und -verliebte Modelle von Bauwerken aus Warschaus Vorkriegszeit. ■ S. 60

Polnisches Militärmuseum: Mehr als ein Jahrtausend Militärgeschichte, ab 2021 in der Zitadelle. ■ S. 77 und 180

Jüdisches Historisches Institut: Steht seit der Eröffnung des Museums der polnischen Juden natürlich im Schatten. Wer aber noch mehr über deren Geschichte erfahren will, ist hier richtig. ■ S. 88

Museum des Warschauer Ghettos: Wird bis 2023 zum 80. Jahrestag des Aufstands eröffnet. ■ S. 107

Museum des Warschauer Aufstands: Ein weiteres interaktives Highlight der Warschauer Museenlandschaft, zur Geschichte des Warschauer Aufstands 1944. ■ S. 121

Waisenhaus der Sierot-Gesellschaft: Museum zum Leben und Wirken des Pädagogen Janusz Korczak, der für seine Waisenkinder in den Tod ging. ■ S. 122

Museum des Pawiak-Gefängnisses: In dem Gefängnis folterte während der deutschen Besatzung die Gestapo und ermordete 37.000 Polen. ■ S. 124

Historisches Museum der Polnischen Juden (Polin): Eins der besten Museen Europas! Multimedial und interaktiv aufbereitetes

Thema ist die tausendjährige Geschichte der Juden in Polen. ▪ S. 124

Museum des Lebens in der Volksrepublik Polen: Ausstellung zum sozialistischen Alltag, teils ernsthaft, teils augenzwinkernd. ▪ S. 140

Museum von Praga: Spannendes Museum über Geschichte, Leben, soziale Zustände und den Alltag im einstigen Armenhaus Warschaus. ▪ S. 167

Katyń-Museum: Nur für historisch Interessierte zu empfehlen, die tief in die Leidensgeschichte Polens eintauchen wollen, in diesem Fall geht es um stalinistische Verbrechen. ▪ S. 178

Museum der Geschichte Polens: Ab 2021 wird in der Warschauer Zitadelle ein weiteres historisches Museum auf Besucher warten. ▪ S. 180

X-Pavillon-Museum: Eines der wichtigsten Museen des Märtyrertums in der polnischen Hauptstadt. ▪ S. 179

Jerzy-Popiełuszko-Museum: Museum über den Mord an dem Priester Popiełuszko und den kirchlichen Widerstand gegen den sozialistischen Terror. ▪ S. 181

Museum – Gedenkstätte Palmiry: Stätte zum Gedenken an die Ermordung von 2000 Warschauern durch Gestapo und SS. ▪ S. 195

Museum des Kampfes und Märtyrertums/Treblinka: Gedenkstätte an der Stelle des deutschen Vernichtungslagers in Treblinka. ▪ S. 196

Kunst und Handwerk

Rundgang durch das Königsschloss: Zu sehen sind Königsgemächer und Ballsäle, viel Marmor und viele Gemälde, außerdem wichtige Orte für die polnische Geschichte und Demokratie. ▪ S. 31

Palast unter dem Blechdach: Teppiche aus Persien, Anatolien und dem Kaukasus, Tafelporzellan aus europäischen Adelshäusern sowie Wechselausstellungen. ▪ S. 34

Museum der Lederhandwerks-Zunft: Wer sich für alte Handwerkskunst und/oder Lederbearbeitung interessiert, sollte vorbeischauen. ▪ S. 41

Nationalmuseum: Höhepunkte sind die wunderschönen Fresken aus dem nubischen Faras und die Gemälde der großen polnischen Meister des 19. Jh. ▪ S. 77

Museum für Zeitgenössische Kunst: Wartet schon seit Jahren auf den Neubau. Bis dahin interessante Wechselausstellungen im Pavillon an der Weichsel. ▪ S. 75 und 101

Museum der Johannes-Paul-II.-Sammlung: Werke von Dürer, Rembrandt, Caravaggio, Gainsborough oder Van Dyck, leider etwas angestaubt präsentiert. ▪ S. 87

Karikaturenmuseum: Auch gekritzelt und gezeichnet offenbart sich der berüchtigte polnische Humor. ▪ S. 91

Nationale Kunstgalerie Zachęta: Polens erste Adresse für zeitgenössische Kunst, viele Augen öffnende oder gar verstörende Wechselausstellungen. ▪ S. 92

Puppenhaus-Museum: Beeindruckende Sammlung an Puppenhäusern und -zimmern aus verschiedenen Epochen und zu verschiedenen Themen. ▪ S. 104

Alte Orangerie: Königliche Skulpturengalerie und höfisches Theater. ▪ S. 149

Palais auf der Insel: Mischung aus prunkvollem Badehaus und Palast, einst für Könige und Prinzen, heute ein Museum für Besucher aus aller Welt. ▪ S. 151

Zentrum für Zeitgenössische Kunst: Eines der bedeutendsten polnischen Zentren für Avantgarde, von bildender Kunst, Videoinstallationen, Musik und Theater bis Kino. ▪ S. 153

Neon-Museum: Geheimtipp! Zu sehen ist eine beständig wachsende Zahl an alten Neonschriftzügen und Reklamen aus Warschau. ▪ S. 166

Plakatmuseum: Die polnischen Plakatkünstler gehören zur Weltspitze. Es werden aber auch Plakate aus allen Teilen der Welt gezeigt. ▪ S. 186

Wilanów-Palais: Eines der ältesten Museen Polens zeigt die barocken und klassizistischen Gemächer im früheren Königsschloss im Süden der Stadt. ▪ S. 188

Sport und Jagd

Jagd- und Reitermuseum: Nur für Pferdenarren und Jagdbegeisterte einen Besuch wert. ▪ S. 156

Sport-/Tourismus-Museum: Fotos, Ausrüstungen und private Erinnerungsstücke polnischer Olympioniken und Sportstars. ▪ S. 181

Im Königsschloss

Alle Restaurants

Sterneküche

Atelier Amaro (Trakt Królewski) Moderne polnische Küche mit „Momenten" statt Gängen. ▪ S. 65

Tamka 43 (Powiśle) Der Chefkoch hat im Kopenhagener Noma sein Handwerk gelernt. ▪ S. 80

Senses (Park Saski) Warschaus neuestes Sternerestaurant, französischitalienischer Chefkoch. ▪ S. 94

Altpolnisch, urig, deftig

Kamienne Schodki (Stare Miasto) Stimmungsvolles Restaurant, berühmt für seine Ente. ▪ S. 39

U Barssa (Stare Miasto) Eines der besseren Restaurants in der Altstadt. ▪ S. 40

Café Zamek (Stare Miasto) Schlossrestaurant mit vielen Wildgerichten wie Fasan oder Hirsch. ▪ S. 40

Bazyliszek (Stare Miasto) Portionen zum Sattwerden, wie z. B. das Riesenschnitzel. ▪ S. 40

Polka (Stare Miasto) Tolle Einrichtung, weniger toller Service. ▪ S. 40

Gospoda Kwiaty Polskie (Stare Miasto) Mit das beste Preis-Leistungs-Verhältnis in der Altstadt. ▪ S. 40

U Fukiera (Stare Miasto) Ländliche Gerichte in etwas snobistischer Umgebung. ▪ S. 39

Honoratka (Nowe Miasto) Schon Chopin war im 1826 eröffneten Restaurant Stammgast. ▪ S. 53

Dawne Smaki (Trakt Królewski) Rehtatar und Ähnliches, schöner Garten. ▪ S. 65

Literatka (Trakt Królewski) Urig-gemütliches Restaurant mit altpolnischer Küche. ▪ S. 65

folk gospoda (Śródmieście Północne) Karczma (dt. Schänke), Kellner in Tracht, viele Wildgerichte. ▪ S. 128

Pod Czerwonym Wieprzem (Śródmieście Północne) Lobpreis dem Sozialismus, deftige Küche. ▪ S. 128

U Szwejka (Śródmieście Południowe) Anti-Diät-Küche, Kellner in Tracht. ▪ S. 141

Karczma u Dedka (Praga) Kellner in Tracht, Holzmöbel, urige Küche. ▪ S. 171

Kuźnia Kulturalna (Wilanów) Wildgerichte, aber auch mediterrane Gerichte und Fisch. ▪ S. 190

Wilanów (Wilanów) Viele Wildgerichte. ▪ S. 190

Polnisch

Bistro Warszawa (Stare Miasto) Relativ leichte polnische Küche, leckere Salate. ▪ S. 39

Zapiecek (Stare Miasto) Viele Fleischgerichte, aber auch Glutenfreies. ▪ S. 40

La Rotisserie (Nowe Miasto) Edles Hotelrestaurant mit preisgekröntem Chefkoch. ▪ S. 53

Fret@Porter (Nowe Miasto) Neue polnische Küche in schön eingerichtetem Restaurant. ▪ S. 53

Freta 33 (Nowe Miasto) Mediterrane und polnische Fusionsküche. ▪ S. 53

Ale Gloria (Trakt Królewski) Luxusrestaurant, ungewöhnliche Inneneinrichtung. ▪ S. 65

Pod Gigantami (Trakt Królewski) Bei Diplomaten beliebtes Luxusrestaurant, polnische und europäische Klassiker. ▪ S. 65

Specjały regionalne (Trakt Królewski) Gerichte aus den verschiedensten Teilen Polens. ▪ S. 65

Endorfina Foksal (Powiśle) Luxusrestaurant mit polnischer und internationaler Küche, großer Garten. ▪ S. 80

Studio Buffo (Powiśle) Restaurant im Theater, Schauspieler als Stammgäste. ▪ S. 80

Strefa (Śródmieście Północne) Luxusrestaurant, mehrmals unter die 100 besten in Polen gewählt. ▪ S. 128

Florian (Śródmieście Północne) Moderne Interpretationen polnischer Küche. ▪ S. 128

Dyspensa (Śródmieście Południowe) Edles, aber gemütliches Restaurant. ▪ S. 141

Soul Kitchen (Śródmieście Południowe) Polnische Küche mit Herz und Seele. ▪ S. 141

Grand Kredens (Śródmieście Południowe) Solide polnische Küche, kreative Inneneinrichtung. ▪ S. 140

Ćma (Śródmieście Południowe) Im rund um die Uhr geöffneten „Nachtfalter" treffen sich die jungen Reichen und Stars der Hauptstadt. ▪ S. 141

Different (Śródmieście Południowe) Wohltätiges Non-Profit-Restaurant mit blinden Kellnern und Essen im Dunkeln. ▪ S. 142

Im Grand Kredens

Qchnia artystyczna
(Łazienki) Schlichte Eleganz, einfallsreiche Küche, schöne Terrasse. ■ S. 154

Belvedere (Łazienki) Luxusrestaurant, in der Orangerie im Park. ■ S. 155

Różana (Łazienki) Sympathisches, nicht zu teures Luxusrestaurant, tolle Küche. ■ S. 155

Warszawa Wschodnia (Praga) Edel, offene Küche, rund um die Uhr geöffnet. ■ S. 171

Restauracja Spotkanie (Żoliborz) Typische polnische Fleisch- und Fischgerichte. ■ S. 183

Asiatisch

Cô Tú (Trakt Królewski) Vietnamesische Bar, Kult! ☐ S. 66

Cesarski Pałac (Park Saski) Fernöstliche Leckereien, mongolischer Grill. ■ S. 94

Thai Thai (Park Saski) Edles, recht teures Thai-Restaurant. ■ S. 94

spring roll (Centrum) Bester Vietnamese der Stadt, leckere frische Frühlingsrollen. ■ S. 107

Mittel- und osteuropäisch

Babooshka (Trakt Królewski) Russische Küche, georgische Limo, moldawischer Wein und ukrainisches Bier. ■ S. 65

Kamanda Lwowska (Powiśle) Ukrainisches Restaurant, Ungewöhnliches wie Pferde-Tatar. ■ S. 80

Borpince (Centrum) Ungarisches Kellerrestaurant, gute Weinkarte ■ S. 107

Skamiejka (Praga) Russische Küche, sehr herzliche Besitzerin. ■ S. 171

Israelisch, jüdisch, orientalisch

Mazal Tov (Stare Miasto) polnisch-jüdische und israelische Küche. ■ S. 40

Pod Samsonem (Nowe Miasto) Warschaus ältestes jüdisches Restaurant. ■ S. 53

Shipudei Berek (Park Saski) Beliebtes israelisches Bistro mit Grillbar, 3-Gänge-Lunch, Frühstück. ■ S. 94

tel-aviv (Śródmieście Południowe) Super Hummus, viele vegetarische Gerichte, Frühstück ganztags. ■ S. 141

BeKef (Śródmieście Południowe) Wenige Tische, Streetfood aus Israel und Nahost. ■ S. 141

Kuchnia Konfliktu (Śródmieście Południowe) Gemeinnütziges Projekt mit Migranten und Flüchtlingen als Köche. ■ S. 142

Le Cedre (Praga) Libanesisches Restaurant, viele vegetarische Gerichte. ■ S. 171

Italienisch, französisch

Dziurka od Klucza (Powiśle) Italienisch und mediterran, Schwerpunkt auf Meeresfrüchten und selbstgemachter Pasta. ■ S. 80

Michel Moran (Park Saski) Luxusrestaurant mit französischen Klassikern. ■ S. 94

St. Antonio (Park Saski) Italienisches Ristorante, Terrasse zum Park hin. ■ S. 95

Saint Jacques (Śródmieście Północny) Französisches Bistro, gute Weinkarte. ■ S. 128

La Tomatina (Śródmieście Południowe) Trattoria mit hausgemachter Pasta. ■ S. 141

Mexikanisch, Steaks

El Popo (Park Saski) Chili, Fajita, Enchiladas, Quesadillas, Tacos & Co. ■ S. 95

butchery and wine (Śródmieście Południowe) Sehr gute Steaks und sehr guter Wein. ■ S. 141

Vegetarisch, vegan

Veg Deli (Powiśle) Vegetarisches Restaurant, raffinierte Kreationen. ■ S. 80

Vega (Śródmieście Północne) Bar mit frischen Salaten und vegetarischen Menüs. ■ S. 128

kroWARZYWA (Śródmieście Południowe) Fleischloses, aber ungesundes Streetfood. ■ S. 142

Fisch und Sushi

Kiku (Park Saski) Vielleicht die beste Sushibar Warschaus, auf jeden Fall die schönste. ■ S. 94

Sushi Zushi (Śródmieście Południowe) Eine der besten Sushibars. ■ S. 141

Grillrestaurants

Przystań (Praga) Am See gelegen, Fleisch, Forelle und Lachs vom Grill. ■ S. 171

Grill Pod Kasztanem (Wilanów) Grillfleisch und -fisch im Garten. ■ S. 190

Bistros, einfache Lokale

Wilczy Głód (Śródmieście Południowe) Lokale, saisonale und vegetarische Gerichte. ■ S. 141

Przegryź sobie coś pysznego (Śródmieście Południowe) Suppen, Pierogi, einfache Gerichte. ■ S. 141

Flambeeria (Śródmieście Południowe) Leckere Flammkuchen in vielen Variationen. ■ S. 142

Retro Praga (Praga) Kutteln, Aspikgerichte, Pierogi. ■ S. 171

Frühstück, Brunch

Vincent (Trakt Królewski) Patisserie mit duftenden Croissants, ab 6.30 Uhr geöffnet. ■ S. 66

SAM (Powiśle) Eigenes Brot, mehrfach zu Warschaus bestem Frühstückslokal gewählt. ■ S. 80

Między Słowami (Centrum) Frühstück unter der Woche ab 7.30 Uhr, ruhiger Innenhof. ■ S. 108

między nami (Centrum) Frühstück und Lunch. ■ S. 108

Menora (Śródmieście Północne) Französisches und israelisches Frühstück ganztags. ■ S. 129

Jaś i Małgosia (Śródmieście Północne) Kultort, ein „Märchen für Erwachsene" mit Frühstück und Mittagstisch. ■ S. 129

Cafe Próżna (Śródmieście Północne) Kleine Frühstücksauswahl, guter Kaffee. ■ S. 129

Charlotte (Śródmieście Południowe) Bäckerei, Frühstück ganztags. ■ S. 143

Niezłe Ziółko (Śródmieście Południowe) Schön eingerichtetes Bistro. ■ S. 142

Filtry (Śródmieście Południowe) Warschaus bester Kaffee, Kuchen, aber kein Frühstück. ■ S. 142

St. Praga (Praga) Frühstück, Brunch, Lunch. ■ S. 172

Mucha nie siada (Praga) Drei Frühstücke zur Auswahl, Bistrogerichte. ■ S. 172

Prochownia Żoliborz (Żoliborz) Wechselnde Gerichte in ehemaligem Fort mitten im Park. ■ S. 183

Milchbars, Pierogarnie

Bar Familijny (Trakt Królewski) Milchbar mit langer Geschichte. ■ S. 66

Bambino (Śródmieście Południowe) Eine der bei Warschauern und Touris beliebtesten Milchbars. ■ S. 141

U Kresowiaka (Śródmieście Południowe) Einfache Gerichte der ostpolnischen Küche wie Pierogi und Pielmeni. ■ S. 142

Bar Ząbkowski (Praga) 50 Jahre Tradition, Kult! ■ S. 171

Streetfood

ManGo (Powiśle) Veganes Streetfood. ■ S. 81

Plac Zabaw (Powiśle) Streetfood für Nachtschwärmer am Weichselufer. ■ S. 81

Nocny Market (Centrum) Imbisswagen für Nachtschwärmer, von Burger bis Tintenfisch. ■ S. 108

Hala Gwardii (Śródmieście Północne) Markthalle für lokale und Öko-Produkte mit vielen Essensständen. ■ S. 128

Pyzy Flaki Gorące (Praga) Deftiges wie Kutteln und Klößchen. ■ S. 171

Eingang der Universitätsbibliothek

In Warschau wird hart gearbeitet, aber auch hart gefeiert. Typisch für Polen sind Lokale, die ihre Funktion je nach Tageszeit ändern: tagsüber Café oder Bistro, abends Restaurant oder Kneipe, werden sie in der Nacht zum Club. Eine weitere Besonderheit sind die rund um die Uhr geöffneten Bars, in denen man zum Wodka kleine Snacks bekommt. Sprich: In Warschau wird schon der Tag zur Nacht gemacht. Im Folgenden eine Kurzübersicht, ausführliche Infos gibt es in den einzelnen Touren.

Wodkabars

Pijalnia Wódki (Tour 3) Kurze und weitere Getränke für 1 €, als Grundlage Snacks wie Würstchen oder Bigos für 2 €. ■ S. 66

ojczysta czysta (Tour 3) Bar mit Wodka und Bier für 1–2 €, polnische Snacks für 2 €. Etwas eleganter als die anderen Wodkabars. ■ S. 66

Pijana Wiśnia (Tour 3) Ukrainische Bar, in der man Kirschwodka in vielen Varianten bekommt. ■ S. 66

Craft Beer

Drugie Dno (Tour 8) Mehr als 50 Sorten Craft Beer zum Ausprobieren. ■ S. 143

Cocktails & Wein

Wine Bar Mielżyński (Tour 7) Bei Mielżyński treffen Warschaus Weinkenner auf die Schönen und Reichen der Metropole. ■ S. 129

Foton Bar (Tour 8) Einrichtungsmäßig ein Cybergarten, die Cocktails werden extrem gut gemixt. ■ S. 143

In der Foton Bar gibt's gute Cocktails

Kraken Rum Bar (Tour 8) Sehr beliebte Cocktailbar, in der es auch Meeresfrüchte zu essen gibt. ■ S. 143

Kneipen und Clubcafés zum Plaudern

Pod Baryłką (Tour 4) Typische Eckkneipe, wie es sie in Deutschland leider immer seltener gibt. ■ S. 81

Klubokawiarnia resort (Tour 5) Nettes Clubcafé mit einer Einrichtung aus recycelten Einkaufswagen, Büchern und Klopapierrollen. ■ S. 95

między nami (Tour 6) Mischung aus Café und Club: Das deutsche Magazin PolenPlus entdeckte hier das „Lebensgefühl des stilvollen Warschaus". ■ S. 108

Hard Rock Cafe Warsaw (Tour 6) Mischung aus Burgern und Rockmusik, wie in anderen Städten auch. ■ S. 108

Charlotte (Tour 8) Beliebte Boulangerie und französische Weinbar, schöner ist es auch am Montmartre nicht. ■ S. 143

Znajomi Znajomych (Tour 8) Gute Cocktails, entspannte Inneneinrichtung. ■ S. 143

Miejsce Chwila (Tour 8) Sympathische Kneipe mit einer an die Wand gemalten Oma. ■ S. 143

Bazar (Tour 10) Inmitten von industriellem Schick werden hier Tage und Nächte durchgefeiert. ■ S. 172

Centrum Zarządzania Światem (Tour 10) „Humor, Musik, Geschmack" lautet das Motto im „Zentrum zur Beherrschung der Welt". ■ S. 172

Spätes Essen

Nocny Market (Tour 6) Streetfood für Nachtschwärmer vom Hamburger über Tintenfisch bis zum Donut. ■ S. 108

Ćma (Tour 8) Im rund um die Uhr geöffneten „Nachtfalter" treffen sich die jungen Reichen und Stars der Hauptstadt. ■ S. 141

Warszawa Wschodnia (Tour 10) Rund um die Uhr geöffnetes Restaurant, in dem Startupler auf die Warschauer mit dickem Portemonnaie treffen. ■ S. 171

Alternative Kneipen und Clubs

Pawilony (Tour 3) Diverse Kneipen und Clubs in den Pavillons, von denen die meisten schon tagsüber geöffnet haben. ■ S. 66

Warszawa Powiśle (Tour 4) Ein alter runder Fahrkartenschalter, ein paar Liegestühle davor und ein Plattenspieler. ■ S. 81

Chłodna 25 (Tour 7) Manager- und tourifreies Zentrum der Gegenkultur. ■ S. 129

GaleriaClub (Tour 7) Einer der beliebtesten Homoclubs der Stadt, Treffpunkt vieler Crossdresser, Drag Queens und feierwütiger Heten. ■ S. 129

Plan B (Tour 8) Unkomplizierter Club, gute DJ-Sets. ■ S. 143

Łysy Pingwin (Tour 10) Die Kneipe, die Pragas Ruf als Zentrum des außergewöhnlichen Nachtlebens begründet hat. ■ S. 172

W Oparach Absurdu (Tour 10) Auf Kinostühlen oder Sofas sitzend, kann man alte Radios und Fotos betrachten, Freejazz hören und sich an den „Schwaden des Absurden" erfreuen. ■ S. 172

Skład Butelek (Tour 10) Kein Club, keine Kneipe, sondern ein Ort der Begegnung lautet das Motto. ■ S. 172

Hydrozagadka (Tour 10) Alternativer Club mit großem Konzertsaal im roten Ziegelgemäuer. ■ S. 173

Offside (Tour 10) Kneipe mit Graffiti, Punk und Dubstep. ■ S. 173

Clubs zum Tanzen

Klubokawiarnia (Tour 5) Eng und schwitzig wird es eigentlich immer, egal ob R&B, Disco oder House aufgelegt wird. ■ S. 95

Enklawa (Tour 5) Ziemlich strenge Türsteher, ohne Hemd und elegante Schuhe läuft nichts. ■ S. 95

Sketch Nite (Tour 5) Über 3 Ebenen erstreckt sich der 2016 wahrscheinlich beliebteste Club der Stadt. ■ S. 95

Club Mirage (Tour 6) Techno, Hits oder Disco Polo auf einer Tanzfläche im Kulturpalast. ■ S. 108

Klub Dekada (Tour 8) Ladies Nights mit Soul-Hits, Oldies aus der Funk-Ära und 80er-Pop wie Abba. ■ S. 143

Jazzclubs, Musicals, Kultur

Akwarium (Tour 3) Jazzkonzerte und Cocktails im Pavillon und auf dem Platz rundherum. ■ S. 66

Tygmont (Tour 5) Einst ein sehenswerter Jazzclub, inzwischen leider nur noch Disco. ■ S. 95

Café Kulturalna (Tour 6) Künstlercafé der Warschauer Intelligenz im Kulturpalast. ■ S. 108

barStudio (Tour 6) Klubokawiarnia mit „gesellschaftlich-kulturell-politischen Ambitionen". ■ S. 108

12on14 (Tour 8) Warschaus bester Jazzclub. ■ S. 143

Teatr Roma (Tour 8) Musicaltheater mit Produktionen wie Cats, Phantom der Oper oder Tanz der Vampire. ■ S. 143

Clubschiffe

Plac Zabaw (Tour 4) Streetfood, Cocktails und Bier von den Hütten am Weichselufer. ■ S. 81

BarKa (Tour 4) Entspannte Atmosphäre in lauen Sommernächten auf einer zum Club umfunktionierten Fähre. ■ S. 81

Sen Nocy Letniej (Tour 4) Einen Sommernachtstraum (so die Übersetzung) kann man hier bei Livekonzerten und DJ-Partys auf dem Clubschiff erleben. ■ S. 81

Strände

temat:rzeka (Tour 10) Konzerte, Abhängen, Kultur, Sport und ein unendliches Sommergefühl an Warschaus beliebtestem Weichselstrand. ■ S. 173

La Playa (Tour 10) Strand mit Beachvolleyball, Strandkörben, Grill, Cocktailbar, Strandpartys. ■ S. 173

Warnung!

An mehreren Stellen der Stadt versuchen den ganzen Tag über Mädchen und Jungs Touristen zum Besuch in einem „Stripclub" zu überreden, die ihren Namen häufig wechseln. Sie gehen dabei sehr hartnäckig vor. Geben Sie auf keinen Fall nach! In den Schuppen einer polenweiten Kette wird man ausgenommen, von Kreditkarten wurden vier- bis siebenstellige Summen (sic!) abgebucht. Laut Aussagen der Geschädigten sollen Gästen systematisch Drogen verabreicht werden, die sie willenlos machen. In der Breslauer Filiale erschlug ein Türsteher sogar einen Gast. Falls Sie sich jetzt (wie auch die Polen) fragen werden, warum die Clubs nicht geschlossen werden: Der Krakauer Besitzer soll den Gerüchten nach beste Kontakte zu Polizei, Staatsanwaltschaft, Kirche und Politik haben.

Kompakt Alle Shopping-Adressen

Mode, Schuhe, Schmuck

Pracownia Krawiecka Józefa Błońskiego (Stare Miasto) Maßgeschneidertes für Sie und Ihn. ■ S. 41

metal GALERIA (Stare Miasto) Erschwinglicher Schmuck, auch Bernstein. ■ S. 41

Vitkac (Trakt Królewski) Luxusmode und teure Designerstücke. ■ S. 66

Marta Ruta Hats (Powiśle) Ungewöhnliche Hüte und Mützen. ■ S. 81

Femi Pleasure (Powiśle) Farbenfrohe und sportliche Warschauer Mode für aktive Frauen. ■ S. 81

SANS (Powiśle) Bezahlbare Warschauer Frauendesignermode. ■ S. 81

Uashmama (Powiśle) Designertaschen aus der Toskana. ■ S. 81

Andrzej Zaręba Pracownia (Powiśle) Damen- und Herrenhüte in verschiedensten Formen und Farben. ■ S. 81

Risk made in Warsaw (Centrum) Bezahlbare Frauendesignermode in Grau, Khaki oder Weiß. ■ S. 108

Pracownia Obuwia Jan Kielman i Syn (Centrum) Familienunternehmen für maßgefertigte Schuhe. ■ S. 108

Tabanna (Centrum) Farbenfrohe Frauendesignermode aus Warschau. ■ S. 109

Złote Tarasy (Centrum) Konsumtempel mit mehr als 200 Geschäften. ■ S. 109

Reykjavik District (Śródmieście Północne) Hip-elegante Herrenmode eines aus Island nach Warschau gezogenen Designers. ■ S. 129

Butik Ani Kuczyńskiej (Śródmieście Południowe)

Mode der renommierten Warschauer Designerin. ■ S. 143

QпШ (Śródmieście Południowe) Polnische Designermode für sie und ihn. ■ S. 143

good mood (Śródmieście Południowe) Schicke, aber unkomplizierte Frauenmode. ■ S. 143

Mokotowska 48 (Śródmieście Południowe) Boutiquen und Showrooms angesagter polnischer Modedesigner. ■ S. 143

Antiquitäten, Vintage

Lapidarium (Stare Miasto) Jacek Kiliński – die Antiquitäten haben alle eine Geschichte. ■ S. 41

Skarbiec Mennicy Polskiej (Śródmieście Północne) Welt der Münzen. ■ S. 129

ZOO Market (Praga) Flohmarkt, Vintagebasar und Designfundgrube, nur Sa/So. ■ S. 173

Die Hala Koszyki ist einer der hippsten Orte zum Shoppen und Schlemmen

Hip-elegante Herrenmode im Reykjavik District

Szuflada (Praga) Alles, was man eigentlich nicht braucht, für die Wohnung und sich selbst. ■ S. 173

Bücher, Musik

EMPiK Megastore (Trakt Królewski) Filiale von Polens großer Buchhandelskette, auch Kartenvorverkauf. ■ S. 66

Bęc Zmiana (Trakt Królewski) Kleine Buchhandlung mit Souvenirs. ■ S. 66

side one (Centrum) Plattenladen mit interessanten Vinyls für DJs und Sammler. ■ S. 109

Księgarnia Art Bookstore (Łazienki Królewskie) Kunstkataloge und Alben, aber auch Souvenirs. ■ S. 155

Galerien

Galeria Andrzeja Mleczki (Park Saski) Von Plakaten bis Bettwäsche – alles mit Motiven des Karikaturisten. ■ S. 95

Galeria Napiórkowska (Śródmieście Północne) Werke junger und arrivierter polnischer Künstler, nicht ganz billig. ■ S. 129

Galeria Velt (Śródmieście Północne) Schöne Designerlampen und Glaswaren. ■ S. 129

Nizio Gallery (Praga) Junge, noch unbekannte Warschauer Künstler, auch Möbel und Leuchten. ■ S. 173

Feinkost von süß bis salzig

Pożegnanie z Afryką (Nowe Miasto) Zahllose Kaffeesorten, dazu Kunst und Schmuck. ■ S. 53

Hala Koszyki (Śródmieście Południowe) Markthallen mit Bars und Geschäften. ■ S. 143

Targ Śniadaniowy (Żoliborz) Frühstücksmarkt mit vielen Ständen und Biolebensmitteln. ■ S. 183

Kunsthandwerk, Souvenirs

PolArt (Stare Miasto) Folkloristisches Kunsthandwerk aus ganz Polen. ■ S. 41

Galeria Plakatu (Stare Miasto) Polnische Plakatkunst auf höchstem Niveau. ■ S. 41

Chrum.com (Powiśle) T-Shirts mit Warschau-Motiven oder polnischen Wortspielen. ■ S. 81

Chopin Store (Powiśle) Chopin-Andenken und -Bücher, auch hochwertige Souvenirs. ■ S. 81

Spod Lady (Centrum) Souvenirs, die das sozialistische Polen augenzwinkernd abfeiern. ■ S. 109

Cepelia (Centrum) Polnisches Kunsthandwerk, schöne Mitbringsel. ■ S. 109

Las Rąk (Centrum) Handgemachte Souvenirs und ein netter Besitzer. ■ S. 109

Sklep muzealny (Śródmieście Północne) Museumsladen im Historischen Museum der Polnischen Juden. ■ S. 129

Galeria Grafiki i Plakatu (Śródmieście Południowe) Polnische Kunstplakate. ■ S. 143

Pan tu nie stał (Śródmieście Południowe) Ostalgischer Laden mit T-Shirts und mehr. ■ S. 143

Galeria Klitka (Praga) Fotostudio, kleine Schmuckboutique, Galerie samt Café. ■ S. 173

Sklep w Muzeum (Wilanów) Plakate, Plakate und noch mehr Plakate. ■ S. 190

Kindersachen

Smyk (Centrum) Paradies für Spielzeug, Plüschtiere, Bekleidung und Spiele. ■ S. 108

Etwas Polnisch

Aussprache

Die Aussprache ist sicher nicht einfach für deutsche Zungen, die weniger aufwändige Bewegungen gewohnt sind. Was aber auf dem Papier
nach unaussprechlich aussieht,
klingt beim Hören oft schon viel
machbarer. Viele Buchstaben haben
denselben Laut wie im Deutschen,
die Ausnahmen sind im Folgenden
angegeben.

Betonung fast ausnahmslos auf der vorletz-
ten Silbe. Also nicht Hotél, sondern hoṭel
und nicht **Au**tobus, sondern autóbus.

ą	wie französisch Gr**and**-Prix
c	wie **Z**oo
ć	wie Hän**dch**en
ę	wie französisch Cous**in**
h	wie Ba**ch**

ł	wie **W**estern [swoty] ≠ słoty !
ń	wie französisch Ko**gn**ak
ó	wie **u** (Kraków = Krakuff)
s	immer wie da**ss** (stimmloses S)
ś	wie e**ch**t
y	wie h**i**ndern
z	wie **S**onne (stimmhaftes S)
ź	zwischen stimmhaftem S und Sch
ż	wie französisch **G**endarm
ch	immer wie Kra**ch**
cz	wie **tsch**üs
sz	wie **Sch**ule
rz	→ ż
dż	wie **Dsch**ungel
dź	weicher als dż
dz	in etwa wie **Z**oll

Wortschatz

Basis

Ja	Tak
Nein	Nie
Bitte	Proszę
Danke/vielen Dank	Dziękuję (bardzo)
Entschuldigung	Przepraszam
Ich verstehe nicht	Nie rozumiem
Sprechen Sie (Mann/Frau) Deutsch/Englisch?	Czy Pan/Pani mówi poniemiecku/ angielsku?
Gut/schlecht	Dobry/zły
Groß/klein	Duży/mały
Billig/teuer	Tani/drogi
Mehr/weniger	Więcej/mniej
Mit/ohne	z/bez
Krakau	Kraków
Deutschland/	Niemcy/
aus Deutschland	z Niemiec
Ich bin Deutscher/ Deutsche	Jestem Niemcem/ Niemką

Grüße, Fragen und Antworten

Guten Morgen/guten Tag	Dzień dobry
Guten Abend	Dobry wieczór
Gute Nacht	Dobranoc
Hallo/Tschüs	Cześć
Auf Wiedersehen	Do widzenia
Bis bald	Na razie
Ich heiße … (Vorname)	Mam na imię …
Ich heiße … (ganzer Name)	Nazywam się …
Sehr erfreut	Bardzo mi miło
Wie geht es Dir/Ihnen (Mann/Frau)?	Jak się masz/ Pan(i) ma?
(Sehr) gut	(Bardzo) dobrze

Und Dir/Ihnen (Mann/Frau)?	A ty/a Pan(i)
Gibt es ...?	Czy jest ...?
Was kostet das?	Ile to kosztuje?
Wissen Sie (Mann/Frau) ...?	Czy Pan/Pani wie ...?
Haben Sie (Mann/Frau) ...?	Czy Pan/Pani ma ...?
Ich (m/w) möchte ...	Chciałbym/chciałabym
Wo/wann	Gdzie/kiedy
Wer/was	Kto/co
Wissen Sie (Mann/Frau), wo ... ist?	Czy Pan/Pani wie, gdzie jest ...
Können Sie (Mann/Frau) mir helfen?	Czy Pan/Pani mógłby/mogłaby mi pomóc?

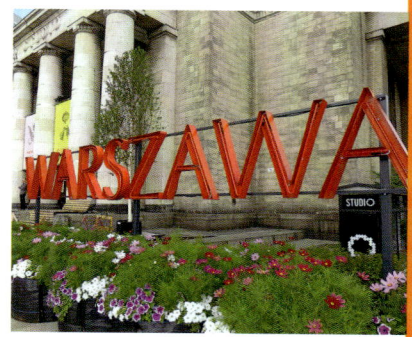

Zahlen

1/1.	Jeden/pierwszy
2/2.	Dwa/drugi
3/3.	Trzy/trzeci
4/4.	Cztery/Czwarty
5/5.	Pięć/piąty
6/6.	Sześć/szósty
7/7.	Siedem/siódmy
8/8.	Osiem/ósmy
9/9.	Dziewięć/dziewiąty
10/10.	Dziesięć/dziesiąty
20	Dwadzieścia
50	Pięćdziesiąt
100	Sto
1000	Tysiąc

Zeit und Tage

Heute	Dziś/dzisiaj
Gestern	Wczoraj
Morgen	Jutro
Übermorgen	Pojutrze
Jetzt	Teraz
Gleich	Zaraz
Montag	Poniedziałek
Dienstag	Wtorek
Mittwoch	Środa
Donnerstag	Czwartek
Freitag	Piątek
Samstag	Sobota
Sonntag	Niedziela

Monate

Januar	Styczeń
Februar	Luty
März	Marzec
April	Kwiecień
Mai	Maj
Juni	Czerwiec
Juli	Lipiec
August	Sierpień
September	Wrzesień
Oktober	Październik
November	Listopad
Dezember	Grudzień

Unterwegs

Ich (m/w) möchte ein Auto mieten	Chciałbym/Chciałabym wynająć samochód
Tankstelle	Stacja benzynowa
Benzin	Benzyna
Diesel	Diesel
Wo kann man parken?	Gdzie można zaparkować?
Autobus	Autobus
(Bus-) Bahnhof	Dworzec (autobusowy)
Haltestelle	Przystanek

Fahrkarte	Bilet
Einfach/hin und zurück	W jedną stronę/ tam i z powrotem
Abfahrt	Odjazd
Ankunft	Przyjazd
Ich (m/w) möchte in der Nähe von ... aussteigen.	Chciałbym/Chciałabym wysiąść w pobliżu ...
Ich suche ...	Szukam ...

Übernachten & Essen

Haben Sie ...?	Czy mają Państwo ...?
... ein freies Doppel- (Einzel-)Zimmer	wolny pokój dwu- ... (jedno)osobowy
... für eine Nacht/Woche	... na jedną noc/ jeden tydzień
... mit Dusche/Bad	... z prysznicem/ łazienką
... mit Frühstück	... ze śniadaniem
Guten Appetit!	Smacznego!
Prost!	Na zdrowie!
Die Rechnung bitte!	Rachunek poproszę!
Ich (m/w) würde gerne zahlen	Chciałbym/ chciałabym zapłacić

Stimmt so	Zgadza się/Dziękuję
Ich bin Vegetarier/ Veganer	Jestem wegetarianinem/ weganem
Ich bin „Fisch-Esser" (Vegetarier, der Fisch isst)	Jestem jaroszem
Welche Gerichte sind vegetarisch/fleischlos?	Które danie są wegetariańskie/ bezmięsne?
Ist dieses Gericht vegetarisch/fleischlos?	Czy to danie jest wegetariańskie/ bezmięsne?

Notfall

Arzt	Lekarz
Zahnarzt	Stomatolog/dentysta
Krankenhaus	Szpital
Apotheke	Apteka
Unfall	Wypadek
Verletzung	Zranienie
Ich habe hier Schmerzen	Boli mnie tutaj
Ich benötige dringend einen Arzt	Pilnie potrzebuję lekarza
Polizei	Policja

Polnisch lernen

Nicht umsonst gilt Polnisch als eine schwer zu erlernende Sprache. Hat man jedoch die Anfangsschwierigkeiten überwunden, stellt sich mit dem Erfolg die Befriedigung ein, es geschafft zu haben. Polen belohnen diese Bemühungen mit großem Respekt. Laut einer landesweiten Umfrage bewegt nichts so sehr das Herz eines Polen, wie ein Ausländer, der diese schwierigste slawische Sprache gemeistert hat.

Viele Volkshochschulen in Deutschland bieten Polnisch-Kurse an, für das Selbststudium sind die Lehrbücher aus dem Pons Verlag oder das Lehrwerk Witaj Polsko! sehr gut geeignet. Noch mehr Spaß macht aber sicher ein Sprachkurs vor Ort:

Centre for Polish Studies: private Sprachschule mit gutem Ruf. 30x90 Min. individuell kosten etwas weniger als 1.000 €, es gibt auch einjährige Intensivkurse mit tägl. Unterricht Mo–Fr für 1.900 EUR. Ul. Grażyny 15, ☎ 22-8261904, www. learnpolish.edu.pl.

Centrum Języka Polskiego: private Sprachschule mit regelmäßigen Kursen, auch Vorbereitung auf die staatlichen Prüfungen. 2-Wochen-Intensivkurs ca. 350 €. Ul. Smolna 38, ☎ 22-6269671, www.cjp.pl.

Klub Dialogu: Individualunterricht und Kurse anhand der „Direkten Methode" mit eigenem Lehrwerk. 30-Stunden-Individualkurs 660 €. Al. Jerozolimskie 55, ☎ 664-788004 (mobil), www.learnpolishinwarsaw.pl.

Auf dem Altmarkt

Verzeichnisse

Kartenverzeichnis und Zeichenerklärung

Übersicht Warschau   vordere Umschlagklappe
Schienennetz Warschau   hintere Umschlagklappe

Übernachten in Warschau   248/249
Tour 1:   Stare Miasto   27
Tour 2:   Nowe Miasto   47
Tour 3:   Trakt Królewski   56/57
Tour 4:   Mariensztat und Powiśle   70/71
Tour 5:   Park Saski   85
Tour 6:   Centrum   100/101
Tour 7:   Śródmieście Północne
          (Nördliche Innenstadt)   112/113
Tour 8:   Śródmieście Południowe
          (Südliche Innenstadt)   132/133
Tour 9:   Łazienki   147
Tour 10: Praga   160/161
Tour 11: Żoliborz   177
Tour 12: Wilanów   187

Hauptstraße
Sonstige Straße
Fußweg
Rundgang Anfang/Ende

Name — Straßenbahnlinie u. Haltestelle
Name B — Eisenbahn mit Bahnhof
Grünanlage
Friedhof
jüdischer Friedhof
Fußgängerzone
Information
Sehenswürdigkeit
Museum
Kirche
Synagoge
Denkmal
Zoo
Supermarkt
Parkhaus/Parkplatz

Warschau im Kasten

Gemalter Phönix aus der Asche   26
Warschaus kleinstes Haus   50
Eine Palme für Warschau   58
Geld macht nicht glücklich,
  po warszawsku   72
Wenn viele arbeiten,
  damit eine lächelt ...   84
Licht und Schatten   102
Sendlerowas Liste   116
Wo kleine Barbaras aus der
  Hand fressen   156
„Mama, lass uns die Bären
  trösten gehen!"   163

Wie eine große Idee an einem
  kleinen Baum scheiterte   176
Ein neues Wahrzeichen für Warschau   186
Bunte Träume von Warschau   210
Das multikulturelle Warschau   212
Zwischen Kreativkitsch
  und Küchenkunst   220
Von Bauarbeiten, neuer Linienführung,
  geschlossenen Haltestellen ...   237
Was lange währt, fährt endlich gut   238
Von Italien nach Prag in 30 Minuten   243
Graues Warschau? Grünes Warschau!   256

▼ Kartenausschnitte im Buch

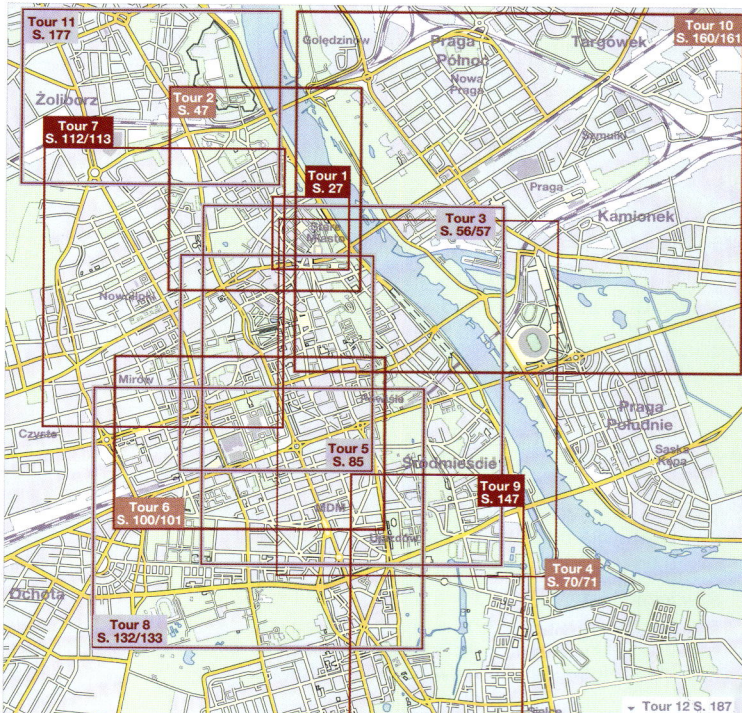

Fotoverzeichnis

Alle Fotos: Magdalena Niedzielska-Szurmant, außer: **Jan Szurmant:** 8, 14, 16, 30, 32, 41, 45, 46, 48, 53, 58, 61, 65, 68, 75, 77, 78, 104, 106, 119, 120, 122, 125, 130, 137, 140, 149, 156, 162, 165, 167, 169, 170, 172, 173, 179, 182, 186, 188, 194, 195, 196 (oben und unten), 198, 211, 216, 218, 231, 234, 235, 236, 238, 241, 258, 259, 261, 263, 265, 266, 268, 269

Magdalena und Jan fotografieren mit Pentax K-1 II und KP.

Impressum

Text und Recherche: Magdalena Niedzielska-Szurmant, Jan Szurmant | **Lektorat:** Sabine Senftleben | **Redaktion:** Johanna Prediger | **Layout:** D&M Services GmbH: Jana Locker, Mirko Graf | **Karten:** Hans-Joachim Bode, Carlos Borell, Judit Ladik | **Covergestaltung:** Karl Serwotka | **Covermotive:** vorne: Altstadthäuser, hinten: Wilanów-Palais (beide Magdalena Niedzielska-Szurmant).

🌿 nachhaltig, ökologisch, regional

Was haben Sie entdeckt?

In welcher Unterkunft haben Sie sich wohlgefühlt, in welcher Karczma war es am urigsten, in welchem Restaurant am feinsten? Wenn Sie Tipps, Anregungen oder Verbesserungsvorschläge zum Buch haben, lassen Sie es uns gerne wissen!

Schreiben Sie an: Magdalena Niedzielska-Szurmant/Jan Szurmant, Stichwort „Warschau" | c/o Michael Müller Verlag GmbH | Gerberei 19, D – 91054 Erlangen | niedzielska.szurmant@michael-mueller-verlag.de

Die in diesem Reisebuch enthaltenen Informationen wurden von den Autoren nach bestem Wissen erstellt und von ihnen und dem Verlag mit größtmöglicher Sorgfalt überprüft. Dennoch sind, wie wir im Sinne des Produkthaftungsrechts betonen müssen, inhaltliche Fehler nicht mit letzter Gewissheit auszuschließen. Daher erfolgen die Angaben ohne jegliche Verpflichtung oder Garantie der Autoren bzw. des Verlags. Autoren und Verlag übernehmen keinerlei Verantwortung bzw. Haftung für mögliche Unstimmigkeiten. Wir bitten um Verständnis und sind jederzeit für Anregungen und Verbesserungsvorschläge dankbar.

ISBN 978-3-95654-643-3

© Copyright Michael Müller Verlag GmbH, Erlangen 2010–2020. Alle Rechte vorbehalten. Alle Angaben ohne Gewähr. Druck: Westermann Druck Zwickau GmbH.

Newsletter

Aktuelle Infos zu unseren Titeln, Hintergrundgeschichten zu unseren Reisezielen sowie brandneue Tipps erhalten Sie in unserem regelmäßig erscheinenden Newsletter, den Sie im Internet unter **www.michael-mueller-verlag.de** kostenlos abonnieren können.

Świętokrzyski-Brücke und Weichsel bei Sonnenuntergang

Abruzzen ▪ Ägypten ▪ Albanien ▪ Algarve ▪ Algarve ▪ Allgäu ▪ Altmühltal & Fränk. Seenland ▪ Amsterdam ▪ Andalusien ▪ Andalusien ▪ Apulien ▪ Australien – Der Osten ▪ Azoren ▪ Bali & Lombok ▪ Barcelona ▪ Bayerischer Wald ▪ Berchtesgadener Land ▪ Berlin ▪ Bodensee ▪ Bornholm ▪ Bremen mit Bremerhaven ▪ Bretagne ▪ Brüssel ▪ Budapest ▪ Chalkidiki ▪ Chiemgauer Alpen ▪ Chios ▪ Cilento ▪ Comer See ▪ Cornwall & Devon ▪ Costa Brava ▪ Costa de la Luz ▪ Costa Rica ▪ Côte d'Azur – Alpes Maritimes ▪ Cuba ▪ Dolomiten ▪ Dolomiten ▪ Dominikanische Republik ▪ Dresden ▪ Dublin ▪ Düsseldorf ▪ Ecuador ▪ Eifel ▪ Elba und der Toskanische Archipel ▪ Elsass ▪ Elsass ▪ Fehmarn ▪ Florenz & Chianti ▪ Föhr & Amrum ▪ Franken ▪ Fränkische Schweiz ▪ Fränkische Schweiz ▪ Friaul-Julisch Venetien ▪ Fuerteventura ▪ Gardasee ▪ Gardasee ▪ Golf von Neapel ▪ Gomera ▪ Gran Canaria ▪ Graubünden ▪ Hamburg ▪ Harz ▪ Haute-Provence ▪ Ibiza & Formentera ▪ Irland ▪ Island ▪ Istanbul ▪ Istrien ▪ Kalabrien & Basilikata ▪ Kanada – der Westen mit Südost-Alaska ▪ Karpathos ▪ Kärnten ▪ Katalonien ▪ Kefalonia & Ithaka ▪ Köln ▪ Kopenhagen ▪ Korfu ▪ Korsika ▪ Korsika Fernwanderwege ▪ Korsika ▪ Kos ▪ Krakau ▪ Kreta ▪ Kreta ▪ Kroatische Inseln & Küstenstädte ▪ Kvarner-Bucht – Zentralkroatien, Zagreb ▪ Kykladen ▪ Lago Maggiore ▪ Lago Maggiore ▪ La Palma ▪ La Palma ▪ Languedoc-Roussillon ▪ Lanzarote ▪ Latium mit Rom ▪ Lesbos ▪ Ligurien – Italienische Riviera, Genua, Cinque Terre ▪ Ligurien ▪ Limnos ▪ Limousin & Auvergne ▪ Liparische Inseln ▪ Lissabon & Costa de Lisboa ▪ Lissabon ▪ London ▪ Lübeck inkl. Travemünde ▪ Madeira ▪ Madeira ▪ Madrid ▪ Mailand ▪ Mainfranken ▪ Mainz ▪ Mallorca ▪ Mallorca ▪ Malta, Gozo, Comino ▪ Marken ▪ Marseille ▪ Mecklenburgische Seenplatte ▪ Mecklenburg-Vorpommern ▪ Menorca ▪ Midi-Pyrénées ▪ Mittel- und Süddalmatien ▪ Montenegro ▪ Moskau ▪ München ▪ Münchner Ausflugsberge ▪ Naxos ▪ Neuseeland ▪ New York ▪ Niederlande ▪ Nord- u. Mittelengland ▪ Nord- u. Mittelgriechenland ▪ Norddalmatien ▪ Norderney ▪ Nördliche Sporaden – Skiathos, Skopelos, Alonnisos, Skyros ▪ Nordportugal ▪ Nordspanien ▪ Normandie ▪ Norwegen ▪ Nürnberg, Fürth, Erlangen ▪ Oberbayerische Seen ▪ Oberitalien ▪ Oberitalienische Seen ▪ Odenwald mit Bergstraße, Darmstadt & Heidelberg ▪ Ostfriesland – Ostfriesische Inseln ▪ Ostseeküste – Mecklenburg-Vorpommern ▪ Ostseeküste – von Lübeck bis Kiel ▪ Paris ▪ Peloponnes ▪ Pfalz ▪ Pfälzerwald ▪ Piemont & Aostatal ▪ Piemont ▪ Polnische Ostseeküste ▪ Porto ▪ Portugal ▪ Prag ▪ Provence & Côte d'Azur ▪ Provence ▪ Rhodos ▪ Rom ▪ Rügen, Stralsund, Hiddensee ▪ Rumänien ▪ Rund um Meran ▪ Sächsische Schweiz ▪ Salzburg & Salzkammergut ▪ Samos ▪ Santorini ▪ Sardinien ▪ Sardinien ▪ Schottland ▪ Schwäbische Alb ▪ Schwarzwald Mitte/Nord ▪ Shanghai ▪ Sizilien ▪ Sizilien ▪ Slowakei ▪ Slowenien ▪ Span. Jakobsweg ▪ Sri Lanka ▪ St. Petersburg ▪ Steiermark ▪ Stockholm ▪ Straßburg ▪ Südböhmen – Böhmerwald ▪ Südengland ▪ Südfrankreich ▪ Südnorwegen ▪ Südschwarzwald ▪ Südschweden ▪ Südtirol ▪ Südtoscana ▪ Südwestfrankreich ▪ Sylt ▪ Tallinn ▪ Teneriffa ▪ Teneriffa ▪ Tessin ▪ Thailand – der Norden ▪ Thassos & Samothraki ▪ Thüringen ▪ Toscana ▪ Toscana ▪ Tschechien ▪ Türkei ▪ Türkei – Lykische Küste ▪ Türkei – Mittelmeerküste ▪ Türkei – Südägäis ▪ Türkische Riviera – Kappadokien ▪ Umbrien ▪ USA – Südwesten ▪ Usedom ▪ Varadero & Havanna ▪ Venedig ▪ Venetien ▪ Wachau, Wald- u. Weinviertel ▪ Wales ▪ Warschau ▪ Westböhmen & Bäderdreieck ▪ Wien ▪ Zakynthos ▪ Zypern

Reisehandbuch   MM-City   MM-Wandern

Register

Die in Klammern gesetzten Koordinaten verweisen auf die beigefügte Warschau-Karte.

Adam-Mickiewicz-Denkmal (E4) 61
Adam-Mickiewicz-Literaturmuseum (E3) 39
Ägyptischer Tempel (F8) 146
Aigner, Christian Piotr 149
Aktion Reinhardt 195
Alkohol 19
Alte Hauptwache (G8) 153
Alte Orangerie (F8) 149
Alternative Szene 19, 266
Altmarkt (E3) 37
Altstadt (E3/4) 24
Altstadtbahn 243
Anielewicz, Mordechaj 207
Anreise 232
Antiquitäten 268
Apotheken 251
Appartements 249
Archäologisches Museum (D4) 86
Arkady Kubickiego (E4) (E4) 34
Arsenal (D4) 86
Ärztliche Versorgung 251
August II. Mocny, König 84, 230
Ausgehen 18, 266
Auslandskrankenschein 251
Aussichtsterrasse (St.-Annen-Kirche) 60
Autobahnmaut 233

Bahnhöfe 235
Bankenplatz (D4) 87
Barbakane (D3) 35
Bärengehege 163
Barock, Baustil 213
Bartoszewski, Władysław 116
Baustile 213
Bazar Różyckiego (G3) 167
Behinderte 251
Bellotto, Bernardo (Canaletto) 26
Belvedere (F8) 148
Belweder 148
Biały Domek 150
Biblioteka Uniwersytecka BUW (F4) (F4) 74
Blaues Hochhaus (D4) 87
Blaues Palais 84
Błękitny Wieżowiec (D4) 87

Blikle, Kaffeehaus 66
Bogusławski, Wojciech 90
Bolesław II., Herzog 201
Bolesław IV., Fürst 202
Bona Sforza, Königin 202
Bor-Komorowski, Tadeusz (General) 208
Botanischer Dachgarten (Universitätsbibliothek) (F4) 73
Botanischer Garten der Universität (F/G8) 146
Botschaften 252
Brama Straceń (D1) 179
Brandt, Willy 126, 209
Brühlsches Palais (D4) 82
Busbahnhöfe 235
Busse 239

Camping 250
Canaletto 26
Centrum (D6) 96
Centrum Interpretacji Zabytku (E3) 36
Centrum Nauki Kopernik (F4) 75
Centrum Olimpijskie (D1) 181
Centrum Sztuki Współczesnej (F7) 154
Chopin, Frédéric 76, 148, 192
Chopin-Konzerte 149, 193, 222
Chudy, Tomasz 137
Clubcafés 266
Clubs 19, 266
Clubschiffe 19, 267
Cmentarz Powązkowski (A3) 127
Cmentarz Żydowski (A4) 128
Corazzi, Antoni 89
Cosmopolitan, Wolkenkratzer (D5) 118
Curie, Marie 49
Cytadela Warszawska (C2) 178

Denkmal der Ghettohelden (C3) 126
Denkmal der im Osten Gefallenen und Ermordeten (C3) (C3) 52
Denkmal der polnischen Heimatarmee (F7) 80

Denkmal der Sirene (G5) 76
Denkmal des Kleinen Aufständischen (D3) 35
Denkmal des Kniefalls (C3) 126
Denkmal des Warschauer Aufstands (D4) 48
Design 20
Diana-Tempel (F8) 146
Diplomatenviertel (I5) 165
Dokumente 252
Dom Bez Kantów (E5) 63
Dom Kereta (B5) 123
Dom Partii (F6) 64
Dom Sierot (B5) 122
Dom Urodzenia Fryderyka Chopina 193
Droschkenfahrten 243
Dworzec Warszawa Centralna (Zentralbahnhof Warschau) 235

EHIC-Karte 251
Einkaufen 268
Einkaufszentren 21
Eremitage (G8) 153
Erlöserplatz (E7) 138
Ermitaż (G8) 153
Essen 16, 219, 262
Ethnografisches Museum (E5) 93
Evolutionsmuseum PAN (D6) 100

Fabryka Soho (I3/4) 166
Fabryka Wódek Koneser (G3) 170
Fähren 243
Fahrradfahren 241
Fahrradverleih 242
Faras, Sammlung 78
Feiertage 252
Ferienwohnungen 249
Festivaljahr 224
Feuerwehr 255
Filharmonia Narodowa (E5) 99
Filme 230
Filtry Lindleya (C7) 134
Flughäfen 232
Fort der Legionen (D2) 178
Foster, Norman 91

Sejm mit interessanten Flachreliefs

Fotoplastikon Warszawski (D6) 137
Fragmenty murów getta (C6) 107
Frédéric-Chopin-Denkmal (F8) 148
Frédéric-Chopin-Museum (F5) 76
Fundbüros 252

Gagarin, Jurij 103
Galeria Andrzeja Mleczki 95
Galeria Lanckorońskich (Königsschloss) (E4) 32
Galerien 21, 269
Geburtshaus Frédéric Chopin 193
Geld 252
Gemetzel von Praga 158
Generation Park, Wolkenkratzer (B6) 120
Geologisches und Paläontologisches Museum PAN (F6) 79
Geschichte 200
Gessler, Magda 65, 220
Gessler, Marta 154, 220
Ghetto 205
Ghettomauer (Reste) (C6) 107
Gierymski, Alexander 79

Gmach Sądu Najwyższego Rzeczy pospolitej Polskiej (D3) 46
Gnojna Góra (E3) 35
godzina W. (Stunde der Befreiung) 208
Goldene Terrassen, Einkaufszentrum (D6) 105
Goldenes Zeitalter 201
Gondeln 243
Gottesdienste 252
Grabmal des Unbekannten Soldaten (D4) 91
Grób Nieznanego Żołnierza (D4) 91
Großes Theater (D/E 4) 89
Gründungslegende 200
Grzybowski-Platz (D5) 117

Hafen von Praga (G3) 168
Hale Mirowskie (C5) 123
Haus ohne Kanten (E5) 63
Heimatarmee (AK) 207
Hejnał, Trompetensignal 31
Herzog, Roman (ehem. dt. Bundespräsident) 206
Hinrichtungstor (D1) 179
Historisches Museum der Hauptstadt Warschau (E3) 39

Historisches Museum der Polnischen Juden (C4) 124
Historismus, Baustil 214
Höchstgeschwindigkeiten 233
Hoftheater (F8) 149
Homosexualität 253
Hostels 250
Hotel Bristol (E4) 62
Hotels 244

Ilmet, Hochhaus (C6) 106
Informationsbüros 253
InterContinental, Wolkenkratzer (D6) 105
Internet 254
Interpretationszentrum für das Kulturerbe (E3) 36
Intraco I, Hochhaus (C3) 52

Jabłonowski-Palais (D4) 90
Jadwiga, Königin 201
Jagd- und Reitermuseum (G8) 156
Jagiełło, König 201
Jan III. Sobieski, König 184, 202
Janusz I., Fürst 202
Jarmark Europa 164
Jaruzelski, Wojciech (General) 210

Jazdów 201
Jazz 18, 222
Jazzclubs 267
Johannes Paul II., Papst 210
Jüdischer Fried hof (A4) 128
Jüdisches Historisches Institut
    (D4) 88
Jüdisches Theater (D5) 89

Kabarett 222
Kadettenaufstand 204
Kadettenschule (G8) 152
Kammeroper (C4) 124
Kampinos-Nationalpark 193
Kamsetzer, Jan Christian 151
Karikaturenmuseum (E4) 91
Katyń-Museum (D2) 178
Kazimierz Wielki, König 201
Kępa-Potocka-Park 181
Keret-Haus (B5) 123
Kiliński, Jan 203
Kinder 231
Kindertheater 222
Kinos 223

Kirchen
    Alexander-Newski-
        Kathedrale 83
    Allerheiligenkirche
        (D5) 117
    Bazylika archikatedralna
        św. Jana (E4) 36
    Bazylika katedralna św.
        Floriana (F3) 168
    Bazylika Najświętszego Serca
        Jezusowego (I2) 171
    Bazylika św. Krzyża (E5) 63
    Cerkiew św. Marii
        Magdaleny (G3) 169
    Erlöserkirche (E7) 138
    Feldkathedrale der
        Polnischen Armee
        (D4) 45
    Franziskanerkirche (D3) 51
    Heiliggeistkirche der
        Pauliner (D3) 48
    Heiligkreuzkirche (E5) 63
    Herz-Jesu-Basilika (I2) 171
    Hyazinth-Kirche der
        Dominikaner (D3) 49
    Jesuitenkirche (E4) 37
    Johannisdom (E4) 36
    Karmeliterkirche (E4) 61
    Katedra Polowa Wojska
        Polskiego (D4) 45
    Kazimierz-Kirche (D3) 50
    Kind-Jesus-Kirche (C7) 135

Kirche Mariä Heimsuchung
    (D3) 50
Kościół Dominikanów św.
    Jacka (D3) 49
Kościół Dzieciątka Jezus
    (C7) 135
Kościół Jezuitów (E4) 37
Kościół Karmelitów (E4) 61
Kościół Najśw. Zbawiciela
    (E7) 138
Kościół Nawiedzenia
    Najświętszej Marii Panny
    (D3) 50
Kościół Paulinów pod
    wezwaniem Św. Ducha
    (D3) 48
Kościół św. Aleksandra
    (F6) 64
Sobór św. Aleksandra
    Newskiego 83
Kościół św. Anny 185
Kościół św. Anny (E4) 60
Kościół św. Antoniego oo.
    Reformato rów (D4) 88
Kościół św. Augustyna
    (C4) 124
Kościół św. Franciszka
    (D3) 51
Kościół św. Kazimierza
    (D3) 50
Kościół św. Marcina (E4)
    (E4) 34
Kościół Wizytek (E5) 62
Kościół Wszystkich Świętych
    (D5) 117
Maria-Magdalena-Kirche
    (G3) 169
Parafia św. Stanisława
    Kostki (B1) 181
St.-Alexander-Kirche
    (F6) 64
St.-Anna-Kirche
    (E4) 60, 185
St.-Anton-Kirche der
    Reformatoren (D4) 88
St.-Augustinus-Kirche
    (C4) 124
St.-Martin-Kirche (E4) 34
St.-Florian-Kathedrale
    (F3) 168
St.-Stanislaus-Kostka-Kirche
    (B1) 181
Visitantinnenkirche (E5) 62
Kleinkunst 222
Klima 254
Kniefall (Willy Brandt) 126

Kolumna Zygmunta III Wazy
    (E4) 30
Komödientheater (B1) 182
Kongresspolen 203
Kongresssaal (D6) 104
Königsschloss (E4) 30
Königstrakt (E4) 54
Konstanty, Großherzog 148
Konzerte 222
Korczak, Janusz 122, 195, 206
Korczakianum 122
Kościuszko, Tadeusz 204
Kossak-Szczucka, Zofia 116
Kostka Potocki, Stanisław 188
Krahelska-Filipowicz,
    Wanda 116
Krasiński-Garten (D4) 46
Krasiński-Palais (D4) 45
Kriminalität 255, 267
Kubicki-Arkaden (E4) (E4) 34
Küche 16, 219, 262
Kultur 18, 221, 267
Kultur- und Wissenschaftspa-
    last (D6) 102
Kunstgalerien 21, 269
Kunsthandwerk 21, 269
Kutschfahrten 243

Łazienki Królewskie
    (F/G 8) 144
Łazienki-Park 144
Liberty Tower, Hochhaus
    (C5) 120
Libeskind, Daniel 105, 218
Lilium-Tower, Wolkenkratzer
    (geplant) 136
Lindley, William 135
Lindley-Filteranlagen (C7) 134
Literatur 228
Locci, Augustyn Wincenty 188
Luxemburg, Rosa 179

Marconi, Henryk 185
Marie-Curie-Museum (D3) 49
Marienstädter Marktplatz
    (E4) 73
Mariensztat (E4) 1, 4, 23, 68
Märkte 21
Markthallen 21
Marriott, Wolkenkratzer
    (D6) 136
Marszałkowska Dzielnica
    Mieszkaniowa MDM
    (E7) 139
Marszałkowska-Straße,
    Wohnbezirk (E7) 139

Masowischer Miniaturenpark
(E4) 60
Matejko, Jan 32, 78
Maut 233
Mauzoleum Potockich 186
MDM, Wohnsiedlung (E7) 140
Mennica Legacy Tower,
Hochhaus (C6) 119
Merlini, Dominik 151
Metro 237
Metropolitan-Gebäude
(E4) 91
Miejski Ogród Zoologiczny
(E/F2) 168
Mietwagen 240, 241
Milchbars 17, 264
Millennium-Plaza, Hochhaus
(C7) 134
Miodowa-Straße (E4) 44
Mirów-Markthallen (C5) 123
Misthügel (E3) 35
Mitfahrzentrale 234
Mitoraj, Igor 181
Młoda Polska, Baustil 215
Modedesigner 20
Modernismus, Baustil
174, 216
Moniuszko, Stanisław 90
Most łączący dwie części getta
(C5) 123

Multimedia-Brunnenpark
(E3) 51
Museen 258
Museum – Gedenkstätte
Palmiry 195
Museum der Geschichte
Polens 180
Museum der Johannes-Paul-II.-
Sammlung (C4) 87
Museum der Lederhandwerks-
Zunft (E3) 41
Museum der Modernen Kunst
(temporär F4) 75
Museum des Kampfes und
Märtyrertums/Treblinka 196
Museum des Lebens in der
Volksrepublik Polen 140
Museum des Pawiak-
Gefängnisses (C4) 124
Museum des Polnischen
Wodkas 170
Museum des Warschauer
Aufstands (B6) 121
Museum für Zeitgenössische
Kunst 101
Museum von Praga
(G3) 167
Musicals 222, 267
Musik 229
Musik, klassische 222

Muzeum – Miejsce Pamięci
Palmiry 195
Muzeum Cechu Rzemiosł
Skórzanych (E3) 41
Muzeum Domków dla Lalek
(D6) 104
Muzeum Etnograficzne (E5) 93
Muzeum Ewolucji PAN
(D6) 100
Muzeum Farmacji (E4) 41
Muzeum Fryderyka Chopina
(F5) 76
Muzeum Historii Polski 180
Muzeum Historii Żydów
Polskich (C4) 124
Muzeum Historyczne m.st.
Warszawy (E3) 39
Muzeum Karykatury (E4) 91
Muzeum Katyńskie (D2) 178
Muzeum Kolei
Wąskotorowej 195
Muzeum Kolekcji im. Jana
Pawła II (C4) 87
Muzeum Literatury im. Adama
Mickiewicza (E3) 39
Muzeum Łowiectwa i
Jeździectwa (G8) 156
Muzeum Marii Skłodowskiej-
Curie (D3) 49
Muzeum Narodowe (F6) 77

Skulpturengalerie in der Alten Orangerie

Muzeum Neonu (I3) 166
Muzeum Plakatu 186
Muzeum Polskiej Wódki 170
Muzeum Powstania
  Warszawskiego (B6) 121
Muzeum Sportu i Turystyki
  (D1) 181
Muzeum Sztuki Nowoczesnej
  (temporär F4) 75, 101
Muzeum Techniki (D6) 103
Muzeum Walki i
  Męczeństwa/Treblinka 196
Muzeum Warszawskiej Pragi
  (G3) 167
Muzeum Więzienia Pawiak
  (C4) 124
Muzeum Wojska Polskiego (F6)
  77, 180
Muzeum Ziemi PAN (F6) 79
Muzeum Życia w PRL 140
Muzeum X Pawilonu (D1) 179
Myślewicki-Palais (G8) 153

Nachtbusse 239
Nachtleben 18, 266
Napiórkowska, Katarzyna 129
Napoleon 204
Narutowicz, Gabriel
  (Präsident) 93, 205
Nationale Kunstgalerie
  Zachęta (E5) 92

Nationalmuseum (F6) 77
Nationaloper (E4) 89
Nationalphilharmonie (E5) 99
Nationalstadion (H5) 164
Neon-Museum (I3) 166
Neue Hauptwache (G8) 150
Neue Orangerie (G8) 150
Neustadt 42
Neustädter Marktplatz (D3) 49
Niemen, Czesław 210
Nike, Denkmal der
  Warschauer Helden (D4) 90
Nikolaus-Kopernikus-Denkmal
  (E5) 64
Nizio, Mirosław 121
Notarzt 251
Notfall 251
Notruf 255
Novemberaufstand 204
Novotel, Hochhaus (E6) 140
Nowa Kordegarda (G8) 150
Nowa Pomaranczarnia
  (G8) 150
Nowe Miasto 42

Oberstes Gericht der
  Republik Polen (D3) 46
Öffentlicher Nahverkehr 236
Öffnungszeiten 255
Ogród Botaniczny na dachu
  BUW (F4) 73

Ogród Krasińskich (D4) 46
Ogród Saski (D5) 92
Ogrody Zamkowe (E4) (E4) 34
Olympiazentrum (D1) 181
Open-Air-Kinos 223
Oper 18, 222
Opera Kameralna (C4) 124
Opera Narodowa (E4) 89
Operation Arsenal 87
ORCO-Tower, Hochhaus
  (C6) 136
Orzelska, Anna Karolina 84
Oś Saska (E5) 82
Ostrogski-Schloss (F5) 76
Oxford-Tower, Wolkenkratzer
  (D6) 137

Pałac Błękitny 84
Pałac Jabłonowskich (D4) 90
Pałac Krasińskich (D4) 45
Pałac Kultury i Nauki (D6) 102
Pałac Myślewicki (G8) 153
Pałac na Wyspie (G8) 151
Pałac pod Blachą (E4) 34
Pałac Prezydencki (E4) 62
Pałac Prymasowski (E4) 90
Pałac Sapiehów (D3) 51
Pałac Wilanowski 188
Palais auf der Insel (G8) 151
Palast der Jugend (Angebote
  für Kinder) (D6) 100

Palast unter dem Blechdach (E4) 34
Państwowe Muzeum Archeologiczne PMA (D4) 86
Paradeplatz (D6) 100
Park Kępa Potocka 181
Park Miniatur Woj. Mazowieckiego (E4) 60
Park Saski (D5) 82
Park Skaryszewski (H5) 165
Park Ujazdowski (F7) 154
Park Wilanowski 189
Parkplätze 241
Parteigebäude (F6) 64
Partyschiffe 19, 267
Pawiak-Gefängnis (C4) 124
Pensionen 244
Pferdestraßenbahn 243
Pharmaziemuseum (E4) 41
Piasten 201
Pilgerreisen 254
Piłsudski, Józef 179, 204
Plac Bankowy (D4) 87
Plac Defilad (D6) 100
Plac Grzybowski (D5) 117
Plac Konstytucji (E7) 139
Plac Powstańców Warszawy (E5) 98
Plac Trzech Krzyży (F6) 64
Plac Wilsona (B1) 182
Plac Zamkowy (E4) 30
Plac Zbawiciela (E7) 138
Plakatkunst 20
Plakatmuseum 186
Platz der Aufständischen Warschaus (E5) 98
Platz der drei Kreuze (F6) 64
Platz der Verfassung (E7) 139
Plersch, Jan Bogumił 152
Podchorążówka (G8) 152
Politechnika Warszawska (D7) 138
Polizeistationen 255
Polnische Bank (D4) 88
Polnische Telefon-Aktiengesellschaft (D5) 117
Polnisches Militärmuseum (F6) 77, 180
Polska Akcyjna Spółka Telefoniczna PAST-a (D5) 117
Pomnik Armii Krajowej (F7) 80
Pomnik Bohaterów (C3) 126
Pomnik Bohaterów Warszawy Nike (D4) 90
Pomnik Fryderyka Chopina 148

Pomnik Małego Powstańca (D3) 35
Pomnik Mikołaja Kopernika (E5) 64
Pomnik Powstania Warszawskiego (D4) 48
Pomnik przyklękającego Willy'ego Brandta (C3) 126
Pomnik Syreny (G5) 76
Popiełuszko, Jerzy 181, 210
Port Praski (G3) 168
Post 255
Potocki-Mausoleum 186
Powązki-Friedhof (A3) 127
Powiśle (F5) 68
Praga (F1) 158
Präsidentenpalast (E4) 62
Primas-Palais (E4) 90
Prinz Stanisław Herakliusz Lubomirski 151
Promillegrenze 234
Próżna-Straße (D5) 117
Prudential, Hochhaus 99
Puppenhausmuseum (D6) 104
Puszcza Kampinoska 193
PW (Polska Walcząca) 207
PZU-Tower, Hochhaus (C5) 119

Q22, Wolkenkratzer (C5) 119
Qchnia artystyczna, Restaurant 154

Radfahren 241
Rajkowska, Joanna 58
Rauchen 255
Reduta Bank Polski (D4) 88
Reich-Ranicki, Marcel 207
Reisezeit 254
Rembrandt 32
Restaurants 262
Rettungsdienst 251
Revue 222
Ringelblum, Emanuel (Historiker) 206
Rock, Pop & Folklore 223
Rokoko, Baustil 214
Roma-Tower 136
Rondo ONZ 1, Wolkenkratzer (D6) 106
Rote Armee 207
Rottenberg, Anda 93
Różycki-Basar (G3) 167
Rudnew, Lew 216
Russifizierung 204
Rynek Mariensztacki (E4) 73

Rynek Nowego Miasta (D3) 49
Rynek Starego Miasta (E3) 37

Sächsische Achse (E5) 82
Sächsischer Garten (D5) 92
Sächsisches Palais (D4) 82
Sala Kongresowa (D6) 104
Sapieha-Palais (D3) 51
Saska Kępa (I5) 165
Sawa (Gründungs-legende) 200
S-Bahn 239
Schlacht von Grunwald, Gemälde 78
Schloss Ujazdowski (F7) 153
Schlossgärten (E4) (E4) 34
Schlossplatz (E4) 30
Schmalspur-Eisenbahn-Museum 195
Schokoladenfabrik Wedel (H5) 166
Sejm (F7) 79
Senat (F7) 79
Sendler, Irena 116
Sgraffiti (E7) 140
Shopping 268
Shopping Malls 21
Sigismundsäule (E4) 30
Singer, Isaac B. 196
Sirene, Legende 200
Sirene-Skulptur (E3) 37
Skaryszewski-Park (H5) 165
SKM 239
Skyliner, Wolkenkratzer (B6) 120
Skysawa 118
Sochaczew 194
Soho-Fabrik (I3/4) 166
Solidarność, Gewerkschaft 181
Souvenirs 21, 269
Sozialismus 209
Sozialistischer Realismus, Baustil 130, 216
Spektrum Tower, Hochhaus (D5) 118
Spinnaker Office Tower, Wolkenkratzer (B6) 121
Sport-/Tourismus-Museum (D1) 181
Sprachkurse 272
Śródmieście Północne 110
Śródmieście Południowe 130
Staatstheater (D4) 89
Stadion des Zehnjährigen Jubiläums (H5) 164
Stadion Dziesięciolecia (H5) 164

Stadion Narodowy (H5) 164
Stadtführungen 242
Stadtgeschichte 200
Stadtgründung 201
Stadtrecht 201
Stadtverkehr 240
Stalin 209
Stanisław August Poniatowski,
  König 203
Stara Kordegarda (G8) 153
Stara Oranżeria (F8) 149
Stare Miasto (E3/4) 24
Starzyński, Stefan
  (Stadtpräsident) 205
Sterneküche 262
Strände 19, 267
Straßenbahnen 239
Straßenfeste 19
Streetfood 17, 264
Stroop, Jürgen 207
Styl Stanisławowski,
  Baustil 214
Świątynia Diany (F8) 146
Świątynia Egipska (F8) 146
Synagogen
  Große Synagoge
    (zerstört) 87
  Nożyk-Synagoge (D5) 117
  Synagoga Nożyków
    (D5) 117
Syrenka (E3) 37
Szpilman, Władysław 207
Szyller, Stefan 93, 138

Tanzen 19, 267
Tarife (ÖPNV) 237
Taxis 240
Teatr Komedia (B1) 182
Teatr na Wyspie (G8) 150
Teatr Narodowy (D4) 89
Teatr Stanisławowski (F8) 149
Teatr Wielki (D/E 4) 89
Teatr Żydowski (D5) 89
Technikmuseum (D6) 103
Teilungen Polens 203
Telefonieren 256
Theater 18, 221
Theater auf der Insel (G8) 150
Theater Baj (G3) (G3) 170
Toiletten 256
Touristenbus 242
Touristeninformationen 254
Touristen-Notruf 255
Touristentram 239
Trakt Królewski 54
Traugutt, Romuald 179

Treblinka, Gedenkstätte 195
Tunel Trasy W-Z (F4/5) 59
Tunel Wisłostrady (F4/5) 69
Tunnel der Ost-West-Trasse
  (F4/5) 59

Übergang über das ehemalige
  Ghetto (C5) 123
Übernachten 244
Ujazdowski-Park (F7) 154
Ulica Próżna (D5) 117
Umschlagplatz (B3) 127
UNESCO-Welterbe 26
Universitätsbibliothek/BUW
  (F4) (F4) 74
Uniwersytet Warszawski
  (E5) 63
Unterkunft, Budget 250

Van Gameren, Tylman 151
Varso-Wolkenkratzer (C6) 107
Veduten 26
Veganer 17, 264
Vegetarier 17, 264
Veranstaltungen 224
Verfassung 203
Verkehrsregeln 234
Versailler Vertrag 204

Waisenhaus der Sierot-
  Gesellschaft (B5) 122
Wars (Gründungs-
  legende) 200
Warsaw Spire, Wolkenkratzer
  (B6) 120
Warsaw Trade Tower,
  Wolkenkratzer (B5) 123
Warschauer Aufstand 207
Warschauer Finanzzentrum,
  Wolkenkratzer (C5) 105
Warschauer Ghetto 206
Warschauer Polytechnikum
  (D7) 138
Warschauer Stereoskop
  (D6) 137
Warschauer Universität
  (E5) 63
Warschauer Zitadelle (C2) 178
Warszawskie Centrum
  Finansowe (C5) 105
Wasserturm (F7) 149
Wechselstube (Kantor) 252
Wedel, Kaffeehaus 107
Weichselstrände 19, 267
Weichselstraßentunnel
  (F4/5) 69

Weißes Haus 150
Weißes Haus (Parteigebäude)
  (F6) 64
Westin-Tower, Hochhaus
  (C5) 119
Wien, Schlacht vor 202
Wilanów 184
Wilanów-Palais 188
Wilanów-Park 189
Wilson-Platz (B1) 182
Wissenschaftszentrum
  Kopernikus (F4) 75
Wit, Antoni 99
WLAN 254
Wodkabars 18, 266
Wodkafabrik Koneser
  (G3) 170
Wodozbiór (F7) 149
Wyszyński, Stefan
  (Primas) 210

X-Pavillon-
  Museum (D1) 179

Żabiński, Jan 169
Zachęta Narodowa Galeria
  Sztuki (E5) 92
Zamek Królewski (E4) 30
Zamek Ostrogskich (F5) 76
Zamek Ujazdowski (F7) 153
Żegota 116
Zeitgenössische Archi-
  tektur 217
Zeitungen & Zeitschriften 256
Żelazowa Wola 192
Zentralbahnhof Warschau
  (Dworzec Warszawa
  Centralna 235
Zentrum für Zeitgenössische
  Kunst (F7) 154
Zitadelle (C2) 178
Złota 44, Wolkenkratzer
  (D6) 105
Złota kaczka (Legende) 72
Złote Tarasy (D6) 105
ŻOB, Jüdische
  Kampforganisation 207
Żoliborz (A2) 174
Zoologischer Garten
  (E/F2) 168
Żydowski Instytut Historyczny
  (D4) 88
Zygmunt I. Stary, König 202
Zygmunt III. Waza, König 202
Zygmunt II. August, König 202

MM-Wandern
informativ und punktgenau durch GPS

- für Familien, Einsteiger und Fortgeschrittene
- ausklappbare Übersichtskarte für die Anfahrt
- genaue Weg-Zeit-Höhen-Diagramme
- GPS-kartierte Touren (inkl. Download-Option für GPS-Tracks)
- Ausschnittswanderkarten mit Wegpunkten
- Konkretes zu Wetter, Ausrüstung und Einkehr

Übrigens:
Unsere Wanderführer gibt es auch als App für iPhone™ und Android™

- Allgäuer Alpen
- Andalusien
- Bayerischer Wald
- Chiemgauer Alpen
- Eifel
- Elsass
- Fränkische Schweiz
- Gardasee
- Gomera
- Korsika
- Korsika Fernwanderwege
- Kreta

- Lago Maggiore
- La Palma
- Ligurien
- Madeira
- Mallorca
- Münchner Ausflugsberge
- Östliche Allgäuer Alpen
- Pfälzerwald
- Piemont
- Provence
- Rund um Meran
- Schwäbische Alb

- Sächsische Schweiz
- Sardinien
- Schwarzwald Mitte/Nord
- Schwarzwald Süd
- Sizilien
- Spanischer Jakobsweg
- Teneriffa
- Toscana
- Westliche Allgäuer Alpen
- Zentrale Allgäuer Alpen

Der Umwelt zuliebe
Unsere Reiseführer werden klimaneutral gedruckt.

Eine Kooperation des Michael Müller Verlags mit myclimate

Sämtliche Treibhausgase, die bei der Produktion der Bücher entstehen, werden durch Ausgleichszahlungen kompensiert. Unsere Kompensationen fließen in das Projekt »Kommunales Wiederaufforsten in Nicaragua«:

- Wiederaufforstung in Nicaragua
- Speicherung von CO_2
- Wasserspeicherung
- Überschwemmungsminimierung
- klimafreundliche Kochherde
- Verbesserung der sozio-ökonomischen und ökologischen Bedingungen
- Klimaschutzprojekte mit höchsten Qualitätsstandards
- zertifiziert durch Plan Vivo

Einzelheiten zum Projekt unter myclimate.org/nicaragua.

Michael Müller Reiseführer
So viel Handgepäck muss sein.

Die Webseite zum Thema:
www.michael-mueller-verlag.de/klima

Die Apps aus dem Michael Müller Verlag

mmtravel® Web-App und mmtravel® App

Mit unseren beiden Apps ist das Unterwegssein einfacher.
Sie kommen schneller an Ihr Wunsch-Ziel.
Oder Sie suchen gezielt nach Ihren persönlichen Interessen.

Die mmtravel® Web-App ...

... erhalten Sie gratis auf www.mmtravel.com

... funktioniert online auf jedem Smartphone, Tablet oder PC mit Browserzugriff.

... zeigt Ihnen online sämtliche Sehenswürdigkeiten, Adressen und die Touren aus dem Buch (mit Seitenverweisen) auf einer Karte. Aktivieren Sie das GPS, sehen Sie auch Ihren Standort und alles Interessante in der Umgebung.

... ist ideal für das Setzen persönlicher Favoriten. Dazu legen Sie einfach ein Konto an, das Sie auch mit anderen Geräten synchronisieren können.

Die mmtravel® App ...

... verknüpft die mmtravel Web-App mit einem intelligenten E-Book. Mit dieser Profi-Version sind Sie komplett unabhängig vom Internet.

... kaufen Sie für Apple und Android in einem App Store.

... verortet sämtliche Adressen und Sehenswürdigkeiten aus dem Buch auf Offline-Karten. Mit zugeschaltetem GPS finden Sie darauf Ihren Standort und alles Interessante rund herum.

... informiert über Hintergründe und Geschichte.

... liefert die kompletten Beschreibungen unserer Autoren.

... eignet sich sowohl zum Schmökern als auch zum intuitiven Wechseln zwischen Karte und Text.

... lässt sich nach Bestätigung eines individuellen Kontos auf bis zu drei Geräten verwenden – und das sogar gleichzeitig.

... wird durch eigene Kommentare und Lesezeichen zum persönlichen Notizbuch.

www.mmtravel.com